U0016932

反自由的自由

伯林與施特勞斯的思想紛爭

From Freedom to Serfdom

The Debate between Isaiah Berlin and Leo Strauss

馬華靈

題辭

紀念父親馬德畔（1955 年 10 月 12 日−1993 年 4 月 4 日）

紀念母親馮雲仙（1959 年 12 月 28 日−1999 年 4 月 1 日）

他們以他們的生命，成全了我作為思想者的一生

我以我的學術，悼念他們波瀾不驚的一世

目次

導論

　　1983年，日本著名導演今村昌平拍攝的戛納金棕櫚獎獲獎影片《楢山節考》，講述了古代日本信州深山老林裡的一個小山村所發生的離奇故事。這個荒僻的山村糧食短缺，物資匱乏，貧窮落後，於是，村中便有了個數百年來代代相傳的古怪習俗：所有老人到了70歲，都要由其長子背到楢山上拋棄，任其自生自滅。如果老人拒絕上山，或者兒子不願背其雙親上山，那麼，在村民眼中，他們就是全村的恥辱。從此，他們將終生蒙羞，無法抬起頭來堂堂正正做人。電影中的男主人公辰平忍痛把年邁的母親阿玲婆背上山崗，舉目所見皆是累累白骨，而鳥獸猶在啄食屍骨上的腐肉，讓人不寒而慄。這種拋棄老人的行為，美其名曰向楢山神獻祭，而實際上只是為了減少家庭的口糧支出。

　　西方的文明人如何應對東方的野蠻人呢？他們可能會如此譴責：「人權是不可剝奪的絕對價值。無論何時，無論何地，無論在何種情況下，無論針對何人，人權都是絕對有效的永恆價值。任何人都不能被他人剝奪人權，任何人都不能剝奪他人的人權。不管是出於宗教的理由而把活人獻祭給楢山神，還是出於經濟的考量而把活人拋棄荒野，在我們看來，這種行為本身是違反人權的。因此，我們強烈譴責你們的野蠻行徑，並要求你們立即停止滅絕人性的行為。否則，我們將派遣軍隊占領你們的村莊，直到幫助你們建立符合人權的自由主義制度為止。」

　　那麼，東方的野蠻人如何反駁西方的文明人呢？他們可能會如此自我辯護：「不同的國家有不同的國情，不同的民族有不同的傳統，不同的村莊有不同的習俗。你們可以選擇符合人權的生活方式，我們也可以選擇符合家庭利益的生活方式。你們可以採取符合人權的自由主義制度，我們也可以採取符合家庭利益的權威主義制度。你們的價值取向是合理的，我們的價值取向也是合理的。你們不能說你們符合人權的價值取向是正確的，而我們符合家庭利益的價值取向是錯誤的。實際上，你們所謂的人權與自由並不是什麼普遍價值與絕對價值。人權與自由只是你們西方社會長期發展的最終結果，因此，它們只是你們西方人的特殊價值與相對價值。在你們西方的歷史上，有過黑人奴隸，有過封建社會，有過性別歧視，有過種族隔離，有過書報審查，有過刑訊逼供。如果人權與自由是普遍價值與絕對價值，那麼，你們一開始為什麼不堅守人權與自由的絕對準則呢？由此可見，你們所謂的普遍價值與絕對價值，只是特殊價值與相對價值罷了。既然如此，你們西方人就應該尊重我們東方人為了整個家庭的利益而把老人拋棄荒山的特殊價值取向。而我們東方人也尊重你們西方人符合人權的特殊價值取向。如果你們非要把你們的人權與自由強加給我們，那麼，你們就是帝國主義者，就是霸權主義者。我們絕對無法接受！」

　　倘若用學術術語來概括東西方人的邏輯，那麼，西方人譴責東方人的邏輯實際上是絕對主義邏輯，而東方人回應西方人的邏輯實際上是相對主義邏輯。在絕對主義者看來，人權是絕對價值，因此，我們不能以任何藉口來犧牲人權。在相對主義者看來，人權是相對價值，因此，我們可以以家庭利益的理由來犧牲人權。乍看之下，絕對主義邏輯與相對主義邏輯似乎都能自圓其說。確實，即便在當今社會，我們依舊可以看到許多侵犯人權的現象，例如恐怖分子槍殺手無寸鐵的平民，獄警無緣無故虐待囚徒，原始部落同類相食，宗教極端分子火燒異教徒。如果按照相對主義的邏輯，所有價值都是相對價值，沒有什麼絕對價值，那麼，我們就不能聲討槍殺平民行為，不能懲罰虐囚行為，不能禁止同類相食行為，不能譴責火燒異教徒行為。這樣的結論，我們能夠同意嗎？顯然，我們無法接受這樣的結論。在這個意義上，人權必須是絕對價值，否則，人類社會必將毀於一旦。反之，在今日世界，我們也看到許多把所謂的絕對價值強加給他人的帝國主義現象，例如美國侵略伊拉克，強行推行所謂的自由主義制度；伊斯蘭極端分子把自己的宗教信仰強加給異教徒，要求對方要麼接受他們的宗教信仰，要麼選擇被殺身亡。如果按照絕對主義的邏輯，有些價值是絕對價值，所有人都必須接受絕對價值，那麼，美國通過侵略在全世界推行自由主義制度就是合理的，伊斯蘭極端分子要求所有異教徒都信仰真主也是合理的。這樣的結論，我們能夠接受嗎？顯然，我們也無法同意這樣的結論。在這個意義上，價值應該是相對的，否則，帝國主義必將死灰復燃。

然而，絕對主義邏輯與相對主義邏輯似乎又都無法白圓其說。一開始，我們無法接受相對主義的結論：「如果按照相對主義的邏輯，所有價值都是相對價值，沒有什麼絕對價值，那麼，我們就不能聲討槍殺平民行為，不能懲罰虐囚行為，不能禁止同類相食行為，不能譴責火燒異教徒行為。」後來，我們又無法同意絕對主義的結論：「如果按照絕對主義的邏輯，有些價值是絕對價值，所有人都必須接受絕對價值，那麼，美國通過侵略在全世界推行自由主義制度就是合理的，伊斯蘭極端分子要求所有異教徒都信仰真主也是合理的。」如果我們既否定相對主義的結論，又否定絕對主義的結論，那麼，絕對主義邏輯與相對主義邏輯怎麼可能站得住腳呢？我們不能說我們無法接受絕對主義的結論，於是相對主義的結論是正確的；我們也不能說我們無法同意相對主義的結論，於是絕對主義的結論是正確的。

　　因此，絕對主義邏輯與相對主義邏輯的大麻煩是，兩者既合理，又不合理。倘若如是，在絕對主義與相對主義之間，我們應該何去何從？在文明人的侵略與野蠻人的暴政之間，人類社會的希望何在？這個問題恐怕是近百年來人類社會所面臨的根本問題，也可能是當今世界所面臨的最大挑戰。在實踐中，類似的案例不勝枚舉。遠的不談，近來所謂的查理週刊事件與伊斯蘭國（ISIS）問題，實際上就是絕對主義與相對主義問題。而在理論上，許多思想家都在思考這個問題：福山所謂的歷史終結問題，[1]亨廷頓所謂的文明衝突問題，[2]施特勞斯所謂的自由主義危機問題，伯林所謂的價值衝突問題，歸根結底都是絕對主義與相對主義問題。

　　既然如此，在絕對主義與相對主義之間，我們到底應該何去何從呢？這個問題就是本書所要回答的核心問題。本書意圖通過比較伯林與施特勞斯的政治哲學，從而在理論上解答這個問題。那麼，這個核心問題到底跟伯林與施特勞斯的政治哲學有什麼關聯呢？

　　簡單而言，絕對主義與相對主義問題實際上就是二十世紀的

1　Francis Fukuyama, "The End of History?," *The National Interest*, No. 16, 1989, pp. 3-18.

2　Samuel P. Huntington, *The Clash of Civilizations and the Remaking of World Order*, New York: Simon and Schuster, 1996.

極權主義問題。極權主義問題是二十世紀政治哲學的核心問題。
伯林（台灣譯為柏林）是流亡英國的俄裔猶太人，而施特勞斯是
流亡美國的德裔猶太人。前者對蘇聯共產主義有著切身的體驗，
而後者對德國納粹主義有著痛徹的反思。在伯林看來，極權主義
是絕對主義與一元主義的結果。而在施特勞斯看來，極權主義是
相對主義與多元主義的結果。倘若如是，在絕對主義與相對主義
之間，我們應該何去何從？在一元主義與多元主義之間，我們應
該何去何從？

　　具體而言，在伯林的政治哲學中，一元主義是蘇聯共產主義
的思想根源，而蘇聯共產主義是西方極權主義的典型案例，[3]因
此，一元主義的結果是極權主義。而在伯林看來，絕對主義就是
伯林終生批判的一元主義，因此，絕對主義問題實際上就是一元
主義問題。基於此，絕對主義的結果也是極權主義。而在施特勞
斯的政治哲學中，相對主義是現代自由主義的理論基礎，現代自
由主義是德國納粹主義的溫床，而德國納粹主義是西方極權主義
的另一典型案例，因此，相對主義的結果是極權主義。而在施特
勞斯看來，多元主義就是相對主義。這樣，多元主義的結果也是
極權主義。如果伯林與施特勞斯的推理都是正確的，那麼，絕對
主義與相對主義的結果是極權主義，一元主義與多元主義的結果
也是極權主義。通過比較伯林與施特勞斯的政治哲學，我們不知
不覺發問：在絕對主義與相對主義之間，我們應該何去何從？在
一元主義與多元主義之間，我們應該何去何從？

3　必須加以說明的是，西方學術界通常把蘇聯共產主義視為極權主義，而中國
　　學術界對之有不同的看法。由於這個問題並不是本書所要討論的主要問題，
　　所以本書不再詳細展開。

　　基於這個問題意識，本書將站在伯林的多元主義立場上論證多元主義既不是絕對主義，也不是相對主義，更不是一元主義，而是普遍主義，從而得出結論：多元主義是絕對主義與相對主義之間的最終出路。

　　就本書的特色而言，本書將利用伯林與施特勞斯的原始檔案，來把握伯林與施特勞斯的政治哲學。其中，伯林的檔案主要應用於第五章中，而施特勞斯的檔案（Leo Strauss Papers）則散見於相關文本中。

　　就本書的閱讀方法而言，讀者可以先瀏覽導論的第二部分「論證框架：從簡單多元主義到複合多元主義」；然後再閱讀各個章節結尾的「結語」部分；最後閱讀本書的結論（尤其是第二部分「多元主義的政治哲學」）。對於非專業讀者而言，閱讀以上部分已經基本把握了本書的核心內容。對於專業讀者而言，先閱讀以上部分則更容易進入本書的思想脈絡。

一、文獻回顧：伯林與施特勞斯研究現狀

　　接下去，本書將簡要回顧學術界關於伯林與施特勞斯的研究現狀。關於伯林與施特勞斯的文獻浩如煙海，其中，最佳的入門讀物主要如下：亨利・哈代（Henry Hardy）所編輯的網站「伯林虛擬圖書館」（The Isaiah Berlin Virtual Library），巨細無遺地呈現了伯林本人已經發表與尚未發表的作品目錄，以及學界關於伯林的研究文獻目錄。[4] 邁爾（Heinrich Meier）所編的〈施特勞斯：

4　Henry Hardy, "The Isaiah Berlin Virtual Library," [cited December 29 2015]; available from http://berlin.wolf.ox.ac.uk/lists/index.html.

一份參考文獻〉（"Leo Strauss: A Bibliography"），按年代順序輯錄了施特勞斯已發表作品的目錄。[5] 芝加哥大學圖書館編輯的施特勞斯文稿目錄（Leo Straus Papers），清晰展示了施特勞斯檔案中所藏的施特勞斯未刊文稿等相關資料。[6] 約翰・莫利（John A. Murley）所編的《施特勞斯及其遺產：一份參考文獻》，錄入了圍繞施特勞斯而產生的學術作品目錄。[7] 葉然所編的〈施特勞斯年譜〉與〈施特勞斯文獻分類編年〉，非常詳細地介紹了施特勞斯歷年所寫的作品，以及這些作品的中譯情況。[8]

本書並不打算窮盡伯林與施特勞斯的相關文獻，因此，將主要考察跟本書的主題最相關且最重要的文獻。跟本書主題密切相關的有兩個問題。其中，第一個問題是，伯林的多元主義是不是相對主義？關於這個問題，目前主要有兩種觀點。

第一種觀點認為伯林的多元主義是相對主義。1961年，施特勞斯在〈相對主義〉一文中敏銳地揭示出伯林的自相矛盾：一方

5　Heinrich Meier, "Leo Strauss: A Bibliography," 2008 [cited December 29 2015]; available from https://leostrausscenter.uchicago.edu/files/pdf/Strauss_Bibliographie_3-5-09.pdf.

6　University of Chicago Library, "Guide to the Leo Strauss Papers Circa 1930-1997," 2008 [cited December 29 2015]; available from http://www.lib.uchicago.edu/e/scrc/findingaids/view.php?eadid=ICU.SPCL.STRAUSSLEO&q=leo%20strauss.

7　John A. Murley, (ed.), *Leo Strauss and His Legacy: A Bibliography*, Lanham: Lexington Books, 2005.

8　葉然，〈施特勞斯年譜〉，載中國比較古典學學會編，《施特勞斯與古典研究》，北京：生活・讀書・新知三聯書店，2014，頁333-356。葉然，〈施特勞斯文獻分類編年〉，載中國比較古典學學會編，《施特勞斯與古典研究》，北京：生活・讀書・新知三聯書店，2014，頁357-396。

面伯林主張消極自由是絕對價值，另一方面伯林又宣稱選擇自由的前提是價值之間的相對有效性。伯林在絕對主義與相對主義之間徘徊，最終，伯林徹底拋棄絕對主義，完全轉向相對主義。因此，伯林的多元主義是相對主義。[9]然而，施特勞斯的問題是，他沒有注意到，儘管伯林使用了「絕對」與「相對」等術語，但是伯林所謂的「絕對」與「相對」並不意味著絕對主義與相對主義。準確而言，伯林所謂的「絕對」指的是普遍，因此，「絕對」不是絕對主義意義上的「絕對」，而是普遍主義意義上的「普遍」。而且，伯林所謂的「相對」不是相對主義意義上的「相對」，而是多元主義意義上的「相對」。兩者的區別是，在相對主義看來，「相對」意味著好壞對錯之間無法進行價值判斷；而在多元主義看來，「相對」並不意味著我們無法判斷好壞對錯，而只是意味著我們無法判斷「好」與「好」之間哪個更好。正是如此，伯林的多元主義既不是絕對主義，也不是相對主義。

1976年，伯林的朋友莫米利亞諾（Arnaldo Momigliano）在《紐約書評》上發表〈在先驅之路上〉（"On the Pioneer Trail"）。[10]在其中，他評論了伯林的新著《維柯與赫爾德》（*Vico and Herder*）。[11]莫米利亞諾指出，伯林在該著中把維柯與赫爾德刻畫

9　Leo Strauss, "Relativism," in Helmut Schoeck and James Wilhelm Wiggins (eds.), *Relativism and the Study of Man*, Princeton: D. Van Nostrand, 1961, pp. 135-157. Leo Strauss, "Relativism," in Thomas Pangle (ed.), *The Rebirth of Classical Political Rationalism*, Chicago and London: The University of Chicago Press, 1989, pp. 13-26.

10　Arnaldo Momigliano, "On the Pioneer Trail," *The New York Review of Books*, November 11, 1976.

11　Isaiah Berlin, *Vico and Herder*, London: Chatto & Windus, 1976.

為相對主義者，如此，伯林所謂的文化多元主義必將導致道德相對主義。如果伯林的文化多元主義要擺脫相對主義的惡名，那麼，唯一的出路是在特殊性與普遍性之間取得平衡。[12] 但是，莫米利亞諾同樣沒有解讀出伯林所謂的「相對主義」的真實含義。伯林後來對此做出回應並澄清道，他所謂的相對主義實際上不是通常所理解的相對主義，而是指「客觀多元主義」（objective pluralism）。[13] 因此，維柯與赫爾德不是相對主義者，而是多元主義者。[14]

1984年，桑德爾在《自由主義及其批評者》（*Liberalism and Its Critics*）的導論中指出，伯林不是嚴格意義上的相對主義者。但是，伯林在〈兩種自由概念〉中所表現出來的思想傾向，具有濃厚的相對主義色彩。如果伯林所謂的多元價值只是相對有效的，那麼，消極自由也是相對有效的。如果消極自由只是相對有效的，那麼，伯林就無法自圓其說地主張自由主義。[15] 從桑德爾的

12　羅伯特・沃克樂（Robert Wokler）指出，莫米利亞諾批判伯林的相對主義傾向，可能受到他的芝加哥大學同事施特勞斯的影響。莫米利亞諾和施特勞斯都是從法西斯國家流亡到美國的猶太難民，兩者都認為法西斯主義的興起根源於現代社會科學的相對主義傾向。如果伯林的多元主義是相對主義，那麼，伯林的多元主義就隱藏著極權主義危險。Robert Wokler, "Isaiah Berlin's Enlightenment and Counter-Enlightenment," *Transactions-American Philosophical Society*, Vol. 93, No. 5, 2003, pp. 13-32.

13　Isaiah Berlin, *Three Critics of the Enlightenment*, Princeton: Princeton University Press, 2000, p. 198.

14　Isaiah Berlin, *The Crooked Timber of Humanity*, ed. Henry Hardy, London: Pimlico, 2003, pp. 70-90.

15　Michael Sandel, "Introduction," in Michael Sandel（ed.）, *Liberalism and Its Critics*, New York: New York University Press, 1984, pp. 7-8.

邏輯來看，無論多元主義是不是相對主義，桑德爾的批判都是非常有力的。然而，桑德爾的批判卻建立在一個至關重要的假設基礎之上，即伯林的多元主義具有相對主義色彩，抑或伯林的多元主義會導致相對主義。而實際上，伯林所謂的多元價值的相對有效，並不是說好壞對錯之間無法區分，而是說「好」與「好」之間的優劣性無法排序。在這個意義上，多元價值的相對有效跟相對主義無關。儘管桑德爾的批判在一定程度上非常具有說服力，但是，桑德爾的批判所依據的理論基礎卻是有問題的。

2001年，劉小楓沿著施特勞斯所開闢的思路，在〈刺蝟的溫順〉中批判伯林的多元主義實質上是相對主義。[16]劉小楓指出，如果所有價值都是相對價值，那麼，伯林所珍視的消極自由就不是一種絕對價值。而且，如果所有價值都是相對價值，那麼，法西斯主義也具有其自身的正當性，因為法西斯主義也是一種價值。如果劉小楓的批判是成立的，那麼，伯林的相對主義不但否定了自由主義，而且肯定了法西斯主義。[17]然而，伯林並不同意這樣的觀點。伯林的多元主義並不主張所有價值都是相對價值，而且也不認為法西斯主義是一種具有正當性的價值。劉小楓的問題是他混淆了多元主義與相對主義。

2004年，比爾格拉米（Akeel Bilgrami）在〈世俗主義與相對

16　〈刺蝟的溫順〉最初於2001年發表於《書屋》，參劉小楓，〈刺蝟的溫順〉，載《書屋》2001年第2期，頁4-27。後來收錄於劉小楓的同名著作中，參劉小楓，《刺蝟的溫順》，上海：上海文藝出版社，2002，頁170-237。劉小楓關於施特勞斯的其他相關論文，請特別參考劉小楓，《施特勞斯的路標》，北京：華夏出版社，2011。

17　關於伯林主張相對主義的觀點，請特別參見劉小楓，《刺蝟的溫順》，上海：上海文藝出版社，2002，頁171、184、186、223-224。

主義〉（"Secularism and Relativism"）中以「多元主義」的方式為世俗自由主義（secular liberalism）辯護。在其中，他把伯林的多元主義視為「相對主義多元主義」（relativistic pluralism）。[18]但是，他的觀點有兩個問題。第一，比爾格拉米所謂的相對主義定義實際上是伯林的多元主義定義。如果兩種價值發生衝突，而我們沒有充分的理由說服一方接受另一方的價值，那麼，價值衝突就無法解決，兩種價值在一定程度上都是正確的，這就是比爾格拉米所謂的相對主義。然而，在伯林看來，這並不是他所界定的相對主義，而是他所主張的多元主義。比爾格拉米只不過把伯林的多元主義重新定義為相對主義，從而為伯林的多元主義扣上相對主義的帽子罷了。第二，比爾格拉米所謂的多元主義與伯林的多元主義也具有根本性差異。比爾格拉米的「多元主義」指的是，我們有多種理由（a plurality of reasons）來論證他所主張的世俗自由主義。而伯林的多元主義強調的不是論證理由的多樣性，而是價值種類的多樣性。比爾格拉米借用了伯林的多元主義術語，但卻表達了並不相同的含義。

　　2006年，施特勞斯的弟子潘格爾（Thomas Pangle）在《施特勞斯導論》（*Leo Strauss: An Introduction to His Thought and Intellectual Legacy*）中批判伯林深陷自由主義的相對主義困境。潘格爾的立場跟施特勞斯的立場是一致的，然而，潘格爾所謂的伯林的自相矛盾跟施特勞斯略有不同。在潘格爾看來，一方面伯林認為消極自由領域是絕對的，另一方面伯林又主張消極自由與積極自由都是同等絕對的。如此，積極自由就有同等的權利否棄消極自由。如果積極自由可以否棄消極自由，那麼，消極自由的

18　Akeel Bilgrami, "Secularism and Relativism," *boundary 2*, Vol. 31, No. 2, 2004.

疆界又如何繼續保持其絕對性呢？正是這樣，伯林的多元主義滑入相對主義的深淵。[19] 然而，潘格爾跟施特勞斯一樣，也沒有覺察到伯林所使用的「絕對」具有完全不同的含義。在這裡，伯林所謂的「絕對」同樣指的是普遍主義意義上的「普遍」，而不是絕對主義意義上的「絕對」。

　　第二種觀點認為伯林的多元主義不是相對主義。在《伯林的自由主義》（*Isaiah Berlin's Liberalism*）中，加利波（Claude J. Galipeau）討論了多元主義與相對主義的關係問題。他的觀點是，伯林的道德多元主義不是道德相對主義。首先，他認為伯林本人區分多元主義與相對主義的思路是有問題的。在伯林看來，道德多元主義主張人類可以理解不同時代、不同文化與不同民族的道德觀念，而道德相對主義則否定這種可理解性，因此，道德多元主義不是道德相對主義。但是，加利波卻認為伯林混淆了道德相對主義與認識論相對主義（epistemological relativism）。不可理解性是認識論相對主義的核心特徵，但卻不是道德相對主義的主要特徵。這樣，伯林的道德多元主義依據無法擺脫道德相對主義的嫌疑。其次，他以伯林的思想為基礎發展了另一種論證思路。根據加利波的觀點，道德相對主義的核心特徵是我們無法判斷不同時代、不同文化與不同民族的道德觀念。因此，要論證道德多元主義不是道德相對主義，必須論證道德多元主義主張價值判斷的可能性。而伯林的思想中確實蘊含著這種思路，根據某些普遍價值，人類可以評價不同時代、不同文化與不同民族的道德觀念。而且，可理解性本身就隱含著可評價性：如果我們可以理

19　Thomas L Pangle, *Leo Strauss: An Introduction to His Thought and Intellectual Legacy*, Baltimore: The Johns Hopkins University Press, 2006, pp. 18-21.

解不同時代、不同文化與不同民族的道德觀念，那麼我們也可以
評價不同時代、不同文化與不同民族的道德觀念。[20]

　　然而，加利波有兩點不完善之處。第一，他注意到了伯林反
對相對主義所強調的可理解性特徵，但卻沒有注意到伯林反對相
對主義所強調的另一個主要特徵，即客觀性。在伯林看來，相對
主義主張所有價值都是主觀價值，而多元主義宣稱有些價值是客
觀價值，因此，多元主義不是相對主義。其次，加利波發展了一
套基於可評價性的論證，但卻沒有注意到隱含於伯林文本中的普
遍性論證。相對主義認為所有價值都是特殊價值，而多元主義卻
主張普遍價值的存在，因此，多元主義不是相對主義。加利波確
實注意到了普遍價值，但卻沒有注意到基於普遍價值的反相對主
義論證。

　　盧克斯（Steven Lukes）在〈多元主義者必定是相對主義者
嗎？〉（"Must Pluralists Be Relativists?"）中反駁了莫米利亞諾對
伯林的批判。首先，他勾勒了伯林反駁相對主義的三條線索。第
一，多元主義主張價值選擇被各種根本性的價值概念與價值範疇
所決定，而相對主義則認為我們的所有觀點都被人類未知的力量
所決定。第二，多元主義宣稱文化差異是可以彌合的，即人類可
以互相理解，而相對主義否認這種可能性。第三，多元主義認為
客觀價值是存在的，而相對主義則否認客觀價值的存在。然而，
盧克斯認為這三條線索並不足以反駁相對主義。接著，他提出了
另一種論證方式。他認為相對主義可以區分為兩種，即理解相對
主義（relativism of understanding）與判斷相對主義（relativism of

20　Claude J. Galipeau, *Isaiah Berlin's Liberalism*, Oxford: Clarendon Press, 1994, pp. 62-70.

practical judgement）。而伯林與莫米利亞諾都沒有注意到這種區分。因此，伯林要反駁相對主義，必須反駁判斷相對主義。判斷相對主義認為人類無法進行普遍的價值判斷，然而多元主義卻承認普遍的價值判斷的可能性。如此，多元主義就可以跟相對主義區分開來了。[21]

但是，盧克斯的觀點依舊有不足之處。首先，伯林反駁相對主義的第一條線索與第二條線索之間存在著矛盾。如果我們的價值選擇被各種價值概念與價值範疇所決定，我們如何超越我們的價值框架去理解異質價值呢？更可靠的說法是，我們的價值選擇受到各種價值概念與價值範疇的影響，而不是被它們所決定。因此，第一條線索不能用來區分多元主義與相對主義。其次，盧克斯與加利波一樣都認為應該發展基於可評價性的論證，但是，他們都沒有注意到普遍性論證的重要性。

克勞德（George Crowder）在其著作《自由主義與價值多元主義》（*Liberalism and Value Pluralism*）中指出，價值多元主義不是極端相對主義（extreme relativism），但卻是溫和相對主義（moderate relativism）。極端相對主義主張所有價值都是特殊價值，沒有什麼普遍價值。但是，價值多元主義卻認為有些價值是普遍價值。因此，價值多元主義不是極端相對主義。而價值多元主義與溫和相對主義都主張有些價值是特殊的，有些價值是普遍的。所以，價值多元主義是溫和相對主義。[22]然而，在其論文〈伯

---

21 Steven Lukes, "Must Pluralists Be Relativists?," in *Liberals and Cannibals: The Implications of Diversity*, London and New York: Verso, 2003, pp. 100-106.

22 George Crowder, *Liberalism and Value Pluralism*, London and New York: Continuum, 2002, pp. 45-46.

林思想中的多元主義、相對主義與自由主義〉（"Pluralism, Relativism and Liberalism in Isaiah Berlin"）以及著作《伯林：自由與多元主義》（*Isaiah Berlin: Liberty and Pluralism*）中，克勞德卻認為，相對主義的核心特徵是我們無法評價或理解不同文化中的價值，而多元主義的核心特徵是我們可以理解並評價不同文化中的價值，因此，多元主義不是相對主義。[23]

　　儘管克勞德的分析非常富有啟發性，但是他的論證卻有待商榷。第一，克勞德所理解的普遍價值實際上不是普遍價值，而是絕對價值。在克勞德的眼中，普遍價值對所有時代所有文化的所有人都是有價值的。然而在伯林看來，普遍價值只是對大多數時間大多數地點的大多數人有價值，而不是對所有時間所有地點的所有人都有價值。在這個意義上，克勞德混淆了普遍價值與絕對價值。第二，克勞德的相對主義定義並不特別符合伯林本人的界定。一方面，他沒有注意到伯林所謂的事實相對主義與價值相對主義的區分；另一方面，他區分了主觀主義與文化相對主義，但是在區分多元主義與相對主義的時候，他並沒有把主觀性特徵作為價值相對主義的主要特徵來處理，而且也沒有說明漠視主觀性特徵的理由。第三，伯林的文本中的確討論了價值相對主義的不可評價性與特殊性特徵，但是，伯林在批駁相對主義的時候，並

23　George Crowder, "Pluralism, Relativism and Liberalism in Isaiah Berlin," paper presented at the the Australasian Political Studies Association Conference University of Tasmania Hobart, 2003. George Crowder, *Isaiah Berlin: Liberty, Pluralism and Liberalism*, Cambridge, UK: Polity, 2004, pp. 114-123. George Crowder, "Value Pluralism and Liberalism: Berlin and Beyond," in George Crowder and Henry Hardy（eds.）, *The One and the Many: Reading Isaiah Berlin*, Amherst, NY: Prometheus Books, 2007, p. 209.

沒有把不可評價性與特殊性當作核心特徵來批駁，而僅僅稍帶提及。然而，克勞德只是意識到可評價性是伯林所忽略的反相對主義路徑，而沒有意識到普遍性也是伯林所忽略的反相對主義路徑。

裘尼斯與哈代（Joshua Cherniss and Henry Hardy）在《史丹佛哲學百科全書》（*Stanford Encyclopedia of Philosophy*）的詞條〈以賽亞・伯林〉中也討論了多元主義與相對主義的關係問題。他們認為，伯林的文本中蘊含著兩種相對主義。第一種相對主義實際上是一種主觀主義，它具有兩大特徵，即主觀性與不可理解性。主觀性意味著所有價值都是主觀的，而不可理解性意味著人類無法理解異質價值。裘尼斯與哈代指出，伯林的多元主義一方面主張核心的基本價值的存在，另一方面認為人類可以理解異質價值。因此，伯林的多元主義不是主觀主義。第二種相對主義認為所有價值都是相對於特殊語境而言的，因此，沒有什麼普遍有效的價值。然而，伯林的多元主義卻指出有些價值是普遍有效的。在這個意義上，伯林的多元主義不是第二種相對主義。儘管如此，他們依舊認為伯林的多元主義難以擺脫相對主義的汙名。他們把多元主義的不可通約性分為三個等級：弱勢不可通約性（weak incommensurability）、溫和不可通約性（moderate incommensurability）與激進不可通約性（radical incommensurability）。他們所謂的激進不可通約性實際上就是不可比較性，其觀點是沒有共同的價值尺度可以用來比較各種價值。這樣，價值選擇就是主觀的，每個人都可以根據自己的喜好而隨意選擇各種價值。在這個意義上，多元主義的激進不可通約性滑向了相對主義深淵。[24]

---

24 Joshua Cherniss and Henry Hardy, "Isaiah Berlin," （Winter 2016 Edition）In

　　然而，他們的觀點存在著不少瑕疵。首先，他們並沒有全面把握伯林的相對主義界定。實際上，除了上述兩種相對主義之外，伯林還區分了事實相對主義與價值相對主義。其次，他們只討論了兩種相對主義的主觀性、不可理解性與特殊性特徵，但卻沒有意識到不可評價性也是相對主義的核心特徵。第三，伯林的多元主義主張核心的基本價值的存在，這並不能用來區分多元主義與第一種相對主義。因為多元主義主張核心的基本價值的存在，只能用來反對第二種相對主義的特殊性主張，但卻不能用來反對第一種相對主義的主觀性主張。第四，沒有共同的價值尺度可以用來比較各種價值，並不等於價值之間不可比較。因此，激進不可通約性並不一定會導致相對主義。例如，喝茶讓我精神抖擻，而咖啡的味道讓我口舌不適。因此，兩相比較之下，我選擇喝茶。我確實在兩者之間進行了比較，但是我並沒有用共同的價值尺度來進行比較。我不是說喝茶讓我精神抖擻，而喝咖啡讓我昏昏欲睡，所以我選擇喝茶；我也不是說喝茶讓我口舌舒適，而喝咖啡讓我口舌不適，所以我選擇喝茶。我的比較方式是，我用精神的舒適度來選擇喝茶，而用口舌的不適度來淘汰喝咖啡。第五，價值之間無法比較，並不代表價值選擇都是主觀的。基於此，激進不可通約性不一定會導致相對主義。同樣以喝茶與喝咖啡為例，我可能無法在東方人愛喝茶與西方人愛喝咖啡之間做出比較，從而推出喝茶比喝咖啡更好，或者喝咖啡比喝茶更好。但

Stanford Encyclopedia of Philosophy, edited by Edward N. Zalta, September 21, 2016 2016 [cited June 28 2017]; available from https://plato.stanford.edu/archives/win2016/entries/berlin/. Henry Hardy, "Isaiah Berlin's Key Idea," 2000 [cited September 1 2013]; available from http://berlin.wolf.ox.ac.uk/writings_on_ib/hhonib/isaiah_berlin's_key_idea.html.

是，這並不意味著東方人愛喝茶的選擇都是主觀的。不錯，有些人愛喝茶，確實是個人的主觀偏好。但是，也有些人愛喝茶是我們的文化傳統與飲食習慣長期薰陶的結果，並不是個人主觀喜好的直接反映。

費雷爾（Jason Ferrell）在〈伯林所謂的相對主義〉（"The Alleged Relativism of Isaiah Berlin"）中區分了認識論相對主義與文化相對主義。根據這種區分，他分兩條線索來論述伯林的反相對主義主張。第一，認識論相對主義認為，所有真理都是相對的。但是，如果所有真理都是相對的，那麼，相對主義本身也是相對的。如果相對主義本身是相對的，那麼，相對主義就無法宣稱所有真理都是相對的。這樣，認識論相對主義就陷入了自相矛盾。第二，文化相對主義認為，人類無法理解不同文化中的異質價值。然而，伯林卻認為人類可以理解不同文化中的異質價值，理解的基礎是共通視域與現實感。基於上述兩條線索，費雷爾認為伯林不是相對主義者。[25]

費雷爾通過區分認識論相對主義與文化相對主義，來論證伯林不是相對主義者的思路，確實非常具有洞見。但是，他的論證依舊有兩點問題。首先，他實際上沒有必要引入認識論相對主義與文化相對主義的概念，來討論伯林思想中的相對主義問題。因為在他的討論中，他在很大程度上把認識論相對主義對應於伯林本人所謂的事實相對主義，而把文化相對主義對應於伯林本人所謂的價值相對主義。既然伯林的文本中已經區分了兩種相對主義，而且這兩種相對主義對應於費雷爾的兩種相對主義，那麼，

---

25 Jason Ferrell, "The Alleged Relativism of Isaiah Berlin," *Critical Review of International Social and Political Philosophy*, Vol. 11, No. 1, 2008.

他引入兩種相對主義的思路就顯得有點累贅了。其次,他只注意到伯林反駁相對主義的可理解性論證,但卻沒有注意到客觀性、普遍性與可評價性論證。因此,他的論證需要進一步完善。

錢永祥在〈多元論與美好生活:試探施特勞斯政治哲學的兩項誤解〉中,批評施特勞斯、劉小楓與甘陽混淆了多元主義與相對主義。首先,他指出價值相對主義意味著各種價值都「一樣好／一樣對」,而價值多元主義並不認同這種觀點。因為在價值多元主義者看來,從不可通約性與不可兼容性無法推出各種價值都一樣正當,除非我們假定無法比較的價值都是同等的價值。正是這樣,價值多元主義並不主張價值平等。實際上,價值多元主義認為價值選擇取決於個體特殊的主觀考量。其次,價值多元主義主張價值選擇取決於個體特殊的主觀考量,並不會導致價值相對主義,因為從「理由」可以推導出普遍主義。如果我們要通過說理的方式來說服對方,那麼,我們必須超越我們雙方的立場,並借助對說理雙方來說都成立的共通價值來讓對方理解並同意自己的立場。如果這是站得住腳的,那麼,普遍主義就滲透進來了。[26]

然而,錢永祥的推論依舊有商榷的餘地。第一,錢永祥所謂的價值相對主義實際上就是伯林所謂的價值多元主義。伯林在文本中曾明確表示多元價值之間同等終極、同等絕對且同等客

26　錢永祥,〈多元論與美好生活:試探施特勞斯政治哲學的兩項誤解〉,載《復旦政治哲學評論》2010年第1期,頁61-77。此文重刊於錢永祥,《動情的理性:政治哲學作為道德實踐》,台北:聯經出版事業股份有限公司,2014,頁259-285。陳建洪站在施特勞斯的立場上對錢永祥的觀點做出了全面回應,參陳建洪,《論施特勞斯》,上海:華東師範大學出版社,2015,頁107-121。

觀。[27]因此，伯林的價值多元主義本身就預設了錢永祥所謂的「一樣好／一樣對」。如此，錢永祥怎麼可以說價值多元主義不認同這種觀點呢？除非他明確拒斥伯林的價值多元主義立場。第二，錢永祥從理由推導出普遍主義的依據，實際上不是理由，而是共通價值。錢永祥認為只有通過對說理雙方來說都成立的共通價值，理由才能發揮作用。如果共通價值對說理雙方來說都成立，那麼，共通價值本身就是超越說理雙方的普遍價值。在這個意義，共通價值已經預設了普遍主義。而我們之所以能夠從理由推導出普遍主義，正是因為我們借助了超越說理雙方的共通價值。這樣，從理由推導出普遍主義本質上就是從共通價值推導出普遍主義，而不是表面上所謂的從理由推導出普遍主義。也就是說，普遍主義的來源根本不是理由，而是共通價值。然而，錢永祥並沒有論證共通價值本身是如何產生的。因此，錢永祥的思路實際上是通過預設普遍主義來證明普遍主義。第三，即便假定共通價值是存在的，而且也假定我們可以借助共通價值，通過說理的方式推導出普遍主義，但是，通過說理的方式來說服對方，並不一定需要借助共通價值。在某種意義上，特殊價值（也就是錢永祥所謂的成見）本身就足以說服對方。例如，我要說服一個不喝茶的中國人去喝茶。我並不一定需要給出喝茶有益於健康等普遍的共通理由來說服對方，我可能只需要說「喝茶是體現某種特殊文化品味的一種方式」，就足以讓對方改變不喝茶的習慣。在這個意義上，特殊價值或成見本身可能就足以成為說服的理由，而不是錢永祥所說的成見不能成為理由。第四，如果錢永祥承認價值

27　Isaiah Berlin, *Liberty*, ed. Henry Hardy, Oxford: Oxford University Press, 2002, pp. 213-214.

選擇取決於個體特殊的主觀考量，那麼，他可能無法以理由為基礎來論證價值多元主義不是相對主義。錢永祥指出，「我們自己的特殊考慮」「決定了我們每一項特定選擇是來自什麼理由」。[28]換言之，成見決定了價值選擇，也決定了價值選擇的理由。如果「成見」足以決定價值選擇及其理由，那麼，我們為什麼需要「理由」來支撐我們的價值選擇？如果我們需要通過「理由」中所蘊含的普遍主義來支撐我們的價值選擇，那麼，我們的價值選擇以及價值選擇的「理由」怎麼可能被我們的「成見」所決定呢？而且，錢永祥假定我們需要以理由為基礎來說服對方，也需要以理由為基礎來評判價值之間的高下。但是，如果我們的價值選擇及其理由被我們的特殊考慮所「決定」，那麼，我們的價值選擇就不可能超出我們的特殊考慮，如此，我們根本就沒有必要去說服對方，也沒有必要去評判價值之間的高下。你愛喝咖啡，我愛喝茶。既然我們的習慣被我們的特殊考慮所決定，我幹嘛還要去說服你來喝茶呢？我們幹嘛非得爭個誰高誰低呢？我們只要自己喝得舒服就行了，僅此而已。第五，即便從理由可以推導出普遍主義，錢永祥的論證跟伯林本人的論證依舊有很大的出入。一方面，他忽略了伯林論證多元主義不是相對主義所涉及的客觀性、可理解性與可評價性特徵。另一方面，他所提出的從理由推導出普遍主義的思路，並不是伯林所採取的論證思路，而是他本人所採取的論證策略。錢永祥的論證確實具有原創性，然而他在文中並沒有清晰交代自己的論證與伯林的論證之間的差異，以至於我們無法分清哪裡是他的論證，哪裡是伯林的論證。

　　在〈價值多元論與相對主義──論以賽亞·伯林對價值多元

28　錢永祥，《動情的理性：政治哲學作為道德實踐》，頁268。

論的辯護〉中，王敏和馬德普也認為伯林的多元主義不是相對主義。在他們看來，相對主義有三個核心觀點：第一，相對主義認為價值被外在神秘力量所決定；第二，相對主義否認客觀價值的存在；第三，相對主義否認不同文化之間互相理解的可能性。而伯林的多元主義卻認為客觀價值是存在的，相互理解是可能的，因此，多元主義不是相對主義。[29]

　　但是，王敏和馬德普的論證並不完善。他們所關注的重點是多元主義的客觀性與可理解性特徵。儘管他們注意到共通人性使普遍價值成為可能，但是他們卻沒有把普遍價值的存在視為多元主義的核心特徵之一。而他們之所以沒有這樣做，可能是他們沒有注意到相對主義的特殊性特徵。不僅如此，他們還沒有注意到多元主義的不可評價性特徵。因此，他們所提供的論證思路實際上只是伯林文本中明言的論證。然而，要充分反駁多元主義是相對主義的觀點，伯林文本中明言的論證是遠遠不夠的。

　　關於多元主義與相對主義的關係問題，本書的立場是多元主義不是相對主義。本書的論證一方面吸收了他們的研究成果，另一方面也修正了他們的不足之處。為此，本書將在第四章採取兩個思路來展開相關論證。第一個思路是伯林文本中明言的論證，即相對主義的主要特徵是主觀性與不可理解性，而多元主義的核心特徵是客觀性與可理解性，因此，多元主義不是相對主義。第二個思路是伯林文本中隱含的論證，即相對主義的主要特徵實際上不是主觀性與不可理解性，而是特殊性與不可評價性，而伯林的多元主義隱含著普遍性與可評價性特徵，因此，伯林的多元主

29　王敏、馬德普，〈價值多元論與相對主義——論以賽亞・伯林對價值多元論的辯護〉，載《天津師範大學學報（社會科學版）》2012年第4期，頁7-12。

義不是相對主義。

　　第二個問題是，施特勞斯到底是自由主義的朋友，還是自由主義的敵人？關於這個問題，學術界同樣有兩種不同觀點。第一種觀點認為施特勞斯是自由主義的敵人，其中最具有代表性的是德魯里（Shadia B. Drury）。德魯里區分了自由主義的批判者與自由主義的顛覆者。在她看來，施特勞斯既是自由主義的批判者，也是自由主義的顛覆者。施特勞斯的自由主義批判主要基於三點：第一，美國的自由主義跟魏瑪共和國的自由主義一樣都隱含著法西斯主義的危險；第二，美國的自由主義不可能實現宗教多元主義；第三，自由主義孕育了虛無主義。[30]但是，批判自由主義是一回事，顛覆自由主義卻是另一回事。自由主義批判者可以讓自由主義意識到自身的問題，從而使之提出一種更好的方式為自身辯護。然而，施特勞斯的狼子野心是顛覆自由主義，而不是完善自由主義。在德魯里看來，施特勞斯打心眼裡厭惡自由主義，因為希特勒的上台跟德國的自由主義脫不了干係。既然德國的自由主義滋生了法西斯主義，我們有什麼理由不認為美國的自由主義也潛藏著同樣的危險呢？在德國，上台後的希特勒壓制了少數精英。同樣，在美國，少數精英也可能受到迫害。不僅如此，德魯里還進一步指出，不是施特勞斯所謂的自由主義孕育了法西斯主義，而恰恰是施特勞斯的新保守主義滋養了美國政府的法西斯主義傾向。小布希政府中的眾多施派分子，以施特勞斯的隱微主義政治哲學為理論武器，通過高貴的謊言來欺騙美國人民，誤導美國人民相信薩達姆政權真的持有大規模殺傷性武器，從而讓國

30　參莎蒂亞‧B‧德魯里，《列奧‧施特勞斯與美國右派》，劉華等譯，上海：華東師範大學出版社，2006，頁4-11。

會授權他們侵略伊拉克。在德魯里看來，這些施派分子的行事作風跟德國法西斯主義如出一轍。[31]

　　儘管本書並不贊同施特勞斯的立場與觀點，但是，公允而論，德魯里的指控確實有點誇大其詞了。首先，施特勞斯確實指出美國的自由主義同樣隱藏著法西斯主義的危險，但是，這並不意味著施特勞斯要顛覆美國的自由主義制度。在施特勞斯的文本中，沒有任何證據可以證明施特勞斯隱含著這樣的政治意圖。相反，雖然施特勞斯是自由主義的批判者，但是，他卻反覆宣稱自己是自由主義的朋友。[32]他的批判不是出於敵人的惡毒，而是出於朋友的善惡。而且，他也讚賞以美國為代表的自由主義制度保障了哲學家的言論自由，從而使哲學家免受迫害之苦。[33]在這個意義上，施特勞斯不但是自由主義的朋友，而且還是美國自由主義制度的支持者。其次，德魯里把施派分子在美國政府中的所作所為，歸結為施特勞斯本人意圖顛覆美國自由主義制度，實在欠缺說服力。無論如何，我們必須區分施特勞斯本人的意圖與施派分

31　請特別參見 Shadia B. Drury, *The Political Ideas of Leo Strauss*, New York: Palgrave Macmillan, 2005, pp. ix-lvii. 除了德魯里外，類似的批判者還有尼古拉斯·齊諾斯（Nicholas Xenos）等。但是，德魯里是其中最著名的批判者。由於篇幅所限，本書僅討論德魯里的觀點。Nicholas Xenos, *Cloaked in Virtue: Unveiling Leo Strauss and the Rhetoric of American Foreign Policy*, New York and London: Routledge, 2008.

32　Leo Strauss, *Liberalism Ancient and Modern*, Chicago and London: The University of Chicago Press, 1968, p. 24. Leo Strauss, *The Rebirth of Classical Political Rationalism*, Chicago and London: The University of Chicago Press, 1989, p. 6.

33　Strauss, *Liberalism Ancient and Modern*, p. 24. Leo Strauss, *Jewish Philosophy and the Crisis of Modernity*, Albany: State University of New York Press, 1997, p. 470.

子的意圖。且不說施派分子是否真的蓄意顛覆美國自由主義制
度，即便真的如此，我們也不能說，施特勞斯意圖顛覆美國自由
主義制度。施派分子的意圖並不代表施特勞斯本人的意圖。就算
施派分子的思想資源來源於施特勞斯的學說，施特勞斯本人的學
說與施派分子的學說之間也不能畫上等號。[34]如果德魯里真的要論
證施特勞斯意圖顛覆美國自由主義制度，那麼，比較可靠的方式
是從施特勞斯本人的思想學說中找尋相關證據，而不是捨近求遠
地從施派分子的行為方式中找尋證據。如果施特勞斯本人的思想
中並不蘊含這樣的證據，無論施派分子的所作所為是否意圖顛覆
美國自由主義制度，我們都不能把這樣的意圖簡單地歸之於施特
勞斯本人。因此，除非德魯里可以從施特勞斯本人的思想中找到
類似的證據，否則，她的指控是站不住腳的。[35]

　　第二種觀點認為施特勞斯是自由主義的朋友。[36]哈維・曼斯

34　施特勞斯的再傳弟子安妮・諾頓（Anne Norton）也嘗試區分施派分子的作為
　　與施特勞斯本人的思想，因此，她認為不能把那些進入政界的施派分子跟施
　　特勞斯本人混為一談，see Ann Norton, *Leo Strauss and the Politics of American
　　Empire*, New Haven and London: Yale University Press, 2004.

35　陳建洪也對德魯里的觀點提出了批判。不過，他所關注的核心問題，不是施
　　特勞斯是否是自由主義的朋友，而是施特勞斯是否是美國新保守主義之父。
　　在他看來，美國新保守主義體現的不是施特勞斯的政治哲學，而是施米特的
　　政治理論。因此，施特勞斯不是美國新保守主義之父。陳建洪的討論在一定
　　程度上補充了本書所沒有論及的視角。陳建洪，〈施特勞斯論古今政治哲學
　　及其文明理想〉，載《世界哲學》2008年第1期，頁51-55。

36　除了本書所討論的施特勞斯辯護者以外，布魯姆與查爾斯・拉莫（Charles
　　Larmore）也認為施特勞斯不是自由主義的敵人。但是，由於他們並沒有提
　　出系統的論證，所以此處不再具體加以展開。Allan Bloom, "Leo Strauss:
　　September 20, 1899-October 18, 1973," *Political Theory*, Vol. 2, No. 4, 1974, pp.
　　372-392. Allan Bloom, "Foreword," in Leo Strauss, *Liberalism Ancient and*

菲爾德的弟子彼得・米諾維茨（Peter Minowitz）在《施特勞斯恐懼症：反駁德魯里及其他指控者，捍衛施特勞斯及施派分子》（*Straussophobia: Defending Leo Strauss and Straussians against Shadia Drury and Other Accusers*）中，以一本書的規模回應德魯里及其他批評者。他在該書中指出，德魯里等批評者所謂的在美國政府機構中任職的許多施派分子實際上不是真正的施派分子。例如保羅・沃爾福威茨（Paul Wolfowitz），他心目中的英雄不是施特勞斯與布魯姆，而是阿爾伯特・沃爾斯泰特（Albert Wohlstetter）。因此，德魯里等人眼中的施派分子實際上跟施特勞斯本人沒有什麼特別的關聯。[37]從這個角度來說，米諾維茨的觀點非常具有說服力，他極其有力地回擊了德魯里等批評者的惡意指控。然而，遺憾的是，米諾維茨所提出的辯護只是否定性的辯護（negative defense），而不是肯定性的辯護（positive defense）。他只是否定了德魯里等批判者的指控，但卻沒有肯定性地論證施特勞斯是自由主義的朋友。在這個意義上，他的辯護僅僅完成了一半。若要真正使施特勞斯擺脫自由主義之敵的惡名，他需要進一步提供更加充分的肯定性論證。

在《施特勞斯的真相》（*The Truth About Leo Strauss*）中，施特勞斯的弟子札克特夫婦（Michael Zuckert and Catherine H. Zuckert）提出了一種肯定性論證。他們認為美國學術界與新聞界之所以誤解施特勞斯是美國自由主義制度的敵人，是因為施特勞

Modern, Chicago and London: The University of Chicago Press, 1968, pp. v-vi. Charles Larmore, *The Morals of Modernity*, Cambridge: Cambridge University Press, 1996, pp. 71-72.

37　Peter Minowitz, *Straussophobia: Defending Leo Strauss and Straussians against Shadia Drury and Other Accusers*, Lanham, Maryland: Lexington Books, 2009.

斯對美國的自由主義制度有著複雜而曖昧的態度。在他們看來，施特勞斯的曖昧態度根源於三個重要命題：第一，美國是現代的；第二，現代性是糟糕的；第三，美國是美好的。毫無疑問，這三大命題是互相衝突的，然而，怪就怪在施特勞斯居然同時主張這三大命題。如果前兩個命題是成立的，那麼，人們無疑會認為施特勞斯主張美國是糟糕的。基於此，施特勞斯是美國自由主義制度的敵人。這恐怕就是美國學術界與新聞界用來批判施特勞斯的邏輯。可是，在札克特夫婦看來，美國是美好的命題在施特勞斯的思想中也是成立的。首先，相較於其他現代國家，美國相對來說是美好的。其次，現代性並不完全糟糕。在施特勞斯的視野中，現代性第一次浪潮的結果是自由主義，而現代性第二次浪潮的結果卻是極權主義，因此，現代性第一次浪潮無疑優於現代性第二次浪潮。最後，美國並不完全現代。美國的自由主義制度體現的是古典政治哲學中的混合政體，因此是可以接受的。而且，美國建國之父們以普布利烏斯（Publius）為筆名發表《聯邦黨人文集》，實際上暗示了他們回歸古典的意圖。基於這三點理由，札克特夫婦認為施特勞斯是美國自由主義的朋友。[38]

　　他們的肯定性論證非常具有說服力，然而，他們依舊忽略了至關重要的一點，即施特勞斯的古代自由主義思想。只有在施特勞斯的古代自由主義思想中，我們才能清晰地看到施特勞斯批判現代自由主義，回歸古代自由主義的真實意圖。施特勞斯接受美國的自由主義制度，只是他的權宜之計。在他看來，美國的自由主義制度之所以可以接受，是因為在現有的政體模式中，美國的

38　Catherine H. Zuckert and Michael Zuckert, *The Truth About Leo Strauss*, Chicago and London: The University of Chicago Press, 2006.

政體是最好的一個。換言之，如果有一種更加接近古典政治哲學
理想的政體，那麼，施特勞斯無疑會選擇這種政體，從而拋棄美
國的自由主義制度。施特勞斯之所以會這樣做，是因為美國的自
由主義制度本身已經危機重重，因此完全可能重蹈德國的覆轍。
如果美國的自由主義制度要擺脫危機，那麼，它必須從現代自由
主義重返古代自由主義，從中吸取擺脫危機的思想涵養。基於
此，施特勞斯之所以是自由主義的朋友，是因為施特勞斯指出了
現代自由主義的癥結所在，並同時向現代自由主義指明了未來的
發展方向。

在〈施特勞斯的自由政治〉（"The Liberal Politics of Leo
Strauss"）中，貝納加（Nasser Behnegar）分為兩個方面來論證施
特勞斯是美國自由主義的朋友。首先，自然權利是現代自由主義
大廈的理論基石，而在施特勞斯看來，自然權利是現代自由主義
不可或缺的核心要素，因此，施特勞斯是自由主義的支持者。自
然權利之所以必不可少，是因為否定自然權利將產生一系列災難
性後果。例如，否定自然權利將導致相對主義與虛無主義。從
此，人類再也無法判斷是非善惡了。否定自然權利意味著自由主
義的相對主義將從寬容走向不寬容。這樣，自由主義就陷入了自
相矛盾的尷尬境地之中。否定自然權利還會產生狂熱的蒙昧主
義。自此，人類只會盲目地選擇，而無法理性地選擇。其次，儘
管施特勞斯在理論上反對現代自由主義，但是在實踐中卻支持現
代自由主義。施特勞斯支持現代自由主義的特殊方式是為現代自
由主義危機開出治病的藥方——回歸古典政治哲學。在施特勞斯
看來，現代自由主義應該從古典政治哲學中尋找理論基礎，而不
應該從現代政治哲學中尋找哲學依據。為什麼是古典政治哲學
呢？現代自由主義危機的根源是現代自由主義拋棄了人民的宗教

教育與精英的自由教育。最終，紳士與大眾的區分消失了，現代
自由主義社會淪落為大眾社會，現代自由主義文化墮落為大眾文
化。而在施特勞斯看來，古典政治哲學中的自由教育就可以救治
現代自由主義的病症。因此，現代自由主義應該回歸古典政治哲
學。[39]

　　雖然貝納加注意到施特勞斯意圖以自由教育來矯正現代自由
主義，然而遺憾的是，他並沒有詳細展開這方面的論述，也沒有
全面把握施特勞斯思想中的自由主義譜系。首先，他並沒有詳細
比較古代的自由教育與現代的普及教育之間的核心差異。其次，
他也沒有討論古代自由與現代自由、古代民主與現代民主等核心
問題。第三，他更加沒有從現代自由主義的理論預設出發來論證
回歸古典政治哲學的必要性。最後，他也沒有留意到古典政治哲
學中的絕對主義與自然主義對現代自由主義的重要性。因此，倘
若要充分論證施特勞斯是自由主義的朋友，那麼，貝納加的觀點
還需要進一步完善。

　　史密斯（Steven B. Smith）的論證實際上就是以施特勞斯的
古代自由主義思想為基礎的論證。在這個意義上，史密斯可以補
充札克特夫婦的不足之處。在《解讀施特勞斯》（*Reading Leo
Strauss*）中，史密斯指出，施特勞斯之所以是自由主義的朋友，
是因為施特勞斯也主張自由主義，這種自由主義被稱為柏拉圖式
自由主義（Platonic liberalism）。史密斯非常出色地闡發了施特勞

39　Nasser Behnegar, "The Liberal Politics of Leo Strauss," in Michael Palmer and
　　Thomas Pangle（eds.）, *Political Philosophy and the Human Soul: Essays in
　　Memory of Allan Bloom*, Lanham, Maryland: Roman & Littlefield Publishers, Inc.,
　　1995, pp. 251-267.

斯的柏拉圖式自由主義，他認為，柏拉圖式自由主義本質上是蘇格拉底式懷疑主義。波普爾等學者解讀柏拉圖，根據的是柏拉圖對話錄的內容，但是施特勞斯解讀柏拉圖，根據的是柏拉圖對話錄的形式。施特勞斯認為，柏拉圖對話錄的內容表達的僅僅是柏拉圖的顯白教誨，其對話形式本身才真正傳達出了柏拉圖的真實教誨。對話形式的核心特徵是柏拉圖本人的匿名，柏拉圖表達其思想不是通過其本人，而是通過其師蘇格拉底。施特勞斯認為，證成哲學的唯一理由是探索或懷疑，而蘇格拉底的懷疑主義的精髓是追求智慧，而不是智慧本身。一旦哲學家確證了智慧，追求智慧也就停止了，如是，哲學就終止了，哲學家就不是哲學家了。因此，蘇格拉底的懷疑主義是柏拉圖式政治哲學的中心。基於此，史密斯認為，施特勞斯詮釋出了柏拉圖式自由主義，理由有二：第一，柏拉圖對話錄所展示出來的寬容、開放與懷疑主義全部都是自由主義價值；第二，施特勞斯在其著作的某個段落中特別突出了柏拉圖對民主的解釋，民主是美好的，因為民主使得哲學成為可能。[40]

　　儘管史密斯從施特勞斯的古典政治哲學立場出發，系統闡釋了柏拉圖式自由主義，但是他所謂的柏拉圖式自由主義實際上依舊內在於現代自由主義的框架。他把柏拉圖解讀為一個懷疑論者，柏拉圖對話中所表現的寬容、開放以及懷疑主義是柏拉圖式自由主義的核心內容。而自由主義的核心價值也是寬容、開放以及懷疑主義等。因此，柏拉圖對話錄體現的是自由主義思想。然而，史密斯論證柏拉圖是自由主義者所依據的標準是現代自由主

40　Steven B. Smith, *Reading Leo Strauss*, Chicago and London: The University of Chicago Press, 2006.

義，而不是古代自由主義。寬容、開放以及懷疑主義等價值正是現代自由主義的核心價值，而不是古代自由主義的核心價值。在施特勞斯看來，現代自由主義的理論基礎是現代自由，其中包括了寬容、開放以及懷疑主義等價值。而古代自由主義的理論基礎是古典美德，其中並不包括寬容、開放以及懷疑主義等價值。因此，他的策略是以現代自由主義的方式為施特勞斯的古代自由主義辯護，抑或把現代自由主義作為自由主義的標準來論證施特勞斯的古代自由主義是現代自由主義。但是，這種辯護方式跟施特勞斯的初衷完全背道而馳，因此並不是一種有效的辯護方式。

　　本書同意第二種觀點，但卻不完全同意他們論證施特勞斯是自由主義之友所提出的理論論據。本書將在第二章論證施特勞斯是現代自由主義的批判者，但卻是古代自由主義的朋友。根據施特勞斯的現代自由主義批判，現代自由主義要麼吸收古代自由主義的部分觀點，要麼論證為什麼不需要古代自由主義。首先，如果現代自由主義認可施特勞斯的批判，那麼，現代自由主義擺脫危機的起點是回歸古代自由主義。在施特勞斯看來，現代自由主義已經深陷危機之中，其原因是它接納了相對主義，並遺忘了古典美德。而古代自由主義的理論基礎是絕對主義，並且其核心是古典美德。因此，現代自由主義若要走出危機，必須從相對主義轉向絕對主義，從自由轉向美德。其次，如果現代自由主義否定施特勞斯的批判，那麼，現代自由主義必須在古代自由主義的挑戰下形成一套自圓其說的自我辯護理論。施特勞斯的現代自由主義批判指出了現代自由主義的根本問題所在，從而促使現代自由主義進行自我反思，並迫使現代自由主義提出新的辯護方式，來回應施特勞斯的批評。現代自由主義的自我辯護可以採取兩種策略：第一種策略是，如果現代自由主義承認相對主義的邏輯，那麼，現代自由主義必須論證相對主義不會摧毀自然權利，也不會滋生極權主義。因此，自由主義的相對主義根本不會產生施特勞斯所謂的自由主義危機。第二種策略是，如果現代自由主義否認相對主義的邏輯，那麼，現代自由主義必須論證自己的主張跟相對主義毫無瓜葛。儘管相對主義可能摧毀自然權利，並且滋生極權主義，但是由於現代自由主義的理論基礎不是相對主義，所以，現代自由主義不會導致自由主義危機。然而，無論是回歸古代自由主義，還是提出新的辯護方式，施特勞斯都擴大了自由主義的視野，並為自由主義開放出了更多的可能性。

本書所採取的研究方法是比較研究。就此而言，國內外學術界已經有了一些非常成熟的嘗試。關於伯林的比較研究相對來說比較少，其中最具有代表性的是考特（David Caute）的伯林與多伊徹（Isaac Deutscher）比較研究，[41]拉斯曼（Peter Lassman）的韋伯、伯林與羅爾斯比較研究，[42]史蒂芬・盧克斯（Steven Lukes）的伯林與韋伯比較研究，[43]溫海姆（Ilya P. Winham）的伯林與阿倫特（台灣譯為漢娜・鄂蘭）比較研究，[44]以及弗朗哥（Paul Franco）

---

[41] David Caute, *Isaac and Isaiah*, New Haven and London: Yale University Press, 2013.

[42] Peter Lassman, "Political Theory in an Age of Disenchantment: The Problem of Value Pluralism: Weber, Berlin, Rawls," *Max Weber Studies*, Vol. 4, No. 2, 2004, pp. 253-271.

[43] 史蒂芬・盧克斯，〈以賽亞・伯林、馬克斯・韋伯與辯護自由主義〉，載劉東、徐向東主編，《以賽亞・伯林與當代中國：自由與多元之間》，南京：譯林出版社，2014，頁65-81。

[44] Ilya P Winham, "After Totalitarianism: Hannah Arendt, Isaiah Berlin, and the Realization and Defeat of the Western Tradition," Ph.D. Dissertation, University of Minnesota, 2015.

的伯林與歐克肖特比較研究。[45]

　　關於施特勞斯的比較研究則相對比較多。例如，邁爾
（Heinrich Meier）的施特勞斯與施米特比較研究，[46]陳建洪的施特
勞斯與施米特比較研究，[47]貝納加的施特勞斯與韋伯比較研究，[48]巴
特尼茨基（Leora Batnitzky）的施特勞斯與列維納斯比較研究，[49]
凱瑟琳・札克特（Catherine Zuckert）的尼采、海德格爾、伽達默
爾、施特勞斯與德里達比較研究，[50]查孔（Rodrigo Chacón）的海
德格爾、阿倫特與施特勞斯的比較研究，[51]維克利（Richard L.
Velkley）的海德格爾與施特勞斯比較研究，[52]凱德斯（Liisi Keedus）

45　Paul Franco, "Oakeshott, Berlin, and Liberalism," *Political Theory*, Vol. 31, No. 4, 2003, pp. 484-507.

46　Heinrich Meier, *Carl Schmitt and Leo Strauss : The Hidden Dialogue*, Chicago and London: The University of Chicago Press, 1995.

47　Jianhong Chen, *Between Politics and Philosophy: A Study of Leo Strauss in Dialogue with Carl Schmitt*, Saarbrücken: VDM Verlag, 2008. Jianhong Chen, "On Strauss's Change of Orientation in Relation to Carl Schmitt," in Tony Burns and James Connelly（eds.）, *The Legacy of Leo Strauss*, Exeter: Imprint Academic, 2010, pp. 103-118.

48　Nasser Behnegar, *Leo Strauss, Max Weber, and the Scientific Study of Politics*, University of Chicago Press, 2003. Nasser Behnegar, "Leo Strauss's Confrontation with Max Weber: A Search for a Genuine Social Science," *The Review of Politics*, Vol. 59, No. 1, 1997, pp. 97-125.

49　Leora Batnitzky, *Leo Strauss and Emmanuel Levinas*, Cambridge: Cambridge University Press, 2006.

50　Catherine Zuckert, *Postmodern Platos : Nietzsche, Heidegger, Gadamer, Strauss, Derrida*, Chicago and London: The University of Chicago Press, 1996.

51　Rodrigo Chacón, "German Sokrates: Heidegger, Arendt, Strauss," Ph.D. Dissertation, New School for Social Research, 2009.

52　Richard L. Velkley, *Heidegger, Strauss, and the Premises of Philosophy*, Chicago

的施特勞斯與阿倫特比較研究，[53]鄭維偉的施特勞斯與阿倫特比較研究，[54]以及波特諾夫（Sharon Portnoff）的施特勞斯與法根海姆（Emil L. Fackenheim）比較研究。[55]

　　而關於伯林與施特勞斯的比較研究，最著名的是劉小楓與錢永祥的研究。[56]兩人的觀點恰好相反，劉小楓意圖站在施特勞斯的立場上批判伯林，而錢永祥則意圖站在伯林的立場上回應劉小楓。錢永祥在〈多元論與美好生活：試探施特勞斯政治哲學的兩項誤解〉中討論了兩個問題。第一個問題是價值多元主義與價值相對主義的關係問題；第二個問題是美好人生的問題。[57]關於第一個問題，本書已經在上述討論中交代清楚，此處不再贅述。關於第二個問題，由於本書的著眼點是伯林與施特勞斯對於極權主義問題的不同理解，而不是所謂的美好人生問題，因此，這個問題跟本書的主旨沒有太大的關聯。

　　真正跟本書的主題密切相關的是劉小楓的伯林與施特勞斯比

---

and London: The University of Chicago Press, 2011.

53　Liisi Keedus, *The Crisis of German Historicism: The Early Political Thought of Hannah Arendt and Leo Strauss*, Cambridge: Cambridge University Press, 2015.

54　鄭維偉，〈哲學與政治：阿倫特與施特勞斯的隱匿對話〉，載《政治學研究》2014年第4期，頁90-101。

55　Sharon Portnoff, *Reason and Revelation before Historicism: Strauss and Fackenheim*, Toronto, Buffalo and London: University of Toronto Press, 2011.

56　吳冠軍也分析了伯林與施特勞斯之間的思想爭論。但是，他的分析有兩項不足。第一，他沒有詳細展開兩者分歧的來龍去脈；第二，他在一定程度上也混淆了多元主義與相對主義。吳冠軍，〈價值多元時代的自由主義困境──從伯林的「終身問題」談起〉，載《人民論壇·學術前沿》2015年第4期，頁26-40。

57　錢永祥，〈多元論與美好生活：試探施特勞斯政治哲學的兩項誤解〉，載《復旦政治哲學評論》2010年第1期，頁61-77。

較研究。[58]在〈刺蝟的溫順〉一文中，劉小楓敏銳地意識到，伯林與施特勞斯對於極權主義問題的見解是截然相反的。「對於伯林來說，納粹的極權政治是絕對主義價值觀的結果；相反，在施特勞斯看來，正是由於蔑視某種絕對的價值，徹底拜倒在歷史相對主義腳下的德國哲人們，才在1933年沒有能力對德國的政治命運做出道德裁決。」[59]劉小楓的觀點非常具有啟發性，然而，遺憾的是，他的觀點尚有兩大缺陷。第一大缺陷是，他只是提出了這個觀點，但卻並沒有在文中詳細論證這個觀點。第二大缺陷是，他關於伯林的判斷並不符合伯林本人的思想傾向。伯林並沒有明言德國法西斯主義是絕對主義的結果。相反，他在其文本中數度明確表示，德國法西斯主義是浪漫主義的結果。[60]

本書將在劉小楓的基礎之上繼續討論伯林與施特勞斯對於極權主義問題的不同理解。然而需要特別加以說明的是，本書並不打算詳細考察伯林對於納粹主義問題的看法，也不打算系統分析施特勞斯對於共產主義問題的看法。這主要基於兩點理由：第一，伯林畢生的矛頭所向主要是蘇聯共產主義，而不是德國納粹主義。同樣，施特勞斯的終身關懷是德國納粹主義問題，而不是蘇聯共產主義問題。他們的學術情懷之所以有不同的側重點，是

---

58 筆者在碩士論文〈現代性危機的兩幅肖像：伯林與施特勞斯之爭〉中也對伯林與施特勞斯之爭進行了初步研究，並在一定程度上回應了施特勞斯以及劉小楓對伯林的批評。但是，筆者的碩士論文依舊不夠完善，因此，筆者嘗試在碩士論文的基礎之上進一步推進這項研究。參馬華靈，〈現代性危機的兩幅肖像：伯林與施特勞斯之爭〉華東師範大學碩士學位論文，2010。

59 劉小楓，《刺蝟的溫順》，頁175。

60 Isaiah Berlin, *The Roots of Romanticism*, ed. Henry Hardy, Princeton: Princeton University Press, 1999, p. 145. Isaiah Berlin, *The Power of Ideas*, ed. Henry Hardy, Princeton: Princeton University Press, 2001, pp. 134-135, 203-204.

因為他們有不同的出身與經歷。伯林是流亡英國的俄國人，所以他更加關注的是蘇聯共產主義問題。而施特勞斯是流亡美國的德國人，所以他更加關注的是德國納粹主義問題。第二，伯林對於蘇聯共產主義的理解與施特勞斯對於德國納粹主義的理解恰恰針鋒相對，因此，通過考察他們的相反見解，可以更加清晰地呈現兩人的根本分歧，同時也有助於我們更好地理解兩人的政治哲學。在伯林看來，蘇聯共產主義是一元主義的結果。而在施特勞斯看來，德國納粹主義是相對主義的結果。正是這樣，伯林意圖以多元主義矯正一元主義，而施特勞斯企圖用絕對主義扭轉相對主義。一元主義與多元主義問題正是伯林政治哲學的核心，而相對主義與絕對主義問題正是施特勞斯政治哲學的焦點。在這個意義上，伯林如何理解蘇聯共產主義是理解伯林政治哲學的關鍵，而施特勞斯如何理解德國納粹主義是理解施特勞斯政治哲學的要津。從中可以看出，蘇聯共產主義問題與德國納粹主義問題是開啟兩人政治哲學的鑰匙。

二、論證框架：從簡單多元主義到複合多元主義

本書將根據伯林與施特勞斯的政治哲學，提煉出兩種極權主義理論。第一種是伯林的極權主義理論（Berlin's theory of totalitarianism），[61] 伯林的極權主義理論分為兩個部分。第一部分

---

61 為了表述的方便，本書嘗試區分理論（theory）與觀念（conception）。理論是上位概念，而觀念是下位概念，因此，理論包含觀念。就本書而言，伯林與施特勞斯的極權主義理論都包含了兩種不同的觀念，即極權主義觀念與反極權主義觀念。

是伯林的極權主義觀念（Berlin's conception of totalitarianism），在伯林的政治哲學中，蘇聯共產主義是馬克思主義的結果，而馬克思主義的理論根基是一元主義，因此，一元主義的結果是極權主義。第二部分是伯林的反極權主義觀念（Berlin's conception of anti-totalitarianism），即用多元主義來反對一元主義，用自由主義來矯正馬克思主義。正是因為一元主義是伯林的極權主義理論的基點，所以，本書把伯林的極權主義理論命名為「一元主義極權主義理論」（monistic totalitarianism）。正是因為一元主義極權主義理論在實踐中所產生的危險顯而易見，而且這種危險通常伴隨著血流成河的歷史性悲劇，所以，一元主義極權主義亦可稱為「剛性極權主義」（hard totalitarianism）。[62]

　　第二種是施特勞斯的極權主義理論，施特勞斯的極權主義理論同樣可以分為兩個部分。第一部分是施特勞斯的極權主義觀念，即在施特勞斯看來，德國納粹主義是現代自由主義的結果，而現代自由主義的理論基礎是相對主義，因此，相對主義的結果是極權主義。第二部分是施特勞斯的反極權主義觀念，即用絕對主義抵制相對主義，用古代自由主義撥正現代自由主義。正是因為相對主義是施特勞斯的極權主義理論的起點，所以，本

---

[62]　克勞德與哈代認為，在伯林的思想中，極權主義有三大思想根源，而這三大思想根源隱含在三大對立中，即消極自由與積極自由的對立，啟蒙運動與反啟蒙運動的對立，一元主義與多元主義的對立。但是，克勞德與哈代所謂的三大對立實際上只是兩大對立。啟蒙運動與反啟蒙運動的對立本質上就是一元主義與多元主義的對立。因此，極權主義的思想根源主要有兩個，即積極自由與一元主義。本書第一章重點考察的就是這兩大根源。George Crowder and Henry Hardy, (eds.), *The One and the Many: Reading Isaiah Berlin*, Amherst, NY: Prometheus Books, 2007, pp. 22-28.

書把施特勞斯的極權主義理論命名為「相對主義極權主義理論」
（relativistic totalitarianism）。正是因為相對主義極權主義在實踐中
的危險若隱若現，難以捉摸，而且這種危險並不是它本身直接造
成的，因此，相對主義極權主義亦可稱為「柔性極權主義」（soft
totalitarianism）。[63]

　　一元主義極權主義理論與相對主義極權主義理論截然不同，
正是這樣，伯林與施特勞斯都毫不留情地批判對方的觀點。第
一種批判是施特勞斯的伯林批判（Critique I: Strauss's critique of
Berlin），即在施特勞斯看來，伯林的多元主義實際上是相對主
義，而相對主義的結果是極權主義，因此，多元主義的結果也
是極權主義。第二種批判是伯林的施特勞斯批判（Critique II:
Berlin's critique of Strauss），即在伯林看來，施特勞斯的絕對主
義實際上是一元主義，而一元主義的結果是極權主義，因此，絕
對主義的結果也是極權主義。如果施特勞斯的伯林批判與伯林的

63　1961年10月11日，施特勞斯致信美國參議院國內安全小組委員會（Senate
　　Internal Security Subcommittee）研究主任班傑明・曼德爾（Benjamin
　　Mandel）。在信中，他向曼德爾指出美國正在面臨的危險不是美國人紛紛信
　　奉共產主義意識形態，而是一種柔軟地邁向共產主義的步伐（softness toward
　　Communism）。這種柔軟地邁向共產主義的步伐，根源於當今社會科學中根
　　深柢固的相對主義思潮。相對主義認為好壞對錯無法在絕對的意義上加以區
　　分，因此，自由主義並不比極權主義優越。如果自由主義是可能的，那麼，
　　極權主義也是可能的。在這個意義上，相對主義柔軟地邁向了極權主義深
　　淵。據此，我們把施特勞斯的相對主義極權主義理論命名為「柔性極權主義
　　理論」是妥當的。施特勞斯致班傑明・曼德爾的書信現藏於芝加哥大學圖書
　　館特藏部的施特勞斯文稿檔案中，see Leo Strauss, "Letter to Benjamin Mandel
　　(Oct. 11, 1961)," Leo Strauss Papers, Box 4, Folder 13, Department of Special
　　Collections, University of Chicago Library, Oct. 11, 1961.

施特勞斯批判都是成立的，那麼，兩種極權主義理論將陷入雙重困境。第一重困境是一元主義極權主義困境（Dilemma I: dilemma of monistic totalitarianism），即一元主義與多元主義的結果都是極權主義；第二重困境是相對主義極權主義困境（Dilemma II: dilemma of relativistic totalitarianism），即相對主義與絕對主義的結果都是極權主義。根據施特勞斯的伯林批判，多元主義與相對主義是一回事，而根據伯林的施特勞斯批判，絕對主義與一元主義是一回事，這樣，第一重困境實際上就是第二重困境：一元主義極權主義的困境就是相對主義極權主義的困境。因此，第一重困境與第二重困境實際上是一體兩面，兩者共同構成了雙重困境這枚硬幣。

　　那麼，我們應該如何解決兩種極權主義理論的雙重困境呢？本書將站在伯林的立場上回應施特勞斯的批判，從而論證伯林的多元主義既不是施特勞斯所謂的絕對主義，也不是施特勞斯所謂的相對主義，而是伯林所謂的普遍主義。由於伯林的多元主義是絕對主義與相對主義夾縫之間的中間道路，是絕對主義與相對主義之外的第三種學術立場，所以，本書的結論是，伯林的多元主義是兩種極權主義理論之雙重困境的解決方案。

　　本書要討論的核心問題是，為什麼兩種極權主義理論陷入了雙重困境？如何解決兩種極權主義理論的雙重困境？為此，本書將分為五章來討論這兩個問題。第一章的目的是勾勒伯林的極權主義理論，即一元主義是極權主義的根源，而多元主義是極權主義的出路。第二章的目的是闡釋施特勞斯的極權主義理論，即相對主義是極權主義的淵源，而絕對主義是極權主義的出路。第三章將重構施特勞斯的伯林批判與伯林的施特勞斯批判，從而歸納出兩種極權主義理論的雙重困境，即一元主義與多元主義的結果是極權主義，相對主義與絕對主義的結果也是極權主義。第四章旨在論證伯林的多元主義不是相對主義。[64]第五章通過區分伯林的普遍主義與施特勞斯的絕對主義，從而論證伯林的多元主義不是絕對主義，而是普遍主義。就本書的謀篇佈局而言，第一章和第二章旨在回答什麼是兩種極權主義理論？第三章意圖回答為什麼兩種極權主義理論陷入了雙重困境？第四章和第五章則嘗試回答如何解決兩種極權主義理論的雙重困境？

　　在結論部分，本書將繼承並修正伯林的簡單多元主義理論（simple pluralism），從而初步建構複合多元主義（complex pluralism）理論框架。複合多元主義理論具有兩大原則（Macro-principles）與三小原則（Micro-principles）：兩大原則是最低限度的普遍主義原則（Macro-principle I: minimal universalism）與最大程度的多元主義原則（Macro-principle II: maximal pluralism）；三小原則是最大程度的平等對待原則（Micro-principle I: maximal equal treatment）、最大程度的互相尊重原則（Micro-principle II: maximal mutual respect）與最大程度的互相寬容原則（Micro-principle III: maximal mutual tolerance）。就兩大原則與三小原則的關係而言，由於三小原則從最大程度的多元主義原則派生而來，並且隸屬於最大程度的多元主義原則，因此，兩大原則優先於三小原則（the priority of Macro-principles over Micro-principles）。而在兩大原則內部，最低限度的普遍主義原則優先於最大程度的多

64　第四章由拙文〈多元主義與相對主義：伯林與施特勞斯的思想爭論〉修改並擴充而成。兩者的差異主要有兩點：第一，第四章額外增加了兩個小節的內容，分別是伯林的相對主義觀念與施特勞斯的相對主義觀念。第二，第四章完善了原稿已有的論證框架。馬華靈，〈多元主義與相對主義：伯林與施特勞斯的思想爭論〉，載《學術月刊》2014年第2期，頁32-40。

元主義原則。在承認複合多元主義的兩大原則與三小原則的前提下，各個國家都可以根據自身的價值取向建立各自的政治制度，例如以自由為核心的複合自由主義（complex liberalism）、以平等為核心的複合平等主義（complex egalitarianism）。根據複合多元主義的兩大原則與三小原則，複合多元主義既不是一元主義，也不是絕對主義，更不是相對主義，因此，本書的最終結論是，複合多元主義是兩種極權主義理論之雙重困境的最終出路。

第一章

一元主義與多元主義

伯林的極權主義理論

Monism is at the root of every extremism.[1]

Pluralism is the best of all antidotes to authoritarianism and paternalism.[2]

——Isaiah Berlin

1944年3月底，伯林被英國外交部從加拿大召回倫敦述職。回國途中，他乘坐的不是普通飛機，而是轟炸機。在那個年代，機艙內無法保持正常氣壓，所有乘客都必須戴氧氣罩。但是，戴了氧氣罩就不能睡覺。因為睡著後非常容易壓住氧氣管，從而發生窒息而死的悲劇。如此，乘客就必須在旅途中時刻保持清醒。在這種情況下，乘客通常都會選擇通過閱讀來打發無聊的時光。然而，麻煩的是，機艙內漆黑一片，沒有燈光，這樣，乘客連書也讀不了了。可以想像，在黑暗的機艙內，伸手不見五指，既不能睡覺，又無所事事，我們能做什麼呢？唯一能做的就是胡思亂想。對伯林來說，在黑暗的機艙內胡思亂想是最糟糕的事情，更何況要在轟炸機的機艙內連續胡思亂想七八個小時。然而，正是這七八個小時的胡思亂想徹底改變了伯林的下半生。在黑暗的夜空中，伯林決定從哲學轉向政治哲學。他知道哲學是一門非常有意思的學科，但是，哲學並不適合他。因為他根本不會日夜不眠不休地沉思哲學問題，也不覺得解答哲學問題有何緊迫感。然而，政治哲學問題卻讓他魂牽夢縈，興奮不已。因此，他下定決心從此放棄哲學，終生鑽研政治哲學。正是這次具有傳奇色彩的思想轉型，讓伯林從一位平淡無奇的哲學家成為一位舉世聞名的

1　Berlin, *The Power of Ideas*, p. 14.

2　Isaiah Berlin, "Reply to Robert Kocis," *Political Studies*, Vol. 31, No. 3, 1983, p. 390.

政治哲學家。[3]

　　粗略來說，伯林的學術生涯可以分為兩個階段：二戰前是哲學階段，而二戰後是政治哲學階段。伯林晚年回顧自己的學術歷程時，就明確以二戰為界區分這兩個階段。[4]然而，二戰結束後直至1950年前，伯林還在牛津教授哲學課程，因此他還是一位職業哲學家。1950年後，他才徹底結束了職業哲學家的生涯，轉向十九世紀俄國思想史研究。[5]在這個意義上，1944年–1950年間都是伯林的思想轉型時期。1944年是其思想轉型的萌芽，而1950年是其思想轉型的完成。因此，準確而言，伯林的學術生涯可以區分為三個階段：1944年前是哲學階段，[6] 1944年–1950年是轉型階段，1950年後是政治哲學階段。儘管在時間上伯林的學術可以分為三個階段，但是在內容上卻只有兩個階段，即哲學階段與政治哲學階段。這兩個階段並非各自獨立，而是緊密相關的兩個階段。伯林在牛津時期的哲學生涯，直接影響了他後期政治哲學的發展方向。在這個意義上，伯林的哲學實際上是其政治哲學的基礎。

　　因此，要討論伯林的政治哲學，首先要討論伯林的哲學。基於這樣的考慮，本章將先在各節討論伯林的哲學思想，然後才轉

3　Isaiah Berlin, *Flourishing: Letters 1928-1946*, ed. Henry Hardy, Cambridge: Cambridge University Press, 2004, pp. 488-489.

4　Berlin, *The Power of Ideas*, pp. 1-23.

5　Berlin, *Flourishing: Letters 1928-1946*, p. 489.

6　伯林的哲學論文主要收於《概念與範疇》一書中，see Isaiah Berlin, *Concepts and Categories*, ed. Henry Hardy, Princeton: Princeton University Press, 1999. 2013年，此書第二版又增收了數篇相關論文，see Isaiah Berlin, *Concepts and Categories*（Second Edition）, ed. Henry Hardy, Princeton and Oxford: Princeton University Press, 2013, pp. 261-334.

向其政治哲學。本章要論述的核心內容是伯林的極權主義理論
（Berlin's theory of totalitarianism），伯林的極權主義理論分為兩個
部分。第一部分是伯林的極權主義觀念（the conception of
totalitarianism），即蘇聯共產主義是一元主義與積極自由共同作
用的結果。一元主義分為哲學一元主義（philosophical monism）
與政治一元主義（political monism）。政治一元主義淵源於哲學一
元主義，而哲學一元主義則根源於可以解答的經驗問題與規範問
題。第二部分是伯林的反極權主義觀念（the conception of anti-
totalitarianism），即以多元主義對抗一元主義，以消極自由對抗
積極自由。多元主義也分為哲學多元主義（philosophical pluralism）
與政治多元主義（political pluralism）。[7]政治多元主義的理論基礎
是哲學多元主義，而哲學多元主義的理論基礎是無法解答的哲學
問題。[8]因此，伯林的極權主義理論實質上是兩大對立，即一元主
義與多元主義的對立，積極自由與消極自由的對立。

7　伯林並沒有區分哲學一元主義與政治一元主義，也沒有區分哲學多元主義與
　　政治多元主義。然而，根據一元主義與多元主義在哲學領域與政治領域的不
　　同內涵，我們可以抽離出這兩種區分。儘管伯林沒有做出這兩種區分，但
　　是，伯林本人曾明確使用過「政治多元主義」（political pluralism）這個術
　　語，see Berlin, *The Power of Ideas*, p. 13. Berlin, *Three Critics of the
　　Enlightenment*, p. 160.伯林也曾使用過「政治一元主義者」（political monists）
　　的表述，see Berlin, "Reply to Robert Kocis," p. 391.

8　甘陽是中國大陸較早介紹伯林一元主義與多元主義思想的學者。然而，甘陽
　　對伯林的介紹主要停留於政治哲學層面。他並沒有深入挖掘伯林的哲學與政
　　治哲學之間的內在關聯。參甘陽，〈自由的敵人：真善美統一說〉，載《讀
　　書》1989年第6期，頁121-128。

第一節　從一元主義到共產主義：極權主義的病理學

1903 年，俄國社會民主黨（Russian Social Democratic Party）舉行第二次全國代表大會。在這次大會上，黨員代表曼德爾伯格（Mandel'berg）提議：黨中央應該享有絕對的權威，如有必要，黨中央甚至可以剝奪公民的自由權利。在他看來，黨中央的目標高於一切。如果自由跟黨中央的目標相抵觸，那麼我們必須犧牲自由。如果民主跟黨中央的目標相違背，那麼我們必須犧牲民主。這個提議得到了俄國馬克思主義之父普列漢諾夫的首肯。普列漢諾夫認為「革命的安全是最高的法律」，因此，「如果革命需要，一切都必須犧牲，包括民主、自由與個體的權利。」列寧後來繼承了這種一元主義思維模式。在伯林看來，列寧的思維模式跟啟蒙運動的理性主義思維模式一脈相承，他們都相信，為了消滅強大的敵人，我們可以剝奪個體的自由與權利。但是，列寧走得更遠，他意圖把這種理念轉變為現實。正是這種利用理念來改造社會的實踐邏輯，導致了二十世紀的極權主義悲劇：「始於無限的自由，卻終於絕對的專制！」[9]

極權主義問題是伯林靈魂深處陰魂不散的夢魘。伯林嘗言：我的一生波瀾不驚，而整個人類卻在受苦受難，為此我感到羞愧難當。[10] 或許正是出於這份羞愧，伯林才畢其一生不遺餘力地探究極權主義的根源。雖然他無法阻擋極權主義的步伐，但卻可以探

9　Berlin, *Liberty*, pp. 69-71.

10　Isaiah Berlin, "A Message to the 21st Century," *New York review of books*, October 24, 2014.

索極權主義的病根。對他而言，這莫不是一種心靈的慰藉。在伯林的政治哲學中，蘇聯共產主義的理論根源是西方思想史中根深柢固的一元主義。一元主義有兩種表現形式，在哲學領域，它表現為哲學一元主義；在政治領域，它表現為政治一元主義。前者構成了後者的基礎。正是如此，伯林的極權主義觀念可以區分為兩個密切相關的部分：第一部分是蘇聯共產主義的理論基礎，即哲學一元主義；第二部分是蘇聯共產主義的實踐邏輯，即政治一元主義。[11]

一、哲學一元主義

在伯林的哲學框架中，人類的問題可以分為兩類。第一類是具有明確答案的問題，即可以解答的問題（answerable questions）。可以解答的問題並非一定可以解答，但是，無論如何，我們知道如何以及去哪裡尋找問題的答案，亦即我們知道解答問題的方法。第二類是沒有明確答案的問題，即無法解答的問題（unanswerable questions）。無法解答的問題並非一定無法解答，只是我們不知道如何以及去哪裡尋找問題的答案，亦即我們不知道解答問題的方法。可以解答的問題又可以進一步區分為兩種：

11　伯林對蘇聯共產主義的態度是一以貫之的。1928年，18歲的伯林尚在聖保羅中學念書。年少的伯林憑〈自由〉（"Freedom"）一文榮獲特魯羅論文獎（The Truro Prize Essay）。在該文中，他考察了浪漫主義的自由觀與共產主義的自由觀。前者專注於精神自由，而後者聚焦於經濟自由，然而，在伯林的眼中，這兩種自由的結果都是奴役。在其後期的論著中，伯林反覆重申並深化了這個主題。他認為共產主義是啟蒙運動的結果，而法西斯主義是浪漫主義的結果。Isaiah Berlin, "Freedom," in Henry Hardy（ed.）, *Flourishing: Letters 1928-1946*, Cambridge: Cambridge University Press, 2004, pp. 631-637.

第一種是經驗問題（empirical questions），第二種是形式問題（formal questions）或規範問題（normative questions）。而哲學問題既不是經驗問題，也不是規範問題，而是無法解答的問題，因為哲學問題的核心特徵是我們不知道去哪裡尋找問題的答案。[12]

經驗問題是可以通過歸納法來解答的問題。在伯林的視域中，歸納法主要有兩種。一種是觀察法，它可以應用於常識領域。例如，如果有人問我們：故宮在哪裡？我們回答說：在北京。那人又問：你怎麼知道故宮在北京，而不是在上海？我們答道：因為我們去北京參觀過故宮。因此，只要通過親眼目睹，我們即可回答常識問題。另一種是實驗法，它可以應用於科學領域。[13]例如，如果有人問：水分子由什麼構成？我們回答：水分子由氫和氧構成。如果他又質問：你怎麼知道？我們回答：我們可以用實驗證明給你看。因此，只要通過實驗證明，我們即可回答科學問題。

規範問題是可以通過演繹法來解答的問題。數學與邏輯學都是回答規範問題的學科，它們以一系列公認的公理與定理為基礎，通過邏輯推理，逐步推出相應的結論，以此來解答規範問題。棋藝與遊戲中所涉及的問題也是規範問題，它們以約定俗成的規則為基礎，因此，下棋與玩遊戲實際上就是遵守規則的過程。[14]以國際象棋為例，王棋一次只能走一步，走兩步就是犯規。

---

12 本節僅限於討論可以解答的問題，無法解答的問題將在下一節討論。關於兩類問題的扼要分析，see Isaiah Berlin and Ramin Jahanbegloo, *Conversations with Isaiah Berlin*, New York: MacMillan, 1991, pp. 27, 30, 136.

13 Berlin, *Concepts and Categories*, p. 144. Berlin, *The Power of Ideas*, pp. 24-25. 伯林與麥基，〈哲學引論〉，載麥基編，《思想家》，周穗明等譯，北京：生活・讀書・新知三聯書店，2004，頁12。

14 Berlin, *Concepts and Categories*, p. 144. Berlin, *The Power of Ideas*, p. 25. 伯林

如果你堅持王棋可以走兩步，我只能回答說：「規則就是規則：你要麼接受這一套規則，要麼就接受另一套規則。」[15]此外別無他法。如果我們對國際象棋中的走法產生困惑，我們只要去熟悉一下國際象棋的規則就可以了。

　　經驗問題與規範問題都是可以解答的問題，兩者具有一個共同特徵，即我們知道解答問題的方法。即便我們不知道問題的答案是什麼，但是我們依舊知道用什麼方法來解答問題，去哪裡尋找問題的答案。[16]伯林言道：「對於一個經驗問題，你或許並不知道確切的答案，但你卻知道哪一類答案適合這一類問題，知道可能的答案的範圍有多大。如果我問：『凱撒活了多久？』你可能不知道他具體活了多少年，但你知道如何著手去發現答案。你知道應該到哪一種書中去查找。你還知道哪一種證據可以用來證明你的答案。假如我問：『泰國有不飛的鳥嗎？』你可能一時答不上來，但你卻可能知道哪一種觀察到的情況或者沒有觀察到的情況能夠為你提供線索。天文學的情況也是這樣。你不知道遙遠的星球的背面是什麼樣子，因為你從未看見過，但你卻知道如果你能飛到那兒去的話，就像你現在可以飛臨月球一樣，也許你就看見了。同樣地，規範性學科方面也存在一些尚未解決的問題，但同樣存在一些大家接受了的解決問題的方法。你知道，你不可能靠看、靠摸、靠聽來解決數學問題。同理，僅靠代數推論也不可能在經驗領域找到答案。」[17]因此，不管是經驗問題，還是規範問

　　與麥基，〈哲學引論〉，載《思想家》，頁12-13。

15　伯林與麥基，〈哲學引論〉，頁13。

16　Berlin, *Concepts and Categories*, pp. 144-145. Berlin, *The Power of Ideas*, pp. 24-25. 伯林與麥基，〈哲學引論〉，頁13-14。

17　伯林與麥基，〈哲學引論〉，頁13-14。

題，解決問題的方法都是存在的。經驗問題可以通過歸納法來解答，而規範問題可以通過演繹法來解答。

在伯林的學術框架中，可以解答的問題實際上是一元主義的理論基礎。經驗問題是經驗一元主義（empiricist monism）的基礎，而規範問題是理性一元主義（rationalist monism）的基礎。[18]經驗一元主義淵源於經驗主義哲學家，例如洛克、貝克萊與休謨。在伯林看來，經驗主義者及其追隨者的共同特徵是，他們都意圖把自然科學應用於社會科學中。自然科學界的牛頓在物質世界中取得了舉世矚目的成就，同樣，社會科學界的牛頓也可以在精神世界中取得流芳百世的成果。在自然科學中，自然是自然科學家的研究對象。而在社會科學中，人類是社會科學家的研究對象。就兩者都是研究對象而言，人類與自然沒什麼分別。社會科學家研究人類，就如同自然科學家研究貓狗桌椅一樣。真正重要的問題，不是區別研究對象，而是發現客觀規律。不管是研究自然，還是研究人類，我們的唯一目的是通過觀察法與實驗法，發現自然規律與社會規律。一旦我們發現了規律，我們就把握了真理。社會科學領域跟自然科學領域一樣，所有真正的社會問題都可以解答，並且，所有真正的社會問題都有且只有一個正確答案。

而理性一元主義則來源於理性主義哲學家，笛卡爾、斯賓諾沙與萊布尼茲是其最重要的代表。理性主義者及其追隨者並不認為經驗主義者的方法是發現真理的有效方法，他們認為理性的方法才是真正有效的方法。所謂理性的方法，即以一系列可靠的定

18　伯林本人並沒有明確表明可以解答的問題是一元主義的理論基礎，也沒有明確區分經驗一元主義與理性一元主義，但是從其相關文本中卻可以剝離出這樣的觀點。

理與公式為前提，嚴格按照邏輯的方式，逐步演繹出整個真理的
鏈條。這種方法猶如建房子，先打下扎實的地基，然後以這些基
地為基礎，逐層逐層建築整個大廈。儘管理性主義者跟經驗主義
者所使用的發現真理的方法不同，但是，兩者都具有一個共同的
特點，即所有真問題都有且只有一個正確答案。正是如此，伯林
言道：「理性主義者也認為，真理是一個單一而和諧的知識體；
所有之前的系統（宗教、宇宙學、神話學）都只是通往同一理性
目標的許多不同道路，某些道路更長或更寬，而某些道路更窄且
更黑；當我們隨著文明的進步而『清除』了所有科學與所有信仰
（即最狂熱的迷信與最野蠻的習俗）中的非理性因素，科學與信仰
就會在真正的終極哲學中和諧相處，而這可以在所有時間、在所
有地方、為所有人解決所有理論與實踐問題（solve all theoretical
and practical problems, for all men, everywhere, for all time）。」[19]

伯林認為，一元主義是整個西方思想傳統中最核心的理論預
設。它不僅僅是啟蒙運動的理論根基，而且是自柏拉圖，甚至是
自畢達哥拉斯以來，整個西方思想傳統的理論根基。然而，就其
對二十世紀的政治影響而言，經驗一元主義與理性一元主義是其
最具有標誌性且最深刻的代表。儘管兩者在某些方面具有根本性
差異，但是，它們都奠基於一元主義的三個核心命題之上，而這
三個核心命題是西方思想傳統的三根支柱。[20]

19　Berlin, *The Power of Ideas*, pp. 5-6, 40-41, 50-51. Isaiah Berlin, *The Age of
　　Enlightenment*, New York: Houghton Mifflin, 1956, pp. 20-21, 27-28.

20　伯林在各篇論文中對這三大命題的論述並不完全一致，有些僅有細微的差
　　別，有些則差別比較大，但是，儘管有這些差別存在，伯林的第三個命題卻
　　始終沒有變過。他特別強調第三個命題，因為第三個命題與政治問題直接相
　　關。伯林有關這三大命題的出處，下文不再一一注明，具體論述請參見：

　　第一個命題是唯一性命題（singularity），即所有真問題都有且只有一個正確答案，所有其他答案都是錯誤的。如果一個問題沒有一個正確答案，抑或一個問題有兩個或兩個以上正確答案，那麼，錯不在答案，而在問題本身。這個問題要麼是偽問題，要麼是提問方式錯了。但是，如果這個問題是真問題，那麼這個問題的正確答案肯定存在，並且正確答案只有一個。我們可能出於種種原因而不知道問題的正確答案是什麼。例如，我們的理性不夠發達，從而讓激情主宰了我們的思想；我們受制於自然環境的約束，從而迷失了方向；我們一生下來就有原罪，上帝不讓我們知道；我們太愚蠢了，沒有足夠的能力去發現問題的答案；我們的運氣太差了，始終不得其門而入。然而在原則上，所有真問題都可以解答，所有真問題的唯一正確答案都存在。即便我們不知道正確答案是什麼，不代表其他人也不知道。卓越的思想家可能知道正確答案，偉大的先知也可能知道正確答案，不朽的上帝肯定知道正確答案。

　　第二個命題是可解答性命題（answerability），即所有真問題都可以通過正確的方法而得以解答。我們可能不知道正確的方法是什麼，但是，只要我們有朝一日擁有了完全的理性，完全擺脫

Berlin, *The Crooked Timber of Humanity*, pp. 5-7, 24-25, 183-185, 209. Isaiah Berlin, "Vico and the Ideal of the Enlightenment," *Social Research*, Vol. 43, No. 3, 1976, p. 641. Berlin, *The Roots of Romanticism*, pp. 21-27. Berlin, *Liberty*, p. 200. Berlin, *The Power of Ideas*, pp. 5-7. Isaiah Berlin, *Against the Current*, ed. Henry Hardy, New York: The Viking Press, 1979, pp. 80-81. Berlin and Jahanbegloo, *Conversations with Isaiah Berlin*, pp. 68-69. Isaiah Berlin, *Freedom and Its Betrayal*, ed. Henry Hardy, London: Chatto and Windus, 2002, pp. 23-24. Isaiah Berlin, *The Sense of Reality*, ed. Henry Hardy, New York: Farrar, Straus and Giroux, 1998, pp. 170-171.

了情緒與習俗的控制，那麼，我們就有足夠的能力去發現問題的答案；抑或有一天，上帝發慈悲，祂用神諭啟示我們，指引我們找到問題的答案。總之，不管什麼理由都無法否認，我們在原則上可以找到真問題的答案。解答真問題的方法根源於問題的性質。所有真問題都有且只有一個正確答案，是因為所有真問題都是可以解答的問題。如果真問題無法解答，那麼真問題自然就沒有正確答案。在這個意義上，真問題的性質是可以解答的問題。如此，真問題要麼是經驗問題，要麼是規範問題。如果真問題是經驗問題，那麼，我們只要通過觀察法與實驗法就可以解決這個問題。而如果真問題是規範問題，那麼，我們只要通過演繹法就可以解決這個問題。

第三個命題是兼容性命題（compatibility），即所有真問題的答案都可以互相兼容，並且絕對不會互相衝突。如果我們把所有答案放在一起，它們會形成一個井井有條的和諧（harmonious）統一體。在伯林看來，這個命題的有效性奠基於邏輯學的有效性之上。在邏輯上，一個真理蘊含著另一個真理，而另一個真理又蘊含著其他真理，如此，這些邏輯真理最終可以組成一個毫無矛盾的邏輯鏈條。一個問題的答案與另一個問題的答案發生衝突的情況，在邏輯上是無法成立的，就像數學推理一樣，每一個定理都不會與其他定理衝突。如果一個定理與另一個定理衝突，那麼，這兩個定理中肯定有一個是虛假的定理，甚至兩個都是虛假的定理。這就猶如編織一張無懈可擊的網，每個網格與每個網格之間都環環相扣，密不可分。一環套著一環，一環連著一環。一旦某個環節出了差池，整張網就會搖搖欲墜，一發而不可收拾了。因此，所有真問題的答案將組成環環相扣的和諧整體。

這三大命題是一元主義的三大教條，也是一元主義者之所以為一元主義者的判斷依據。一元主義者的具體主張可能各不相同，但是對於這三大命題卻並無爭議。而在伯林看來，第三個命題是其中最重要的命題。[21]第三個命題之所以最重要，是因為它蘊含著悲劇性的政治後果，並且為二十世紀帶來了一場可怕的政治災難。

二、政治一元主義[22]

在伯林的眼中，二十世紀最典型的特徵是自然科學神話與意識形態風暴。[23]而二十世紀意識形態風暴的兩個突出案例是蘇聯共產主義與德國納粹主義。前者是左翼極權主義（left totalitarianism），而後者是右翼極權主義（right totalitarianism）。正是因為人類健康的頭腦被意識形態的幻象所迷惑，人類才踏上了自相殘殺與血流成河的不歸路。因此，意識形態實際上是二十世紀政治悲劇的思想根源。

馬克思嘗言宗教是人民的鴉片，雷蒙・阿隆則進一步指出意識形態是知識分子的鴉片。[24]而在伯林看來，二十世紀意識形態風暴的源頭是知識分子頭腦中的理念。理念既是道德哲學的中心，也是政治哲學的焦點。政治哲學只不過是道德哲學應用於政治領

21　Berlin, *The Crooked Timber of Humanity*, p. 24.

22　本章所謂的政治一元主義與蕭公權所謂的政治一元主義不同。蕭公權認為，政治一元主義指的是某種權力或權威在國家中具有支配地位。而本書的政治一元主義指的是某種價值居於支配地位，而不是某種權力或權威居於支配地位，因此，人類可以不惜犧牲一切來實現這個最高價值。關於蕭公權的觀點，see Kung-chuan Hsiao, *Political Pluralism*, London: Routledge, 2001.

23　Berlin, *The Crooked Timber of Humanity*, p. 1.

24　雷蒙・阿隆，《知識分子的鴉片》，呂一民、顧杭譯，南京：譯林出版社，2005，頁272-300。

域的結果。道德哲學關注的核心問題是美好生活的問題，即人們應當如何生活的理念；而政治哲學關注的核心問題是美好政體的問題，即社會應當如何組織的理念。[25]正是如此，伯林自稱理念史家，傾其一生琢磨理念的力量（the power of ideas）。[26]理念的力量最精闢地表述於海涅的箴言中：一個哲學家在寧靜的書齋中苦思冥想出來的哲學理念可能會摧毀一個文明。[27]哲學理念之所以能夠摧毀人類文明，是因為革命家妄想把哲學家的理念轉變為現實。作為革命家的羅伯斯庇爾實際上是在執行作為哲學家的盧梭的政治計劃，結果法國大革命釀成了血流成河的人間慘劇。「海涅主張，如果康德沒有摧毀神學，那麼，羅伯斯庇爾就不會砍掉法王的頭顱。」[28]對於伯林而言，法國大革命的悲劇無時無刻不在警惕世人不要低估理念的力量。[29]

伯林認為，在十九世紀與二十世紀的世界歷史中，沒有哪個國家像俄國那樣如此注重理念。[30]伯林意識到理念的力量，正是因為他早年大量閱讀了十九世紀俄國思想家的作品。[31]俄國思想家是

25　Berlin, *The Crooked Timber of Humanity*, p. 2. Berlin and Jahanbegloo, *Conversations with Isaiah Berlin*, pp. 46, 57-58.

26　Berlin, *The Crooked Timber of Humanity*, p. 2.

27　Berlin, *Liberty*, p. 167. Berlin and Jahanbegloo, *Conversations with Isaiah Berlin*, p. 39.

28　Berlin, "A Message to the 21st Century."

29　Berlin, *Freedom and Its Betrayal*, pp. 71-72.

30　Berlin, *The Power of Ideas*, p. 70.

31　艾琳・凱利（Aileen Kelly）指出，學界通常依據反啟蒙運動思想家維柯、赫爾德與哈曼來解釋伯林的一元主義與多元主義。而實際上，俄國思想家在伯林的政治哲學中居於核心地位。正是俄國思想家使伯林意識到理念的力量，意識到一元主義與多元主義之間的對立關係。Aileen Kelly, "A Revolutionary

法國啟蒙運動的精神後裔，[32] 抑或西方思想傳統的繼承者，因此，伯林在俄國思想家的作品中，意外發現了隱藏在整個西方思想傳統中的大秘密：「所有這些觀點的共同點是，它們都認為，各種核心問題的解決方案是存在的，人們可以發現這些解決方案，並且，在充分無私的努力之下，人們可以在人世間實現這些解決方案。它們都認為，人類的本質就是能夠選擇如何生活：如果人們可以充滿熱忱與奉獻精神地相信真正的理想，那麼，人們就可以根據真正的理想來改造社會。」這種思想傾向不是俄國思想家所獨有的，而是古往今來許多西方大思想家的共識，尤其是法國啟蒙思想家的共識。[33] 這個共識實際上就是政治一元主義，它是哲學一元主義應用於政治領域的結果。政治一元主義的理想是，根據理念來改造社會，從而創造人間天堂。然而，政治一元主義的大災難是，它非但沒有開創人間天堂，反而帶來人間地獄。而這就是伯林所謂的理念的力量，它不是正面的建設性力量，而是負面的破壞性力量。在這個意義上，政治一元主義最深刻地體現了理念的力量。倘若人們能夠意識到理念的悲劇性結果，那麼，人們或許會情不自禁地感慨：理念！理念！人間多少罪惡借汝之名以行！[34]

---

without Fanaticism," in Mark Lilla, Ronald Dworkin, and Robert Silvers (eds.), *The Legacy of Isaiah Berlin*, New York: New York Review Books, 2001, pp. 3-30.

32　Berlin, *Concepts and Categories* (Second Edition), p. 283 以賽亞‧伯林、內森‧嘉德爾斯，〈兩種民族主義概念：以賽亞‧伯林訪談錄〉，載《萬象譯事》，陸建德譯，瀋陽：遼寧教育出版社，頁257。

33　Berlin, *The Crooked Timber of Humanity*, pp. 2-5.

34　需要加以說明的是，伯林並不反對理念本身。他反對的是一元主義理念，而不是多元主義理念。在他看來，一元主義理念具有破壞性，而多元主義理念具有建設性。因此，理念的破壞性力量指的是一元主義理念的破壞性力量，

　　如果政治一元主義是哲學一元主義的政治衍生物，那麼，哲學一元主義的三個命題應用於政治領域，就會演變成政治一元主義的三個命題。第一，所有真正的政治問題都有且只有一個正確答案。政治的核心問題是，什麼是美好的生活方式？什麼是理想的政治秩序？什麼是權利？什麼是自由？為什麼我應當服從他人？為什麼我可以壓迫他人？為什麼沒有和平？為什麼會有戰爭？為什麼需要正義？為什麼會有貧窮？為什麼會有犯罪？為什麼需要法律？根據政治一元主義的邏輯，所有這些政治問題的答案肯定存在，並且每個問題的正確答案都是唯一的。

　　為什麼所有真正的政治問題都有且只有一個正確答案呢？伯林認為，其根源是哲學家意圖把自然科學應用於政治領域，把政治問題當作可以解答的問題。在自然科學領域，所有問題都有且只有一個正確答案，否則，這個問題肯定不是科學問題。既然所有科學問題都有且只有一個正確答案，那麼所有政治問題同樣有且只有一個正確答案。伯林言道：「對於每一個真問題而言，錯誤答案多種多樣，但是正確答案只有一個。一旦我們發現了那個正確答案，那麼，這個答案就是終極答案，並且永遠保持正確。」[35] 例如，在盧梭的視野中，真正的倫理問題與政治問題都可以通過理性來解答，而且這些問題的答案都是唯一的。「正如在

而理念的建設性力量指的是多元主義理念的建設性力量。本章所謂的理念的力量特指一元主義理念的破壞性力量。伯林的這種見解可以在《未完成的對話》中找到相應的依據。在其中，伯林認為自己並不否定理論本身。一元主義理論確實具有破壞性，但是多元主義理論卻具有建設性。伯林所謂的理論，實際上跟理念的意思是相似的。Isaiah Berlin and Beata Polanowska-Sygulska, *Unfinished Dialogue*, Amherst: Prometheus Books, 2006, pp. 209-210.

35　Berlin, *The Power of Ideas*, p. 40. Berlin, *The Age of Enlightenment*, p. 16.

科學中，一位科學家所給出的真正答案會被其他所有具有同等理性的科學家所接受，在倫理學與政治學中，合乎理性的答案也是正確答案：真理只有一個，而謬誤卻有許多。」[36]

　　第二，所有真正的政治問題都可以通過正確的方法而得以解答。因此，「我們唯一需要的是，一個可靠的發現正確答案的方法。而符合這個描述的方法，已經被『無與倫比的牛頓先生』使用了。」[37]既然牛頓已經使用了正確的方法，從而在自然科學中發現了各種科學公式，那麼，我們只要知道牛頓的方法就可以了。牛頓的方法就是歸納法與演繹法，即通過觀察法與實驗法發現一系列顛撲不破的科學公式，然後以這些公式為基礎，演繹出一系列同樣牢靠的科學結論。同樣，在政治領域，我們也可以通過觀察法與實驗法發現一系列顛撲不破的政治公式，然後以這些公式為基礎，演繹出一系列同樣牢靠的政治結論。因此，我們一直等待與盼望的是政治領域的牛頓的出現。正是在牛頓的感召下，啟蒙時代的哲學家企圖把哲學變成自然科學，把哲學問題視為經驗問題或規範問題。於是，他們意圖用歸納法與演繹法來解答哲學問題。當他們看到自然科學大獲全勝時，他們意圖把自然科學的方法應用於哲學問題；而當他們看到數學方法的魅力時，他們又意圖把數學方法應用於哲學問題。[38]正如自然科學領域的牛頓發現了客觀的自然規律，政治領域的牛頓也能夠發現客觀的社會規律。根據這些普遍而永恆的社會規律，所有政治問題都將迎刃而解，所有人間苦難都將煙消雲散。最終，人類社會將迎來一個史

36　Berlin, *Freedom and Its Betrayal*, p. 28.

37　Berlin, *The Power of Ideas*, p. 40. Berlin, *The Age of Enlightenment*, p. 16.

38　Berlin, *The Age of Enlightenment*, pp. 13-15.

無前例的美麗新世界。[39]

　　在伯林看來，功利主義先驅愛爾維修就意圖成為政治領域的牛頓。「他的畢生目標是尋求一條單一準則（a single principle），以此來界定道德的基礎，並真正回答下述問題：社會應當如何創立？人類應當如何生活？人類應當向何處去？人類應當如何行動？牛頓在物理學領域展示了科學的權威，而這些答案具有同等的權威。愛爾維修認為自己已經找到了這條單一的準則，因此，他自以為是一門偉大的新科學的締造者。據此，他最終擺平了巨大的道德與政治混亂。總之，他自以為是政治領域的牛頓。」愛爾維修所發現的這條單一準則就是所謂的快樂與痛苦準則。快樂與痛苦準則是政治領域的定理，它可以解答一切政治問題。根據這個定理，我們可以解答並證明我們為什麼服從政府這個政治哲學的根本問題。如果服從政府可以增加我們的快樂，那麼服從的行為就是美好的。但是，如果服從政府將減少我們的快樂，那麼服從的行為就是糟糕的。[40]

　　第三，所有政治問題的正確答案都可以互相兼容，不會互相衝突。如果把自然科學方法應用於政治領域，那麼，自然科學方法將掃除人世間的一切障礙，在這個意義上，所有政治問題的正確答案都可以輕而易舉地加以解答。如果把這些正確答案全部收集在一起，那麼，正確答案之間互相兼容，和睦相處，最終，它們將會構成一幅和諧統一的理想政治圖景。如此，完美社會最終實現了，人間天堂從此矗立起來了。完美社會的烏托邦可以表述如下：「這個社會處於純粹和諧的狀態，所有社會成員都過著和

39　Berlin, *Freedom and Its Betrayal*, pp. 6-10.

40　Ibid., pp. 12-15.

平的生活，相親相愛，沒有身體的疾病，沒有任何形式的匱乏，沒有任何不安全，沒有低賤的工作，沒有嫉妒，沒有沮喪，沒有不公，沒有暴力，他們永沐於陽光之中，棲居於宜人的氣溫之下，生活於物產富饒而永無匱乏的自然中間。」[41] 在這樣的社會之中，人性將得以完美地實現，一切社會問題都將得以圓滿地解決，而人類最終將一勞永逸地過著自由、平等、和平、正義、理性、幸福而美滿的和諧生活。[42] 伯林用了一個形象的比喻來描述這種烏托邦理念。他說，完美社會的烏托邦就像是拼圖遊戲（jigsaw puzzle），「如果你能夠把碎片拼貼在一起，那麼它就會形成一個完美的整體，而這個整體構成了追求真理、美德與幸福的目標。」[43] 在這樣的完美社會中，老有所養，幼有所依，母慈子孝，夫唱婦隨，其樂融融。從此，世界大同，無災無難！

對於經驗一元主義者而言，人類跟動植物沒什麼兩樣。既然自然規律可以為自然界帶來和諧的自然秩序，那麼歷史規律也可以為人類社會創造和諧的政治秩序。在他們看來，政治問題與自然問題實際上都是事實問題。「人類要做什麼、人類要如何生活、什麼使人類活得正義、理性或幸福，諸如此類的問題都是事實問題，止是如此，任何一個問題的真正答案都不可能跟其他任何一個問題的真正答案互不兼容。因此，創造一個完全正義、完全高貴、完全圓滿的社會的理想不再是烏托邦。」而對於理性一元主義者而言，一旦我們使用理性的方法，發現了一系列準確無

41　Berlin, *The Crooked Timber of Humanity*, p. 20.

42　Ibid., p. 15. Berlin, *The Age of Enlightenment*, p. 16.

43　Berlin, *The Crooked Timber of Humanity*, pp. 6, 27. Berlin, *The Roots of Romanticism*, pp. 23, 119.

誤的真理，那麼，這些真理就能夠構成完美無缺的邏輯鏈條。人類的政治事務亦如是，只要我們正確使用理性的方法，那麼，我們也能夠創造完美和諧的政治秩序。在其中，無論何時、無論何地、無論何人的何種問題都能夠一勞永逸地得以最終解決（final solution）。從此，人類像童話裡的王子與公主一樣過著幸福美滿的生活。[44]

　　根據伯林的觀點，政治一元主義者的意圖是，根據遙不可及的烏托邦理念來改造千瘡百孔的現實世界，從而讓烏七八糟的人間變成完美無瑕的天堂。這種一元主義思路最形象地體現在馬克思的格言中：「哲學家們只是用不同的方式解釋世界，而問題在於改變世界。」[45]我們應該如何改變這個世界呢？改變世界的方式是把理論應用於實踐，把理念轉變為現實。在馬克思主義者的視野中，資本主義社會必將消亡，社會主義社會終將到來，最後，人類歷史將抵達完美的終點站——共產主義。因此，共產主義是人類的唯一目的，在其中，一切苦難都將消失，一切美好終會實現。既然目的問題已經解決，那麼剩下的唯一問題就是手段問題，即如何把共產主義理念變成現實的問題。在馬克思主義者看來，改造世界的手段是無產階級革命。[46]因此，全世界無產者要聯合起來，砸爛資本家套在我們身上的枷鎖，消滅剝削，消除壓迫，推翻資本主義制度，建設社會主義制度，最終創造完美的共產主義社會。[47]

44　Berlin, *The Age of Enlightenment*, pp. 27-28.

45　Karl Marx, *Karl Marx: Selected Writings*, Oxford: Oxford University Press, 2000, p. 173.

46　Berlin, *Liberty*, p. 166. Berlin, *Concepts and Categories*, pp. 149-150.

47　Marx, *Karl Marx: Selected Writings*, pp. 245-272.

　　在伯林的政治哲學中，馬克思主義是典型的政治一元主義。伯林曾經感慨道：馬克思本人輕視理念的力量，孰料他本人的理念卻改變了二十世紀。[48]正是如此，馬克思的思想最深刻地體現了理念的力量，尤其是一元主義理念的力量。早在1939年出版的第一本著作《馬克思傳》（*Karl Marx*）中，伯林就已經把馬克思素描為腦子一根筋（single-minded）的刺蝟。[49]在伯林的視域中，馬克思畢其一生均沉迷於永恆不變的單一理念——歷史規律。根據馬克思洞悉的人類歷史規律，萬惡的資本主義社會終將徹底瓦解，美妙的人間秩序終將完美重建，人類社會最終將迎來一個秩序井然的嶄新世界。在這個烏托邦世界中，所有問題都將迎刃而解，所有困難都將煙消雲散。[50]伯林在其後期作品中反覆重申，馬克思主義是完美社會烏托邦的經典版本。例如在其著名論文〈兩種自由概念〉的開篇，伯林直截了當地指出馬克思主義是一元主義，同時，他認為馬克思主義所預言的國家必將消亡的美好未來是一種遙不可及的烏托邦。[51]在〈理想的追求〉（"The Pursuit of the Ideal"）中，伯林認為馬克思與列寧均熱衷於階級消亡的完美烏托邦，並且都企圖一勞永逸地解決人間所有問題。[52]在其絕筆之作〈我的思想歷程〉（"My Intellectual Path"）中，伯林指出，根據馬克思的觀點，人類社會的終點必定是完美的天堂。人類歷史的發

48　Berlin, "A Message to the 21st Century."

49　刺蝟指的是一元主義者，狐狸指的是多元主義者，see Isaiah Berlin, *Russian Thinkers*, eds. Henry Hardy and Aileen Kelly, New York: Penguin Books, 1986, pp. 22-23.

50　Isaiah Berlin, *Karl Marx*, New York: Oxford University Press, 1959, pp. 19-20.

51　Berlin, *Liberty*, p. 166.

52　Berlin, *The Crooked Timber of Humanity*, pp. 14-16.

展規律告訴我們，人類最終將迎來「完全正義、自由、美德、幸福以及和諧的自我實現……的統治」。[53] 伯林承認，正是因為研讀了馬克思的著作，所以他才去研究十八世紀法國的啟蒙哲人。最終，他意識到，馬克思主義實際上淵源於啟蒙運動，共產主義實際上發軔於理性時代。[54] 易言之，馬克思及其追隨者是啟蒙運動的精神後裔。而在伯林看來，啟蒙運動最全面地體現了一元主義的三大命題。在這個意義上，馬克思主義是政治一元主義的範本，它奠基於西方思想傳統的三根古老支柱之上。

然而，伯林卻認為，一元主義烏托邦是二十世紀政治災難的源泉。伯林指出，「有人曾注意到，在遠古時代，男男女女被當作犧牲而奉獻給各種各樣的神；而在現代，各種各樣的神被各種各樣的新偶像，即被各種主義所取代了。一般來說，製造痛苦、殺戮與酷刑都可以正當地加以譴責。但是，如果我去做這些事情，不是為了我個人的利益，而是為了一種主義（社會主義、民

53　特別參見伯林在腳注中的解釋，see Berlin, *The Power of Ideas*, p. 11.

54　Ibid., pp. 4, 134-135. 伯林後來回憶道：1933年，牛津大學新學院院長（The Warden of New College）Fisher邀請伯林寫作《馬克思傳》。本來這本書邀請的作者是拉斯基，但是拉斯基拒絕了。後來又約請了數位學者，但是都遭到了拒絕。萬般無奈之下，Fisher才找到伯林，而伯林答應下來了。伯林坦言，如果他不是為了寫這本書，那麼他肯定不會讀馬克思的《資本論》，因為《資本論》太冗長乏味了。正是因為閱讀了馬克思的著作，所以伯林才開始往前追溯馬克思思想的先驅們，尤其是啟蒙運動思想家（例如愛爾維修、霍爾巴赫、狄德羅、盧梭等）。而且，當他去倫敦圖書館的時候，他不經意間讀到了赫爾岑的著作，從此一發而不可收拾。赫爾岑自此成為伯林人生中的中心人物。伯林認為，正是因為要寫作《馬克思傳》，所以他才接觸到了這個嶄新的世界，從而打開了其思想的新天地。而伯林所接觸的這個嶄新的世界，就是伯林畢生所批判的一元主義思想世界。Berlin, *Flourishing: Letters 1928-1946*, pp. 67-68.

族主義、法西斯主義、共產主義、狂熱信奉的宗教信仰、進步抑或實現歷史規律），那麼這些事情就是合理的。大多數革命者或明或暗都相信，為了創造理想世界，必須打破雞蛋，否則人們無法得到煎蛋捲。雞蛋確實被打破了，從來沒有哪個時代像我們時代那樣如此粗暴地打破雞蛋，抑或隨處可見打破雞蛋的現象，但是煎蛋捲卻遙遙無期，煎蛋捲消失在無限的遠方。這就是不受約束的一元主義（unbridled monism）的結果之一。我稱之為不受約束的一元主義，而有些人稱之為狂熱，但是，一元主義是一切極端主義的根源。」對於政治一元主義者而言，為了烹製煎蛋捲，我們必須打破雞蛋，而為了實現完美社會的烏托邦，人類可以不惜一切代價。如果我們可以烹製出香噴噴的煎蛋捲，那麼無論打破多少雞蛋都在所不惜。如果人類可以創造人間大堂，那麼一切代價都在所不惜。問題是，煎蛋捲始終沒有烹製出來。然而，一旦雞蛋被打破了，打破雞蛋的習慣就形成了，於是，我們越是無法烹製出煎蛋捲，我們就越是拚命地去打破雞蛋。最後，散落在我們面前的是一堆七零八落的雞蛋殼。在政治一元主義者看來，為了烹製煎蛋捲而打破雞蛋是合理的，同樣，為了創造完美社會而血流成河也是正當的。不打破雞蛋就沒有煎蛋捲，沒有犧牲就沒有未來。[55]伯林指出，為了實現烏托邦而不惜一切代價的思維釀成了人類有史以來最駭人聽聞的人間慘劇──二十世紀的極權主義災難。

　　然而，人們為什麼願意不顧一切地獻身烏托邦理想呢？為了實現烏托邦而不惜犧牲一切的一元主義政治實踐模式之所以如此

55　Berlin, *The Power of Ideas*, pp. 14-23. Berlin, *The Crooked Timber of Humanity*, pp. 15-16. Berlin and Jahanbegloo, *Conversations with Isaiah Berlin*, p. 143.

具有吸引力，不僅僅因為烏托邦本身具有蠱惑人心的感召力，而且還因為一元主義思維模式具有一套貌似合理的正當性依據。儘管伯林沒有明確說明一元主義與積極自由具有邏輯關聯，但是根據伯林文本中所隱含的千絲萬縷的線索，我們可以推斷：積極自由奠定了一元主義貌似合理的正當性基礎，並最終使一元主義實踐邁向極權主義深淵。[56]因為在伯林的文本中，光有一元主義烏托邦並不足以釀成這種悲劇，悲劇的誕生是一元主義與積極自由共同作用的結果。正是如此，他認為自己並不是要譴責一元主義烏托邦本身，而是要指出積極自由對一元主義烏托邦實踐所起到的推波助瀾作用。[57]

伯林所謂的積極自由蘊含著兩種類型：第一種是原初的積極自由，即未經扭曲的健康的積極自由；第二種是扭曲的積極自由，即扭曲了的病態的積極自由。[58]在原初的意義上，積極自由意

---

56 1936年，伯林致信友人斯圖亞特・漢普希爾（Stuart Hampshire）。在該信中，他檢討自己不該提議把哲學、政治學與經濟學列入課程清單中。他這樣做，可能是因為他自己被迫選修這門課程，所以他也希望看到其他人承受同樣的苦楚。抑或，因為他自己被強迫自由，所以他無法想像沒有強迫的自由。在伯林看來，強迫自由正是馬克思早年的主張。由此可見，積極自由與一元主義都是馬克思思想中的重要元素。正是因為馬克思的思想中兼具積極自由與一元主義的元素，所以積極自由才有可能成為一元主義的實踐基礎。Berlin, *Flourishing: Letters 1928-1946*, p. 208.

57 Berlin, *Liberty*, p. 214.

58 在甘陽看來，「柏林關於兩種自由的理論本脫胎於貢斯當的古今自由差異理論，即柏林的『消極自由』和『積極自由』分別相當於貢斯當的『現代自由』（私人生活的自由）與『古代自由』（政治參與的自由）。」但是，甘陽的理解並不準確。伯林的消極自由確實類似於貢斯當的現代人自由，然而，伯林的積極自由卻不同於貢斯當的古代人自由。古代人自由強調的是政治參與，而積極自由強調的是自己是自己的主人。我是我自己的主人，意味著我

味著自己是自己的主人（self-mastery）：如果一個人是自己的主人，那麼這個人就是自由的。積極自由是原初的，還是扭曲的，取決於我們如何理解主人的概念。就原初的積極自由而言，一個人是自己的主人，意味著這個人可以自己為自己做主，做自己想做的事情，說自己想說的話，過自己想過的生活。換言之，如果他可以由自己決定去做什麼，而不是由別人決定他去做什麼，那麼，他就是自己的主人。因此，原初的積極自由所理解的主人概念的核心內涵是自我主導（self-direction），而不是他人主導（other-direction）。[59] 而自我主導的前提條件是，自己有能力（power or capacity）去做自己想做的事情。儘管某個人沒有受到任何外在的人為干預，但是，如果他沒有能力實施他的自由，那麼這種自由對他而言也只不過是空頭支票。因此，積極自由隱含著的意思是，我們有能力去做我們想做的事情。在這個意義上，伯林的原初的積極自由觀跟格林（T. H. Green）的積極自由觀是一致的。[60]

在政治上可以自我做主，我可以參與政治；我在生活上可以自我做主，我可以過我想過的生活。在這個意義上，古代人的自由是積極自由的一種，但是積極自由未必就是古代人的自由。實際上，貢斯當的古代人自由跟阿倫特的古典共和主義自由理念更加相近。在阿倫特看來，自由即行動，而行動的核心是政治行動或政治參與。關於甘陽的觀點，參甘陽，〈自由主義：貴族的還是平民的？〉，載《讀書》1999年第1期，頁93。關於阿倫特的觀點，see Hannah Arendt, *Between Past and Future*, Cleveland and New York: The World Publishing Company, 1961, pp. 143-171. 實際上，甘陽早年對積極自由的理解反而更加接近伯林的本意，參甘陽，〈自由的理念：五・四傳統之闕失面〉，載《讀書》1989年第5期，頁11-19。

59　Berlin, *Liberty*, p. 178.
60　儘管伯林沒有明確區分原初的積極自由與扭曲的積極自由，但是在《自由論》導論頁41-42的腳註中，他暗示了這兩種積極自由觀的區分。他贊同格林的積極自由觀，但卻反對扭曲的積極自由觀。ibid., pp. 41-42. 關於格林的積極自由

　　而扭曲的積極自由則假定人類的靈魂中存在著兩種自我，一種是真正的自我，即理性的高級自我；另一種是虛假的自我，即經驗的低級自我。只有真正的自我統治虛假的自我，我才是自己的主人。也就是說，即便沒有他人干預我的行為，而且我也有能力去做我想做的事情，但是，如果我成為欲望的奴隸、物質的奴隸與金錢的奴隸，那麼我也不是自己的主人。在這個意義上，真正的自由不是我不受干預地去做我想做的事情，也不是我有能力去做我想做的事情，而是真正的自我統治虛假的自我，理性的自我統治經驗的自我。一言以蔽之，扭曲的積極自由指的是理性的自我主導（freedom as rational self-direction）。

　　然而，扭曲的積極自由並沒有就此止步，它還意圖把兩種自我觀念從個體層面拓展到集體層面。理性的自我主導觀念既可以應用於個體，也可以應用於集體。在個體層面，積極自由意味著個體中的理性自我統治個體中的經驗自我；而在集體層面，積極自由意味著集體中的理性自我統治集體中的經驗自我。前者僅限於個體的內在生活，而後者則延伸到集體的外在生活。[61]因此，扭

觀，see T. H. Green, "Liberal Legislation and Freedom of Contract," in David Miller（ed.）, *The Liberty Reader*, Boulder and London: Paradigm, 2006, pp. 21-32.

61 石元康指出，積極自由未必會產生災難性結果。第一，真正的自我與虛假的自我的區分，並非積極自由的必要組成部分。如果我們把積極自由僅限於自我主宰，那麼，積極自由就不需要接受兩種自我的區分。第二，即便積極自由需要接受兩種自我的區分，但是，如果我們把兩種自我的區分限定於個體層面，而不是拓展到集體層面，那麼，我們就可以反對他人的干預。他人以真正的自我的名義干預我的虛假的自我，並不是增加我的自由，而是限制我的自由。因為他們以真正的自我的名義干預我的生活，實際上侵犯了我的自我主宰權，也就是侵犯了我的積極自由。石元康，《當代西方自由主義理論》，上海：上海三聯書店，2000，頁22-25。

曲的積極自由可以繼續區分為兩種：第一種是個體積極自由
（individual positive liberty），它以個體的自我觀念為基礎。第二
種是集體積極自由（collective positive liberty），它以集體的自我
觀念為基礎。[62]集體積極自由認為，真正的自我不是個體自我，而

---

[62] 劉擎區分了積極自由的兩種扭曲形態：第一種扭曲是通過消滅欲望來實現積
極自由；第二種扭曲是把真正的自我等同於集體的自我。這種區分是有說服
力的，伯林本人也明確認為積極自由存在著這兩種扭曲性後果（Berlin,
Liberty, p. 181.）。但是，通過細緻考察伯林的文本，我們會發現，積極自由
的扭曲形態不只這兩種。據筆者的考察，積極自由的扭曲形態共有四種：
freedom as self-abnegation（即劉擎所謂的第一種扭曲形態）、freedom as
individual self-direction（即筆者所謂的個體積極自由）、freedom as collective
self-direction（即筆者所謂的集體積極自由）、freedom as recognition（這種自
由既不是積極自由，也不是消極自由，甚至根本不是自由，但卻跟兩種自由
密切相關，所以伯林視之為兩種自由的混合物。不過，這種自由常常被人們
當作集體積極自由，因此可以被看作積極自由的扭曲形態）。此外，劉擎把
個體積極自由視為未經扭曲的積極自由觀的核心內涵，而不是一種扭曲形
態。然而，伯林卻明確表示，他不是否定以能力為基礎的積極自由，而是否
定以兩種自我觀為基礎的積極自由。在這個意義上，以能力為基礎的積極自
由是未經扭曲的積極自由，而以兩種自我觀為基礎的積極自由是經過扭曲的
積極自由。沒有兩種自我觀，就沒有劉擎所謂的第二種扭曲形態。而兩種自
我觀首先表現為個體的自我觀，然後才被進一步扭曲為集體的自我觀。因
此，即便個體積極自由不是一種扭曲形態，那麼它也是走向扭曲的第一步。
基於此，儘管筆者的區分跟劉擎的區分有所差異，但是依舊能夠站得住腳。
關於劉擎的區分，參劉擎，〈自由及其濫用：伯林自由論述的再考察〉，載
《中國人民大學學報》2015年第4期，頁47-49。關於伯林的論斷，參考《自
由論》導論頁41-42的腳注及其他相關內容，Berlin, *Liberty*, pp. 41-42, 178-
208. 劉訓練注意到積極自由具有四個維度，即消滅欲望的積極自由、自我實
現的積極自由、社會自我導向的積極自由、集體自我導向的積極自由。劉訓
練所謂的積極自由的四個維度跟筆者所謂的積極自由的四種扭曲具有一定的
相似性，但是，他的問題是，他把積極自由的四個維度視為積極自由的四種
類型，而不是同一種積極自由的四種扭曲形態。就此而言，劉訓練的論述跟

是集體自我——部落、民族、種族、教會、階級、政黨、公共利
益、公意與國家等。因此，真正的自由不是個體自由，而是集體
自由。為了實現集體的真正自由，國家可以強迫個體去做他們不
願意去做的事情。國家強迫你，不是為了奴役你，而是為了解放
你；不是為了讓你成為國家的奴隸，而是為了讓你成為真正的自
由人。你可能一時之間還沒有意識到這一點，那只是因為你的理
性不夠發達，你的視野不夠開闊，你的思維不夠敏銳。但是我卻
知道這一點，我比你本人更加清楚你真正需要什麼。如果你的理
性足夠發達，那麼你就會明白我的良苦用心。因此，你只要聽從
我的意見，按照我的吩咐去做，最終，你就會享有真正的自由
——集體自由。[63]

在伯林的視野中，正是集體積極自由使政治一元主義具有某
種貌似合理的正當性。伯林言道，一元主義的觀點是「每個問題
都只有一個真正的答案：如果我知道真正的答案，而你卻不知

伯林的積極自由理念有一定的出入。關於劉訓練的觀點，參劉訓練，〈「兩種
自由概念」探微〉，載《江蘇行政學院學報》2009年第5期，頁93-94。在
〈後伯林自由觀：概念辨析〉中，劉訓練又把他所謂的四種積極自由概括為
集體導向的積極自由、個人導向的積極自由、理性主義的自我實現、寂靜主
義的自我解脫。然而，劉訓練的概括有兩個問題。第一，在伯林的文本中，
個人導向的積極自由與理性主義的自我實現實際上是一回事。個人導向的積
極自由意味著，只有個體中的理性自我統治個體中的經驗自我之時，個體才
是自由的。而個體中的理性自我統治個體中的經驗自我，就是伯林所謂的理
性主義的自我實現。在這個意義上，劉訓練區分這兩者是沒有必要的。第
二，劉訓練忽略了 freedom as recogition 這種特殊形態。劉訓練，〈後伯林自
由觀：概念辨析〉，載《學海》2008年第1期，頁60-64。

63　Berlin, *Liberty*, pp. 30-54, 166-217. Berlin and Polanowska-Sygulska, *Unfinished Dialogue*, p. 84.

道，並且你跟我的觀點相左，那是因為你是無知的；假如你也知道這個真理，那麼，你必定會相信我所相信的；倘若你試圖忤逆我，那只是因為你是錯誤的，因為你沒有獲得真理，而我卻獲得了。這種觀點證成（justify）了人類歷史中某些最可怕的壓迫與奴役方式，並且，這實在是對積極自由理念最危險且最粗暴的闡釋，尤其是在我們這個世紀」。積極自由的邏輯是，正是因為集體的自我掌握了人世間的唯一真理，並且代表了真正的自我，所以，我必須服從那個集體的自我。個體的自我服從集體的自我，非但不是可怕的奴役，反而是真正的自由。而集體的自我不一定要由某個集體代表，也可以由某個個體代表。集體的自我既可以是政黨或國家，也可以是偉大領袖或智者。儘管作為個體的偉大領袖不是集體，但卻是集體自我的化身。正是如此，在伯林的眼中，所有專制者都可以使用集體積極自由理念來為自己的行為辯護，史達林就是一個典型的案例。他認為「人類靈魂的工程師」知道人世間的唯一真理，而他自己顯然就是人類靈魂的工程師。因此，「有知者應該命令無知者。而無知者必須服從那些知道人類某些重大問題的答案的人，因為只有他們知道社會應該如何組織，個體的生命應該如何生活，文化應該如何發展。」在這個意義上，史達林能夠代表我們的真正自我，他所追求的自由就是我們的真正自由。為此，我們必須服從他的個人意志，因為他的個人意志是國家意志的代表，是真正的自我意志的化身。如果我們違背了他的個人意志，那就等於違背了國家意志，違背了真正的自我。[64]正是這樣，只要我們遵照他的個人意志，按部就班建設人類社會的浩大工程，那麼終有一天，人類社會將變成沒有痛苦、

64　Berlin, *The Power of Ideas*, pp. 14, 16-18.

沒有煩惱、沒有疾病、沒有饑餓、沒有貧窮、沒有落後、沒有愚昧、沒有罪惡的美麗新世界。為了實現這個美麗新世界，我們可以不惜一切代價。為了真正的自由，我們可以犧牲虛假的自由。為了集體的自由，我們可以犧牲個體的自由。為了未來的自由，我們可以犧牲現在的自由。為了大多數人的利益，我們可以犧牲少數人的利益。為了長遠利益，我們可以犧牲眼前利益。為了國家的公共利益，我們可以犧牲個體的私人利益。為了妙不可言的烏托邦理想，革命烈士前仆後繼，勇往直前，鞠躬盡瘁，死而後已！

　　儘管伯林沒有明確論述一元主義與積極自由之間的親密關係，但是，兩者之間的關係依然體現在他的文本中。伯林指出，根據一元主義的邏輯，「如果你真的相信某種方案可以解決所有人類問題，並且相信人們可以構想理想社會（只要人們做了為實現理想社會所要做的事情，人們就可以實現理想社會），那麼，你以及你的追隨者們就必定相信，為了打開這類天堂的大門，無論付出什麼代價都並不高昂。」既然人間天堂能夠實現，那麼，一切代價都在所不惜，一切犧牲都在所難免。伯林言道：「列寧讀罷《資本論》就對此深信不疑，他一以貫之地倡導，如果一個正義、和平、幸福、自由且有美德的社會可以通過他所倡議的手段而創立起來，那麼，這個目的就可以證明所需要使用的任何手段都是合理的，任何手段絕對都是合理的。」在一元主義者的思維模式中，從人類可以實現一元主義烏托邦推出人類應該不惜一切代價實現一元主義烏托邦的邏輯似乎是順理成章的，抑或從目的證明手段合理是合乎邏輯的。而根據積極自由的邏輯，「一旦明確的簡單真理放在人們的眼前，只有笨蛋與惡徒才會對之加以抵制。那些抵制者必須被說服；如果他們無法被說服，那麼，我們必須通過（passed）法律來約束他們；如果這也無法奏效，那麼，倘若暴力是需要的話，我們必定要使用強迫的手段——如果有必要的話，我們也可以使用恐怖與屠殺的手段。」[65]如果一元主義真理是確切無疑的，那麼，拒絕一元主義真理的人無疑就是笨蛋與惡徒。他們不知道自己的真正自我，因為他們真正的理性自我被他們虛假的非理性自我俘虜了。正是這樣，他們的個體自我已經無法代表他們的真正自我，只有政黨與領袖等集體自我才能代表他們的真正自我。集體自我比個體自我更加懂得他們真正需要什麼，更加懂得一元主義真理是人類的終極目標，因此，集體自我應該控制個體自我，強迫個體自我走向真正的自由。

　　一元主義與積極自由以一套貌似合理的說辭為基礎，意圖以未來自由的名義強迫我們犧牲現在的自由，以集體自由的名義強迫我們犧牲個體自由，以真正自由的名義強迫我們犧牲虛假自由。然而，伯林卻反覆宣稱，為了未來的自由而犧牲現在的自由，為了集體的自由而犧牲個體的自由，為了真正的自由而犧牲虛假的自由，非但沒有增加我們的自由，反而減少了我們的自由。無論強迫具有如何高尚的理由，占據怎樣的道德制高點，強迫就是強迫，強迫不可能是自由。即便強迫的目標是增進自由，強迫依舊無法改變強迫的本質。[66]因此，在伯林的政治哲學中，一元主義與積極自由聯手鑄成了二十世紀的極權主義大錯。一元主義為極權主義實踐準備了完美無缺的烏托邦理念，而積極自由則為實踐這種烏托邦理念奠定了正當性基礎。結果，人間天堂遙不可及，而人間地獄滾滾而來。二十世紀非但沒有迎來美麗的新世

65　Berlin, "A Message to the 21st Century."

66　Berlin, *The Power of Ideas*, pp. 112-113.

界，反而見證了人類歷史上最駭人聽聞的理念的力量。[67]

第二節　從多元主義到自由主義：極權主義的治療學

在一封書信中，伯林曾不無惡意地把蘇聯（Soviet Union）戲稱為 Soviet Onion。[68] 伯林的嘲弄似乎不只是他童心未泯的惡作劇。仔細想來，此中似有深意。阿倫特曾把極權主義政體形象地比喻為洋蔥（onion）：洋蔥中心是元首，元首外圍是親信，親信的外圍是親信的親信，由此逐層外推。每一層都既是中心，又是外圍。相對於裡面一層來說，他們是外圍，而相對於外面一層來說，他們是中心。[69] 而蘇聯政體的結構亦如是，在這個意義上，

67　查爾斯・泰勒曾批評伯林道，積極自由並不必然導致極權主義的結果。如果我們不把積極自由理解為集體控制個體，而把積極自由理解為個體的自我控制，那麼，積極自由就並不會產生強迫他人自由的政治悲劇。泰勒的說法是站得住腳的，但是他的批判並不具有批判力度。通過區分原初的積極自由與扭曲的積極自由，個體積極自由與集體積極自由，我們可以看出，泰勒所謂的集體控制個體積極自由實際上就是集體積極自由，而個體的自我控制的積極自由實際上就是原初的積極自由。儘管伯林本人並沒有進行這樣的概念區分，但是從其行文脈絡可以知道，伯林所謂的導致極權主義的積極自由實際上指的是集體積極自由，而不是原初的積極自由。因此，泰勒的說法跟伯林的觀點並不矛盾。在某種程度上，泰勒的觀點依舊內在於伯林的思想框架。正是這樣，泰勒的批判並不構成一種真正的批判，而只是對伯林思想的補充或澄清。Charles Taylor, "What's Wrong with Negative Liberty," in David Miller (ed.), *The Liberty Reader*, Boulder and London: Paradigm, 2006, pp. 141-162.

68　Berlin, *Flourishing: Letters 1928-1946*, p. 573.

69　Hannah Arendt, *Between Past and Future*, Cleveland and New York: The World Publishing Company, 1961, p. 99.

Soviet Onion的戲謔似乎表明，在伯林的心目中，蘇聯共產主義是二十世紀極權主義的典型案例。

而在伯林的政治哲學中，蘇聯共產主義是政治一元主義與集體積極自由共同作用的結果。因此，為了消解這種政治後果，伯林意圖以政治多元主義對抗政治一元主義，以消極自由對抗集體積極自由。[70]基於此，伯林的反極權主義思路分為兩個部分：第一部分討論政治多元主義的理論基礎，即哲學多元主義；第二部分討論政治多元主義的實踐邏輯，即用政治多元主義抵消政治一元主義，用消極自由抵制集體積極自由。[71]

一、哲學多元主義

經驗問題與規範問題都是可以解答的問題。但是，哲學問題既不是經驗問題，也不是規範問題，而是無法解答的問題。因

---

70 伯林晚年承認，他之所以在一定程度上反對積極自由，是因為蘇聯馬克思主義者所界定的自由概念跟伯林所謂的積極自由息息相關。正是如此，〈兩種自由概念〉的許多讀者都誤以為伯林志在捍衛消極自由，反對積極自由。本章認為伯林反對的不是積極自由本身，而是扭曲的積極自由——集體積極自由。儘管本章在某些地方表示伯林以消極自由對抗積極自由，但是，這個表述中的「積極自由」指的主要是集體積極自由。Berlin and Polanowska-Sygulska, *Unfinished Dialogue*, p. 120.

71 在伯林的文本中，多元主義與自由主義的關係非常複雜。他有時認為兩者有邏輯關聯，有時認為兩者沒有邏輯關聯。有時又認為兩者有心理上的關聯，但沒有邏輯關聯。限於篇幅，筆者在此處並不打算討論兩者的關聯。但是，這並不影響筆者的論證。因為筆者的目標只是為了論證伯林如何以多元主義對抗一元主義，以消極自由對抗積極自由，而不是為了論證多元主義構成了自由主義的基礎。關於多元主義與自由主義的關係，請參考本書結論第二節中的相關論述。

此，哲學的本質是解答無法解答的哲學問題。[72]無法解答的問題具有兩層含義：第一，我們不知道解答問題的方法是什麼；第二，我們也不知道問題的明確答案是什麼。[73]正是因為解答問題的方法無法獲得，所以問題的明確答案也無法知曉。無論是歸納法，還是演繹法，都無法解答哲學問題。例如，鏡中像在何處的問題就是一個哲學問題。鏡中像在鏡子裡面嗎？然而，我們無法確定鏡子裡面意味著什麼。鏡中像在鏡子背面嗎？但是，鏡子背面空空如也，什麼也沒有。鏡中像在鏡子上面嗎？可是，我們在鏡子表面什麼都摸不到。[74]同樣，當我們以一系列物理學公式來推斷鏡中像的準確位置時，鏡中像依舊虛無縹緲，如影如幻，難以把握。但是，並非所有無法解答的問題都是哲學問題。例如泰國是否有不飛的鳥的問題可能就無法解答，然而，儘管我們不知道問題的明確答案，但是我們知道解答問題的方法，即觀察法。所以，它不是哲學問題，而是經驗問題。在這個意義上，無法解答的問題的根本特徵是我們不知道解答問題的方法，而不是我們不知道問題的明確答案。因此，區分可以解答的問題與無法解答的問題關鍵是，我們是否知道解答問題的方法。如果我們知道解答問題的方法，那麼，不管我們是否知道問題的明確答案，這類問題都是可以解答的問題。如果我們不知道解答問題的方法，那麼，這類問題都是無法解答的問題。

政治哲學是哲學的分支，所以政治哲學的本質是解答無法解

72　Berlin, *The Power of Ideas*, pp. 25-27. Berlin and Jahanbegloo, *Conversations with Isaiah Berlin*, pp. 27, 136. Berlin, *The Age of Enlightenment*, pp. 11-13.

73　Berlin, *Concepts and Categories*, p. 145.

74　Berlin and Jahanbegloo, *Conversations with Isaiah Berlin*, p. 137. Berlin, *Concepts and Categories*, p. 146.

答的政治問題。無法解答的政治問題實質上是哲學問題，而不是
經驗問題或規範問題。無法解答的政治問題具有兩個核心特徵。
第一，無法解決的政治問題是價值問題，而不是事實問題。在現
實中，有些事實問題可以解答，有些事實問題無法解答。這些事
實問題無法解答可能是因為我們缺乏可靠的史料，或者沒有足夠
的實驗設備。儘管我們在實際上無法解答這類事實問題，但是我
們在理論上知道用什麼方法來解答這類問題。例如，我們可以通
過考古發掘來獲得新史料，抑或通過發明先進的實驗設備，從而
解答這類事實問題。在這個意義上，這類事實問題是經驗問題，
而不是哲學問題，所以無法成為政治哲學的研究對象。[75] 政治哲學
研究的只能是價值問題，政治科學研究的才是事實問題。[76] 正是如
此，伯林認為，政治哲學實際上是倫理學，它是倫理學應用於社
會領域的結果。[77]

　　第二，價值問題無法解答。價值問題之所以無法解答，是因
為人們對於政治概念缺乏廣泛的共識。例如，什麼是自由？什麼
是平等？什麼是權利？什麼是權威？自由與平等互相衝突嗎？如
果這些問題是經驗問題，那麼，我們只要用歸納法就可以解答這
些問題。假如我們觀察到某個人沒有被關在籠子裡，據此我們認

75　Berlin, *Concepts and Categories*, pp. 147-148.

76　伯林認為，政治哲學與政治科學具有根本性差異。政治科學所解答的問題是
　　經驗問題，因此主張價值中立。而政治哲學所解答的問題是哲學問題，因此
　　無法避免價值判斷。十八世紀的啟蒙哲學家意圖把哲學改造為經驗科學，但
　　是都以失敗而告終。因為哲學所處理的不是事實問題，而是價值問題，並且
　　是無法解答的價值問題。ibid., pp. 157, 162.

77　Berlin, *Liberty*, p. 168. Berlin, *The Crooked Timber of Humanity*, p. 2. Berlin and
　　Jahanbegloo, *Conversations with Isaiah Berlin*, pp. 46, 57-58.

定此人是自由的，這是伯林的消極自由概念。[78]然而，斯金納或佩蒂特並不同意伯林的觀點，他認為，如果政府具有任意而專斷的無限權力，那麼，即便這個人暫時沒有被關在籠子裡，但是由於政府可以隨時按自己的喜好而在未來的某個時刻把他關進籠子，他依舊是不自由的，這就是所謂的共和主義自由觀。[79]因此，通過觀察無法解答人類是否自由的問題。如果這些問題是規範問題，那麼，我們只要用演繹法就可以解答這些問題。自從自然科學的魅力震懾學術界以來，許多政治哲學家都意圖在政治領域建立牛頓力學式的公式，並以此為地基，建築整個政治科學大廈。然而，這樣的政治科學大廈紛紛崩塌，無一倖免。對於伯林而言，這些問題的實質是，不同的政治哲學家有不同的答案，而且這些答案常常互相衝突。因此，「只要不同的學者與思想家對於這些問題繼續給出互相衝突的答案，那麼，在這個領域建立一門科學的希望似乎就遙遙無期。不管這門科學是經驗科學，抑或形式科學。」[80]

緣此，政治領域中無法解答的價值問題，只能以哲學的方式加以研究，而無法以科學的方式加以研究，這就是伯林意義上的政治哲學。政治哲學中的「政治」是政治哲學的研究對象，而政治哲學中的「哲學」是政治哲學的研究方式。因此，政治哲學實際上就是以哲學的方式研究政治問題，而不是以哲學的方法研究政治問題。因為哲學問題既無法解答，也沒有解答方法。如果哲

---

78 關於伯林的消極自由與積極自由，see Berlin, *Liberty*, pp. 30-54, 166-217.

79 關於斯金納與佩蒂特對共和主義自由的闡釋，see David Miller, (ed.), *The Liberty Reader*, Boulder and London: Paradigm, 2006, pp. 223-254.

80 Berlin, *Concepts and Categories*, p. 149.

學是解答問題的方法，那麼哲學問題就不是哲學問題。正是因為哲學問題無法可循，所以哲學問題才成其為哲學問題。在這個意義上，政治哲學中的「哲學」不是規定了政治哲學的方法，而是規定了政治哲學的性質。政治哲學之所以是政治哲學，而不是政治科學，不是因為政治哲學回答政治問題的方法是哲學方法，而是因為政治哲學回答的政治問題是哲學問題。

伯林關於哲學問題與政治問題的分析，對於理解他的多元主義學說來說，具有非比尋常的重要意義。在某種程度上，哲學問題與政治問題等無法解答的問題奠定了伯林的多元主義學說的理論基礎：哲學問題奠定了哲學多元主義的基礎，而政治問題奠定了政治多元主義的基礎。[81]

伯林的多元主義思想來源於馬基維利、哈曼、維柯、赫爾德等反潮流思想家。正是這些逆流而動的思想家挑戰了西方思想史中的教條主義，從而更新了人類對於哲學問題的根本理解。伯林認為西方思想中有三次重大轉折，其中第二大轉折肇端於馬基維利，而第三大轉折開始於浪漫主義。[82]而這兩次重大轉折的實質是，以馬基維利與浪漫主義為代表的多元主義挑戰以柏拉圖為代表的　元主義。正是如此，哲學多元主義的三大命題跟哲學一元主義的三大命題針鋒相對。據此，伯林逐一駁斥了哲學一元主義的三大教條。[83]

81　伯林認為，政治問題與道德問題沒有終極答案，而且各種答案之間互相衝突，所以我們必須為價值衝突的生活方式預留必要的空間，而這就是他所謂的多元主義。在這個意義上，無法解答的問題是多元主義的基礎。Berlin and Jahanbegloo, *Conversations with Isaiah Berlin*, p. 44.

82　Berlin, *The Sense of Reality*, pp. 168-193.

83　伯林關於多元主義三大命題的論述散見於各個篇章中。除了某些特別具體的

　　第一個命題是多元性命題（plurality），即問題的答案不止一個，而是有許多個。伯林言道：「有時人們突然問你：『你可以告訴我，為什麼我應當履行我的職責嗎？』抑或，『為什麼有些人應當服從另一些人？』第二個問題是政治哲學的核心問題。然而，我們不能通過查閱百科全書或詞典來獲得該問題的答案。問題的答案有許多個。有些人說，因為這是上帝的命令。因為我的保姆、父母與老師這樣說。其他人說，社會契約讓我服從。但是，另外一些人說，因為這是多數人的願望，或者因為這樣做可以促進人類的福祉。人們也言及某些真理所具有的直覺性的、康德式確定性。人們可以給出許多答案。如果你不大清楚如何毋庸置疑地確定哪個是唯一正確的答案（沒有公認的技術可以用來確定唯一正確的答案），那麼，你就是在進行哲學思考。」[84] 在一元主義者看來，所有問題的正確答案都有且只有一個，哲學問題亦如是。因為所有問題都是可以解答的問題，而可以解答的問題的特徵是，問題的答案有且只有一個。然而在伯林看來，哲學問題

　　引文與論述，下文不再一一注明出處，具體內容參見：Berlin, *Liberty*, pp. 212-217. Berlin, *The Crooked Timber of Humanity*, pp. 1-48. Berlin, *The Power of Ideas*, pp. 7-14. Berlin, *The Roots of Romanticism*, pp. 21-67. Berlin and Jahanbegloo, *Conversations with Isaiah Berlin*, pp. 43-46, 53-61. Berlin, *Against the Current*, pp. 1-129. 有關伯林多元主義的闡釋性文章，see Michael Lessnoff, "Isaiah Berlin: Monism and Pluralism," in *Political Philosophers of the Twentieth Century*, Oxford: Blackwell, 1999, pp. 208-225. Crowder, *Liberalism and Value Pluralism*, pp. 44-75.

84 唯一正確的答案的英文原文是 *the* correct answer。儘管伯林沒有使用 the only correct answer，但是，從他的文本語境可以看出，他所表達的意思是唯一正確的答案，而不是一個正確的答案（a correct answer）。Berlin and Jahanbegloo, *Conversations with Isaiah Berlin*, pp. 138-139.

是無法解答的問題，也就是說「沒有公認的技術可以用來確定唯一正確的答案」。這樣，哲學問題的答案就不止一個，而是有許多個。而且，每一個問題的答案都可能是正確的，每一個問題的答案也可能是錯誤的。無論如何，我們無法確定唯一正確的答案。一旦我們確定了唯一正確的答案，那麼這個問題就不是哲學問題。

第二個命題是無法解答性命題（unanswerability），即並非所有問題都是可以解答的，有些問題是無法解答的：解答問題的方法是隱而不見的，問題的答案是難以找尋的。伯林認為，在可以解答的問題中，經驗問題可以通過以觀察與實驗為基礎的歸納法來解答，其典型案例是自然科學；規範問題可以通過以邏輯為基礎的演繹法來解答，其典型案例是數學與邏輯學。然而，哲學問題既不是經驗問題，也不是規範問題，而是無法解答的問題。因此，哲學問題無法通過歸納法與演繹法來解答。易言之，哲學問題的核心特徵是，人世間沒有眾所公認的方法可以用來解答哲學問題。[85] 正是如此，伯林坦言自己從來不相信任何形而上學意義上的絕對真理，不管是以笛卡爾、斯賓諾莎與萊布尼茲為代表的理性主義真理，還是以費希特、謝林與黑格爾為代表的唯心主義真理。儘管兩派對於尋求絕對真理的方法各有差異，但是兩派的共同之處是，他們都意圖在哲學領域尋求顛撲不破的絕對真理。而在伯林的視野中，這種致命的自負實際上是一種自命不凡的精神幻覺。[86] 在某種意義上，哲學以絕對真理的不可能性為基礎。哪裡有絕對真理，哪裡就沒有哲學；哪裡有哲學，哪裡就沒有絕對真

85　Berlin, *Concepts and Categories*, pp. 144-147. Berlin, *The Power of Ideas*, pp. 24-25.

86　Berlin, *The Power of Ideas*, p. 4.

理。兩者之間水火不相容。因此，絕對真理的開端意味著哲學的
終結，哲學的出場意味著絕對真理的謝幕。而理性主義者與唯心
主義者竟然渾然不覺，反而一意孤行地在哲學領域探索絕對真
理，這無異於自掘墳墓。在伯林看來，哲學領域的絕對真理是不
存在的，因此，哲學始終存在：「只要人類還活著，哲學就不會
走向終結。」[87]

　　第三個命題是不可兼容性命題（incompatibility），即並非所
有問題的答案都可以互相兼容，有些問題的答案甚至互相衝突。
有些問題的答案確實可以互相兼容，伯林所言的經驗問題與規範
問題的答案就是如此。邏輯像一條無法斬斷的鎖鏈，把各種公式
與定理井然有序地串聯在一起，它們和睦相處，互不衝突。但
是，哲學問題的答案卻不是這樣。正是因為哲學問題的答案不是
唯一的，而是多元的，而且我們也沒有發現唯一正確答案的方
法，所以，問題的各種答案之間可能互不兼容，甚至互相衝突。
不可兼容性命題，實際上是多元性命題與無法解答性命題的邏輯
結果。例如，關於世界起源的問題。在伯林看來，關於世界起源
的問題是哲學問題，因此，我們無法找到一個舉世公認的方法用
來確定唯一正確的答案。如此，這個問題的答案就多種多樣。唯
物主義者認為世界起源於物質，而唯心主義者認為世界起源於意
識。但是，基督徒卻認同上帝創世說，而科學主義者則相信大爆
炸理論。並且，在唯物主義者中間，有些人認為作為世界起源的
物質是火，而有些人認為是水，更有一些人認為是原子。諸如此
類，不一而足。如果我們認為世界的起源是物質，那麼我們就不
可能認為世界的起源是意識。同樣，如果我們相信上帝創世說，

87　Berlin and Jahanbegloo, *Conversations with Isaiah Berlin*, p. 140.

我們就不可能認同大爆炸理論。在這個意義上，哲學問題的答案是互不兼容，甚至互相衝突的。

綜合而論，根據伯林關於人類問題的類型學，人類問題分為兩種：可以解答的問題與無法解答的問題。可以解答的問題奠定了哲學一元主義的基礎，而無法解答的問題奠定了哲學多元主義的基礎。在這個意義上，哲學一元主義與哲學多元主義都是站得住腳的，兩者各自為陣，井水不犯河水。然而，問題的關鍵是，哲學一元主義野心勃勃，企圖一舉殲滅哲學多元主義。哲學一元主義所採取的策略是，它意圖一勞永逸地把所有人類問題都歸結為可以解答的問題，從而徹底取消無法解答的問題的可能性，包括哲學問題的可能性。而在伯林看來，哲學問題的本質正是無法解答性。一旦把哲學問題歸結為可以解答的問題，哲學問題就不再是哲學問題。如果哲學問題不可能，哲學本身自然也毫無可能。正是如此，伯林意圖以無法解答的問題抵抗可以解答的問題，以哲學多元主義對抗哲學一元主義的霸權。只有這樣，哲學才能在一元主義來勢洶洶的侵略中全身而退。

二、政治多元主義[88]

在伯林的視域中，政治問題的性質是哲學問題，這意味著政

88　本章所謂的政治多元主義與蕭公權、高爾斯頓以及康納利等學者所謂的政治多元主義不同。蕭公權在其康乃爾大學博士學位論文《政治多元主義》（*Political Pluralism*）中指出，政治一元主義的觀點是某種權力或權威在國家中具有支配地位，而政治多元主義則強調權力或權威的多樣性。高爾斯頓的政治多元主義與蕭公權的政治多元主義異曲同工，在高爾斯頓看來，政治多元主義意味著權威具有多種來源。康納利的多元主義跟蕭公權的政治多元主義具有相似的含義。只不過在蕭公權的論述中，政治多元主義與政治一元主

治問題是無法解答的問題。而無法解答的問題意味著我們無法輕
而易舉地找到解答問題的方法。正是政治問題的這種特殊性質，
構成了政治多元主義的理論基礎。而在伯林的政治哲學中，政治
多元主義恰恰是政治一元主義的解毒劑，是二十世紀極權主義烏
托邦狂熱的冷卻劑。[89]

伯林的政治多元主義具有十大核心特徵：多元性（plurality）、
無法解答性（unanswerability）、不可兼容性（incompatibility）、
衝突性、普遍性（universality）、平等性、不可通約性（incom-
mensurability）、不可比較性（incomparability）、不可排序性與無
法挽回的損失（irreparable loss）。[90]

義相對，而在康納利的著作中，跟多元主義相對的是 fundamentalism and
unitarianism。實際上，他所謂的 fundamentalism and unitarianism 跟蕭公權的
政治一元主義的意思是一樣的。而本章的政治一元主義指的是，由於某種價
值高於所有其他價值，所以人類應該不惜一切代價去實現這個最高價值。然
而，這種政治一元主義伴隨著極權主義的危險。而政治多元主義認為，最高
價值並不存在，存在的是各種各樣具有同等正當性的價值，因此，要求我們
不惜一切代價去實現最高價值的主張是站不住腳的。關於蕭公權的觀點，see
Hsiao, *Political Pluralism*.關於高爾斯頓的觀點，see William Galston, *Liberal
Pluralism*, Cambridge: Cambridge University Press, 2004, pp. 36-37. William
Galston, *The Practice of Liberal Pluralism*, Cambridge: Cambridge University
Press, 2005, pp. 1-2, 23-44.關於康納利的觀點，see William E. Connolly,
Democracy, Pluralism and Political Theory, London and New York: Routledge,
2008, pp. 13-128. William E. Connolly, *The Ethos of Pluralization*, Minneapolis
and London: University of Minnesota Press, 1995.

89　正如哈代所言，伯林的多元主義可以用來證明伯林本人的反極權主義立場。
Henry Hardy, "A Personal Impression of Isaiah Berlin," in Henry Hardy（ed.）,
Flourishing: Letters 1928-1946, Cambridge: Cambridge University Press, 2004,
p. xliii.

90　克勞德曾把多元主義概括為如下四大核心特徵：普遍性、多元性、不可通約

　　政治多元主義的第一個特徵是多元性。政治一元主義認為，
所有真正的政治問題都有且只有一個正確答案。而在多元主義看
來卻不然。關於事實的政治問題可能只有一個正確答案，然而，
關於價值的政治問題卻有多種多樣的答案。關於甘迺迪何時當選
總統的問題，我們只能找到一個正確答案。但是，關於公民為什
麼要服從政府的問題，我們能夠找到的答案就有許多。價值問題
的答案之所以具有多樣性，是因為價值問題是無法解答的哲學問

性與衝突性。然而，這四個特徵無法概括伯林的多元主義的全部特徵。另
外，需要特別指出的是，克勞德所理解的普遍性與伯林所理解的普遍性是不
同的。克勞德認為普遍價值「對所有時代、所有文化中的所有人都是有價值
的」，而伯林卻認為普遍價值只是在人多數時間大多數地點對大多數人有價
值。因為「對所有時代、所有文化中的所有人都是有價值的」是絕對價值的
特徵，而不是他所理解的普遍價值的特徵。普遍價值並不是無時間性的、永
恆的價值。伯林認為，隨著時代的變遷，人們所理解的普遍價值也會相應地
變遷。Crowder, *Liberalism and Value Pluralism*, pp. 44-75. Crowder, *Isaiah
Berlin: Liberty, Pluralism and Liberalism*, pp. 132-141. 喬治・克勞德，〈多元主
義、自由主義與歷史的教訓〉，載劉東、徐向東主編，《以賽亞・伯林與當代
中國：自由與多元之間》，南京：譯林出版社，2014，頁46-47。高爾斯頓認
為多元主義區別於一元主義的關鍵是不可通約性與無法排序性。他注意到了
多元性等特徵，但是並沒有視之為區分多元主義與一元主義的核心特徵。並
且，他對多元主義特徵的概括也不夠全面。關於高爾斯頓的論述，see
Galston, *Liberal Pluralism*, pp. 5-6. Galston, *The Practice of Liberal Pluralism*,
pp. 11-12. 加利波指出，伯林的道德多元主義具有五大特徵：多元性、衝突
性、不可兼容性、不可通約性以及無法結合（synthesis）各種道德的特徵。
加利波所謂的無法結合各種道德的特徵，實際上就是伯林所謂的價值之間無
法和諧統一的特徵。但是，這個特徵無法作為多元主義的獨立特徵，因為它
只是不可兼容性特徵的派生。關於加利波的概括，see Galipeau, *Isaiah Berlin's
Liberalism*, p. 59. 盧克斯認為多元主義具有四大特徵，即多元性、不可兼容
性、不可比較性與不可通約性，然而，他並沒有注意到多元主義的其他特徵
對於理解多元主義的重要性。Lukes, "The Singular and the Plural," pp. 90-91.

題。在關於價值問題的各種答案中，我們根本無法確定哪個答案才是唯一正確的答案。如此，各種答案似乎都具有其合理性。具體而言，每一種文化都有其自身的文化重心，都有其自身的價值體系，都有其自身對於問題的解答。[91]古希臘人可能認為，參與公共生活體現了人類美好的生活方式；英國人可能認為，一個人在私人領域中不受干預地做自己想做的事情體現了人類美好的生活方式；而法國人則可能認為，自由、平等與博愛才真正體現了人類美好的生活方式。因此，同一個問題不一定只有一個答案，答案可能有許多個，而且每一個答案都可能是正確的，這是人類的經驗事實。正是因為政治問題的性質是哲學問題，所以價值多元才成為人類的經驗事實。

政治多元主義的第二個特徵是無法解答性。政治一元主義意圖把所有政治問題都歸結為可以解答的問題，因此，所有政治問題都可以用歸納法或演繹法來解答。如果某種政治問題無法用歸納法或演繹法解答，那麼這種政治問題肯定不是真正的政治問題。只要是真正的政治問題，那麼它就可以解答。即便我們一時之間無法知曉政治問題的答案，但是在原則上，我們依舊可以知曉如何尋找政治問題的答案。也就是說，在原則上，政治問題的解答方法始終是存在的。然而，伯林卻認為，並非所有政治問題都是可以解答的問題，有些政治問題是無法解答的。在政治領域中，事實問題是可以解答的經驗問題，而價值問題卻是無法解答的哲學問題。正是如此，價值問題既不能用歸納法來解答，也不能用演繹法來解答。恰恰相反，解答價值問題的方法在原則上是不存在的。例如價值衝突問題，我們是犧牲自由而保護平等，還

91　伯林認為多元價值根源於多元文化。Berlin, *The Power of Ideas*, p. 11.

是犧牲平等而保護自由呢？這個問題或許本身就是沒有答案的，本身就是無法解答的。因此，政治一元主義的謬誤是，它把所有政治問題都視為可以解答的問題，從而忽略了可以解答的問題與無法解答的問題的區別。

政治多元主義的第三個特徵是不可兼容性，即兩種價值無法共存，有你沒我，有我沒你。「豺狼的完全自由是羔羊的末日，強者與天賦異稟者的完全自由跟弱者與缺乏天賦者的體面生存的權利是無法兼容的。」[92]如果強者擁有完全的自由，那麼強者就會吞噬弱者。如果弱者要享有生存權，那麼必須限制強者的自由權。在這兩種價值之間，我們必須做出非此即彼的選擇，沒有第三條道路可走。

但是，價值之間不可兼容，並不等於價值之間互相衝突。例如，由於客觀條件的限制，我們不可能既在海濱曬太陽，同時又在圖書館閱讀羅爾斯的著作。在同一時間，對於這兩個選項，我們只能二選一，而無法同時滿足。我們要麼選擇在海濱曬太陽，要麼選擇在圖書館閱讀羅爾斯的著作。在這個特定場景下，這兩個選項無法共存，不可兼得。在這個意義上，我們可以說這兩個選項是不可兼容的。著名的伯林研究者克勞德卻認為，這是價值衝突的典型案例。然而，價值之間不可兼容與價值之間互相衝突並不相同。在這個案例所限定的條件下，我們確實無法同時在海濱曬太陽和在圖書館閱讀羅爾斯的著作，因此，我們可以說這兩種價值選擇無法共存，非此即彼。但是，這並不代表這兩種價值本身是互相衝突的。如果不是特定條件的限定，我們沒有什麼充分的理由可以認為在海濱曬太陽和在圖書館閱讀羅爾斯的著作具

92　Berlin, *The Crooked Timber of Humanity*, p. 12.

有內在的衝突性。倘若我們不需要同時滿足兩者，那麼，我們完全可以在上午的某個時刻跑到海濱曬太陽，在下午的某個時刻前往圖書館閱讀羅爾斯的著作。抑或，倘若我們不需要同時出現在兩個地點，那麼，正如克勞德本人所說的，我們完全可以一邊在海濱曬太陽，一邊閱讀羅爾斯的著作。這兩種價值選擇之間並不具有內在的衝突性。[93]

政治多元主義的第四個特徵是衝突性。[94]價值之間互相衝突並不一定意味著價值之間無法兼容。價值之間互相衝突只是表明價值之間有矛盾，但這種矛盾不一定就是有你沒我，有我沒你的生死之爭。如果我們要多抽出時間來陪孩子，我們可能就要犧牲蒸蒸日上的事業；如果我們要保證事業繼續蒸蒸日上，我們可能就要犧牲陪伴孩子的時間。在一定程度上，家庭與事業互相衝突。但是，這並不代表兩者不可兼容，非此即彼。我們不能說，如果我們要陪孩子，我們就沒有了事業。我們也不能說，如果我們要

93　關於克勞德的論述，see Crowder, *Liberalism and Value Pluralism*, pp. 54-56. 不過，必須加以說明的是，伯林本人並沒有嚴格區分不可兼容性與衝突性。他常常把不可兼容性與衝突性放在一起加以討論。Berlin, *Liberty*, pp. 151, 213-214. 伯林甚至認為價值之間互相衝突是價值之間不可兼容的原因，而實際上價值之間互相衝突並不足以構成價值之間不可兼容的理由。只有價值衝突激化到生死存亡的地步，價值之間互相衝突才足以構成價值之間不可兼容的理由。Berlin, *The Crooked Timber of Humanity*, p. 12.

94　價值衝突問題一直存在於人類的歷史長河中。早在古希臘時代，索福克勒斯就在《安提戈涅》中討論了價值衝突的悲劇，see Sophocles, *Sophocles the Plays and Fragments*（Volume 3: The Antigone），Cambridge: Cambridge University Press, 2010. 納斯鮑姆對《安提戈涅》中的價值衝突問題做出了非常出色的闡釋，see Martha Nussbaum, *The Fragility of Goodness: Luck and Ethics in Greek Tragedy and Philosophy*（Revised Edition），Cambridge: Cambridge University Press, 2001, pp. 51-82.

事業，我們就無法抽出時間陪孩子。沒錯，這兩種價值之間確實互相衝突。然而，我們依舊可以嘗試在事業與家庭之間尋求某個平衡點，從而兼顧事業與家庭。我們既可以享受其樂融融的家庭時光，也可以攀登事業高峰。事業與家庭之間並不一定是非此即彼的對峙，也不一定無法共存，無法同時滿足。

　　不妨再舉一個例子，A國與B國交戰，A國以自由的名義而戰，B國以正義的名義而戰，兩者代表了不同的價值訴求。因此，A國與B國互相衝突。但是，A國與B國互相衝突，並不代表A國與B國不可兼容。首先，並非所有的戰爭都是交戰雙方不可兼容的戰爭。兩國的戰爭只有激烈到非滅亡另一國不可的程度，才能被稱為生死存亡的戰爭，才能說兩國不可兼容。其次，即便兩國發生戰爭，兩國之間的戰爭依舊可以通過議和的方式來化解。然而，就算兩國之間的戰爭化解了，兩國之間的衝突可能依舊存在，只不過這種衝突不再表現為戰爭的形式。例如，衝突可以表現為經濟領域的爭奪。但是，儘管衝突依舊存在，兩國卻可以互相兼容，議和使這種互相兼容成為可能。

　　政治多元主義的第五個特徵是普遍性。伯林所謂的普遍主義，不是一般意義上的普遍主義，而是高爾斯頓所謂的「最低限度的普遍主義」（minimal universalism）。[95]最低限度的普遍主義意味著，普遍價值是人之為人所不必可少的，是人類生存與發展的最低限度要求。如果沒有普遍價值，那麼，人類的生存與發展就會受到威脅，人類意圖共同生活的基本目標就無法保障，人類想要過上體面生活的理想就會徹底破滅，甚至人類本身最終也會走向萬劫不復的毀滅之路。

95　Galston, *The Practice of Liberal Pluralism*, p. 3.

　　而普遍價值實際上就是伯林反覆強調的共通價值（common values）。因為伯林眼中的普遍價值指的是大多數人在大多數國家都長期堅守的價值。[96]而共通價值的本質正是，「對於大多數時間和地點的絕大多數人來說都是……共通的……核心價值」，是人類生存與發展的最底線。共通價值不僅是人類生存與發展的必要條件，也是人類互相溝通與互相理解的必要條件。沒有共通價值，就沒有人類；沒有共通價值，就沒有人類的交往。正是如此，只要人類還存在，共通價值就一定存在。並且，共通價值也是人之所以為人的前提條件，「所有人類都必定具有某些共通價值，否則人類就不再是人類了。」人類之所以被稱為人類，就是因為人類共享著某些最基本的價值。如果沒有這些最基本的價值，人類就跟禽獸沒什麼實質性分別，跟植物沒什麼根本性差異。[97]

　　政治多元主義的第六個特徵是平等性。政治多元主義的平等性並不意味著價值之間是相等的，而是意味著價值之間具有平等的地位，我們應該平等地對待各種價值。因此，我們有必要區分相等性與平等性。相等性意味著相等的價值（equal value），即各種價值之間在數值上是相等的。例如安全等於10，而福利也等於10，於是，安全等於福利。而平等性意味著平等的地位（equal status），即各種價值之間在地位上是平等的。我們不知道安全的具體數值是多少，我們也不知道福利的具體數值是多少，並且，我們也無法通過其他方式來比較安全與福利之間的優劣，於是，

96　Berlin and Jahanbegloo, *Conversations with Isaiah Berlin*, p. 108.

97　Berlin, *Liberty*, pp. 24-25, 52-53. Berlin, *The Crooked Timber of Humanity*, p. 18. Berlin, *The Power of Ideas*, p. 12.

我們假定安全與福利具有平等的地位。因此，政治多元主義的平等性不是指價值之間具有相等的數值，而是指價值之間具有平等的地位。[98]

在一元主義的視野中，各種價值之間既不相等，也不平等。某個核心價值或某些核心價值必然在數值與地位上都高於所有其他價值。例如在功利主義者看來，功利或快樂高於所有其他價值。如果自由給人帶來痛苦，那麼自由就一文不值。如果平等無法給人帶來快樂，那麼平等也一無是處。在功利與自由之間，功利高於自由，兩者並不相等，也不平等。同樣，在功利與平等之間，功利也高於平等，兩者不具有相等性與平等性。無論哪種價值，只要它跟功利原則相抵觸，那麼，不管這種價值表面上看來如何冠冕堂皇，我們都應該毫無猶豫地加以拋棄。

然而，在多元主義看來，人類的共通價值之間具有平等的地位。「我們在日常經驗中所遭遇的世界是這樣一個世界，在其中，我們面臨著同等終極的目的之間的選擇，同等絕對的主張之間的選擇，實現某些選擇必定會不可避免地犧牲其他選擇。」[99]如果自由無法給人帶來快樂，並不代表自由就毫無用處。自由是人類生存與發展的必要條件，它毫不遜色於快樂。儘管在某些情況

---

98 伯林本人並沒有嚴格區分相等的價值與平等的地位，他常常簡單地表示多元價值之間都同等重要。但是，如果不區分相等性與平等性，伯林的論述就存在著一個重大缺陷。正如高斯所言，如果多元價值都是相等的，那麼多元價值之間就可以比較。然而，伯林卻反覆宣稱多元價值之間常常不可比較。因此，如果伯林要自圓其說，那麼，伯林所謂的平等就不能是相等的價值意義上的平等，而是平等的地位意義上的平等。關於高斯的觀點，see Gerald F Gaus, *Contemporary Theories of Liberalism*, London: Sage, 2003, p. 33.

99 Berlin, *Liberty*, pp. 213-214.

下，自由常常伴隨著痛苦，例如在母親與妻子同時落水的情況下，到底是先救母親，還是先救妻子？但是，我們不能因為自由帶來痛苦就否定自由的價值，因為自由與快樂同等重要。

政治多元主義的第七個特徵是不可通約性。不可通約性意味著，我們無法找到一個單一的價值尺度，用來測量各種價值的數值。[100] 例如，自由與平等這兩項價值。如果我們可以用一把標有刻度的尺來測量自由與平等的數值，自由等於3，而平等等於6，所以平等高於自由，那麼，自由與平等就是可以通約的。功利主義就是其典型，根據快樂這把刻度尺，假如自由的測量結果是3點快樂值，而平等的測量結果是6點快樂值，那麼平等就高於自由。

然而，多元主義卻認為，在價值領域，這樣的刻度尺並不一定存在。「人類的目標有許多，並非所有目標都是可以通約的，並且，各種目標之間處於永恆的對抗之中。假定所有價值都可以根據一個尺度來評分等級，那麼這只是通過檢測來確定最高分值的問題，然而這對我來說似乎彎曲了我們的知識……」[101] 在這個意義上，功利主義的觀點是錯誤的，自由與平等之間根本無法通過評分的方式來一較高下。

但是，價值之間不可通約並不必然意味著價值之間具有平等的地位。假設自由高於快樂，並且，假設我們無法通過評分的方式測量自由到底高於快樂多少分值，這樣，儘管自由與快樂不可通約，但是，自由與快樂卻並不具有平等的地位。可通約性只是比較價值優劣的一種方式，但卻不是比較價值優劣的唯一方式。

100 Ruth Chang, (ed.), *Incommensurability, Incomparability, and Practical Reason*, Cambridge and London: Harvard University Press, 1997, p. 1.

101 Berlin, *Liberty*, p. 216.

即便我們無法把兩種價值化約為某種價值尺度，從而測量兩種價值之間的數值，並最終比較兩種價值之間的優劣，但是，我們依舊可以根據其他價值標準來比較兩種價值之間的優劣。例如根據傳統的價值標準，在一個崇尚自由的社會中，自由高於快樂。在這個意義上，不可通約性並不一定蘊含著平等性，但是，不可比較性卻必定蘊含著平等性。

政治多元主義的第八個特徵是不可比較性。[102]不可比較性意味著，在兩種價值之間，我們不能說A價值高於B價值，不能說A價值低於B價值，也不能說A價值等於B價值。[103]在這個意義上，價值之間的不可比較性與價值之間的相等性是互相矛盾的。如果價值之間不可比較，那麼，我們就無法確定價值之間是否具有相等的數值。如果價值之間具有相等的數值，那麼，我們就可以說價值之間可以比較。然而，價值之間的不可比較性與價值之間的平等性卻是互相一致的。正是因為價值之間不可比較，所以，我們假定各種價值之間具有平等的地位，我們應該平等地對待各種價值，平等地尊重各種價值取向。

不可比較性跟不可通約性是兩個截然不同的概念。[104]價值之

---

102 伯林關於不可比較性的討論，see Berlin, *The Crooked Timber of Humanity*, p. 67. Berlin, *Liberty*, pp. 136-137, 273-274.

103 Galston, *The Practice of Liberal Pluralism*, p. 12.

104 高斯批判伯林道，即便兩種價值不可通約，但是我們依舊可以比較這兩種價值。例如孩子快樂的一天與一幅偉大的繪畫作品，我們無法通過某種價值尺度來衡量它們的價值，但是這並不意味著我們無法比較它們。就偉大性而言，一幅偉大的繪畫作品無疑比孩子快樂的一天更加偉大。但是，高斯的問題是，儘管他注意到不可通約性與不可比較性之間的差異，但是，他卻依舊混淆了不可通約性與不可比較性。Gaus, *Contemporary Theories of Liberalism*, p. 32. 格雷同樣混淆了不可通約性與不可比較性，他更是直接把不可通約性

間可以通約必定意味著價值之間可以比較，但是價值之間可以比較並不意味著價值之間可以通約。反之，價值之間不可通約並不意味著價值之間不可比較，然而價值之間不可比較必定意味著價值之間不可通約。我們可以比較兩種價值之間的優劣，但是，我們並不一定能夠通過一把刻度尺來衡量兩種價值之間的數值。同樣，我們可能無法找到一把刻度尺來衡量兩種價值之間的數值，但是，我們可能依舊可以比較兩種價值之間的優劣。[105] 例如，在選擇前往夏威夷度假與選擇在家陪伴父母之間，我們可能無法用一個共同的尺度用來測量這兩種選擇的分值。但是，如果我認為家庭生活在道德上要高於私人享受，我依舊可以比較這兩種選項，並最終決定在家陪伴父母。我可以評判這兩種選擇的高下，只是我無法用精確的分值來確定在家陪伴父母比前往夏威夷度假到底高出多少。

政治多元主義的第九個特徵是不可排序性。在一元主義社會中，只有一個核心價值，所有其他價值都從屬於這個核心價值。根據價值之間的主次關係，我們可以對它們進行排序。但是，在多元主義社會中，並不存在占據主導地位的唯一價值。價值之間的優劣往往是難以判斷的，因此也是無法排序的。[106] 多元價值之間無法排序基於三點理由：首先，多元價值之間互相平等。正是因為價值之間互相平等，所以我們無法區分它們的優劣，也無法根據它們的優劣對它們進行排序。其次，多元價值之間不可通

混同為不可比較性。John Gray, *Two Faces of Liberalism*, New York: The New Press, 2000, pp. 34-68.

105 Chang,（ed.）, *Incommensurability, Incomparability, and Practical Reason*, pp. 1-2.

106 Berlin, *Concepts and Categories*, pp. 149-152.

約。由於我們無法找到一個共同的尺度來測量各種價值的分值，所以我們無法根據它們的分值來對它們進行排序。最後，多元價值之間不可比較。因為多元價值之間無法互相比較，所以我們無法判斷價值之間的優劣，如此，我們便無法根據它們的優劣來對它們進行排序。

　　政治多元主義的第十個特徵是無法挽回的損失。價值衝突並不必然蘊含著無法挽回的損失。如果我們有一種可靠的方法來解決這種衝突，那麼，價值衝突所帶來的潛在損失可能是可以避免的。然而，不可兼容性則必然意味著無法挽回的損失。因為如果兩種價值之間無法兼容，那麼，這兩種價值之間就無法共存，無法同時滿足。如果我們選擇了其中一種價值，那麼我們必然會犧牲另一種價值。[107]「狼的自由是羊的末日」，[108]豺狼的自由權與綿羊的生命權無法兼容。滿足了豺狼的自由就無法保護綿羊的生命，而要保護綿羊的生命就不得不限制豺狼的自由。因此，要麼滿足豺狼的自由權，要麼滿足綿羊的生命權。而一旦選擇了豺狼的自由權，我們就犧牲了綿羊的生命權。反之，一旦選擇了綿羊的生命權，我們就犧牲了豺狼的自由權。這樣，無論我們如何選擇，選擇的結果都是無法挽回的損失。[109]

　　正是如此，政治一元主義在概念上無法自圓其說（conceptual inconsistence），同樣，以政治一元主義為基礎的完美社會烏托邦也站不住腳。政治一元主義與完美社會烏托邦跟人類的經驗不

---

107 Berlin, *The Power of Ideas*, p. 27.

108 Berlin, *Liberty*, p. 171. Berlin, *The Crooked Timber of Humanity*, p. 12.

109 Berlin, *The Power of Ideas*, pp. 27, 277. Berlin, *The Crooked Timber of Humanity*, pp. 13, 66. Berlin, *Against the Current*, pp. 123-124.

符，人類的真實世界不是一個完美和諧的統一體，而是同等終
極、同等客觀、並且同等正確的多元價值互相衝突的世界。並
且，世界上也不存在一個終極的解決方案，得以把人類的所有問
題一攬子一次性圓滿解決。因此，在伯林的視域中，一元主義烏
托邦本身建立在一系列錯誤的核心假定基礎之上。

如果二十世紀的政治悲劇是政治一元主義與積極自由共同作
用的結果，那麼，問題是，如何抵消政治一元主義與積極自由所
產生的負面效果呢？伯林意圖以政治多元主義對抗政治一元主
義，以消極自由抵制積極自由。然而，以消極自由抵制積極自
由，並不意味著消極自由沒有任何負面效果，也不意味著積極自
由沒有任何正面效果。在伯林看來，消極自由與積極自由同等重
要，並且同樣蘊含著某些負面效果。只不過，相對而言，積極自
由的負面效果所產生的破壞力更大、影響更深、波及面更廣。[110]
而積極自由的負面效果主要是扭曲的積極自由造成的，因此，伯
林要抵制的不是原初的積極自由，而是扭曲的積極自由，尤其是
集體積極自由。

消極自由意味著沒有外在的人為障礙（the absence of external

---

[110] Berlin, *Liberty*, pp. 37-40.伯林晚年亦澄清道，如果他可以重寫〈兩種自由概
念〉，那麼，他會以更加友善的態度來對待積極自由，而不會說消極自由比
積極自由更重要。伯林不希望讀者誤解他是在攻擊積極自由。See Berlin and
Polanowska-Sygulska, *Unfinished Dialogue*, p. 120.劉擎對這個問題有非常系統
的考察，參劉擎，〈自由及其濫用：伯林自由論述的再考察〉，載《中國人民
大學學報》2015年第4期，頁43-53。而石元康正是在這個意義上誤解了伯
林，他言道：「柏林及其他的許多自由主義者指出，由於積極自由很容易墮
陷為不自由及強制，因此，我們最好不要提倡它。雖然消極自由也並非完全
可以免於墮陷為不自由的危險，但這種可能性要比積極自由低得太多，因
此，值得我們提倡。」石元康，《當代西方自由主義理論》，頁19。

man-made obstacles），哪裡沒有外在的人為障礙，哪裡就有消極自由；哪裡有外在的人為障礙，哪裡就沒有消極自由。[111] 如果一

---

111 傑拉德・麥卡勒姆認為伯林的消極自由概念是有問題的。他提出了一個非常具有洞見的自由公式：X is free from Y to do Z，其中X指的是行動者，Y指的是障礙，而Z指的是行動。根據這個公式，消極自由之所以是站不住腳的，是因為消極自由只關注作為障礙的Y，而忽略了作為行動的Z。人們不受外在的人為障礙侵犯的同時，總是要去做什麼。即便我們有時候在表達中僅僅說出了Y的內容，但是Z始終是存在的。例如，我在讀書的時候，有人不斷地過來干擾我，以至於我無法專心讀書。這時，我對他說：「請你不要干擾我！」我說這句話的時候，儘管沒有明言我要做什麼，但是我要做什麼始終隱含於其中。這句話的完整表達是「我要讀書，請你不要干擾我！」因此，自由總是X、Y與Z的三角關係，而不是X與Y的雙邊關係。但是，伯林並不認同麥卡勒姆的批評。他認為，人們有時候並不清楚自己到底要去做什麼（Z），他只是要解除枷鎖或者從監獄中逃脫出來（Y）。在這個意義上，自由並不總是三角關係。關於麥卡勒姆的批評，see Gerald C. MacCallum, "Negative and Positive Freedom," in David Miller (ed.), *The Liberty Reader*, Boulder and London Paradigm, 2006, pp. 100-122. 關於伯林對麥卡勒姆的回應，see Berlin, *Liberty*, p. 36. Berlin, *The Power of Ideas*, p. 15. Berlin and Polanowska-Sygulska, *Unfinished Dialogue*, p. 87. 而且，根據斯金納與佩蒂特的共和主義自由觀，麥卡勒姆的自由公式不一定能夠解釋奴隸的狀況。例如，一個仁慈的主人，從來不干預奴隸的生活（沒有Y），奴隸也可以自由自在地活動（有Z）。按照麥卡勒姆的自由公式，奴隸是自由的。但是，奴隸真的是自由的嗎？如果主人心情不好，主人隨時可以收回奴隸的這種自由。儘管主人可能一生都沒有這樣做，但是這樣做的潛在可能性始終存在。奴隸之所以是奴隸，是因為奴隸應該服從主人。儘管主人出於仁慈而沒有干預奴隸的行為，儘管奴隸由於主人的仁慈而可以自由自在地活動，但是，這並不能改變奴隸應該服從主人的狀態。在這個意義上，奴隸是不自由的。奴隸的狀態跟主人是否在現實中直接干預奴隸無關。在這個意義上，儘管按照麥卡勒姆的自由公式，奴隸是自由的，但是實質上，奴隸是不自由的。Quentin Skinner, *Liberty before Liberalism*, Cambridge, UK: Cambridge University Press, 1998. Quentin Skinner, "A Third Concept of Liberty,"

個人可以在自己的房間裡自由行動，而沒有受到任何外在的人為
干預，那麼我們就可以說這個人是自由的。反之，如果一個人被
另一個人關在監獄裡，或者被捆綁在一棵樹上，那麼我們就可以
說這個人是不自由的。正是如此，伯林言道：「在這個意義上，
我所謂的自由指的是不被他人干預。不被干預的領域越廣，我的
自由就越多。」[112]

　　在這裡，消極自由的障礙具有兩個核心特徵。[113] 第一，消極

Proceedings of the British Academy, Vol. 117, 2002, pp. 237-268. Philip Pettit,
Republicanism: A Theory of Freedom and Government, Oxford: Oxford University
Press, 1997. Philip Pettit, "The Republican Ideal of Freedom," in David Miller
（ed.）, *The Liberty Reader*, Boulder and London: Paradigm, 2006, pp. 223-242.

112 Berlin, *Liberty*, p. 170.

113 劉擎指出，消極自由的障礙具有四項限定，即外部性限定、人為性限定、機
會限定和重要性限定。具體而言，"Y[障礙] 必須是人所面對的外部障礙，
而非其內心的障礙；障礙必須是人為（有意或無意）造成的，而不是自然或
偶然存在的；Y不必是對X[行動者] 的實際行動構成了實際的阻礙，只要剝
奪或限制了X行動的可能（options）或機會（opportunities）就構成了障礙；
被剝奪或嚴重限制的那些機會或可能性應當是重要的，不僅對X的特定偏好
而言，而且在其所處的文化或社會環境中也被視為重要。」但是，後兩項並
不是消極自由的障礙的構成性要素。就機會限定而言，不管消極自由的障礙
所阻礙的是行動，還是機會，甚至其他，只要這個障礙滿足外在的人為障礙
這兩項限定就足以構成消極自由的障礙。至於這個障礙所阻礙的具體內容是
什麼，並不影響它成為消極自由的障礙。而就重要性限定而言，我們必須承
認，如果消極自由的障礙所阻礙的具體內容至關重要，那麼移除這個障礙對
行動者而言確實意義重大。因為所阻礙的內容是否重要，直接決定了消極自
由的質量。不受阻礙地在家門口種樹的自由，顯然沒有不受阻礙地支配個人
財產的自由重要。就此而言，重要性限定確實具有特別重大的意義。然而，
即便去掉重要性限定，消極自由的障礙依舊可以成為消極自由的障礙。在這
個例子中，儘管所阻礙的具體內容是在家門口種樹，這個選項相對來說可能
不怎麼重要，但是，如果在家門口種樹這個選項被阻礙或剝奪了，我們依舊

自由的障礙是外在障礙，而不是內在障礙。內在障礙指的是人類心靈中的非理性因素，例如感情用事、心智不成熟、充滿偏見、遇事不冷靜、衝動行事、做事偏激。對於伯林而言，內在障礙並不是消極自由的障礙，而是積極自由的障礙。[114] 例如，某個大學生一時衝動，逃課跑去遊樂場打遊戲。對於積極自由而言，這個大學生是不自由的，因為他不夠理智。如果他的理性足夠發達，那麼，他會意識到上課是一個更好的選擇。因此，真正的自由不是逃課去打遊戲，而是控制自己打遊戲的欲望，選擇繼續留在教室上課。如果有必要，老師或家長甚至可以強迫他留在教室聽課，因為他們這樣做是為了他的真正自由著想。但是，在消極自由看來，只要這個大學生不受阻礙地逃課去打遊戲，那麼他就是

可以說，我們的消極自由被妨礙了。在這個意義上，機會限定與重要性限定無法構成消極自由障礙的限定性條件。不過，儘管這兩項限定不是其限定性條件，它們對於理解消極自由來說依舊具有非常重要的意義。尤其是重要性限定，它直接跟消極自由的質量密切相關。另外特別需要加以注意的是，區分重要的機會或可能性與不重要的機會或可能性，非常容易導致跟積極自由相似的悲劇。既然不受阻礙地在家門口種樹的自由是不重要的，那麼，為了更加重要的機會或可能性，我們是否可以犧牲不重要的機會或可能性呢？我們是否可以為了不受阻礙地支配個人財產的自由，而犧牲不受阻礙地在家門口種樹的自由呢？甚至，國家是否會以重要的機會或可能性的名義，剝奪所謂的不重要的機會或可能性？這樣的區分當然不會必定產生這個結果，但是它具有產生這個結果的可能性，因此，我們必須小心對待這種區分。關於劉擎的觀點，參劉擎，〈自由及其濫用：伯林自由論述的再考察〉，載《中國人民大學學報》2015年第4期，頁46。

114 查爾斯・泰勒並不認同伯林的這個觀點，他認為外在障礙與內在障礙都屬於消極自由應該消除的障礙。如果泰勒的批判是成立的，那麼，伯林的消極自由與積極自由區分就變得毫無意義了。Taylor, "What's Wrong with Negative Liberty," pp. 141-162.

自由的。儘管逃課去打遊戲這個行為本身可能是錯誤的，但是，只要他的行為不被干預，那麼，我們依舊可以說他是自由的。如果家長或老師以真正自由的名義，強迫這個大學生留在教室聽課，那麼家長或老師就侵犯了他的消極自由。因為他逃課去打遊戲的行為或其可能性被剝奪了。就其打遊戲的選項被剝奪了而言，他是不自由的。

第二，消極自由的障礙是人為障礙，而不是自然障礙。外在障礙分為兩類，一類是人為障礙，即他人對行動者造成的障礙。例如小王把小李捆綁起來，從而使小李渾身無法動彈。小王對小李造成的障礙就屬於人為障礙。另一類是自然障礙，即自然條件所限而造成的障礙。例如，小張在某個夜黑風高的夜晚不慎掉落深坑中，從而使小張的行動受到了阻礙。在伯林看來，自然障礙不是消極自由的障礙。因為伯林所討論的消極自由具有特殊的限定性，它指的是政治領域的自由，而不是自然領域的自由。如果我今天打算出發前往峇里島度假，但是，由於狂風大作，電閃雷鳴，從而導致機場的所有飛機都無法正常起飛，於是，我前往峇里島度假的計劃就泡湯了。不可否認，惡劣的天氣的確妨礙了我的行動自由，使我無法前往峇里島度假。但是，我不能說我的消極自由受到了阻礙。因為惡劣的天氣妨礙我的行動自由這個客觀事實，跟伯林所討論的政治領域的自由不具有實質性的關聯。準確而言，自然障礙確實妨礙了我們的自由，但它所妨礙的不是伯林意義上的消極自由，而是另外一種自由。正是出於這樣的考量，伯林把自然障礙從消極自由的障礙中排除出去了。[115]

消極自由意味著沒有外在的人為障礙，正是如此，消極自由

---

115 伯林關於消極自由的障礙的論述，see Berlin, *Liberty*, pp. 169-178.

要回答的根本問題是，哪個領域不應該被外在的人為障礙所侵犯？這個神聖不可侵犯的領域就是伯林所謂的私人領域。[116]而在伯林看來，私人領域就是最低限度的消極自由領域（minimal negative liberty）。最低限度的消極自由，是「個人自由的最小區域」、「個體自由的最低限度」。[117]因此，我們必須在公共領域與私人領域之間劃一條界線，公共領域那邊是政府執行公共權力的範圍，而私人領域那邊就是最低限度的消極自由的範圍。[118]那麼，如何確定公共領域與私人領域的界線呢？抑或，如何確定最低限度的消極自由的界線呢？伯林認為，我們可以根據長期以來都廣為接受並為人所服從的規則來確定消極自由的界線。這些規則之所以能夠確定消極自由的界線，是因為這些規則已經滲入了正常人的觀念之中。正常人意味著，如果我是一個正常人，那麼我就不會毫不愧疚地輕易違背這些規則。這些規則在不同的時代有不

---

116 必須加以說明的是，伯林所謂的神聖不可侵犯並不是說無論如何都不能侵犯。在正常情況下，私人領域不可侵犯。但是，在非常情況下，例如發生重大災難的緊急情況，私人領域可以被侵犯。在這個時候，個體自由可能要讓位於公共安全。因此，在伯林的眼中，神聖不可侵犯不是絕對意義上的不可侵犯。ibid., pp. 52-53.

117 Ibid., pp. 171, 210.

118 本書所謂的公共領域指的是公共權力領域，而不是哈貝馬斯（台灣譯為哈伯瑪斯）意義上的公共領域。哈貝馬斯區分了公共領域與公共權力領域。在哈貝馬斯的思想框架中，公共領域概念具有非常特殊的內涵，其核心是由私人聚合而成的公眾，在公共空間，就公共話題挑戰公共權力的正當性而構成的領域。哈貝馬斯的公共領域介於公共權力領域與私人領域之間，並且是私人領域的特殊組成部分。關於哈貝馬斯的觀點，參哈貝馬斯，《公共領域的結構轉型》，曹衛東等譯，上海：學林出版社，1999，頁24。Jurgen Habermas, "The Public Sphere," in Robert E. Goodin and Philip Pettit (eds.), *Contemporary Political Philosophy: An Anthology*, Oxford and Cambridge: Blackwell, 1997, pp. 105-108.

同的稱呼，有的人稱之為自然法，有的人稱之為自然權利，有的人稱之為上帝的命令。根據這些規則，我們確定了最低限度的消極自由的界線。這個界線之內的私人領域神聖不可侵犯，它實際上是政府公共權力的禁區——風能進，雨能進，國王不能進。[119]

　　伯林主張最低限度的消極自由主要有兩個理由。第一個理由是否定性理由，即消極自由不是無限的。如果消極自由是無限的，那麼所有人都可以隨心所欲地自由干預所有其他人。強者可以欺負弱者，智者可以干預庸眾。這樣，人類社會就會退回霍布斯所謂的自然狀態，在其中，所有人都天生享有自然自由（natural freedom）。最終，人類將陷入每個人對每個人的戰爭，人類社會將走向崩潰的邊緣。[120] 第二個理由是肯定性理由，即消極自由是有限的。但是，有限的消極自由不能低於某個限度。為了保全人類本身，消極自由必須是有限的。同樣，為了保全人類本身，消極自由必須保持最低限度。最低限度的消極自由神聖不可侵犯，否則，人類的生存與發展就會遇到大麻煩。正是如此，伯林言道：「密爾信仰自由，即嚴格限制強制的權利，因為他確信，除非在人類生活的某個最小區域內（他認為這個區域不可侵犯，或者希望使這個區域不受侵犯），人類享有免於他人干預的自由，否則，人類就不可能繁榮發展，也不可能完全成為人類。」因此，國家只能在公共領域扮演守夜人或交通警察的角色，而不能隨意侵入公民的私人領域。一旦人類最低限度的消極自由被剝奪了，那麼，人類就不成其為人類。[121]

---

119 Berlin, *Liberty*, pp. 210-211.

120 Hobbes, *Leviathan*, Cambridge: Cambridge University Press, 1996, pp. 86-90.

121 Berlin, *Liberty*, pp. 52-53, 171, 173-174, 207, 210, 235-236, 286. 譚安奎曾經對伯

　　既然最低限度的消極自由如此重要，那麼，我們應該如何衡量（measure）消極自由的程度呢？伯林認為，消極自由的程度取決於五項要素。第一，行動機會的數量，即有多少種機會或可能性向我開放？假如我們把消極自由的領域比喻成一個房間，那麼，行動的機會或可能性就意味著有多少扇門向我打開。房門打開的數量對我們來說至關重要。奴隸也有消極自由，但是奴隸的

林的消極自由概念提出過批評。在他看來，自由主義的核心價值不是消極自由，而是自由權項（liberties）。因此，自由主義主張的不是消極自由的優先性，而是自由權項的優先性。而自由權項具有優先性的理論依據是人類的自主性。譚安奎區分了兩種從自主性論證自由權項優先性的思路。第一種是密爾的「辯護性的完善論自由主義」，即從反對政府干預的自主性，論證自由權項具有優先性的思路；第二種是拉茲（Joseph Raz）的「設定目標的完善論自由主義」，即從主張政府扮演積極角色的自主性，論證自由權項具有優先性的思路。譚安奎認為，密爾的思路是成功的，因為密爾的思路擺脫了家長主義的危險。而拉茲的思路是有問題的，因為拉茲的思路潛藏著家長主義的危險。但是，譚安奎的論證並不可靠。第一，他的理論前提是消極自由與自由權項的區分，但是這個前提是站不住腳的。在伯林的文本中，消極自由指的是神聖不可侵犯的私人領域，亦即一系列不可剝奪的自由權項。在這個意義上，消極自由與自由權項的含義幾乎是重疊的。如此，消極自由與自由權項的區分就沒有必要了。第二，即便消極自由與自由權項的區分是成立的，譚安奎從自主性論證自由權項優先性的思路也不具有說服力。譚安奎贊同密爾的論證思路，他認為從反對政府干預的自主性，可以推出選擇自由這項自由權項的優先性。但是，所謂的反對政府干預的自主性，不就是伯林所謂的消極自由（沒有外在的人為干預）嗎？如此，從反對政府干預的自主性論證選擇自由的優先性，實質上就是從消極自由論證選擇自由的優先性。易言之，消極自由是自由權項的理論基礎。倘若如此，為什麼自由權項是自由主義的核心價值，而消極自由卻不是呢？難道我們可以說房頂是房子的核心，而地基卻不是房子的核心嗎？譚安奎，〈消極自由、自由權項與辯護性的完善論自由主義〉，載劉東、徐向東主編，《以賽亞·伯林與當代中國：自由與多元之間》，南京：譯林出版社，2014，頁271-282。

消極自由是非常有限的。如果他被主人關在房間裡，只剩下一扇打開的房門。那麼，即便這個房門非常重要，他的消極自由也依舊微乎其微。一個只打開一扇門的房間與一個打開一萬扇門的房間顯然無法相提並論。

　　第二，行動機會實現的難易程度，即實現行動的機會或可能性到底有多難？同樣以房間作為譬喻，這意味著我們是否可以輕易地走出我們面前的房門。有些房門雖然打開著，但是走出房門的要求非常高。那麼，這樣的房門可能對我們意義不大。例如購買奢侈品的機會。窮人沒有足夠的經濟能力可以購買奢侈品。因此，對於窮人來說，奢侈品可望而不可即，購買奢侈品的機會無異於一種可惡的嘲諷。而富人有足夠的金錢來購買窮人買不起的奢侈品，因此，對於富人而言，購買奢侈品的機會就非常重要了。在這個案例中，對於窮人而言，購買奢侈品的機會是難以實現的；而對於富人而言，購買奢侈品是輕而易舉的。因此，行動機會實現的難易程度，抑或行動者實現行動機會所具備的能力，直接影響了消極自由的質量。[122]

---

122 伯林區分了自由與自由的條件。他認為缺乏能力並不等於缺乏消極自由，缺乏能力只是意味著缺乏實現消極自由的條件。除非能力的缺乏是他人的外在干預造成的。從這裡的分析可以看出，儘管自由的條件不等於自由，但是，自由的條件卻直接影響了自由的質量。Berlin, *Liberty*, pp. 169-170. 但是，柯亨卻認為伯林的觀點是有問題的。在某種意義上，缺乏自由的條件實際上就等於缺乏自由。例如金錢是購買衣服的條件。要享有購買衣服的自由，就必須擁有金錢。然而，如果我沒有金錢，我直接跑到服裝店，拿了衣服就走。毫無疑問，服裝店的老闆肯定會攔著我，不讓我走，要求我付錢。就老闆干預我的行為而已，我並不享有購買衣服的消極自由。因此，柯亨認為，沒有金錢就沒有自由。關於柯亨的觀點，see G. A. Cohen, *On the Currency of Egalitarian Justice, and Other Essays in Political Philosophy*, Princeton, NJ:

第三，行動機會的內在價值，即行動或機會的可能性在我們的生活中到底具有多大的重要性？換言之，我們走出面前的房門對我們的生活來說是否具有重大的意義？有些房門可能是無關緊要的，而有些房門卻重要非凡。有些房門打開後可能是有害的，而有些房門打開後可能是有益的。走出房門去吸菸的自由可能是無關緊要的，而走出房門去工作的自由可能是至關重要的。走出房門去吸毒的自由顯然有害健康，而走出房門去上學的自由明顯有益未來。因此，行動機會的重要程度，也直接決定了消極自由的質量。走出什麼樣的房門，決定了我們走出房門後的人生。

第四，人為干預的可能性，即他人是否可以隨意干預我們的行動機會或可能性？他人在多大程度上可以干預房門的開關？儘管所有房門都是打開的，但是，如果打開房門的鑰匙不是掌握在自己的手裡，而是掌握在他人的手裡，那麼，他人隨時都有可能關閉已經打開的房門。在這個意義上，一開始房門是否打開對我來說是毫無意義的。主人可能非常仁慈，他毫不干預奴隸的各種行為。因此，奴隸可以不受阻礙地做他想做的事情，不受阻礙地去他想去的地方。但是，這並不意味著奴隸是自由的。因為主人隨時都可以收回他的仁慈，從而干預奴隸的各種行為，甚至剝奪奴隸的所有消極自由。[123]

Princeton University Press, 2011, pp. 147-199. 石元康也不同意伯林對自由與自由的條件的區分。第一，自由與自由的條件的區分並不可靠。既然伯林把法律的限制視為消極自由的障礙，那麼，為什麼不把經濟制度也視為消極自由的障礙呢？因為經濟制度也是人為創造出來的。第二，自由與自由的條件的區分使消極自由變得毫無意義。如果我們沒有經濟能力，那麼，所謂的環遊世界的自由就是空洞的口號。石元康，《當代西方自由主義理論》，頁20-22。

123 斯金納與佩蒂特曾對伯林的消極自由概念提出批評，從而提倡第三種自由概

　　第五，行動機會的外在價值，即個體或社會賦予行動機會或可能性的價值是什麼？行動機會的內在價值與行動機會的外在價值不同，前者指的是行動機會本身的價值，而後者指的是行動者及其社會賦予行動機會的價值。有些行動機會本身可能非常重要，但是對於行動者及其社會來說可能並不那麼重要。例如投票選舉的機會，民主主義者認為投票選舉是現代社會的基石，因此，它是一項必不可少的價值。但是，某些生活在原始部落的族群可能認為投票選舉一無是處，投票選舉機會的有無絲毫不會影響他們的私人生活。在這個案例中，投票選舉的機會本身確實非常重要，但是，它並非對所有人都是重要的。對於那些生活在原始部落的族群來說，重要的可能不是投票選舉的機會，而是崇拜上帝的機會。然而，世俗主義者可能就不以為然，他們可能認為擺脫上帝的束縛才是最重要的事情。[124]

　　綜合而言，伯林衡量消極自由程度的五大問題是：（1）有多少房門打開？（2）出門是否方便？（3）打開的是什麼樣的房門？（4）誰控制房門的鑰匙？（5）如何看待開門的價值？在這

念，即共和主義自由（republican liberty）。但是，如果這裡的闡釋是有效的，那麼，伯林的消極自由概念在某種程度上已經包含了共和主義自由。關於斯金納與佩蒂特的觀點，see Miller, (ed.), *The Liberty Reader*, pp. 223-254. Skinner, *Liberty before Liberalism*. Pettit, *Republicanism: A Theory of Freedom and Government*.

124 關於上述五項要素的內容，請特別參見《自由論》頁177的腳注。《自由論》頁211的結尾亦有相關論述，不過只列出了前三個要素。需要特別指出的是，伯林對這五項要素的論述並沒有如此詳細。他對每個要素都只是點到為止。筆者在伯林所給出的五個要素的基礎之上，進一步加以發揮，詳細展開其內部的豐富內涵，以挖掘這五個要素的重要性。Berlin, *Liberty*, pp. 177, 211.

五個問題中，第一個問題和第四個問題關係的是消極自由的數量，而第二個問題、第三個問題和第五個問題關係的是消極自由的質量。但是，在衡量消極自由的數量與質量的時候，所有這些問題都必須放在一起綜合加以考量，無論哪個問題都無法單獨決定消極自由的數量與質量。

結語

　　本章的主要目的是勾勒伯林的極權主義理論。簡單而言，伯林的極權主義理論分為兩個部分：第一部分是其極權主義觀念，即一元主義是極權主義的根源；第二部分是其反極權主義觀念，即多元主義是極權主義的出路。由於伯林的極權主義理論的理論出發點是一元主義觀念，所以，伯林的極權主義理論可以稱之為「一元主義極權主義理論」（monistic totalitarianism）。

　　具體而言，根據伯林的極權主義觀念，蘇聯共產主義是政治一元主義與集體積極自由共同作用的結果。從一元主義的理路而言，經驗問題與規範問題構成了可以解答的問題，可以解答的問題是哲學一元主義的理論基礎，哲學一元主義又是政治一元主義的哲學基礎，而政治一元主義是蘇聯共產主義的思想根源。從積極自由的理路而言，積極自由可以區分為原初的積極自由與扭曲的積極自由，扭曲的積極自由又可以區分為個體積極自由與集體積極自由，而集體積極自由是蘇聯共產主義的實踐基礎。

　　根據伯林的反極權主義觀念，反抗極權主義的思路是用政治多元主義抵消政治一元主義，用消極自由抵制積極自由。從多元主義的理路而言，哲學問題是無法解答的問題，無法解答的問題是哲學多元主義的理論基礎，哲學多元主義是政治多元主義的哲學基礎，而政治多元主義可以用來反抗政治一元主義。從自由主義的理路而言，集體積極自由最終非但沒有帶來真正的積極自由，反而犧牲了人類的消極自由。因此，伯林主張用消極自由來反抗集體積極自由。

　　一言以蔽之，伯林的一元主義極權主義理論，在理論上是一元主義與多元主義的對立，而在實踐中是共產主義與自由主義的對立。

第二章

相對主義與絕對主義
施特勞斯的極權主義理論

We are friends and allies of democracy.[1]

The friend of liberal democracy is not its flatterer.[2]

——Leo Strauss

在施特勞斯的著作中，《自然權利與歷史》與《古今自由主義》占據著非常特殊的地位：前者的核心意圖是批判現代自由主義，而後者的主要目標是復興古代自由主義。[3]然而，在施特勞斯的所有作品中，《古今自由主義》中所收錄的〈古典政治哲學的自由主義〉（"The Liberalism of Classical Political Philosophy"）一文最意味深長，它全面體現了施特勞斯的雙重學術野心，即既猛烈批判現代自由主義，又企圖復興古代自由主義。[4]

但是，令人困惑的是，儘管此文的標題是〈古典政治哲學的自由主義〉，而全文給人留下的印象卻是，施特勞斯只不過為哈夫洛克（Eric A. Havelock）的著作《希臘政治中的自由氣息》（*The Liberal Temper in Greek Politics*）寫作了一篇書評。施特勞斯的學術抱負僅此而已嗎？在芝加哥大學圖書館特藏部所藏的施特勞斯文稿（Leo Strauss Papers）中，施特勞斯致其弟子伯納德特（Seth Benardete）的未刊書信顯示，施特勞斯寫作這篇書評竟然耗費了一個半月以上的時間。[5]不僅如此，這篇書評的原稿居然長

---

1 Strauss, *Liberalism Ancient and Modern*, p. 24.

2 Strauss, *The Rebirth of Classical Political Rationalism*, p. 6.

3 Leo Strauss, *Natural Right and History*, Chicago and London: The University of Chicago Press, 1953. Strauss, *Liberalism Ancient and Modern*.

4 Strauss, *Liberalism Ancient and Modern*, pp. 26-64.

5 1958年9月26日，施特勞斯致信伯納德特說自己正在寫作關於哈夫洛克論希臘政治一書的書評。1958年11月17日，施特勞斯再次致信伯納德特，告知

達54頁，而西方學術界的書評通常僅有數頁篇幅。[6]這難免讓人心
生疑竇：他為什麼要花這麼大功夫來寫作一篇書評？他為什麼要
寫作長篇書評來評論哈夫洛克？倘若以施特勞斯的方式解讀施特
勞斯是恰當的話，那麼，我們不禁要問：施特勞斯的真實意圖何
在？[7]

　　他已經完成了該書評。關於這兩封書信，分別參 Leo Strauss, "Letter to Seth
　　Benardete（Sept. 26, 1958），" Leo Strauss Papers, Box 4, Folder 20, Department
　　of Special Collections, University of Chicago Library, Sept. 26, 1958. Leo
　　Strauss, "Letter to Seth Benardete（Nov. 17, 1958）," Leo Strauss Papers, Box 4,
　　Folder 20, Department of Special Collections, University of Chicago Library, Nov.
　　17, 1958.

6　〈古典政治哲學的自由主義〉原稿共有54頁。收錄於《古今自由主義》後，
　　其頁數為39頁。原稿54頁的信息，來源於施特勞斯致伯納德特的未刊書信
　　（1958年11月17日），Strauss, "Letter to Seth Benardete（Nov. 17, 1958）."

7　關於施特勞斯本人是否踐行隱微書寫的問題，學術界有諸多分歧。德魯里認
　　為施特勞斯本人也實踐隱微寫作法，但是她依舊傾向於以傳統的方式解讀施
　　特勞斯。See Drury, *The Political Ideas of Leo Strauss*, pp. 1-17. 而施特勞斯的弟
　　子札克特夫婦卻不同意德魯里的觀點，他們認為施特勞斯只是在揭示隱微寫
　　作法，而不是在實踐隱微寫作法。如果作者隱瞞隱微寫作法，並踐行隱微寫
　　作法，那麼，隱微寫作法才是有效的。但是，如果作者公開了隱微寫作法，
　　而自己又踐行隱微寫作法，那麼，隱微寫作法顯然是無效的。在札克特夫婦
　　看來，施特勞斯本人不可能如此愚蠢而天真。See Zuckert and Zuckert, *The
　　Truth About Leo Strauss*, pp. 115-154. 本書對德魯里和札克特夫婦的觀點都有
　　所保留。第一，本書認為施特勞斯確實在踐行隱微寫作法。就這點而言，本
　　書的觀點不同於札克特夫婦，但卻跟德魯里一致。施特勞斯踐行隱微書寫的
　　明證是，他曾經在1930年1月7日致其友人克呂格的書信中明確表示：「我
　　的雇員身分迫使我在文章中對某些情況保持緘默；因為，我最初關切的是回
　　答啟蒙運動觀念中所存在的問題，我的上司覺得，這對研究的『客觀性』有
　　害；姑且完全不說，我的機構（猶太學研究院）不會容忍我公開表明作為我
　　的問題之出發點的無神論前提，而這前提恰恰是我的出發點。我只好從命

　　1958年9月26日，施特勞斯致信伯納德特：「我現在正在寫作關於哈夫洛克論希臘政治一書的書評……此書的質量還不如耶格爾（Jaeger）的，或者說，此書實在不屑一顧（below contempt），但是，它卻深具二十世紀中葉盎格魯—撒克遜民族的典型特徵。這篇書評將給我機會詳盡闡釋《自然權利與歷史》中的數個腳注，只是其中的若干個腳注而已。」[8] 該信中的耶格爾即維爾納·耶格爾（Werner Jaeger）。1924至1925年間，施特勞斯曾聽過他的課，但是，他對耶格爾的著作評價不高。[9] 而在施特勞斯眼中，哈夫洛克的著作甚至還不如耶格爾的作品。既然哈夫洛克的著作如此不堪入目，何以施特勞斯要如此費盡心思地評論他的著作呢？施特勞斯寫作這篇書評，是因為哈夫洛克的著作「深具二十世紀中葉盎格魯—撒克遜民族的典型特徵」。換句話說，該書反映了當時整個英美學術界的弊病。因此，施特勞斯寫作這篇書評

　　——雖然這減少了我的書的可理解性。不過，這對於我並沒有多大損失。我相信，真正的研究對思想自由的仰賴並不大。就我給您——拙著的讀者所造成之特殊的、原則上不必要的麻煩，暫且做這麼多解釋。現在，我想向您說明我的思考固有的核心，它部分出於前已提到的理由，部分出於俗語所稱的『無可奈何』而在書中沒有充分明確地強調。」參施特勞斯等，《回歸古典政治哲學：施特勞斯通信集》，朱雁冰、何鴻藻譯，北京：華夏出版社，2006，頁6。第二，本書解讀施特勞斯的方法是，如果有充分的證據表明施特勞斯在踐行隱微書寫，那麼，本書將以施特勞斯的方式來解讀施特勞斯。但是，如果沒有充分的證據表明施特勞斯在踐行隱微書寫，那麼，本書將繼續以傳統的方式來解讀施特勞斯。就這點而言，本書的解讀方法不同於德魯里。

8　Strauss, "Letter to Seth Benardete（Sept. 26, 1958）."

9　Timothy W. Burns, "Leo Strauss' 'The Liberalism of Classical Political Philosophy'," in Timothy W. Burns（ed.）, *Brill's Companion to Leo Strauss' Writings on Classical Political Thought*, Leiden and Boston: Brill, 2015, p. 98.

的初衷是，診斷英美學術界甚囂塵上的思想疾病。那麼，英美學術界所患何病呢？施特勞斯坦言，這篇書評實際上只是《自然權利與歷史》的注腳，其目的是闡發其中的數個腳注。而《自然權利與歷史》的意圖是批判現代自由主義，如此，這篇書評也是為了批判現代自由主義。〈古典政治哲學的自由主義〉通篇都在批判哈夫洛克的現代自由主義傾向。在施特勞斯看來，哈夫洛克的問題正是從現代自由主義者的視角來審視古代自由主義政治，從而徹底誤解了古代自由主義的真諦。在這個意義上，英美學術界的弊病本質上就是現代自由主義妄想症，而施特勞斯則意圖通過這篇書評來診治現代自由主義的病症。

　　然而，施特勞斯的野心不止於此，他還企圖給現代自由主義指明未來方向，即復興古代自由主義。正是如此，這篇書評的標題是〈古典政治哲學的自由主義〉。然而，奇怪的是，全文並沒有直接討論古代自由主義，而僅僅停留於批判現代自由主義。施特勞斯的用意何在？這個問題的答案要從這篇文章的文體格式入手。〈古典政治哲學的自由主義〉只是書評，但又不只是書評。它只是書評，因為書評是其文體格式。但是，它又不只是書評，因為書評也是最好的偽裝。實際上，施特勞斯只是以書評的表面形式隱藏其背後的真實意圖罷了。不難看出，施特勞斯的雙重意圖是批判現代自由主義，復興古代自由主義。表面上，他是在批判現代自由主義，而實際上，他意在復興古代自由主義。1959年4月8日，施特勞斯再度致信伯納德特，最終解開了謎底：「我不知道你是否意識到這個事實，即我的長篇書評是我所能做到的最接近喜劇的文體。場景：一個只有我跟哈夫洛克的舞台，在其中，我無須意識到大眾在場這個事實；在這種情況下，一位名人降格為一個學童，這個學童被一位古板的（old fashioned）男教師抽打屁股。」[10] 由此可見，施特勞斯的〈古典政治哲學的自由主義〉，實際上踐行了施特勞斯本人甚為推崇的隱微書寫與顯白書寫的雙重寫作法。柏拉圖採用的是對話，而施特勞斯採用的是書評。在他的喜劇舞台中，哈夫洛克是施特勞斯眼中的學童，而他自己則是古板的男教師，他正拿著鞭子狠揍哈夫洛克的屁股。同時，在該書評中，哈夫洛克是現代自由主義者的象徵，而施特勞斯本人是古代自由主義者的代表。這就是為什麼他自謂「古板的男教師」的理由。他實際上是代表古代人鞭打現代人，代表古代自由主義者鞭撻現代自由主義者。正是在這個意義上，施特勞斯的真實意圖是，批判現代自由主義，復興古代自由主義。書評的格式反映了施特勞斯批判現代自由主義的表層意圖，而標題的內容透露了施特勞斯復興古代自由主義的深層意圖。

　　本章將重點考察施特勞斯批判現代自由主義與復興古代自由主義的具體思路。本章要討論的核心內容是施特勞斯的極權主義理論。施特勞斯的極權主義理論也分為兩個部分。第一部分是施特勞斯的極權主義觀念，即相對主義是極權主義的源泉。施特勞斯認為，現代自由主義的大問題是，拋棄絕對主義，並接納相對主義。現代自由主義接納相對主義的結果是自由主義危機：一方面，相對主義摧毀了現代自由主義的理論基礎——自然權利；另一方面，相對主義滋長了二十世紀的極權主義——納粹主義。第二部分是施特勞斯的反極權主義觀念，即絕對主義是極權主義的出路。在施特勞斯看來，古今自由主義的核心差異是，古代自由

10　Leo Strauss, "Letter to Seth Benardete（April 8, 1959）," Leo Strauss Papers, Box 4, Folder 20, Department of Special Collections, University of Chicago Library, April 8, 1959.

主義以絕對主義為理論基礎，而現代自由主義以相對主義為理論
基礎；古代自由主義的核心內容是美德，而現代自由主義的核心
內容是自由。現代自由主義的問題恰恰是它接納了相對主義，並
遺忘了古典美德。因此，現代自由主義的出路是回歸古代自由主
義。

第一節　從相對主義到納粹主義：極權主義的病理學

　　1989年，施特勞斯的弟子艾倫・布魯姆（Allan Bloom）及布
魯姆的學生內森・塔科夫（Nathan Tarcov）邀請弗朗西斯・福山
前來芝加哥大學發表演講，其演講題目就是同年發表在《國家利
益》雜誌上的〈歷史的終結？〉。在這篇影響深遠的驚世名文
中，福山預言人類的歷史將終結於自由主義。[11]

　　福山本科就讀於康乃爾大學古典學系，師從布魯姆研讀政治
哲學。在哈佛大學攻讀博士學位期間，他的其中一位導師是著名
政治學家薩繆爾・亨廷頓，而另一位則是大名鼎鼎的施特勞斯學
派中堅哈維・曼斯菲爾德（Harvey Mansfield, Jr.）。因此，福山可
以說是施特勞斯的再傳弟子。

　　然而早在半個多世紀前，福山的師祖施特勞斯即已鄭重宣告
現代自由主義危在旦夕。[12]現代自由主義的理論基礎是自然權利理

11　Fukuyama, "The End of History?," pp. 3-18.

12　此處所討論的自由主義指的是霍布斯以降的現代自由主義傳統（modern
　　liberalism），它包括哈耶克式的古典自由主義。但是，施特勞斯所謂的古代
　　自由主義（ancient liberalism）與哈耶克式的古典自由主義（classical
　　liberalism）不同。前者的核心是美德（virtue），而後者的核心是自由。在施

論與價值中立學說，前者以絕對主義為基礎，而後者蘊含著相對主義。因此，現代自由主義陷於絕對主義與相對主義之間，其中最著名的案例是伯林的自由主義。[13]自由主義的相對主義（liberal relativism）[14]悲劇是：一方面，相對主義摧毀了自然權利；另一方面，相對主義滋長了納粹主義。

福山的觀點以兩個假設為基礎：第一，他假設人類的歷史將走向終結，這是他的前提；第二，他假設人類的歷史將終結於自由主義，這是他的結論。就其前提而言，施特勞斯曾指出歷史的終結實際上是西方的沒落，甚至是人類的衰落。[15]就其結論而言，施特勞斯則認為自由主義的終點可能是極權主義。如果歷史的終點是自由主義，而自由主義的終點是極權主義，那麼歷史的終點將是極權主義。這既不是福山的初衷，也不是施特勞斯的本意。

特勞斯式的古代自由主義制度中，政體的主要目標是培養公民美德，因此允許國家介入。而在哈耶克式的古典自由主義制度中，政體的主要目標是保障公民權利，因此反對國家干預。Strauss, *Liberalism Ancient and Modern*. F. A. Hayek, *The Constitution of Liberty*（The Definitive Edition）, Chicago: The University of Chicago Press, 2011.

13 Strauss, "Relativism," pp. 13-26.

14 Strauss, *Natural Right and History*, p. 6.

15 福山的歷史終結論建立在黑格爾的歷史終結論基礎之上，而施特勞斯則嚴肅批評了黑格爾的歷史終結論。他認為，「歷史的完結是歐洲沒落，亦即西方沒落的開端。並且，由於西方吸收了所有其他文化，所以，隨之而來的是人類衰落的開始。人類將沒有未來。」See Leo Strauss, "Existentialism," *Interpretation: A Journal of Political Philosophy*, Vol. 22, No. 3, 1995, p. 314. 關於黑格爾的歷史終結論，類似的表述有：「歷史的這種絕對巔峰就是歷史的終結。歷史終結的同時是最終沒落的開端。」See Leo Strauss, "Philosophy as Rigorous Science and Political Philosophy," in *Studies in Platonic Political Philosophy*, Chicago and London: The University of Chicago Press, 1983, p. 32.

福山「違背」師門祖訓，壓根遺忘了施特勞斯的教誨，以至於完全沒有意識到現代自由主義本身已經岌岌可危，遑論成為人類的終極價值目標。緣此，回歸施特勞斯，反思自由主義，是現代自由主義擺脫危機的起點。

　　早在1949年，施特勞斯就已經清醒而敏銳地預見到，學術界終將會指責他不是一個自由主義者。[16]可是，他似乎並不在意。儘管他知道自己會受到這樣的責難，但是，在他的學術生涯中，他依舊不遺餘力地批判現代自由主義。然而，施特勞斯批判現代自由主義並不等於施特勞斯是自由主義的敵人。因為施特勞斯在批判現代自由主義的同時，也指出了自由主義的未來方向。在這個意義上，施特勞斯的態度是友好的，而不是敵意的。實質上，施特勞斯的現代自由主義批判是一種善意的警告。他認為，現代自由主義必須徹底拋棄相對主義，否則人類將有重蹈極權主義覆轍的危險。本節的總體框架分為兩個部分，第一部分探討現代自由主義與相對主義的糾葛，並論證現代自由主義的相對主義如何摧毀了自然權利；第二部分探討現代自由主義與納粹主義的關聯，並論證現代自由主義的相對主義如何滋長了納粹主義。[17]

16　Peter Emberley and Barry Cooper, (eds.), *Faith and Political Philosophy*, University Park, Pennsylvania: The Pennsylvania State University Press, 1993, p. 57.

17　胡全威概括了施特勞斯批判現代自由主義的五個方面內容：第一，自由主義導致道德的墮落；第二，自由主義造就平庸的大眾文化；第三，自由主義造成社會秩序崩潰；第四，自由主義產生順從思想（conformism），並侵犯私人領域；第五，自由主義宣稱自由主義、法西斯主義與共產主義互相平等，可能導致自由主義自我毀滅。胡全威所概括的第一項、第二項與第五項內容，本節都有相應的討論。但是，本節的論述結構與胡全威的思路並不相同。胡全威側重於現代自由主義可能產生的各種惡果，因此，他的闡釋方式是一種政治闡釋（political interpretation）。而本節則意圖從哲學根源與政治

一、歷史主義與實證主義：現代自由主義的理論根源

　　根據施特勞斯的觀點，現代自由主義奠基於兩大理論基礎之上。第一大理論基礎是現代自然權利理論。在學理上，現代自然權利深刻體現在霍布斯的《利維坦》、洛克的《政府論》以及盧梭的《社會契約論》中，而最具有影響力的現代自然權利理論家是洛克。[18]而在實踐中，現代自然權利集中體現在法國的〈人權宣言〉與美國的〈獨立宣言〉中。施特勞斯認為，正是〈獨立宣言〉所保障的生命、自由與追求幸福的自然權利，使美國成為世界上最強大的國家、最富庶的民族。[19]因此，現代自然權利理論是現代自由主義的基石。[20]

　　現代自由主義的第二大理論基礎是價值中立學說，其主要內容是，人類的生活方式多種多樣，每一種生活方式都有其合理性；沒有一種生活方式具有絕對的有效性，從而優越於其他所有生活方式。佛教徒的生活方式與基督徒的生活方式具有同等的有效性，同理，白人的生活方式與黑人的生活方式也具有同等的合理性。因此，現代自由主義反對政府干預私人生活方式，主張政府在私人領域保持價值中立，寬容各種互不相同甚至互相衝突的生活方式。價值中立是現代自由主義的基本原則，而寬容是現代

後果這兩個方面入手，以正本清源的方式發掘現代自由主義走向危機的前因後果，因此，本節的闡釋方式是政治闡釋與哲學闡釋相結合的雙重闡釋（double interpretation）。關於胡全威的觀點，參胡全威，《史特勞斯》，台北：生智文化事業有限公司，2001，頁178-198。

18　Strauss, *Natural Right and History*, p. 165.

19　Ibid., p. 1.

20　Ibid., p. 6.

自由主義的重要主張。[21]

　　但是，現代自由主義的兩大理論基礎之間存在著深刻的內在緊張：一方面，自然權利理論以絕對主義為基礎；另一方面，價值中立學說蘊含著相對主義。這樣，現代自由主義就尷尬地徘徊於絕對主義與相對主義之間。如果現代自由主義接受絕對主義，那麼它就應該主張自然權利理論，反對價值中立學說。反過來，如果現代自由主義接納相對主義，那麼它就應該主張價值中立學說，反對自然權利理論。[22]正是因為沒有意識到兩者之間的內在緊張，現代自由主義鑄成大錯。現代自由主義接納相對主義，而相對主義摧毀了自然權利的根基，因此，自然權利理論名聲掃地，不復往日之光輝。在這個意義上，現代自由主義在危機中。

　　為什麼自由主義接納相對主義，自然權利理論就不可能了呢？要回答自然權利的不可能性，首先要回答自然權利的可能性。施特勞斯認為，自然權利的可能性取決於政治哲學的可能性。自然權利的可能性有兩個條件，第一個條件是哲學的可能性，即只有哲學是可能的，自然權利才有可能。只有存在一個絕對視域或自然視域，哲學的各種根本問題才能始終相同；而只有

21　施特勞斯認為，價值中立學說證明了自由主義的正當性。價值中立意味著所有價值都是平等的，因此政府應該讓公民自由選擇其所偏愛的價值。See Strauss, *Liberalism Ancient and Modern*, pp. 220-223. 關於實證主義如何推出自由主義，抑或實證主義是自由主義的理論基礎，亦參 Strauss, "Existentialism," pp. 307-309, 309-310, 311.

22　在施特勞斯看來，自由主義本身並非價值中立，但卻跟價值中立學說密切相關。由此可見，施特勞斯敏銳地意識到了現代自由主義的內在緊張。自由主義之所以並非價值中立，是因為它以自然權利理論為理論基礎；而自由主義之所以跟價值中立學說密切相關，是因為它以價值中立學說為理論基礎。See Strauss, *Liberalism Ancient and Modern*, p. x.

哲學的各種根本問題始終相同，哲學才有可能。同理，只有存在一個絕對視域或自然視域，政治哲學的根本問題才能始終相同；而只有政治哲學的根本問題始終相同，政治哲學才有可能。易言之，絕對視域或自然視域既是政治哲學的前提，也是自然權利的條件。第二個條件是政治哲學根本問題的可解決性，即只有政治哲學的根本問題可以解決，自然權利才有可能。[23] 政治哲學的根本問題是，人們應當如何生活（How should man live?），抑或，什麼是唯一美好的生活方式（What is *the* good life? Or what is *the* right life?）。[24] 這個問題的經典回答來自蘇格拉底，蘇格拉底認為，哲學生活或沉思生活是最美好的生活方式，因此，「未經反思的生活是不值得過的」。[25] 緣此，在古典政治哲學的視域中，政治哲學的根本問題是可以解答的。無論是第一個條件，還是第二個條件，兩者的基石都是絕對主義：只有以絕對主義為基礎，政治哲學的根本問題才能始終相同；只有以絕對主義為基礎，政治哲學的根本問題才能得以解答。

然而，相對主義卻否定了絕對主義，從而摧毀了政治哲學與自然權利的可能性。在施特勞斯的政治哲學中，相對主義分為歷

23　Strauss, *Natural Right and History*, pp. 35-36.

24　Ibid., p. 36. Leo Strauss, "Religious Situation of the Present," in Martin D. Yaffe and Richard S. Ruderman（eds.）, *Reorientation: Leo Strauss in the 1930s*, New York: Palgrave Macmillan, 2014, p. 227. Leo Strauss, "The Intellectual Situation of the Present," in Martin D. Yaffe and Richard S. Ruderman（eds.）, *Reorientation: Leo Strauss in the 1930s*, New York: Palgrave Macmillan, 2014, p. 242.

25　蘇格拉底的名言出自柏拉圖的《申辯篇》（38a），《申辯篇》可以參考施特勞斯弟子Harry Jaffa的學生Thomas G. West的英譯本，Thomas G. West, *Plato's Apology of Socrates*, Ithaca and London: Cornell University Press, 1979, p. 44.

史主義與實證主義。[26]歷史主義摧毀了自然權利的第一個條件，而實證主義則否定了自然權利的第二個條件。歷史主義認為，只有非自然的歷史視域，沒有自然的絕對視域。如此，政治哲學的根本問題就無法始終相同，政治哲學也就不可能。自然權利理論假定世界上存在著普遍公認的絕對權利，但是歷史主義指出，沒有什麼永恆而普遍的自然權利，只有形形色色暫時而相對的歷史權利（historical rights）。[27]而實證主義認為，「蘇格拉底的解答與反

26　施特勞斯沒有明確說明相對主義分為歷史主義與實證主義，但是他的某些論述卻為這個判斷提供了有用的線索。首先，他指出「根據當今社會科學中彌漫的以實證主義的方式闡釋的相對主義，理性不能表明無私的滿足高於自私的滿足，也無法表明任何可以實現的目的是荒謬的，『人們追求這些目的是其想像與性情所致』。」在這句話中，施特勞斯提出「以實證主義的方式闡釋的相對主義」（the positivist interpretation of relativism）這個表達法。這個表達法暗示實證主義是相對主義的一種，此外還有以其他方式闡釋的相對主義。其次，施特勞斯認為，「尼采是相對主義哲學家……相對主義以歷史主義的方式進入尼采的視野……」。在這裡，「相對主義以歷史主義的方式」（relativism ... in the form of historicism）意味著歷史主義也是一種相對主義。最後，施特勞斯認為自己的基本立場是，熱愛「『自然正當』，尤其是其古典形式」，反對「盛行的相對主義，無論是實證主義相對主義，還是歷史主義相對主義」（the reigning relativism, positivist or historicist）。這或許可以作為施特勞斯把實證主義與歷史主義視為相對主義的兩種類型的最直接證據。基於以上三點，我們可以斷定，施特勞斯所謂的歷史主義與實證主義實際上是相對主義的兩種表現形式或兩種類型。Strauss, "Relativism," pp. 18, 24. Strauss, *Natural Right and History*, p. vii.洪濤曾以孔德的實證主義為中心，非常系統且極其精彩地考察了實證主義的淵源、發展以及破產的全過程。他認為，實證主義的核心教條是把自然科學方法應用於社會科學中，甚至以科學的方式建構現實政治社會。參洪濤，《本原與事變：政治哲學十篇》，上海：上海人民出版社，2009，頁109-129。

27　Strauss, *Natural Right and History*, p. 9.

蘇格拉底的解答長期衝突，由此形成了這樣的印象，即蘇格拉底的解答跟其對立面一樣武斷，抑或兩者的長期衝突是無法解決的。」[28]如此，政治哲學的根本問題就無法解答。如果政治哲學的根本問題無法解答，那麼，自然權利（natural right）是否正當（right）的問題也同樣無法解答。在這個意義上，歷史主義與實證主義不僅摧毀了政治哲學，[29]而且也摧毀了自然權利。因此，自然權利危機實質上就是政治哲學危機。[30]

那麼，歷史主義與實證主義具體是如何逐步摧毀政治哲學與自然權利的呢？歷史主義的代表人物是尼采[31]與海德格爾，而海德格爾不僅是一般歷史主義的標杆性人物，更是激進歷史主義（radical historicism）的象徵。[32]歷史主義的核心特徵是以歷史取代自然，即沒有自然視域，只有歷史視域；沒有絕對視域，只有相對視域。[33]古典政治哲學認為，自然是價值判斷的標準（nature is

---

28　Ibid., p. 36.

29　Leo Strauss, "The Three Waves of Modernity," in *An Introduction to Political Philosophy*, Detroit: Wayne State University Press, 1989, pp. 81-82.

30　Strauss, *Natural Right and History*, p. 34.

31　施特勞斯認為，尼采是相對主義哲學家，正是通過歷史主義，相對主義進入了尼采的視野，see Strauss, *The Rebirth of Classical Political Rationalism*, p. 24. 有關尼采如何以歷史取代自然，see Strauss, "The Three Waves of Modernity," pp. 94-98.

32　在施特勞斯看來，海德格爾的存在主義是激進歷史主義，see Strauss, *Natural Right and History*, pp. 26-32. Strauss, "Existentialism," pp. 303-320. Leo Strauss, "An Introduction to Heideggerian Existentialism," in Thomas Pangle（ed.）, *The Rebirth of Classical Political Rationalism*, Chicago and London: The University of Chicago Press, 1989, pp. 27-46.

33　歷史主義假定，歷史截然不同於自然。此處的自然指的是古典政治哲學意義上的自然，而不是現代自然科學意義上的自然。因此，以歷史取代自然意味

the standard），因此，自然高於習俗（convention），也高於歷史。[34]基於此，哲學意味著以自然取代習俗與歷史，抑或「哲學思考意味著從洞穴上升到陽光，即上升到真理」。洞穴指代習俗／意見世界，而陽光指代自然／知識世界。如此，以自然取代習俗與歷史實際上就是以知識取代意見。而歷史主義認為，自然既不是價值判斷的標準，也不高於傳統與歷史。正是因為所有價值都是相對於其所處的時代而言的，所以，所有價值都是歷史的，都是「同等自然的」（equally natural）。換言之，只有歷史的標準，沒有自然的標準。[35]基於此，哲學不是從洞穴上升到陽光，不是以自然取代歷史。因為所有哲學都是歷史的，都處於洞穴之中。施特勞斯把前一個洞穴，即柏拉圖所謂的自然洞穴稱為第一洞穴，而把後一個洞穴，即歷史主義所挖掘的歷史洞穴稱為第二洞穴。在第一洞穴中，哲學可以從洞穴上升到陽光。但是在第二洞穴中，哲學只能永久棲居於洞穴之中。換言之，只有指代習俗／意見的洞穴，沒有指代自然／知識的陽光。[36]

著取代古典政治哲學意義上的自然。See Leo Strauss, *What Is Political Philosophy? And Other Studies*, Chicago and London: The University of Chicago Press, 1988, p. 60.

34　Strauss, *Natural Right and History*, pp. 92, 96, 119.

35　沒有自然的標準，不是指沒有現代自然科學意義上的自然，而是指沒有古典政治哲學意義上的自然。作為價值判斷標準的自然壽終正寢了，但是作為研究對象的自然依然如故。

36　Strauss, *Natural Right and History*, pp. 11-12. 關於施特勞斯的第二洞穴理念，see Strauss, "Religious Situation of the Present," pp. 225-235. Strauss, "The Intellectual Situation of the Present," pp. 237-253. Leo Strauss, "Review of Julius Ebbinghaus, *On the Progress of Metaphysics*," in Michael Zank（ed.）, *The Early Writings*, Albany: State University of New York Press, 2002, pp. 214-216. Leo

　　歷史主義以歷史取代自然的第一個結果是政治哲學的不可能性。在施特勞斯的視野中，政治哲學具有三重含義。第一，政治哲學是哲學的分支，政治是其研究主題，而哲學是其研究方式。第二，由於哲學的本質是以知識取代意見，而政治哲學又是哲學的分支，所以政治哲學的本質是以政治知識取代政治意見，抑或以關於政治事務之自然的知識取代關於政治事務之自然的意見。第三，要準確理解政治事務之自然，必須對政治事務做出價值判斷；而要對政治事務做出價值判斷，必須掌握關於價值判斷標準的知識。因此，政治哲學蘊含著兩個方面：第一方面是追求政治事務之自然（nature）[37]，以政治知識取代政治意見；第二方面是尋求最佳政體（the best regime）或唯一美好的政治秩序（the right, or the good, political order），以理想政體評判現實政體。[38]

　　但是，歷史主義卻顛覆了政治哲學。歷史主義之所以否定政治哲學，是因為政治哲學是非歷史的（unhistorical）。[39]政治哲學的最高準則是自然，而歷史主義的最高準則卻是歷史。歷史主義顛覆政治哲學的核心策略是，否定普遍的自然準則，肯定特殊的

Strauss, *Philosophy and Law*, Albany: State University of New York Press, 1995, pp. 135-136. Leo Strauss, "How to Study Spinoza's *Theologico-Political Treatise*," in *Persecution and the Art of Writing*, Chicago and London: The University of Chicago Press, 1988, pp. 154-160. 關於施特勞斯第二洞穴理念與柏拉圖第一洞穴理念的詳細分析，請參考馬華靈，〈古今之爭中的洞穴隱喻：1930年代施特勞斯的思想轉型〉，載《學術月刊》2016年第2期，頁34-45。

37　施特勞斯政治哲學中的nature具有非常豐富的含義，既指自然，也指本質，而且還指事物的原初狀況等含義。儘管文中統一把nature譯為自然，但是自然不僅僅指自然，也指上述的其他含義。

38　Strauss, *What Is Political Philosophy? And Other Studies*, pp. 10-12.

39　Ibid., p. 18.

歷史準則。「準則……不是抽象的，也不是普遍的……而是具體的，抑或特殊的──準則適用於特定的時代，抑或特定的民族，亦即準則相對於特定的時代抑或特定的民族。」[40]因此，沒有普遍而永恆的自然準則，只有特殊而短暫的歷史準則。政治哲學的根本問題是唯一美好的生活方式（*the* good life）問題，抑或唯一美好的政治秩序（*the* good political order or *the* good society）問題。如果沒有普遍而永恆的自然準則，我們就沒有價值判斷的標準。如此，我們就無法判斷什麼是美好的（good），什麼是糟糕的（bad）。如果我們無法判斷什麼是美好的，我們就無法追尋唯一美好的生活方式，抑或唯一美好的政治秩序。如果只有特殊而短暫的歷史準則，那麼我們就只能在特殊的歷史語境中判斷什麼是美好的，什麼是糟糕的。而每個時代都有每個時代關於美好的定義，美好不是唯一的，而是多元的。如此，美好的生活方式抑或美好的政治秩序就不是唯一的，而是多元的。基於此，唯一美好的生活方式問題就演變成某種美好的生活方式（a good life）問題，抑或，唯一美好的政治秩序問題就演變成某種美好的政治秩序（a good political order or a good society）問題。這樣，政治哲學的根本問題就不是始終相同的哲學問題，而是千變萬化的歷史問題。如果政治哲學的根本問題不能始終相同，那麼政治哲學就不可能了。[41]

　　歷史主義以歷史取代自然的第二個結果是自然權利的不可能

40　Strauss, *Natural Right and History*, p. 16.

41　Strauss, *What Is Political Philosophy? And Other Studies*, pp. 26-27, 59. Strauss, "The Intellectual Situation of the Present," pp. 243-245. Strauss, "Religious Situation of the Present," pp. 288-289.

性。歷史主義認為，只有歷史權利，沒有自然權利。歷史權利只能適用於特定的民族或時代，是相對於不同的民族、不同的時代以及不同的地域等因素而言的，因此，它們是特殊而短暫的。自然權利適用於全人類，不受民族、時代以及地域等因素所限，因此，它們是普遍而永恆的。如果沒有自然，只有歷史，那麼也就沒有自然權利，只有歷史權利。英國人有英國人的權利，美國人有美國人的權利，法國人有法國人的權利，中國人也有中國人的權利，這些權利都是具體的歷史權利。但是，沒有什麼普遍而永恆的人類權利（the rights of man），因為人類權利是抽象的自然權利。42

　　歷史主義以歷史取代自然之所以會摧毀自然權利，是因為權利的普遍有效性喪失了。之前，自然是價值判斷的標準，是普遍而永恆的，因此，自然權利是普遍有效的。但是，歷史主義卻否定自然，肯定歷史，而歷史是特殊而短暫的。如此，人類的根本困境是，各種權利都是相對於具體的歷史語境而言的。權利隨著時代的變化而變化，不同的時代有不同的時代的權利。希臘時代有希臘時代的權利，羅馬時代有羅馬時代的權利，啟蒙時代也有啟蒙時代的權利。沒有哪一種權利優越於其他權利，也沒有哪一種權利低劣於其他權利。各種權利都不具有普遍的有效性，而只具有相對的有效性。43如果某種權利不具有普遍的有效性，而只具有相對的有效性，那麼，這種權利就不是自然權利，而只是歷史權利。

42　Strauss, *Natural Right and History*, p. 14.

43　Ibid., pp. 19, 21.

　　實證主義的代表人物是馬克斯・韋伯。[44]儘管跟「我們時代唯一偉大的思想家」海德格爾相比，[45]韋伯只是個精神上的孤兒，[46]但是，施特勞斯依舊認為，韋伯是二十世紀「最偉大的社會科學家」。[47]韋伯自稱是歷史主義的傳人，但是最終卻跟歷史主義分道揚鑣。[48]在施特勞斯看來，韋伯之所以拒斥歷史主義，是因為他迷戀科學。現代自然科學優越於早期的自然觀念，並且「對於西方人與中國人來說都是同等有效的」，因此，現代自然科學具有超歷史的意義，具有普遍而永恆的價值（timeless values）。施特勞斯敏銳地指出，「正是對永恆價值的承認，使得韋伯的立場在最大程度上跟歷史主義區分開來了。」同時，也正是因為韋伯意識到自然科學的永恆價值，所以他開創了自然權利批判的新基點。[49]然而，施特勞斯卻鄙薄實證主義愚不可及，他在1962年致友人的一封未刊書信中言道：「我不記得誰說過：『實證主義從來都是愚蠢的標誌。』我相信這個論斷是正確的。」[50]

　　實證主義的第一個核心特徵是科學與哲學的分離。在古典政治哲學的視域中，科學與哲學並沒有實質性的區分，科學是哲學的一部分。因此，哲學是權威，哲學高於科學。然而，隨著現代

44　Strauss, *What Is Political Philosophy? And Other Studies*, p. 23.

45　Strauss, *The Rebirth of Classical Political Rationalism*, p. 29.

46　Ibid., p. 28. Strauss, *Jewish Philosophy and the Crisis of Modernity*, p. 461.

47　Strauss, *Natural Right and History*, p. 36.

48　Ibid., pp. 36-37.

49　Ibid., pp. 38-39.

50　該書信現藏於芝加哥大學圖書館特藏部施特勞斯文稿檔案中，see Leo Strauss, "Letter to Klaus Oehler（Oct. 25, 1962），" Leo Strauss Papers, Box 4, Folder 14, Department of Special Collections, University of Chicago Library, Oct. 25, 1962.

自然科學的大獲全勝，科學與哲學分家了，科學不再是哲學的一部分。恰恰相反，科學成為權威，科學高於哲學。施特勞斯言道：「這場勝利最終產生的結果是，新物理學以及一般意義上的新自然科學不再是哲學微不足道的一部分。從此以後，哲學就被稱為跟『科學』對立的『哲學』。而且，實際上，『科學』成為『哲學』的權威。我們會說，『科學』是現代哲學或現代科學的成功部分，而『哲學』卻是其不那麼成功的部分。」[51]

實證主義的第二個核心特徵是事實與價值的分離。事實與價值的分離，實際上淵源於科學與哲學的分離。事實屬於科學的範疇，而價值屬於哲學的範疇。事實與價值分離意味著，「事實與價值是絕對不同的，正如事實問題與價值問題絕對不同所直接表明的。從任何事實都無法推出關於其價值特徵的結論，同樣，從某物是有價值的或可欲的，我們也無法推出此物的事實特徵。」事實判斷是一回事，價值判斷是另一回事。從事實判斷無法推出價值判斷，同樣，從價值判斷也無法推出事實判斷。基於此，韋伯認為，社會科學應該避免價值判斷，保持價值中立：「社會科學可以回答事實及其原因的問題，但卻不適於回答價值問題」；社會科學適於進行事實判斷，但卻不適於進行價值判斷。[52]

然而，施特勞斯卻認為，韋伯從事實與價值兩分法推出價值中立的結論是站不住腳的。根據韋伯的事實與價值兩分法，我們既無法從事實知識推出價值知識，也無法從價值知識推出事實知

51　Strauss, *Natural Right and History*, pp. 78-79. Strauss, "How to Study Spinoza's *Theologico-Political Treatise*," pp. 156-157.

52　Strauss, *Natural Right and History*, pp. 39-40. Strauss, *What Is Political Philosophy? And Other Studies*, p. 18.

識，兩者是各自完全獨立的範疇。但是，如果我們假定我們擁有真正的價值知識，那麼，結果會怎樣呢？這種價值知識顯然不是來源於事實知識。但是，不管這種價值知識來源於何處，只要我們擁有真正的價值知識，我們就可以以這種價值知識作為價值判斷的標準，從而在社會科學中進行價值判斷。在這個意義上，社會科學不需要避免價值判斷，從而保持價值中立。因此，如果韋伯要繼續秉持價值中立的主張，必須否定我們擁有真正的價值知識。[53]

　　實證主義的第三個核心特徵是否定價值知識，肯定事實知識，這個特徵同樣來源於科學與哲學的分離。正是因為科學高於哲學，而科學知識具有確定性，哲學知識充滿不確定性，所以，哲學知識不是真正的知識，真正的知識是科學知識。科學知識是「人類知識的最高級形式」。[54]基於此，韋伯認為，價值知識不是真正的知識，真正的知識是事實知識。沒有可以作為價值判斷標準的價值知識，我們就只能進行事實判斷，不能進行價值判斷。如果沒有普遍而永恆的價值知識（knowledge of values），那麼，我們所見的就只能是各種特殊而短暫的價值意見（opinions about values）。各種價值意見之間無法區分高下，無法評判優劣，如此，各種價值意見之間就是平等的。在這個意義上，否定價值知識的結果是價值多元主義：「真正的價值體系並不存在，存在的是各種各樣具有相同等級的價值。各種價值要求之間互相衝突，並且各種價值之間的衝突無法通過人類的理性來加以解決。社會科學或社會哲學只能澄清價值衝突及其所有後果；價值衝突要留

53　Strauss, *Natural Right and History*, pp. 40-41.

54　Strauss, *What Is Political Philosophy? And Other Studies*, p. 23.

給每個個體通過無關乎理性（non-rational）的自由決定來解決。」[55] 這就是說，如果各種價值之間互相平等，又互相衝突，並且價值衝突還無法理性地加以解決，那麼，社會科學就應該保持價值中立，避免進行價值判斷。

但是，如果從事實可以推出價值，那麼，即便在原則上沒有價值知識，只有事實知識，價值知識依舊是可能的。只要以事實知識為基礎，一步步推導出價值知識，從而建構一套系統的價值知識體系，這樣，以事實知識為基礎而推導出來的價值知識就是真正的知識。因此，實證主義的第三個特徵必須跟第二個特徵合作，才能最終得出社會科學應該保持價值中立的結論。根據實證主義的第二個特徵，事實與價值是兩個完全獨立的範疇，從事實無法推出價值，從價值也無法推出事實。如果從事實無法推出價值，那麼，從事實知識就無法推出價值知識，如此，價值知識就不可能是真正的知識。基於此，如果價值知識本身不是真正的知識，又無法從事實知識中推導出來，那麼，我們剩下的唯一選擇就只能是在各種互相衝突的價值之間保持價值中立。

實證主義同樣產生了兩個悲劇性結果，第一個結果是政治哲學的不可能性。政治哲學之所以不可能，是因為政治哲學是非科學的（unscientific）。[56] 政治哲學的根本問題是唯一美好的生活方式問題。要回答什麼是唯一美好的生活方式問題，必須首先回答什麼是美好的問題。而要回答什麼是美好的問題，必須獲得價值判斷的標準。在古典政治哲學視域中，政治哲學的價值判斷標準是自然，因此，唯一美好的生活方式問題是可以解答的。但是，

55　Strauss, *Natural Right and History*, pp. 41-42.

56　Strauss, *What Is Political Philosophy? And Other Studies*, p. 18.

實證主義卻指出，沒有價值知識，只有事實知識。沒有價值知識，也就沒有價值判斷的標準。沒有價值判斷的標準，也就無法回答什麼是美好的問題。無法回答什麼是美好的問題，也就無法回答唯一美好的生活方式問題。世界上沒有唯一美好的生活方式，只有各種各樣平等的生活方式。各種生活方式之間互相衝突，並且這種衝突又無法理性地加以解決。這樣，政治哲學的根本問題就無法解答。[57]要而言之，政治哲學要求價值判斷，而實證主義卻主張價值中立，因此，政治哲學是非科學的，非科學的政治哲學是不可能的。

實證主義的第二個結果是自然權利的不可能性。實證主義認為，沒有價值知識，只有事實知識。自然權利自然而然就是正當的，是不證自明的，所以自然權利屬於應然（the Ought）範疇，即屬於價值範疇。而實在權利（positive right）需要經過法律與法庭的確證，無法不證自明，所以實在權利屬於實然（the Is）範疇，即屬於事實範疇。因此，我們無法獲得關於自然權利的知識，而只能獲得關於實在權利的知識。基於此，沒有自然權利，只有實在權利。[58]實在權利多種多樣，互相衝突，互相平等，沒有哪一種實在權利高於另一種實在權利。例如，現代自然權利理論認為，「自我保存是最重要的自然目標」（或自然權利），但是，實證主義卻認為人類沒有所謂的自然目標，人們可以選擇生存，同樣也可以選擇死亡。如果人類應該在價值問題上保持價值中

---

57 歷史主義也否定能夠回答政治哲學的根本問題，因為沒有普遍而永恆的價值判斷標準，價值判斷的標準隨著時代的變化而變化。Strauss, "The Three Waves of Modernity," p. 82.

58 施特勞斯認為，拒斥自然權利的結果是所有權利都是實在權利，see Strauss, *Natural Right and History*, p. 2.

立，那麼死亡與生存就應該具有平等的價值。我們不能說生存高
於死亡，也不能說死亡高於生存。某些人可能偏愛生存，但是另
一些人也可能偏愛死亡。這樣，自我保存就不是最重要的自然目
標。基於此，人類社會根本沒有所謂的自然權利。[59]

綜上所述，歷史主義的觀點是，只有歷史標準，沒有自然標
準，所以我們無法進行價值判斷。[60]而實證主義的觀點是，只有事
實知識，沒有價值知識，所以我們拒絕進行價值判斷。無論是歷
史主義，還是實證主義，其最終結果都是價值判斷的不可能
性。[61]正是因為價值判斷不可能，所以我們再也無法判斷好壞對

59　Strauss, *Liberalism Ancient and Modern*, p. 221.

60　以施特勞斯為代表的歷史主義批判飽受學術界的詬病，例如著名哲學家理查
德‧羅蒂。羅蒂早年在芝加哥大學求學時受到施特勞斯的影響，但是後來卻
跟施特勞斯分道揚鑣。他曾經寫過一篇關於布魯姆《美國精神的封閉》（*The
Closing of the American Mind*）的書評。布魯姆延續施特勞斯的思想脈絡，公
開宣稱美國精神已經被歷史主義與相對主義徹底敗壞。美國精神若要重新復
蘇，必須返回古典政治哲學的柏拉圖主義，復興以經典著作為圭臬的自由教
育。然而，羅蒂卻站在杜威式的歷史主義立場，批判布魯姆的施特勞斯式的
柏拉圖主義立場。他認為施特勞斯學派所標榜的柏拉圖主義是一種老掉牙的
哲學，這種老掉牙的哲學跟當今社會簡直格格不入。關於施特勞斯對羅蒂的
影響，see Giancarlo Marchetti, "Interview with Richard Rorty," *Philosophy Now*,
Vol. 43, 2003, p. 22. 關於布魯姆的美國精神批判，see Allan Bloom, *The Closing
of the American Mind*, New York: Simon and Schuster, 1987. 關於羅蒂的布魯姆
批判，see Richard Rorty, "That Old-Time Philosophy," *The New Republic*, April
4 1988, pp. 28-33.

61　施特勞斯所謂的價值判斷之不可能性，指的是我們無法進行絕對的價值判
斷，而不是指我們在任何情況下都無法進行價值判斷。價值判斷在相對的意
義上依舊是可能的，但是在絕對的意義上卻不可能。例如，我們可以判斷勇
敢在一個尚武的社會中是一種美德，但是我們無法判斷勇敢在任何社會中都
是一種美德。

錯，再也無法判斷是非善惡。同樣，我們也無法判斷自然權利優
越於歷史權利，或自然權利優越於實在權利。一言以蔽之，我們
再也無法判斷自然權利（natural right）是自然正當（natural
right）。如果自然權利喪失了正當性，自然權利也就煙消雲散
了。如此，相對主義摧毀了自然權利。

二、虛無主義與納粹主義：現代自由主義的實踐後果

在施特勞斯看來，相對主義的核心特徵是價值判斷的不可能
性。在古典政治哲學視域中，自然高於歷史，哲學高於科學。因
此，普遍而永恆的價值判斷標準來自哲學中的自然。基於此，人
們可以判斷好壞對錯與是非善惡：樂於助人是好事，過河拆橋是
壞事；相親相愛是美德，自相殘殺是邪惡。但是，歷史主義認
為，歷史高於自然。只有歷史標準，沒有自然標準。價值判斷的
標準不是普遍而永恆的，而是特殊而短暫的。因此，我們無法進
行價值判斷。而實證主義認為，科學高於哲學。只有科學知識，
沒有哲學知識；只有事實知識，沒有價值知識。只有事實判斷的
標準，沒有價值判斷的標準。因此，我們應當避免進行價值判
斷。

如果相對主義的核心特徵是價值判斷的不可能性，那麼，相
對主義的結果是虛無主義。[62] 歷史主義以特殊而短暫的歷史標準取

---

[62] 在《自然正當、虛無主義與古典復歸：「古今之爭」視域中的施特勞斯政治
哲學思想研究》中，王升平對施特勞斯所謂的虛無主義問題進行了非常詳細
的考察。他的分析主要有兩點：第一，他梳理了現代自然權利否定古典自然
正當而陷入虛無主義困境的內在理路。在他看來，虛無主義的產生基於三個
理由：首先，現代自然權利理論的權利意識取代了古典自然正當理論的義務
觀念（即以個人利益取代公共利益）；其次，現代自然權利理論的同意原則

取代了古典自然正當理論的自然標準（即以大眾意見取代哲學知識）；最後，現代自然權利理論的實然取代了古典自然正當理論的應然（即以恰當政治秩序取代最佳政治秩序）。本書同意王升平的觀點，但是，本書認為，從根本上而言，虛無主義是相對主義的結果。王升平所論述的三個理由，只不過是相對主義導致虛無主義的三種表現形式。第二，他同時對施特勞斯回歸古代自然正當以克服現代虛無主義的路徑提出了批評。他認為，施特勞斯通過古典自然正當克服現代虛無主義存在著三個問題：首先，自然正當無法證成。施特勞斯一方面宣稱哲學理性是發現自然正當的基礎，而另一方面又認為哲學並不占有真理，而是尋求真理。如果哲學不占有真理，那麼哲學家的學說就是意見，而不是知識。這樣，哲學家就不一定能夠發現自然正當。而如果哲學家把非自然正當視為自然正當，那麼，政治悲劇可能就從中而生。其次，哲學家可能腐化。施特勞斯認為古典政治哲學追求的是公共福祉，而公共福祉的實現仰賴於哲學家。但是，哲學家可能會腐化，以其智力優勢損害公共福祉。但是，本書認為，在施特勞斯的政治哲學中，知識即美德。掌握知識的哲學家不可能腐化，而腐化的哲學家必定不是真正的哲學家。王升平在2015年4月3日給筆者的書信中回應筆者的批評道：「我認為這應該區分現實邏輯與理論邏輯。理論邏輯上，真正的哲學家是不可能腐化的。但問題是，政治哲學想要影響的是現實生活，政治生活不是僅僅存在於理論邏輯中的。在現實的政治生活中，完全有可能存在著偽哲學家，來進行以善為幌子的惡的教導。在這種情況下，誰能夠做出區分？誰又能夠以什麼樣的標準來說誰是真正的哲學家，誰不是真正的哲學家？這才是現實政治生活中的難題。」但是，在筆者看來，王升平的回應依舊無法充分反駁筆者的質疑。筆者在2015年4月9日的回信中指出，「按照您的思路，現實生活中存在著偽哲學家，我想這就是您所說的哲學家的腐化。但是，我認為，哲學家的腐化的意思是，此人之前是哲學家，後來喪失了哲學家應該保持的某些品質，因此，哲學家的腐化的前提是他在腐化之前是哲學家。然而，您所說的偽哲學家根本不是哲學家，而是偽裝成哲學家的非哲學家。如果偽哲學家是哲學家的腐化，那麼唯一的解釋是，偽哲學家在腐化成偽哲學家之前是哲學家，只是後來喪失了哲學家的某些品質，所以不再是哲學家，但是，他依舊偽裝具有他已經喪失了的哲學家品質。如果您是在這個意義上討論偽哲學家，那麼，我當然同意您的看法。但是，如果偽哲學家從來都不是哲學家，那麼，偽哲學家就不是哲學家的腐化。在這個意義上，我是有所保留的。」最後，代普遍而永恆的自然標準，但是歷史標準本身卻無法成為一種標準，因為歷史標準多種多樣，千變萬化。於是，「剩下的僅有標準就具有純粹主觀的特徵，這些標準只能從個體的自由選擇中獲得支持。從此，沒有客觀的標準可以區分好的選擇與差的選擇。歷史主義的巔峰是虛無主義。」[63] 歷史主義走向虛無主義的中介是價值判斷的不可能性——「沒有客觀的標準可以區分好的選擇與壞的選擇」。而實證主義認為，只有事實知識，沒有價值知識。這樣，價值之間就互相平等，價值衝突就無法解決了。正是如此，施特勞斯言道：「韋伯的論題必然導致虛無主義，抑或導致這種觀點，即每一種偏好，不管如何邪惡，如何卑鄙，抑或如何瘋狂，在理性的法庭之前都必須被判定為跟任何其他偏好一樣正當。」[64] 實證主義走向虛無主義的中介也是價值判斷的不可能性——「每一種偏好，不管如何邪惡，如何卑鄙，抑或如何瘋狂，在理性的法庭之前都必須被判定為跟任何其他偏好一樣正當。」總而言之，歷史主義與實證主義最終將邁向虛無主義的深淵。

　　在施特勞斯的政治哲學中，虛無主義似乎可以剝離出兩種版本。第一種版本的虛無主義以毀滅性為其核心特徵，其目標是毀

回歸古典政治哲學無法克服現代虛無主義。施特勞斯認為現代政治哲學是現代政治悲劇的根源，因此，他假定政治哲學可以轉化為政治實踐，即政治哲學可以教導給大眾，從而影響政治實踐。但是，施特勞斯實際上卻否認政治哲學的可教性。在這個意義上，回歸古典政治哲學無法克服現代虛無主義。但是，施特勞斯明確區分了精英與大眾，不可教的是大眾，可教的是精英。在這個意義上，施特勞斯似乎並沒有否定政治哲學的可教性。王升平，《自然正當、虛無主義與古典復歸：「古今之爭」視域中的施特勞斯政治哲學思想研究》，廣州：廣東人民出版社，2014。

63　Strauss, *Natural Right and History*, p. 18.

64　Ibid., p. 42.

滅一切，抑或毀滅某種特定的東西，因此，不妨稱之為「毀滅性虛無主義」（destructive nihilism）。施特勞斯認為，納粹主義就是典型的毀滅性虛無主義，這點集中體現於〈德意志虛無主義〉（"German Nihilism"）一文中。[65] 第二種版本的虛無主義以縱容性為其核心特徵，其原則是允許一切，縱容一切，因此，這種虛無主義或許可以稱為「縱容性虛無主義」（permissive nihilism）。[66] 正是因為我們無法在絕對的意義上區分好壞對錯，所以邪惡與美好同樣正當，卑鄙與高尚互相平等，換言之，一切都是被允許的（everything goes）。在施特勞斯看來，歷史主義與實證主義所邁向的虛無主義不是毀滅性虛無主義，而是縱容性虛無主義。納粹主義跟毀滅性虛無主義息息相關，而自由主義則跟縱容性虛無主義密不可分。儘管自由主義沒有直接導致納粹主義，但是在魏瑪共和國的自由主義制度中，自由主義默許了反對自由主義的納粹主義，自由主義基因中的縱容性虛無主義縱容了納粹主義基因中的毀滅性虛無主義，因此，自由主義最終助長了納粹主義的囂張氣焰。在這個意義上，自由主義在納粹主義的侵蝕下走向自我毀滅：正是因為價值判斷不可能，所以自由主義允許了反對寬容的反猶主義；同樣，也正是因為價值判斷不可能，所以自由主義默許了反對自由主義的納粹主義。一言以蔽之，縱容性虛無主義滋長了毀滅性虛無主義。

在施特勞斯的政治哲學中，毀滅性虛無主義又可以進一步分為兩種類型。第一種是絕對虛無主義（absolute nihilism），絕對

65　Leo Strauss, "German Nihilism," *Interpretation: A Journal of Political Philosophy*, Vol. 26, No. 3, 1993, pp. 353-378.

66　Strauss, *Natural Right and History*, pp. 4-5.

虛無主義意味著毀滅一切（the destruction of everything），甚至自我毀滅。第二種是有限虛無主義（limited nihilism），有限虛無主義的目標不是毀滅一切，而是摧毀某種東西。德意志虛無主義不是絕對虛無主義，而是有限虛無主義，其目標不是毀滅一切，而是摧毀現代文明，尤其是以英美為代表的西方文明。因此，德意志虛無主義是一種特殊意義上的虛無主義。在施特勞斯看來，納粹主義是德意志虛無主義最臭名昭著的代表，是德意志虛無主義中「最低級、最狹隘、最蒙昧且最可恥的類型」，[67]其精神領袖希特勒是「最著名的虛無主義倡導者」。[68]

　　問題是，德意志虛無主義是如何產生的呢？德意志虛無主義毀滅西方現代文明的真實意圖何在？在施特勞斯看來，德意志虛無主義的本來意圖是否定開放社會，肯定封閉社會。西方現代文明的目標是建立波普爾式的開放社會，然而開放社會與道德生活水火不容，因此，開放社會是不道德或非道德的社會。反之，封閉社會卻是所有道德生活的根基，所以封閉社會在道德上優越於開放社會。開放社會實際上只是土崩瓦解的封閉社會，是封閉社會的道德觀念徹底解體後所呈現出來的病症。[69]正是這樣，人類社會的終極目標絕非不道德或非道德的開放社會，而是道德的封閉社會。因此，德意志虛無主義的本來意圖是摧毀開放社會，回歸封閉社會。然而，施特勞斯認為，德意志虛無主義的本來意圖實

67　Strauss, "German Nihilism," p. 357.

68　Ibid., p. 365.

69　Ibid., pp. 358-359. 施特勞斯之所以厭惡波普爾，正是因為施特勞斯肯定封閉社會，否定開放社會，而波普爾卻否定封閉社會，肯定開放社會。關於施特勞斯與沃格林對波普爾的批評，see Emberley and Cooper, (eds.), *Faith and Political Philosophy*, pp. 66-69.

質上不是虛無主義。儘管德意志虛無主義企圖埋葬西方現代文明，但是其初衷是為了重建西方文明。在這個意義上，德意志虛無主義的真實意圖分為兩個方面：第一方面是毀滅性意圖，即摧毀西方現代文明；第二方面是建構性意圖，即重塑西方文明。如果德意志虛無主義的本來意圖是虛無主義，那麼，它只有毀滅性意圖，而沒有建構性意圖。正是因為德意志虛無主義依舊具有建構性意圖，所以德意志虛無主義的本來意圖不是虛無主義。

　　既然如此，德意志虛無主義最終是如何演變成虛無主義的呢？施特勞斯指出，德國的特殊政治環境致使德意志虛無主義邁向虛無主義深淵。納粹主義上台之前，德國的政治環境是魏瑪共和國的虛弱無力。在施特勞斯看來，魏瑪共和國的自由主義根本無法解決德國所面臨的各種困境，於是，德國青年希望找尋自由主義的替代性方案。在當時的環境下，自由主義的替代性方案只有兩種。一種是革命，建立無產階級社會；一種是反動（reaction），逆轉歷史的車輪。然而，德國青年對前者充滿恐懼，於是他們選擇了後者。可惜的是，他們不知道逆轉歷史的車輪之後，未來社會的藍圖究竟為何。在這種懵懵懂懂的一片茫然之中，德國青年義無反顧地企圖毀滅魏瑪共和國的自由主義制度。即便不知道確定的未來，也要先否定不確定的現在：「他們的 Yes 是模糊不清的——他們只能說：No!」易言之，他們不知道要建構什麼，只知道要毀滅什麼。這樣，德意志虛無主義的建構性意圖就悵然失落了，只剩下虛無縹緲的毀滅性意圖。如此一來，在魏瑪共和國的快快病體中，德意志虛無主義就呱呱墜地了。[70]

　　德意志虛無主義的初期目標是毀滅自由主義，而自由主義淵

70　Strauss, "German Nihilism," pp. 359-360.

源於以英美為代表的西方現代文明，於是它企圖進一步毀滅西方現代文明。可怕的是，德意志虛無主義並沒有就此止步，而是繼續向前邁進，最終它企圖毀滅文明的基本準則（the principles of civilization），[71]而這才是納粹主義的真實意圖。施特勞斯認為，文明指的是「自覺的理性文化」。理性分為理論理性與實踐理性，而科學屬於理論理性，道德屬於實踐理性，所以文明的兩根支柱是科學與道德。科學與道德不可或缺，「因為沒有道德的科學將墮落為犬儒主義，因而將摧毀科學努力自身的根基；沒有科學的道德將蛻變為迷信，因而易於成為狂熱的殘暴。」然而，希特勒卻是文明的敵人，他既不願追求科學真理，也無意促進社會道德。[72]

那麼，德意志虛無主義如何毀滅文明的基本準則呢？施特勞斯認為，德意志虛無主義的核心策略是戰爭，它反對傳統道德，倡導軍事美德（military virtues）。如是，德意志虛無主義跟德意志軍國主義（German militarism）具有了內在的親緣性。德意志軍國主義認為戰爭本身就是好的，在這個意義上，它「否定了正義戰爭與非正義戰爭的區分，否定了防禦性戰爭與侵略性戰爭的區別」。[73]然而，儘管德意志虛無主義與德意志軍國主義具有親緣性，兩者卻並不相同。德意志軍國主義認為戰爭美德與和平美德同等重要，而德意志虛無主義卻認為戰爭美德是「所剩的唯一美德」。因此，德意志虛無主義是極端化的德意志軍國主義。[74]正是

---

71 Ibid., p. 364.

72 Ibid., p. 365.

73 Ibid., p. 369.

74 Ibid., pp. 369-370.

通過這種極端的戰爭崇拜，納粹主義在歐洲挑起了全面的侵略戰爭。

　　施特勞斯認為，歷史主義的代表尼采應該為德意志虛無主義與納粹主義的興起負責：「尼采跟德國納粹革命之間的關係，正如盧梭跟法國大革命之間的關係。」[75]尼采是軍事美德的熱烈倡導者，尼采哲學是德意志軍國主義的主要根源，而「德意志軍國主義是德意志虛無主義之父」。[76]在這個意義上，尼采一手促成了德意志虛無主義的肆意滋長，並為納粹主義的戰爭哲學鋪平了征服之路。

　　縱容性虛無主義的核心特徵是，一切都是被許可的。相對主義時代的悲劇是，「現代西方人再也不知道他想要什麼了——他再也不相信他可以知道什麼是好壞，什麼是對錯。」[77]正是因為是非善惡與好壞對錯無法區分，一切的是非善惡都煙消雲散了，一切的好壞對錯都無影無蹤了。人類既可以為所欲為，也可以胡作非為。無緣無故的殺人是被允許的，喪心病狂的折磨是被允許的，直言不諱的歧視是被允許的，咬牙切齒的咒罵是被允許的。文明人與野蠻人沒有分別，邱吉爾與希特勒沒有差異。總之，一切都是被允許的，人們想怎麼樣就怎麼樣。

　　德國納粹主義是毀滅性虛無主義與縱容性虛無主義共同作用的結果。其中，毀滅性虛無主義是納粹主義意識形態的思想根源，縱容性虛無主義是納粹主義政治實踐的歷史推手。在施特勞

75　Ibid., p. 372. Strauss, *The Rebirth of Classical Political Rationalism*, p. 31. Strauss, "The Three Waves of Modernity," p. 98.

76　Strauss, "German Nihilism," p. 372.

77　Strauss, "The Three Waves of Modernity," p. 81.

斯看來，現代自由主義的理論基礎是相對主義，相對主義的兩種
形態是歷史主義與實證主義，歷史主義與實證主義的結果是縱容
性虛無主義。在這個意義上，縱容性虛無主義是現代自由主義的
相對主義的結果。而縱容性虛無主義又助長了毀滅性虛無主義，
因此，縱容性虛無主義是毀滅性虛無主義賴以生根發芽的溫床。
在這個意義上，現代自由主義是德國納粹主義的助推器。自由主
義的淋漓鮮血，滋養了極權主義的血盆大口。最終，極權主義吞
噬了自由主義。

　　自由主義接納相對主義的結果是，自由主義內部產生了雙重
矛盾。第一重矛盾是絕對主義與相對主義之間的矛盾，第二重矛
盾是價值判斷可能性與不可能性之間的矛盾。[78]最終，自由主義的
雙重矛盾培育了虛無主義，而虛無主義又滋養了納粹主義。[79]自由
主義的相對主義滋養了德國的納粹主義，只是說相對主義默許並

78　施特勞斯曾評論過兩位現代自由主義者的著作：伯林的〈兩種自由概念〉與
　　哈大洛克的《希臘政治中的自由氣息》。施特勞斯認為，前者反映了自由主
　　義陷於絕對主義與相對主義之間的矛盾；而後者則反映了自由主義陷於價值
　　判斷與價值中立之間的矛盾。關於施特勞斯的這兩種論斷，分別參見Strauss,
　　"Relativism," pp. 13-18. Strauss, *Liberalism Ancient and Modern*, pp. 27-38.
79　必須加以說明的是，儘管德國自由主義滋養了納粹主義，但是，自由主義與
　　納粹主義只有偶然的聯繫，沒有必然的聯繫。施特勞斯所闡明的只是一種理
　　論上的可能性，而不是現實中的必然性。因為理論上的危險，並不必然轉化
　　為現實中的危險。即便如此，這並不代表施特勞斯的自由主義批判不值得重
　　視。他的自由主義批判實際上警醒自由主義者重視自由主義本身所隱藏著的
　　危險性。儘管自由主義目前如日中天，但是這並不能擔保自由主義未來不會
　　土崩瓦解。因此，自由主義若要杜絕這種危險性，必須重視施特勞斯的批
　　判，重新為自由主義尋找可靠的理論基礎。關於理論上的危機並不必然導致
　　實踐中的危機，see Strauss, "The Three Waves of Modernity," p. 98.

縱容了納粹主義的發展壯大，而不是說相對主義直接促進了納粹主義的產生與發展。正如貝納加所言，相對主義與納粹主義息息相關，並不意味著相對主義在積極的意義上促使人們爭相迷戀納粹主義，而是意味著相對主義在消極的意義上消解了納粹主義的反對力量，從而讓納粹主義在自由主義制度的羽翼中茁壯成長。[80]

那麼，自由主義到底是如何助長納粹主義的囂張氣焰的呢？在魏瑪共和國的自由民主政體中，德國猶太人以為猶太人問題已經完全解決了。德國猶太人不再是寄居德國的猶太人，而是信仰猶太教的德國人。信仰猶太教的德國人與信仰基督教的德國人並無兩樣，他們的身分都是德國人。因為自由主義的核心理念是私人領域的價值中立，而這意味著人們可以自由地選擇自己的宗教信仰。德國人可以不受歧視地信仰任何宗教，也可以不受歧視地不信仰任何宗教；德國人可以不受歧視地信仰基督教，猶太人也可以不受歧視地信仰猶太教。信仰基督教的德國人與信仰猶太教的猶太人是平等的，這樣，德國猶太人再也不用擔憂他們的猶太人身分問題了。

然而，問題並沒有那麼簡單。大多數德國人依舊一如既往地歧視德國猶太人，因為他們認可德國猶太人的猶太性（Jewness），卻不認可德國猶太人的德國性（Germanness）。[81] 施特勞斯敏銳地覺察到，自由主義根本無法解決猶太人問題：「自由主義之存亡所繫的是國家與社會的區分，抑或承認私人領域。私人領域受法律保護，但不容法律侵犯（impervious to the law）。而這又伴隨著這樣的理解，即首先，宗教作為特殊性的宗教隸屬於私人領域。

---

80 Behnegar, "The Liberal Politics of Leo Strauss," p. 253.

81 Strauss, *Liberalism Ancient and Modern*, pp. 227-228.

毫無疑問，自由主義國家不會『歧視』其猶太公民。同樣毫無疑問的是，自由主義國家在憲法上不能甚至不願阻止個體或團體對猶太人的『歧視』。在這個意義上，承認私人領域就意味著容許私人『歧視』，意味著保護私人『歧視』，因而實際上意味著滋養私人『歧視』。這樣，自由主義國家無法為猶太人問題提供一個解決方案，因為這種解決方案要在法律上禁止任何類型的『歧視』，亦即，這種解決方案剝奪了私人領域，否棄了國家與社會的區分，摧毀了自由主義國家。」[82]

因此，自由主義的自相矛盾是，一方面要禁止歧視猶太人，而另一方面又縱容歧視猶太人。如果自由主義禁止歧視猶太人，那麼，自由主義就否定了私人領域，因為歧視猶太人是私人之事，國家不應禁止歧視。如果自由主義縱容歧視猶太人，那麼，自由主義同樣也否定了私人領域，因為信仰猶太教是私人之事，國家不應縱容歧視。在這個意義上，魏瑪共和國的自由主義不但沒有減輕對猶太人的歧視，反而養育了對猶太人的歧視。而對猶太人的歧視又進一步強化了反猶主義，最終自由主義滋養了納粹主義的猶太人大屠殺。

為什麼自由主義反而滋養了納粹主義呢？這是因為自由主義的自相矛盾肇源於自由主義的相對主義（liberal relativism）。自由主義本來奠基於自然權利理論之上，而自然權利理論又以絕對主義為哲學基礎。但是，自由主義接納相對主義的結果是，相對主義摧毀了自然權利理論。因此，自由主義的絕對主義與自由主義的相對主義之間劍拔弩張。正是如此，自由主義的自相矛盾實質上是絕對主義與相對主義之間的矛盾：自由主義一方面認可絕

82　Ibid., p. 230.

對主義，另一方面又接納相對主義。由於自由主義認可絕對主義，自由主義禁止歧視猶太人；由於自由主義接納相對主義，自由主義縱容歧視猶太人。[83] 施特勞斯認為，在絕對主義與相對主義之間，自由主義最終選擇了相對主義。而「一旦邁出了這一步，寬容似乎就只是諸多（many）價值或理想中的一種（one），而不是內在地優越於它的對立面（its opposite）。換言之，不寬容似乎是一種跟寬容在尊嚴上平等的價值」。[84] 絕對主義意味著寬容必定高於不寬容，而相對主義意味著寬容與不寬容處於平等的地位。因此，前者意味著，寬容是絕對價值，因此禁止不寬容；後者意味著，寬容是相對價值，因此允許不寬容。如果寬容猶太人是絕對價值，那麼就要禁止不寬容猶太人，即禁止歧視猶太人。而如果寬容猶太人是相對價值，那麼就該允許不寬容猶太人，即允許歧視猶太人。[85]

---

[83] 自由主義者格雷也注意到自由主義寬容的自相矛盾：一方面，自由主義寬容是人類關於最佳生活方式所達成的共識；另一方面，自由主義寬容意味著人類可以追求多種生活方式。如果自由主義寬容是人類關於最佳生活方式所達成的共識，那麼自由主義寬容就無法寬容不寬容的生活方式。反之，如果自由主義寬容意味著人類可以追求多種生活方式，那麼自由主義寬容就應該寬容不寬容的生活方式。因此，自由主義寬容既主張寬容，又主張不寬容。Gray, *Two Faces of Liberalism*, pp. 1-33.

[84] Strauss, *Natural Right and History*, p. 5.

[85] 根據周保松的觀點，在施特勞斯看來，虛無主義是自由主義主張寬容的理論基礎。但是，周保松並不同意施特勞斯的論斷。他認為自由主義主張寬容並不需要接受虛無主義，因為寬容有其自身的道德基礎。洛克、密爾與羅爾斯都不是虛無主義者，但是他們都主張寬容。因此，自由主義與虛無主義沒有關聯。周保松不但批評了施特勞斯的觀點，也批評了甘陽的類似論述。關於周保松的觀點，參周保松，《自由人的平等政治》，北京：生活・讀書・新知三聯書店，2010，頁 101-143。關於甘陽的觀點，參甘陽，《政治哲人施特勞

　　自由主義的第一重自相矛盾蘊含著第二重自相矛盾，如果自由主義選擇絕對主義，那麼，價值判斷就是可能的，因為自然權利本身就是價值判斷的標準。但是，如果自由主義選擇相對主義，那麼價值判斷就是不可能的，因為我們無法進行價值判斷，抑或我們應該在價值問題上保持中立。在這個意義上，絕對主義與相對主義之間的矛盾蘊含著價值判斷的可能性與不可能性之間的矛盾。[86]基於此，如果價值判斷是可能的，那麼我們就可以判斷納粹主義是邪惡的，這樣，自由主義就優越於納粹主義。如果價值判斷是不可能的，那麼我們就無法判斷納粹主義是邪惡的，如此，自由主義與納粹主義就是平等的。

　　但是，自由主義最終接納了相對主義，拋棄了絕對主義。自由主義拋棄絕對主義的結果是否定自然權利，而否定自然權利的結果是虛無主義。自由主義者一旦否定自然權利，那麼他們就「沒有能力獲得任何關於什麼是內在美好或正當的真正知識」。而如果自由主義者無法判斷是非善惡，那麼他們就會「寬容每一種關於美好或正當的觀點，抑或承認所有偏好或所有『文明』都同樣值得尊敬」。[87]一言以蔽之，拋棄自然權利的結果是「無限寬容」，而這意味著一切都是被允許的：錯誤是被允許的，邪惡也

斯》，香港：牛津大學出版社，2003。陳建洪非常有力地回應了周保松對施特勞斯的批評，其中最重要的一點是，施特勞斯從未把洛克與密爾視為虛無主義者，而且施特勞斯也從未言及羅爾斯，因此，周保松的批評無法成立。陳建洪，《論施特勞斯》，頁121-130。

86　正如施特勞斯所言，儘管自由主義本身絕非價值中立，但是自由主義卻與價值中立社會科學組成了緊密的同盟關係。Strauss, *Liberalism Ancient and Modern*, p. x.

87　Strauss, *Natural Right and History*, p. 5.

是被允許的；同類相食是被允許的，納粹主義也是被允許的。[88]

正是因為自由主義選擇相對主義，自由主義滋養了納粹主義。這可以通過兩種方式來論證，第一種是自由選擇論證。自由主義認為，人類的生活方式多種多樣，沒有哪一種是絕對美好的，因為沒有普遍的價值標準可以判斷什麼是美好的生活方式，抑或國家應該在什麼是美好的生活方式問題上保持價值中立。在這個意義上，人們可以自由選擇自己喜歡的生活方式。但是，如果人們可以自由選擇自己喜歡的生活方式，那麼，人們就可以自由選擇自己喜歡的不自由的生活方式。這就是說，人們既可以選擇拋棄自由主義，也可以選擇納粹主義。

第二種是價值平等論證。因為價值判斷不可能，所以人們無法在道德上判斷納粹主義是好的還是壞的，是對的還是錯的，同樣，人們也無法在道德上判斷自由主義是好的還是壞的，是對的還是錯的，這樣，自由主義與納粹主義就處於平等的地位。正是因為自由主義與納粹主義是平等的，1933年魏瑪共和國的自由主義與納粹主義直面相逢時，自由主義沒有認出納粹主義是極權主義。[89]如果自由主義在道德上判斷納粹是邪惡的，反猶主義是錯誤的，抑或納粹主義是極權主義，那麼，自由主義就違反了價值中立原則。因此，自由主義不得不承認，自由主義與納粹主義是平

---

[88] 1937年，伯林在一封信中指出，人們主張仁慈與寬容的必要性，但卻又漠視人與人之間的互相侵犯、同類相食等罪惡行徑。在伯林看來，這種邏輯是難以忍受的。在這個意義上，伯林與施特勞斯的立場是一致的。他們都無法接受從寬容推出同類相食等惡果。Berlin, *Flourishing: Letters 1928-1946*, pp. 255-256.

[89] Leo Strauss, *On Tyranny*, Chicago and London: The University of Chicago Press, 2000, p. 23.

等的。

　　自由選擇論證與價值平等論證可以從1930年到1933年間數次德國議會選舉結果中得到證明。1930年9月14日德國議會大選，社會民主黨獲得24.53%選票，是國會第一大黨；而納粹黨獲得18.25%選票，是國會第二大黨。但是，1932年7月31日議會大選，納粹黨居然獲得了37.27%選票，超過社會民主黨的21.58%選票，成為國會第一大黨。1933年3月5日議會大選，國會第一大黨納粹黨更是獲得43.91%的選票，遙遙領先於國會第二大黨社會民主黨的18.25%的選票。[90]三年間，兩黨的地位完全顛倒。在魏瑪共和國的自由主義制度中，反自由主義的納粹黨跟其他政黨一樣可以平等地參加議會競選；而德國人民通過選票自由地選擇支持納粹黨。本來，自由主義以自然權利理論為基礎，價值判斷依舊是可能的。自由主義可以判斷自由主義是正確的，納粹主義是邪惡的。但是現在，自由主義接納了相對主義，價值判斷不再可能了，自由主義與納粹主義處於平等的地位。最終，反自由主義的納粹主義埋葬了自由主義。

　　綜合而言，現代自由主義徘徊於絕對主義與相對主義之間，最終，自由主義的相對主義摧毀了自然權利理論，並且還滋長了納粹主義。因此，施特勞斯認為，現代自由主義岌岌可危。表面

90　三次德國議會大選的數據來源於維基百科的相關詞條，分別參見 "German Federal Election, 1930," ［cited July 25 2015］; available from https://en.wikipedia.org/wiki/German_federal_election,_1930. "German Federal Election, July 1932," ［cited July 25 2015］; available from https://en.wikipedia.org/wiki/German_federal_election,_July_1932. "German Federal Election, March 1933," ［cited July 25 2015］; available from https://en.wikipedia.org/wiki/German_federal_election,_March_1933.

上看來，現代自由主義的問題只是德國的特殊問題，而不是西方的普遍問題。納粹主義滋生於自由主義德國，卻沒有產生於自由主義英美，這似乎表明英美自由主義對納粹主義具有德國所缺乏的強大免疫力。然而，施特勞斯卻警示道，作為戰敗國的德國已經把身上攜帶的自由主義病菌傳染給了作為戰勝國的英美。德國自由主義的失敗不僅僅是因為它的德國性（Germanness），也是因為它的自由主義。[91] 德國自由主義的大問題是否定自然權利，走向相對主義，最終墜入極權主義的深淵。而可悲的是，整個西方思想恰恰沉浸於這種否棄自然權利的狂歡之中而渾然不覺。西方知識分子們普遍認為自然權利是一種神話，但卻毫不知曉自然權利是現代自由主義的理論基石。因此，現代自由主義的危機不僅僅是德國的大事件，而是整個西方的大事件。在這個意義上，重新反思現代自由主義，不僅僅是走出德國危機的起點，而且也是走出西方危機的始點。[92]

　　自由主義危機的根源是自由主義選擇相對主義，因此，我們必須從根本上徹底批判自由主義。在施特勞斯看來，要徹底批判自由主義，首先必須獲得一個超越自由主義的視域。這是因為在自由主義的世界中，徹底批判自由主義是不可能的。「霍布斯在一個非自由主義的世界中創建了自由主義，而施米特卻在一個自由主義世界中批判自由主義。」[93] 最終，施米特的自由主義批判，

91　正如雅法所說的，德國自由主義的問題不僅僅是德國的問題，也是現代性的問題，see Harry Jaffa, *Crisis of the Strauss Divided*, Lanham: Rowman & Littlefield Publishers, Inc., 2012, p. 41.

92　Strauss, *Natural Right and History*, pp. 1-2.

93　Leo Strauss, "Notes on Carl Schmitt, *The Concept of the Political*," in Carl Schmitt, *The Concept of the Political*, Chicago and London: The University of

非但沒有徹底批倒自由主義，反而轉變為另一種自由主義。[94]因此，只有在非自由主義世界中，才能徹底批判自由主義。[95]

在非自由主義世界中批判自由主義，實際上就是在古典政治哲學世界中批判現代自由主義。因此，重新反思現代自由主義的關鍵是，重新開審古今之爭。[96]現代性三次浪潮的結果分別是自由主義、共產主義與納粹主義。施特勞斯歎道，我們已經無法返回現代性的第一次浪潮，因為尼采已經徹底毀滅了現代性第一次浪潮的根基，而第二次浪潮與第三次浪潮的結果是二十世紀的極權主義，因此，整個現代政治哲學都無法拯救現代性危機。如是，自由主義根本無法從現代政治哲學汲取再生力量，它只能重返「我們西方傳統的前現代思想」——古典政治哲學。[97]正是這樣，施特勞斯言道：「我們這一代人在自由—民主的認知結構中長大，這種結構從其本身令人關注諸如『布爾什維克主義』這類東西。我們看到，這整個現代世界瀕於解體。這個現代世界的反對者們——我指的是行動者——提出種種解決辦法，這些辦法並不乏『現代性』，由此從根本上必然導致同樣的負面結果……所以，我們傾向於嘗試一下原則上非現代的辦法，具體地說，這是老辦法。」[98]

Chicago Press, 2007, p. 108.

94　Ibid., p. 120. 施米特的自由主義批判是，自由主義否定了政治的概念，卻又無法擺脫政治的概念，see Carl Schmitt, *The Concept of the Political*, Chicago and London: The University of Chicago Press, 2007, pp. 19-79.

95　Strauss, "Notes on Carl Schmitt, *The Concept of the Political*," p. 122.

96　Strauss, *What Is Political Philosophy? And Other Studies*, pp. 40-47.

97　Strauss, "The Three Waves of Modernity," p. 82.

98　施特勞斯等，《回歸古典政治哲學：施特勞斯通信集》，頁117-118。

　　回歸古典政治哲學的意思是，否定現代政治哲學的相對主義，回歸古典政治哲學的絕對主義。「1933年的大事件似乎已經證明，人類不能放棄美好的社會問題（the question of the good society）。」[99] 1933年的大事件指的是德國納粹主義上台執政，而美好的社會指的是唯一美好的社會（the good society），而不是某種美好的社會（a good society）。唯一美好的社會昭示的是古典政治哲學的絕對主義，而某種美好的社會指向的是現代政治哲學的相對主義。唯一美好的社會屬於自然／知識的範疇，因此可以用來判斷其他任何社會的好壞。而某種美好的社會屬於習俗／意見的範疇，因為它暗示還有另外一種美好的社會。如果美好的社會不止一種，人們就可以自由選擇無論哪種美好的社會。在這個意義上，納粹主義的政治實踐證明，自由主義不能選擇相對主義，而拋棄絕對主義。

第二節　從絕對主義到自由主義：極權主義的治療學

　　阿里斯托芬在《雲》劇中批判蘇格拉底是一位誤人子弟的智術師（sophist）。在其中，蘇格拉底研究自然，教授智術，於是背上了褻瀆神靈與敗壞青年的罪名。最終，蘇格拉底的學生斯瑞西阿得斯滿腔悲憤地焚毀了他賴以安身立命的「思想所」。[100] 乍看

99　Strauss, *What Is Political Philosophy? And Other Studies*, pp. 9-77.

100　斯瑞西阿得斯及其兒子裴狄庇得斯都是劇中蘇格拉底的學生，但是，焚毀思想所的不是裴狄庇得斯，而是斯瑞西阿得斯。阿里斯托芬，《雲・馬蜂》，羅念生譯，上海：上海人民出版社，2006，頁3-122。

之下，阿里斯托芬對蘇格拉底充滿敵意。然而，施特勞斯卻充滿洞見地指出，阿里斯托芬是蘇格拉底的朋友，而不是蘇格拉底的敵人。[101]阿里斯托芬意在提醒蘇格拉底，政治與哲學的衝突不可消除，因此，哲學應當從自然哲學轉向政治哲學。否則，不但哲學會受到政治的迫害，而且政治也會受到哲學的侵害。

施特勞斯的現代自由主義批判亦如是。如果阿里斯托芬的意圖是使醉心於自然哲學的青年蘇格拉底轉向致力於政治哲學的晚年蘇格拉底，那麼施特勞斯的意圖是讓沉迷於相對主義的現代自由主義轉向奠基於絕對主義的古代自由主義。在這個意義上，施特勞斯的現代自由主義批判，也不是敵人的惡毒攻擊，而是朋友的善意警告。他意在提醒現代自由主義者，普遍而永恆的價值判斷不可或缺，因此，現代自由主義應當從相對主義轉向絕對主義。否則，相對主義不但可能摧毀自然權利理論，而且也可能滋養極權主義政治。

施特勞斯是著名的自由主義批判者，但是施特勞斯本人卻自稱是自由主義的朋友：「正是因為我們是民主的朋友與同盟，所以我們不能成為民主的諂媚者。」[102]正是因為「自由民主的朋友不是諂媚者」，[103]所以真正的自由主義者同時是自由主義的批判者。

---

101 在柏拉圖的《理想國》中，蘇格拉底批判色拉敘馬霍斯，但是這並不妨礙兩人的朋友關係。同理，阿里斯托芬批判蘇格拉底，也不能得出阿里斯托芬是蘇格拉底的敵人的結論。See Leo Strauss, *Socrates and Aristophanes*, Chicago and London: The University of Chicago Press, 1980, pp. 4-6. 邁爾也認同施特勞斯的觀點，關於邁爾的論述，see Heinrich Meier, *Leo Strauss and the Theologico-Political Problem*, tran. Marcus Brainard, Cambridge: Cambridge University Press, 2006, pp. 92-93.

102 Strauss, *Liberalism Ancient and Modern*, p. 24.

103 Strauss, *The Rebirth of Classical Political Rationalism*, p. 6.

他應該時刻警惕自由主義所面臨的潛在危險，並在緊急關頭挺身而出，為自由主義指明未來的方向。正如施特勞斯所言，「真正的自由主義者如今應該擔當的最迫切的職責是抵抗扭曲的自由主義（perverted liberalism）。」[104]扭曲的自由主義指的是遺忘美德的現代自由主義，而真正的自由主義是以美德為核心關懷的古代自由主義。因此，自由主義者最迫切的任務是從現代自由主義回歸古代自由主義。

　　儘管現代自由主義處於內憂外患之中，但是，施特勞斯依舊認為以英美為代表的現代自由主義可以診治以德國為代表的納粹主義病症。[105]並且，現代自由主義保障公民的言論自由，使哲學家享有真正的哲學自由，而這徹底改變了異端思想家的艱難處境。[106]在這個意義上，現代自由主義是現有政體中最好的一個。儘管現代自由主義可以救治極權主義病症，但是這並不代表現代自由主義完美無缺。施特勞斯的自由主義批判正是為了指出現代自由主義的缺陷，從而警示現代自由主義者應該從古代自由主義中吸取精神涵養。

　　準確而言，施特勞斯的立場是，在理論上反對現代自由主

---

104 Strauss, *Liberalism Ancient and Modern*, p. 64.

105 1943年，施特勞斯在一份講稿中討論了戰後如何對德國人進行再教育的問題。他認為，再教育的目的是以正確的教育取代錯誤的教育。其中，錯誤的教育指的是納粹主義教育，而正確的教育指的是自由主義教育。在這個意義上，英美自由主義可以救治德國納粹主義。Leo Strauss, "The Re-Education of Axis Countries Concerning the Jews," *The Review of Politics*, Vol. 69, No. 4, 2007, pp. 531-532.

106 Strauss, *Liberalism Ancient and Modern*, p. 24. Strauss, *Jewish Philosophy and the Crisis of Modernity*, p. 470.

義，在實踐中支持現代自由主義。正如貝納加的精彩概括：「施
特勞斯在實踐中支持現代民主，但是在理論上卻發現現代民主是
應該加以反對的。」但是，貝納加進一步指出，光指出這一點是
遠遠不夠的，因為現代自由主義的實踐還需要一種深厚的哲學基
礎來加以支撐。也就是說，現代自由主義的實踐需要一種理論基
礎。在施特勞斯的政治哲學中，現代自由主義的理論基礎不應該
是現代政治哲學，而應該是古典政治哲學。[107]正是如此，現代自
由主義應該從古典政治哲學中汲取精神涵養，抑或從古代自由主
義中汲取思想養料。施特勞斯在理論上反對現代自由主義，是因
為現代自由主義把它的理論基礎奠基於現代政治哲學之上。而施
特勞斯在實踐中支持現代自由主義，是因為現代自由主義制度是
實踐中最可行的政治制度。正是出於這種複雜的情感，施特勞斯
意圖解救現代自由主義，其途徑是從現代政治哲學回歸古典政治
哲學，從現代自由主義回歸古代自由主義。然而，從現代自由主
義回歸古代自由主義，並不是要讓現代自由主義變成古代自由主
義，而是要讓現代自由主義從古代自由主義中汲取再生力量。

　　在施特勞斯看來，《雲》劇表明，阿里斯托芬是蘇格拉底的
朋友，而不是其敵人。但是，兩者之間的關係似乎並沒有這麼簡
單。對此，曼斯菲爾德有一段非常精闢的論述：「我認為，在柏
拉圖的蘇格拉底眼中，阿里斯托芬同時是［哲人的］朋友、敵人
和競爭對手。他之所以是哲人的競爭對手，乃在於他擁有詩人的
知識，而詩人的知識是關於『特殊』（或『部分』）的知識，它恰
恰是『理念』（或『整全』）知識的對手，後者正是哲人的知識。
他之所以是哲人的朋友，乃在於《雲》可以被讀作阿里斯托芬對

---

107 Behnegar, "The Liberal Politics of Leo Strauss," p. 259.

蘇格拉底的示警。他之所以是哲人的敵人，乃在於阿里斯托芬似乎為後世對哲人的指控提供了基本的靈感，以此，他似乎成了民眾的［政治］恩人，他煽動民眾迫害哲人。遺憾的是，民眾永遠都不會知道，他們真正的恩人是哲人。」如果曼斯菲爾德的論述是站得住腳的，那麼蘇格拉底與阿里斯托芬的關係就是亦敵亦友的關係。同理，施特勞斯與自由主義的關係也是亦敵亦友的關係。施特勞斯之所以是自由主義的敵人，是因為施特勞斯激烈批判現代自由主義，從而從根本上撼動了現代自由主義的根基。施特勞斯之所以是自由主義的朋友，是因為施特勞斯積極主張古代自由主義，從而為現代自由主義指明了未來的發展方向。儘管施特勞斯在主觀上宣稱自己是自由主義的朋友，但在客觀上卻摧毀了現代自由主義的理論基礎。正是如此，本書傾向於採取一種更加有限度、更加有張力且更加有保留的主張，即施特勞斯是現代自由主義的批判者，但卻是古代自由主義的朋友。108

　　本節的主要目的是討論施特勞斯的反極權主義觀念。在施特勞斯的政治哲學中，古今自由主義的核心差異是，古代自由主義以絕對主義為理論基礎，而現代自由主義以相對主義為理論基礎；古代自由主義的核心內容是美德，而現代自由主義的核心內容是自由。在施特勞斯看來，現代自由主義的危機恰恰是因為它接納了相對主義，並且遺忘了古典美德。因此，現代自由主義的出路是回歸古代自由主義，即從相對主義轉向絕對主義，從現代自由轉向古典美德。正是這樣，施特勞斯是現代自由主義的批判

---

108 曼斯菲爾德，〈古代與現代：關於施特勞斯政治哲學的幾個小問題〉，載萌萌，《啟示與理性：哲學問題：回歸或轉向》，北京：中國社會科學出版社，2001，頁43-44。

者，但卻是古代自由主義的支持者。[109]為此，本節分為兩個部分來討論這個問題。第一部分討論古代自由主義的理論基礎——絕對主義，而絕對主義的來源是古典政治哲學中的古代自然主義。第二部分闡釋古代自由主義的核心內容，即古代自由觀與古代民主觀。

一、古典主義與自然主義：古代自由主義的理論基礎

西方的危機是施特勞斯政治哲學的根本出發點。西方的危機意即我們時代的危機，[110]我們時代危機的核心是現代性危機。[111]而現代性根源於現代政治哲學，如此，現代性危機的核心是現代政治哲學危機。[112]然而，在施特勞斯看來，「現代政治哲學的崩潰似乎已經埋葬了古典政治哲學」，[113]這樣，「現代政治哲學的最終結

---

109 施特勞斯是否支持自由主義？胡全威認為要回答這個問題，首先要回答精英主義是否能夠與自由主義相容？而要回答這個問題，又要回答大眾是否真的無法統治？他認為，實際上並非如此。目前的參與式民主、直接民主、審議式民主等民主模式讓大眾更容易參與政治，科技、普及教育、生活水準、大眾媒體、電腦網路等讓大眾更便於參與政治，因此，寡頭統治鐵律逐漸被改變，政治家更加需要傾聽人民的聲音。而施特勞斯強調大眾無法統治，貶低大眾的政治參與能力，實際上違背了民主精神。但是，胡全威的觀點只能證明施特勞斯反對現代自由主義，而無法證明施特勞斯反對所有版本的自由主義。通過區分現代自由主義與古代自由主義，本書認為，施特勞斯確實反對現代自由主義，但卻支持古代自由主義。胡全威，《史特勞斯》，頁286-288。

110 Leo Strauss, *The City and Man*, Chicago and London: The University of Chicago Press, 1964, p. 1.

111 Leo Strauss, "The Crisis of Our Time," in Harold J. Spaeth（ed.）, *The Predicament of Modern Politics*, Detroit: University of Detroit Press, 1964, p. 41.

112 Strauss, "The Three Waves of Modernity," p. 82.

113 Strauss, *The City and Man*, p. 1.

果是政治哲學這個理念的瓦解」。[114] 易言之，現代政治哲學危機蘊含著政治哲學本身的危機。因此，西方危機本質上是政治哲學危機。在這個意義上，西方危機的最終出路是復興政治哲學。[115]

這樣，問題的關鍵是，如何復興政治哲學？要復興政治哲學，首先要探析政治哲學危機的原因。政治哲學的危機是現代政治哲學危機的結果，而現代政治哲學危機的根源是現代政治哲學中所孕育的相對主義思潮。因此，在施特勞斯看來，相對主義導致了政治哲學危機。政治哲學意在探索美好的生活方式與美好的政治秩序，而「美好」假定價值判斷是可能的，因此，政治哲學的可能性建立在價值判斷的可能性基礎之上。然而，相對主義則宣稱沒有什麼絕對價值，所有價值都是相對的，如此，價值判斷就不可能了。如果價值判斷不可能，政治哲學也不可能。相對主義有兩大表現形式，即實證主義與歷史主義。實證主義認為，只有科學知識才是真正的知識，並且，事實判斷無法推出價值判斷，所以我們應該避免價值判斷。而歷史主義認為，所有價值都是相對於具體的歷史語境而言的，不同的時代有不同的價值，並且沒有什麼絕對而永恆的價值判斷標準可以用來判斷是非善惡，所以我們無法進行價值判斷。不管是實證主義，還是歷史主義，其結果都是價值判斷不可能。實證主義認為政治哲學是非科學的，而歷史主義認為政治哲學是非歷史的，因此，政治哲學處於危機之中。[116]

---

114 Strauss, "The Crisis of Our Time," p. 41.

115 Strauss, *The City and Man*, p. 2. Strauss, "The Crisis of Our Time," p. 43. Strauss, "The Crisis of Political Philosophy," p. 91.

116 Strauss, *What Is Political Philosophy? And Other Studies*, pp. 17-26. Leo Strauss,

　　西方的危機最深刻地體現在現代自由主義的危機之中。[117]據此，現代自由主義危機是西方危機的經典樣本，甚或現代自由主義危機意味著西方的危機。在施特勞斯的思想脈絡中，現代自由主義面臨著雙重危機：一方面，自由主義以自然權利與相對主義為理論基礎，但是相對主義卻摧毀了自然權利；另一方面，相對主義的邏輯結果是虛無主義，而虛無主義卻滋養了極權主義。前者是其內部危機，而後者是其外部危機。因此，現代自由主義處於內憂外患之中。正如相對主義導致了現代政治哲學的危機，相對主義也導致了現代自由主義的危機。而現代自由主義恰恰根源於現代政治哲學，在這個意義上，政治哲學危機與自由主義危機如影隨形，休戚與共。

　　如果相對主義是政治哲學危機與自由主義危機的根源，那麼，復興政治哲學與自由主義的關鍵是克服相對主義。克服相對主義分為兩個方面：第一，在否定性方面，我們要徹底批判相對主義；第二，在肯定性方面，我們要以絕對主義克服相對主義。因此，復興政治哲學與自由主義在於批判相對主義，復興絕對主義。徹底批判相對主義實際上等於徹底批判現代政治哲學，因為相對主義是現代政治哲學的結果。在這個意義上，施特勞斯認為，「徹底質疑近三四個世紀以來的各種教條，是一切智慧追求

Studies in Platonic Political Philosophy, Chicago and London: The University of Chicago Press, 1983, pp. 29-30. Strauss, *Liberalism Ancient and Modern*, pp. 26-27. Strauss, "The Crisis of Political Philosophy," pp. 91-103. Strauss, *The City and Man*, pp. 6-8. Strauss, "The Crisis of Our Time," pp. 51-54.

117 施特勞斯認為海德格爾的存在主義所處的語境是自由民主，而自由民主已經沒有未來，因此，存在主義所處的語境實際上是西方的危機。在這個意義上，現代自由主義危機體現了西方的危機。Strauss, "Existentialism," p. 314.

的起點。」[118]而要復興絕對主義，我們必須明白在哪裡可以找到絕對主義。在施特勞斯的視域中，古典政治哲學蘊含著絕對主義。於是，復興絕對主義的途徑是回歸古典政治哲學。易言之，西方危機的出路是批判現代政治哲學，回歸古典政治哲學。正是因為西方的危機，我們才被迫重返古典政治哲學。[119]而在原初的意義上，古典政治哲學是自由主義政治哲學。[120]正是如此，施特勞斯言道：「自由民主……可以從我們西方傳統的前現代思想中……得到強有力的支持。」[121]如是，現代自由主義危機的出路是回歸古典政治哲學，抑或更準確地說，回歸古代自由主義。一言以蔽之，施特勞斯的古典主義是，回歸古典政治哲學，解救現代政治哲學；復興古代自由主義，拯救現代自由主義。

那麼，什麼是古典政治哲學？要理解什麼是古典政治哲學，首先要理解什麼是政治哲學；而要理解什麼是政治哲學，首先要理解什麼是哲學。哲學的本義是熱愛智慧，所以，哲學意即追求智慧之學。所謂智慧就是普遍知識，抑或關於整體的知識（knowledge of the whole）。而在政治社會中，居於主流地位的不是關於整體的知識，而是關於整體的意見。這樣，哲學本質上就是以關於整體的知識取代關於整體的意見。簡言之，哲學意在以知識取代意見。

政治哲學是哲學的分支。在字面的意義上，政治哲學中的「政治」意味著政治哲學的研究主題，而「哲學」代表政治哲學

118　Emberley and Cooper, (eds.), *Faith and Political Philosophy*, p. 12.

119　Strauss, *The City and Man*, p. 1.

120　Strauss, *Liberalism Ancient and Modern*, pp. 28-29.

121　Strauss, "The Three Waves of Modernity," p. 98.

的研究方式。因此，政治哲學就是以哲學的方式研究政治的學科。[122] 在這個意義上，政治哲學的本質是以政治知識取代政治意見。如此，要知曉政治哲學，必須要知曉政治知識。政治知識指的是政治事務的自然（nature）與美好的政治秩序。緣此，政治哲學的本質是追求政治事務的自然與美好的政治秩序。[123]

　　古典政治哲學與現代政治哲學的區別是，前者跟政治生活直接相關，而後者卻跟政治生活間接相關。具體而言，現代政治哲學通過政治哲學傳統與政治科學概念的中介而跟政治生活相關，

---

[122] 吳冠軍指出，施特勞斯的政治哲學具有兩個互相衝突的路徑，即蘇格拉底式的否定性路徑與柏拉圖式的肯定性路徑。前者認為真理無法占有，而後者卻認為真理可以獲得。參吳冠軍，〈施特勞斯與政治哲學的兩個路向〉，載《華東師範大學學報（哲學社會科學版）》2014年第5期，頁75-86。但是施特勞斯本人卻認為，蘇格拉底與柏拉圖並沒有這麼涇渭分明，因為柏拉圖對話的形式告訴我們，蘇格拉底的思想與柏拉圖的思想是難以區分的。而吳冠軍並沒有論證為什麼柏拉圖對話中的蘇格拉底教誨是蘇格拉底本人的教誨。Strauss, *Socrates and Aristophanes*, p. 3. Leo Strauss, "Review of *Plato Today*, by R. H. S. Crossman," in *What Is Political Philosophy? And Other Studies*, Chicago and London: The University of Chicago Press, 1988, pp. 250-251. 然而，施特勞斯的思想中確實蘊含著兩種政治哲學觀念。第一種觀念是**政治**哲學（*political* philosophy），其重點是政治，因此，**政治**哲學意味著以哲學的方式處理政治問題，這是政治哲學的表層含義（ordinary meaning）。第二種觀念是政治**哲學**（political *philosophy*），其重點是哲學，因此，政治**哲學**意味著以政治的方式處理哲學問題，這是政治哲學的深層含義（deeper meaning）。但是，這兩種觀念（conception）並不是互相衝突的兩個概念（concept），而是同一個概念中的兩個方面，就像同一個硬幣的不同兩面。Strauss, *The Rebirth of Classical Political Rationalism*, p. 62. Strauss, *What Is Political Philosophy? And Other Studies*, pp. 10-12. Leo Strauss, *Persecution and the Art of Writing*, Chicago and London: The University of Chicago Press, 1988.

[123] Strauss, *What Is Political Philosophy? And Other Studies*, pp. 11-12.

古典政治哲學卻不需要任何中介。[124] 古典政治哲學跟政治生活直接相關，是因為古典政治哲學的本質是以政治知識取代政治意見。政治意見是古典政治哲學的出發點，而政治意見流行於政治生活之中，因此，古典政治哲學必須直接介入政治生活本身，掌握政治事務的自然，然後才能超越政治意見，以政治知識取代政治意見。在這個意義上，政治事務的自然是古典政治哲學的首要主題。

　　古今政治哲學跟政治生活的相關性，造成了兩者在研究主題上的第二個差異。古典政治哲學關注的是最佳政治秩序問題，而現代政治哲學研究的是方法問題。[125] 政治生活的首要主題是政治鬥爭問題，而政治鬥爭問題自然而然會產生一個更加根本的問題，即「哪個團體應該統治的問題，抑或哪種妥協是最佳解決方案的問題——這就是說，哪種政治秩序是最佳秩序的問題」。[126] 正是因為古典政治哲學跟政治生活直接相關，所以古典政治哲學首先關注的是前哲學的實際政治問題，即政治鬥爭問題。正是因為古典政治哲學的本質是以政治知識取代政治意見，所以古典政治哲學最終關注的是哲學的理想政治問題，即最佳政治秩序問題。因此，最佳政治秩序問題是古典政治哲學的根本主題。基於此，古典政治哲學的兩大主題是，政治事務的自然與美好的政治秩序。前者意在理解實際政治秩序，而後者旨在展望理想政治秩序。[127]

---

[124] Strauss, *The Rebirth of Classical Political Rationalism*, pp. 49-50.

[125] Ibid., pp. 50, 54-56. Strauss, *Studies in Platonic Political Philosophy*, p. 29. Strauss, *What Is Political Philosophy? And Other Studies*, pp. 34-35.

[126] Strauss, *The Rebirth of Classical Political Rationalism*, p. 54.

[127] 施特勞斯的政治哲學定義是追求政治事務的自然與正當或美好的政治哲學，

　　古典政治哲學的兩大主題表明，價值判斷是政治哲學的根基。如果價值判斷不可能，那麼政治哲學也不可能。根據政治事務的自然，政治事務必定涉及價值判斷。關於政治事務，我們要麼贊成，要麼反對；要麼選擇，要麼批判；要麼讚美，要麼譴責。總而言之，我們必定要判斷政治事務的好壞對錯與是非善惡。同樣，關於美好的政治秩序問題，我們也不可能保持價值中立。因為「美好」本身預設了價值判斷：只有能夠區分什麼是美好的（good），什麼是糟糕的（bad），什麼是正確的（right），什麼是錯誤的（wrong），我們才能區分什麼是美好的政治秩序（good political order），什麼是糟糕的政治秩序（bad political order）。倘若如是，無論是政治事務的自然問題，還是美好的政治秩序問題，我們都無法避免價值判斷。政治哲學危機之所以發生，正是因為現代政治哲學最終走向相對主義，從而否定了價值判斷的可能性。但是，在古典政治哲學的視野中，價值判斷是其安身立命的基礎。而要使價值判斷成為可能，我們必須知道價值判斷的標準。因此，古典政治哲學必須追求關於價值判斷標準的知識。[128]

　　在古典政治哲學視域中，價值判斷的標準是什麼？施特勞斯

　　因此，古典政治哲學的兩大主題契合政治哲學的內涵，see Strauss, *What Is Political Philosophy? And Other Studies*, p. 12. 關於政治哲學的定義，以及古典政治哲學與現代政治哲學的差異，亦可參考施特勞斯學派的著名代表曼斯菲爾德教授的論述，see Harvey Mansfield, *A Student's Guide to Political Philosophy*, Wilmington: Intercollegiate Studies Institute, 2001. 曼斯菲爾德，〈古代與現代：關於施特勞斯政治哲學的幾個小問題〉，載《啟示與理性：哲學問題：回歸或轉向》，頁32-33。

[128] Strauss, *What Is Political Philosophy? And Other Studies*, p. 12. Strauss, *The Rebirth of Classical Political Rationalism*, p. 58.

認為，「自然即標準」（nature is *the* standard），[129]因為「不變的標準根源於人類的自然（the nature of man）與事物的自然」。[130]自然即標準蘊含著兩層意思：第一，自然是價值判斷的標準；第二，自然是價值判斷的唯一標準（the standard），而不是某一標準（a standard）。而自然是價值判斷的唯一標準意味著，只有自然才能決定什麼是正當的，什麼是正義的，什麼是正確的，什麼是美好的。一切是非善惡，一切好壞對錯，都應該接受自然法庭的審判。因此，「自然是唯一的規範」（nature is *the* norm），「自然是唯一的權威（nature is *the* authority）」。[131]這樣，政治哲學追求關於價值判斷標準的知識，也就是追求自然，這就是為什麼政治哲學的定義是追求政治事務的自然。政治哲學的定義中實際上已經蘊含著關於價值判斷標準的知識。

在施特勞斯看來，古今自然觀具有根本性差異。現代自然主義（modern naturalism）是科學自然主義（scientific naturalism），它以現代自然科學為基礎。根據現代自然科學的自然觀，人類可以通過征服自然而成為自然的主人，並最終主宰自己的命運。因此，自然只是科學研究的對象，而不是價值判斷的標準。[132]而古

---

129 Strauss, *Natural Right and History*, pp. 92, 96, 119. 關於自然即標準的討論，亦可參考 Strauss, "The Three Waves of Modernity," p. 85.

130 在中文世界中，the nature of man or human nature 通常被翻譯為「人性」。這個翻譯當然沒有問題，但是由於 nature 在施特勞斯的思想中具有非常複雜而豐富的內涵，並且為了上下文的統一，此處酌譯為「人類的自然」。Strauss, *Liberalism Ancient and Modern*, p. 63.

131 Strauss, *Natural Right and History*, pp. 11, 92.

132 Strauss, *Studies in Platonic Political Philosophy*, p. 34. Strauss, *The City and Man*, pp. 1, 3-4. Strauss, "The Crisis of Our Time," pp. 44, 49-50.

代自然主義（ancient naturalism）是前科學自然主義（prescientific naturalism），是現代自然科學出現之前的自然觀。[133] 根據前科學的自然觀，人類非但無法征服自然，反而必須服從自然，符合自然，順應自然。因此，人類不可能是自然的主人，自然才是人類命運的主宰。[134] 正是如此，古今自然觀的核心差異是，現代自然主義否認自然是價值判斷的標準，而古代自然主義則主張自然是價值判斷的標準。[135]

根據古代自然主義的觀點，「『自然』在這裡意味著某種事物或某類事物的特徵（character），某種事物或某類事物的表面樣式與運作方式，並且這種事物或這類事物不能被視為神造的或人造的（made by gods or men）。」[136] 因此，自然既跟神聖相對，也跟人為相對。自然與神聖的對立意味著哲學與神學之爭，自然與人為的對立意味著哲學與政治之爭。而自然與人為的對立，實際上是自然（nature or *physis*）與習俗（convention or *nomos*）的對立。[137] 中文習俗的希臘原詞是 *nomos*，而 *nomos* 具有廣泛的含義。它不僅僅指習俗，還包括傳統、法律、習慣、約定、意見、藝術等。這些都不是自然，而是人為。[138] 在古代自然主義看來，自然

---

[133] 古代自然主義與現代自然主義的表述來自施特勞斯本人，see Strauss, *Liberalism Ancient and Modern*, p. 44.

[134] Strauss, "The Three Waves of Modernity," pp. 85-86. Strauss, *What Is Political Philosophy? And Other Studies*, pp. 38-40.

[135] Strauss, *Natural Right and History*, pp. 96, 119.

[136] Leo Strauss, "Introduction," in Leo Strauss and Joseph Cropsey（eds.）, *History of Political Philosophy*, Chicago and London: The University of Chicago Press, 1987, p. 2.

[137] Strauss, *What Is Political Philosophy? And Other Studies*, p. 27.

[138] Strauss, *Studies in Platonic Political Philosophy*, p. 138.

高於人為，也高於習俗。[139] 而且，自然的標準「完全獨立於人類的意志」。[140] 因此，習俗不是價值判斷的標準：「在所有情況下，不是習俗，而是事物的自然，決定什麼是正義的。」[141]

在施特勞斯的思想中，自然與習俗的區分具有根本性意義。首先，自然與習俗的區分是政治哲學誕生的前提。在自然與習俗的區分中，古希臘人發現了自然。而「哲學的工作就是發現自然」[142]，「哲學的首要主題……是自然」[143]，因此，發現自然意味著哲學的誕生。「第一個發現自然的人，就是第一個哲學家。」[144] 同理，發現政治的自然意味著政治哲學的誕生。第一個發現政治自然的人，自然就是第一個政治哲學家。蘇格拉底是第一個從自然轉向政治自然的哲學家，因此，他是政治哲學的創立者。[145]

蘇格拉底問答法的核心思路是質疑城邦的流行意見，追求政治事務的知識。他質疑各種意見的句式是：什麼是正義？什麼是美德？在施特勞斯看來，「什麼是……？」（What is...?）的句式追問的是事物的自然。追問事物的自然意味著探索「事物的形式（form）或特徵」，「事物的形狀、形式、特徵或『理念』。因此「『自然』首先是『形式』或『理念』（idea）」。而「關於整體的知識首先是關於整體的每個部分的特徵、形式或『本質』特徵的

139 Strauss, *Natural Right and History*, p. 11.

140 Strauss, "The Three Waves of Modernity," p. 85.

141 Strauss, *Natural Right and History*, p. 102.

142 Ibid., p. 81.

143 Strauss, "Introduction," p. 2.

144 Strauss, *Natural Right and History*, pp. 82, 90.

145 Strauss, "Introduction," p. 1. Strauss, *Natural Right and History*, p. 120. Strauss, *Liberalism Ancient and Modern*, p. 26. Strauss, *Socrates and Aristophanes*, p. 3.

知識」，如此，追問事物的自然實際上是追問事物的知識，抑或
自然即知識。而習俗屬於城邦，不屬於自然，所以習俗是城邦的
意見，抑或習俗即意見。在關於城邦事務的討論中，蘇格拉底追
問的自然，不是太陽的自然，而是正義的自然。換言之，蘇格拉
底追問的是政治自然。[146]如果政治哲學可以定義為以政治知識取
代政治意見，那麼政治哲學也可以定義為以政治自然取代政治習
俗。正是因為蘇格拉底是第一個追問政治自然的哲學家，所以，
他是政治哲學的創立者。不但如此，他還是古典政治哲學的創立
者。[147]對於施特勞斯而言，蘇格拉底、柏拉圖、亞里斯多德、斯
多葛派以及基督教思想家（特別是阿奎那）都是古典政治哲學的
代表。[148]

　　如果政治哲學的可能性取決於價值判斷的可能性，價值判斷
的可能性取決於價值判斷標準的存在，而自然是價值判斷的標
準，那麼，政治哲學的可能性取決於自然的可能性。正如施特勞
斯所指出的，政治哲學是否可能取決於哲學是否可能，而哲學是
否可能取決於自然是否可能：「只有存在一個絕對的視域抑或自
然的視域，哲學才有可能。」[149]沒有自然就沒有哲學，沒有政治自
然就沒有政治哲學。而古典政治哲學的本質是追問政治事務的自
然，並且，蘇格拉底是發現政治自然的第一人。在這個意義上，
復興政治哲學的關鍵是，回歸古典政治哲學，重新發現政治自
然。

---

146 Strauss, "Introduction," pp. 4-5. Strauss, *Natural Right and History*, pp. 121-124.

147 Strauss, "The Three Waves of Modernity," p. 38.

148 Strauss, *Natural Right and History*, p. 120. Strauss, "Introduction," p. 2.

149 Strauss, *Natural Right and History*, p. 35.

其次，自然與習俗的區分是自然正當（natural right）觀念的前提。然而，施特勞斯指出，「發現自然抑或發現自然與習俗的根本區分，是自然正當觀念出現的必要條件，但卻不是其充分條件：所有正當可能都是習俗的。」[150]根據習俗主義（conventionalism）的觀點，只有習俗正當（conventional right），沒有自然正當。因為正當觀念產生於城邦之中，而城邦無疑是習俗的，所以，所有正當觀念都以習俗為基礎。不同的城邦有不同的正當觀念，不同的群體也有不同的正當觀念。我們所見的是形形色色的正當觀念，並且各種正當觀念之間互相衝突。古代自然主義卻認為，儘管有些正當觀念是習俗的，有些正當觀念卻是自然的。各種習俗正當的存在並不能否認自然正當的存在。正是因為正當觀念多種多樣，並且互相衝突，所以我們才要追問何種正當觀念是真正的正當觀念。這種真正的正當觀念，不是根據習俗而正當的觀念，而是根據自然而正當的觀念。[151]

所謂自然正當，指的是根據自然的標準，我們可以判斷什麼是正當，什麼是不正當；什麼是正義，什麼是不正義；什麼是美好（good），什麼是糟糕（bad）；什麼是美德，什麼是邪惡。如果我們的欲望符合自然，那麼我們的欲望就是美好的。反之，如果我們的欲望違背了自然，那麼我們的欲望就是糟糕的。因此，自然正當與自然美好（naturally good）實際上是一個意思。[152]美好的生活（the good life）即自然的生活（the natural life），美好的生活之所以美好，是因為它是符合自然的。同樣，美好的政治秩

---

150 Ibid., p. 93.

151 Ibid., pp. 11, 97, 100, 103-108, 120-121.

152 關於 "nature is good" 的論斷，see Strauss, "The Three Waves of Modernity," p. 85.

序（the good political order）即自然的政治秩序，美好的政治秩序之所以美好，也是因為它是符合自然的。[153] 在這個意義上，沒有自然正當就沒有美好生活，也就沒有美好政治秩序。[154] 施特勞斯言道：「《理想國》中的城邦是最佳城邦（the best city），即符合自然的城邦。」[155] 這就是說，符合自然的政治秩序，既是美好政治秩序，也是最佳政治秩序（the best political order）。[156] 這是因為美好的政治秩序不是某一種美好的政治秩序（a good political order），而是唯一美好的政治秩序（the good political order）。唯一美好的政治秩序自然就是最佳政治秩序，抑或最佳政體（the best regime）。同理，美好的生活也不是某一種美好的生活，而是唯一美好的生活——最美好的生活。

那麼，什麼是美好的生活？根據施特勞斯的觀點，自然正當決定了什麼是美好的生活。美好的生活首先是美德的生活（the virtuous life）。根據自然的標準，真正美好的生活是符合人類自然（human nature）的生活，亦即「人類自然的圓滿（perfection）」。人類自然的核心內容是，靈魂與肉體具有根本性差異，並且靈魂高於肉體。因此，人類區別於野獸的標準是，人類具有「語言、理性或理解力」。在這個意義上，符合自然的生活是靈魂統治身體的生活，理性統治欲望的生活。換言之，符合自然的生活是美德的生活，而不是邪惡的生活；是高等人生活，而不是低等人生活；是理性生活，而不是欲望生活。[157] 而在古典政治哲學中，美

---

153 Strauss, *Natural Right and History*, pp. 94-95, 106.

154 Ibid., pp. 99-100.

155 Ibid., pp. 119, 121.

156 Strauss, *Studies in Platonic Political Philosophy*, p. 139.

157 Strauss, *Natural Right and History*, pp. 127-128.

德即知識（virtue is knowledge）。[158]如此，美德的生活即智慧的生活，也就是哲學生活。哲學家美德與智慧並重，所以只有哲學家才是真正的正義者。[159]在這個意義上，施特勞斯認為，「符合自然的生活是哲學家的生活」，「是生活於公民社會邊緣的哲學家的隱退生活。獻身於公民社會並服務於他人的生活，不是符合自然的生活。」[160]這樣，美好生活、美德生活與哲學生活三位一體，三者都是同一個自然生活。

　　同樣，自然正當也決定了什麼是最佳政體。因為最佳政體與符合自然的政體是一回事，自然的就是最佳的，最佳的就是自然的。[161]最佳政體即貴族制（Aristocracy），它是由最優秀者統治（rule of the best）的政體，並且是最有利於美德的政體。[162]根據自然的標準，高級者應該統治低級者。而最高級者是哲學家，因為就自然的標準而言，哲學家是最優秀者。[163]正如智慧高於愚蠢，哲學家也高於非哲學家，所以符合自然的統治是哲學家統治非哲學家。正是因為哲學家美德與智慧並重，所以哲學家的統治應該是絕對統治（absolute rule）。哲學家只需要對自己負責，而不需要對非哲學家負責。然而，由於哲學家統治所需要的條件近乎苛

---

158 美德即知識的表述源於柏拉圖對話錄〈美諾篇〉，see Plato, "Meno," in Edith Hamilton and Huntington Cairns（eds.）, *The Collected Dialogues of Plato*, Princeton: Princeton University Press, 1989, pp. 353-384.

159 Strauss, *Studies in Platonic Political Philosophy*, p. 139.

160 Strauss, *Natural Right and History*, pp. 97, 112-113.

161 Strauss, *Studies in Platonic Political Philosophy*, p. 139. Strauss, *Natural Right and History*, p. 15.

162 Strauss, *Natural Right and History*, pp. 135, 140. Strauss, *The Rebirth of Classical Political Rationalism*, p. 55. Strauss, *Liberalism Ancient and Modern*, p. 11.

163 Strauss, *Liberalism Ancient and Modern*, p. 14.

刻，極其難以滿足，因此，哲學家統治幾乎是不可能的，其是否
能夠實現完全取決於運氣（chance）。如此，我們只能退而求其
次，以法治取代人治。法律的實施必須委託給紳士，這是因為儘
管紳士不是哲學家，但卻跟哲學家具有一個重要的共同點，即他
們都崇尚高貴，鄙視庸俗。「紳士美德反映的是哲學家美德」，而
「紳士統治只是反映了哲學家統治」。也正是如此，紳士統治是符
合自然正當的統治。在這個意義上，最佳政體問題的答案是，在
理論上，最佳政體是哲學家的人治；而在實際上，最佳政體是紳
士的法治。這並不是說最佳政體問題有兩個答案，而是說這是同
一個答案的兩個方面（a twofold answer），因為最佳政體是唯一
的。164

　　施特勞斯所謂的古代自然主義實際上是絕對主義。絕對主義
的核心觀點是，如果某種價值是絕對的，那麼這種價值無論何時
何地（everywhere and at any times）、在何種情況下、針對何人都
總（always）是有效的。而在施特勞斯看來，自然是絕對的，甚
至自然等同於絕對：「只有存在一個絕對的視域抑或自然的視域，
哲學才有可能。」165「發現自然等同於實現一種超越歷史、超越社
會、超越道德且超越宗教的……人類可能性。」並且，發現自然
意味著追求首要之物（the first things），而「對於首要之物的哲
學追求，不僅僅預設了首要之物的存在，而且還預設首要之物是
永恆的（always），永恆之物是比非永恆之物更加真實的存在。」

164 Ibid. Strauss, *Natural Right and History*, pp. 139-143. Strauss, *Studies in Platonic Political Philosophy*, p. 139. Strauss, *What Is Political Philosophy? And Other Studies*, pp. 34-36.

165 Strauss, *Natural Right and History*, p. 35.

這意味著發現自然就是追求永恆之物，所以「關於『自然』的知識，也就是關於不變（unchangeable）且可知的必然性的知識」。[166]

　　基於此，自然正當也是絕對的。「如果沒有不變的（unchangeable）正當原則，也就沒有自然正當」。[167] 正是因為「人類靈魂的自然秩序」「不會被腐蝕，並且保持不變（incorruptible and unchangeable）」，所以我們才可以據此判斷什麼是對錯。[168] 正是因為「人類的自然保持不變」，所以「道德是永恆（timeless）或先驗的」。[169] 在施特勞斯看來，「自然正當或自然正義必定真實存在，因而『無論在哪裡（everywhere）都必定具有相同的效力』。如此看來，自然正當至少對人類的正義思想，必定具有總是相同且從未停止的影響。」[170] 因此，「好人的含義是，總是好，並且無論在哪裡都一直好（always and everywhere the same）。」[171] 而且，「善與真對於所有人來說都是相同的，但是快樂卻因人而異。」[172] 正是這樣，施特勞斯直言不諱地指出，絕對主義內在於自然正當：「我們偉大的西方傳統的信仰是，一種理性且普遍的倫理學是可能的，抑或自然正當是可能的。而絕對主義就內在於（inherent）我們偉大的西方傳統，亦即內在於一種理性且普遍的倫理學是可能的或自然正當是可能的信仰。」[173]

---

166 Ibid., pp. 89-90.

167 Ibid., p. 97.

168 Strauss, *Liberalism Ancient and Modern*, p. 13.

169 Ibid., p. 34.

170 Strauss, *Natural Right and History*, pp. 99-100.

171 Strauss, *What Is Political Philosophy? And Other Studies*, p. 35.

172 Strauss, *Liberalism Ancient and Modern*, p. 52.

173 Strauss, *The Rebirth of Classical Political Rationalism*, p. 12.

　　施特勞斯認為，古代自然主義中的自然不僅對古典政治哲學來說具有根本性意義，而且對現代政治哲學來說也具有根本性意義。儘管現代政治哲學否定了自然與習俗的區分，但是現代政治哲學依舊蘊含著自然權利與實在權利的區分。而實際上，自然權利與實在權利的區分取決於自然與習俗的區分。自然權利屬於「自然」，而實在權利屬於「習俗」。只有自然與習俗的區分能夠自圓其說，自然權利與實在權利的區分才能站得住腳。[174]在這個意義上，自然權利的根基依舊內在於古代自然主義。而在施特勞斯看來，自然權利是現代自由主義的理論基礎。因此，古代自然主義也是現代自由主義的根基。在這個意義上，古典政治哲學中的自然主義既是解救現代政治哲學的關鍵，也是拯救現代自由主義的關鍵。

二、兩種自由與兩種民主：古代自由主義的核心內涵

　　施特勞斯的文本中蘊含著古代自由（ancient liberty）與現代自由（modern liberty）的區分。[175]但是，必須加以說明的是，施

---

174 Strauss, "Introduction," p. 3.

175 施特勞斯的古今自由觀跟貢斯當的古今自由觀有所關聯，但略有差異。第一，施特勞斯的立場是古代自由，而貢斯當的立場是現代人的自由。第二，貢斯當的古代人的自由指的是政治自由，而現代人的自由指的是公民自由；而施特勞斯的古代自由強調的是美德，現代自由關注的是自由。因此，就自由的現代意義而言，兩人基本一致。但是，就自由的古代意義而言，兩人卻有所不同。施特勞斯的古代自由與貢斯當的古代人的自由的區別是，前者強調美德，而後者強調政治自由。根據施特勞斯的觀點，有美德的紳士只關注最重要的事情，即靈魂的正義與城邦的正義。因此，古代自由涵蓋了政治自由，即參與政治事務，追求城邦的正義，但又不限於政治自由，因為古代自由還涉及靈魂的正義。在這個意義上，古代自由的含義要比古代人的自由豐

特勞斯本人並沒有明確提出古代自由與現代自由這兩個概念。儘管如此，其文本中卻隱含著這樣的區分。從施特勞斯的相關文本中可以看出，原初意義上的自由（original meaning of liberty）實際上就是古代意義上的自由，因此，不妨稱之為「古代自由」。當今意義上的自由（present meaning of liberty）實際上是現代意義上的自由，因此，可以稱之為「現代自由」。[176]

在施特勞斯的古典政治哲學視域中，古代自由隱含著三重內涵。同樣，儘管施特勞斯呈現出了古代自由的複雜性，但是他並沒有嚴格區分古代自由的三重內涵。然而，他的相應文本卻清楚地表明古代自由具有這三重內涵。[177]第一，自由意味著非奴隸。施特勞斯認為，在原初的意義上，自由人（a liberal man）指的是區別於奴隸的自由人（a free man）。[178]如果自由人不是奴隸，那麼，何為奴隸呢？「奴隸指的是為另一個人，即為其主人而活的人；在一定意義上，奴隸沒有自己的生活：他沒有屬於自己的時

富。關於貢斯當的觀點，see Benjamin Constant, "The Liberty of the Ancients Compared with That of the Moderns," in Biancamaria Fontana（ed.）, *Benjamin Constant: Political Writings*, Cambridge: Cambridge University Press, 1988, pp. 307-328. 關於施特勞斯的觀點，see Strauss, *Liberalism Ancient and Modern*, pp. 10-11, 28.

176 Strauss, *Liberalism Ancient and Modern*, pp. ix-x, 10, 28.

177 施特勞斯關於古代自由的三重內涵清晰地體現在《古今自由主義》一書中，請特別參見ibid., pp. ix, 10-11, 28-29. 筆者參考了C.D.C. Reeve區分古代自由的雙重內涵的思路，但是，由於施特勞斯的古代自由含義更加複雜，所以筆者區分了古代自由的三重內涵。關於Reeve對古代自由的界定，參考其為亞里斯多德《政治學》所編術語表中的 "Free" 詞條，see C.D.C. Reeve, "Glossary," in Aristotle, *Politics*, Indianapolis and Cambridge: Hackett, 1998, p. 251.

178 Strauss, *Liberalism Ancient and Modern*, pp. 10, 28.

間。然而，主人卻擁有完全屬於自己的時間，即他的所有時間都投入使自己成為自己的那些追求：政治與哲學。」[179] 因此，自由人為自己而活，有自己的生活，也有屬於自己的時間。

第二，自由意味著閒暇（leisure），即有屬於自己的時間（free time）。[180] 理論上，只要一個人不是奴隸，那麼他就是自由人。但是實際上，非奴隸的自由人並非都是真正的自由人。許多人表面上看來是自由人，而實際上卻是奴隸。儘管他們不是主人的奴隸，但卻是工作的奴隸、家庭的奴隸抑或財富的奴隸。正如施特勞斯所言，他們為了生計而努力工作，為了工作而休養生息。因此，他們沒有屬於自己的時間。在這個意義上，他們生而自由，但卻無往而不是奴隸。施特勞斯所謂的沒有閒暇的自由人指的是窮人。並且，大多數公民都是窮人，只有少數公民是富人。因此，真正有閒暇的人是富有紳士（gentlemen），他們不需要為了生計而工作。基於此，真正的自由人不是沒有閒暇的多數平民，而是有閒暇的少數紳士。[181]

179　Ibid., p. 10.

180　Reeve 認為，閒暇與工作相反。工作意味著沒有閒暇，而閒暇意味著我們不需要工作，不需要為生活必需品而操心。並且，真正的閒暇是為了閒暇而閒暇，而不是為了其他某種目的而閒暇。因此，閒暇意味著自由與高貴。閒暇的活動分為兩種，即政治與哲學。「政治活動在某種程度上是閒暇活動，但是哲學思考則是唯一真正且完全閒暇的活動。這就是為什麼自由人在政治與哲學上耗費時光的原因。」Reeve 對閒暇的解釋可以幫助我們理解施特勞斯的古代自由概念。施特勞斯同樣認為，真正的自由人將把其閒暇時光花費在政治與哲學上。關於 Reeve 的解釋，see Reeve, "Glossary," pp. 254-255. 關於施特勞斯的觀點，see Strauss, *Liberalism Ancient and Modern*, pp. 10, 13.

181　Strauss, *Liberalism Ancient and Modern*, pp. 10-11. Strauss, "The Crisis of Political Philosophy," pp. 93-94. Strauss, *What Is Political Philosophy? And Other*

第三，自由意味著美德（virtue）。紳士的字面意思是「高貴且高尚的人」（noble and good man），即有美德的人（virtuous man）。他們出身高貴，舉止優雅，品德高尚，並且受過良好教育，甚至位居要職。[182]因此，施特勞斯認為，「在原初意義上，成為自由人意味著踐行慷慨的美德（the virtue of liberality）。……真正的自由人（the genuinely liberal man）等同於真正有美德的人（the genuinely virtuous man）。」[183]狹義的慷慨指的是給予與索取的適度——「慷慨者（the liberal man）樂意在適當的情況下把自己的財富給予他人，因為這樣做是高貴的，不是出於計算。」廣義的慷慨則同時具有慷慨與自由的含義，它意味著人們不是財富的奴隸（slaves of wealth），而是財富的主人；不是財富支配我們，而是我們支配財富。因此，慷慨者是自由人。而慷慨是美德的一種，所以，自由人是有美德的人：「他偏愛的是靈魂的善（the goods of the soul），而不是身體的善（the goods of the body）。」在奴隸的視野中，物質與身體是其焦點；而在自由人的視域中，精神與靈魂才是其中心。物質與身體是欲望的部分，而精神與靈魂是理性的部分。所以，真正的自由人是以理性駕馭欲望的人。他們不是欲望的奴隸，而是欲望的主人。在這個意義上，高尚的靈魂與卓越的思想是自由人的至高追求。[184]

Studies, p. 37.

182 布魯姆的弟子Carnes Lord為其所譯的亞里斯多德《政治學》編撰了術語表，在其中，他解釋了紳士的原初含義。他的解釋有助於我們理解紳士與美德的關聯，see Carnes Lord, "Glossary," in Aristotle, *The Politics*, Chicago and London: The University of Chicago Press, 1984, p. 275.

183 Strauss, *Liberalism Ancient and Modern*, p. ix.

184 Ibid., p. 28.施特勞斯關於狹義的慷慨的論述跟亞里斯多德的慷慨論述是一致

　　因此，古代自由人指的是，既有閒暇，又有美德的紳士。奴隸確保紳士有閒暇，而閒暇確保紳士有美德。正是因為奴隸承擔了紳士的生計與勞作，所以紳士有閒暇。正是因為紳士有閒暇追求高貴的靈魂與卓越的思想，所以紳士有美德。

　　在施特勞斯的視域中，古代自由與現代自由是兩個截然相反的概念。「自由的原初政治含義跟自由的當今政治含義幾乎相反。在原初的意義上，自由人指的是以區別於奴隸的自由人的方式行事的人。」[185]如果古代自由與現代自由恰恰相反，而古代自由人不是奴隸，那麼，現代自由人就是奴隸！

　　要理解施特勞斯的現代自由觀，首先要理解古代奴隸觀。古代奴隸觀最清晰地體現在亞里斯多德的著作中。亞里斯多德回答了兩個核心問題：第一，什麼是奴隸？奴隸有三層含義：首先，奴隸屬於主人，不屬於自己；其次，奴隸屬於主人意味著奴隸是主人的財產；最後，奴隸是主人的財產意味著奴隸是主人的工具。（1254a10-20）[186]因此，奴隸不是為自己而活著，而是為主人

的，關於亞里斯多德的觀點，參考《尼各馬可倫理學》第四卷第一章（1119b20-1122a15），Aristotle, *Aristotle's Nicomachean Ethics*, tran. Robert C. Bartlett and Susan D. Collins, Chicago and London: The University of Chicago Press, 2011, pp. 67-72.

185 Strauss, *Liberalism Ancient and Modern*, p. 10.

186 筆者參考了亞里斯多德《政治學》的四個英譯本：芝加哥版的Lord譯本、Hackett版的Reeve譯本、劍橋版的Jowett譯本和牛津版的Barker譯本。其中，Barker譯本以評注詳盡聞世，Lord譯本以準確可靠著稱。筆者將以Lord譯本為主，標注頁碼出處，其他譯本不再注明。關於這四個英譯本，分別參見Aristotle, *The Politics*, tran. Carnes Lord, Chicago and London: The University of Chicago Press, 1984, p. 39. Aristotle, *Politics*, tran. C.D.C. Reeve, Indianapolis and Cambridge: Hackett, 1998. Aristotle, *The Politics*, tran. Benjamin Jowett,

而活著。第二，為什麼主人應該統治奴隸？主人統治奴隸的理由是，勞心者治人，勞力者治於人。在人類的內在生活中，靈魂統治身體。而在人類的外在生活中，主人統治奴隸。主人統治奴隸，正如靈魂統治身體。靈魂統治身體，是因為靈魂高級，而身體低級。同理，主人統治奴隸，也是因為主人高級，而奴隸低級。（1254a30-1254b35）奴隸之所以低級，是因為奴隸是勞力者，他們的生存意義只是為主人提供生活必需品。而主人之所以高級，是因為主人是勞心者，他們追求高貴的靈魂與卓越的思想。正如高級的靈魂應該統治低級的身體，勞心的主人也應該統治勞力的奴隸。（1255a5-35）[187]

　　據此，古今自由的第一個區別是，古代自由人有閒暇，而現代自由人卻沒有閒暇。古代自由人是勞心者，既有閒暇，又有美德。他們擁有屬於自己的時間去思考靈魂的問題，因為奴隸承擔了全部的體力勞動。在這個意義上，他們是身體的主人、欲望的主人與財富的主人。而現代自由人是勞力者，既沒有閒暇，也缺乏美德。他們沒有屬於自己的時間去思考靈魂的問題，因為他們

Cambridge: Cambridge University Press, 1988. Aristotle, *The Politics of Aristotle*, tran. Ernest Barker, Oxford: Oxford University Press, 1946.

[187] Aristotle, *The Politics*, pp. 36, 40-42. 柏拉圖亦有類似觀點，他在《理想國》中指出，靈魂分為兩個部分，即較好的部分與較壞的部分。（431a）較好的部分是靈魂中的理性部分，而較壞的部分是靈魂中的欲望部分。（439d）如果一個人的理性統治欲望，那麼這個人就是自己的主人。反之，如果一個人的欲望統治理性，那麼這個人就是自己的奴隸。（431a）Plato, *The Republic of Plato*, tran. Allan Bloom, New York: Basic Books, 1968, pp. 109, 119. 施特勞斯也認為，靈魂高於肉體，因此靈魂應該統治肉體。如果一個人過的是靈魂統治肉體的生活，那麼這個人的生活就是符合自然的生活——美好生活。Strauss, *Natural Right and History*, p. 127.

必須為了生計而努力工作，為了工作而休養生息。在這個意義上，他們是身體的奴隸、欲望的奴隸與財富的奴隸。

　　第二個區別是，古代自由的核心是美德，而現代自由的核心是自由（freedom）。[188] 古代自由是伯林所謂的積極自由，即靈魂統治身體，理性統治欲望。古代自由人必定追求美德，因為只有有美德的人才是真正的自由人。而現代自由是伯林所謂的消極自由，即免於政府的干預，享有平等的自然權利。現代自由人不必追求美德，因為只要他可以隨心所欲地做自己想做的事情，過自己想過的生活，那麼他就是自由人。[189]

　　綜合而言，古代自由人不一定是現代意義上的自由人，現代自由人也不一定是古代意義上的自由人。在古代自由人看來，現代自由人只知追求自由，不知追求美德，因此，他們个是真正的自由人。他們自由地工作，自由地生活，但卻被工作所累，被生活所縛。他們的時間不屬於自己，而屬於老闆；他們不是為自己而活，而是為老闆而活。他們是老闆的人力資本，是老闆的獲利工具。他們非但不是工作與生活的主人，反而是工作與生活的奴隸。工作與生活是欲望的部分，靈魂與思想才是理性的部分。所以，現代自由人實質上是欲望的奴隸。反之，在現代自由人看來，古代自由人只知追求美德，不知追求自由，因此，他們不是真正的自由人。正如貢斯當所指出的，古代自由人完全服從城邦

---

188 此處所言的跟美德對立的自由是現代自由，Strauss, *Liberalism Ancient and Modern*, pp. ix, 29. 布魯姆精闢地概括了施特勞斯的古今自由主義觀，他認為，古代自由主義關注的是人類的卓越，而現代自由主義關注的是普遍自由（universal freedom）。Bloom, "Foreword," p. v.

189 Isaiah Berlin, "Two Concepts of Liberty," in Henry Hardy（ed.）, *Liberty*, Oxford: Oxford University Press, 2002, pp. 166-217.

的權威，沒有任何自然權利可言。他們沒有言論自由，沒有出版自由，沒有宗教自由，「在某種意義上，個體被民族所淹沒，公民被城邦所吞沒」。因此，在私人領域，古代自由人是徹頭徹尾的奴隸。190

　　古代自由是內在自由（inner freedom），即靈魂自由、理性自由、積極自由；而現代自由是外在自由（external freedom），即身體自由、欲望自由、消極自由。在古代人的視野中，現代自由的本質是「外在自由與內在奴隸」，身體自由自在，而靈魂卻作繭自縛。他們可以隨心所欲地自由生活，但卻無法追求高貴的靈魂與卓越的思想。191 而在現代人的視野中，古代自由的本質是內在自由與外在奴隸，靈魂無拘無束，而身體卻身不由己。他們可以追求高貴的靈魂與卓越的思想，但卻無法隨心所欲地自由生活。192

　　古今自由之別蘊含著古今民主之異。古代民主（ancient democracy）指的是原初意義上的民主（the original conception of

---

190 Constant, "The Liberty of the Ancients Compared with That of the Moderns," pp. 311-312. 亦參Reeve所編術語表中的 "Free" 詞條，Reeve, "Glossary," p. 251.

191 施特勞斯認為，猶太人追求外在解放，遺忘祖先遺產的結果是「外在自由與內在奴隸」。而政治猶太復國主義卻可以重獲內在自由，恢復祖先遺產。因此，在施特勞斯的心目中，內在自由高於外在自由，古代自由優於現代自由。Strauss, *Jewish Philosophy and the Crisis of Modernity*, p. 414.

192 古今自由之別可以從亞里斯多德的文本中得到佐證。亞里斯多德在《形而上學》中認為，自由人最缺乏隨心所欲生活的自由，因為他的所有私人生活都已經被安排好了，他們只需要關注美德。而奴隸卻享有隨心所欲生活的自由，他們不需要關注美德。（1075a 20-25）這裡的自由人指的是古代自由人，而奴隸可以用來指稱現代自由人。關於亞里斯多德的觀點，see Aristotle, *Metaphysics*, tran. Hugh Lawson-Tancred, New York: Penguin Books, 1998, p. 386.

democracy），而現代民主（modern democracy）指的是當今意義
上的民主（democracy as it is）。[193]同樣，施特勞斯沒有明確提出這
兩個概念，但是，其文本中卻隱含著這樣的區分。在施特勞斯的
論文與著作中，現代民主通常都被表述為「自由民主」（liberal
democracy）。自由民主的表述暗示，自由是現代民主的原則，而
大眾統治是現代民主的本質。與之相反，古代民主的原則是美
德，其本質是紳士統治。

　　在施特勞斯的思想中，古代民主同樣隱含著三大核心特徵。
這三大特徵也不是施特勞斯本人的明確論述，而是其文本中隱含
的重要內容。第一，古代民主的原則是美德。施特勞斯認為，
「在原初的意義上，民主被視為其原則是美德的政府形式，」因
此，「民主是其生死存亡取決於美德的政體」。[194]而在古典政治哲
學的視域中，美德即知識，所以，有美德的人，也是有智慧的
人。如果一個人既有美德，又有智慧，那麼他一定是一個有理性
的人。如此，古代民主社會是美德社會、智慧社會與理性社會
（*the* rational society）。在這樣的社會中，有美德、有智慧、有理
性的人就是施特勞斯所謂的紳士。

　　第二，古代民主文化是紳士文化。古希臘城邦的基本構成是
奴隸、平民、紳士與哲學家。奴隸為了主人而出賣勞動力，因此
只有身體的勞作，沒有靈魂的思索。而平民為了自己而奔波勞
碌，所以沒有閒暇思考靈魂的問題。如此，奴隸與平民都沒有真
正意義上的文化。真正的文化只能產生於紳士與哲學家之間。然

---

193 Strauss, *Liberalism Ancient and Modern*, pp. 4-5.

194 兩處引文分別參見ibid., pp. 264, 4. 相關論述亦參 Strauss, "The Crisis of Our
　　Time," p. 48.

而，由於政治與哲學的衝突，哲學家在城邦處於邊緣的地位，所以他們只能採取隱微書寫的方式教育潛在的哲學家，以顯白書寫的方式迎合庸俗的大眾。[195] 這樣，社會中的主流文化就不是哲學，而是紳士文化。正是如此，紳士是城邦的最佳代表。[196]

第三，古代民主的本質是紳士統治（rule of gentlemen），而古代民主制實質上是普遍貴族制（universal aristocracy）。民主的本義是人民的統治（rule of people），而在施特勞斯的古代民主概念中，「民主是一種所有成年人或多數成年人都是有美德的人的政體」，所以，古代民主的本質是有美德的人的統治（rule of the virtuous），即紳士統治。貴族制的本義是最優秀者的統治，而在城邦中，最優秀者是哲學家。因此貴族制指的是哲學家統治。但是，由於哲學家統治難以實現，所以在實際中貴族制指的是紳士統治。[197] 如此，古代民主制實質上是貴族制。然而，古代民主制與一般意義上的貴族制並不相同。貴族制是少數有美德的人的統治，而在施特勞斯的思想中，民主制是多數有美德的人的統治。因此，古代民主制不是一般意義上的貴族制，而是特殊意義上的貴族制——普遍貴族制。準確而言，古代民主制是一般意義上的貴族制的升級版，是少數紳士統治擴大為多數紳士統治的普遍貴族制。[198] 而在施特勞斯看來，貴族制是最佳政體。所以，古代民

---

195 Strauss, *Persecution and the Art of Writing*. 關於隱微書寫與顯白書寫的討論，可以參考陳建洪，〈論施特勞斯的政治哲學及其隱微論〉，載《求是學刊》2008年第6期，頁41-44。

196 Strauss, *Liberalism Ancient and Modern*, p. 14.

197 Strauss, *Natural Right and History*, pp. 140-143. Strauss, *The Rebirth of Classical Political Rationalism*, p. 55.

198 本段相關內容，see Strauss, *Liberalism Ancient and Modern*, p. 4. 關於民主制與貴族制的本義，參 Lord 所編術語表中的相關詞條，Lord, "Glossary," pp. 273-275.

主制亦是最佳政體。[199]

　　與之相應，現代民主亦可概括為三大特徵。第一，現代民主的原則不是美德，而是自由（freedom）。美德是紳士的品質，自由是大眾的品質。紳士的自由是以靈魂與理性為核心的內在自由，而大眾的自由是以身體與欲望為中心的外在自由。大眾只有低級趣味，沒有高級趣味。在私人領域，他們沉浸於欲望的滿足與感官的享受。在公共領域，他們漠視高貴的公共精神與公民美德。而大眾是現代民主社會的中堅，「因此，民主的原則不是美德，而是自由（freedom），即每個公民都按照他喜歡的方式生活的權利。」大眾隨心所欲生活的權利意味著，大眾只是獲得了淺薄的身體自由，卻遺忘了高貴的靈魂自由。紳士讚美美德，是因為美德本身是可貴的；而大眾欣賞美德，只是因為「美德是獲取財富與榮譽的手段」。在大眾的眼中，美德只具有工具性價值，真正具有目的性價值的是自由。[200]

　　第二，現代民主文化不是紳士文化，而是大眾文化（mass culture）。在現代民主社會中，大眾不再閱讀西方文化傳統中的經典作品，不再聆聽偉大思想家的諄諄教誨。他們的閱讀興趣主要集中於體育新聞、娛樂報導與八卦消息。因此，現代民主社會的主流文化是以娛樂消遣為主的大眾文化，而不是以培養美德為目標的紳士文化。大眾文化實際上是以低級趣味統治高級趣味的文化。施特勞斯認為，閱讀與欣賞大眾文化，只需要「最卑微的能力」，不需要「思想與道德的努力」。也就是說，大眾不必像紳

---

199 Strauss, *The Rebirth of Classical Political Rationalism*, p. 55. Strauss, *Liberalism Ancient and Modern*, p. 11. Strauss, *Natural Right and History*, p. 140.

200 Strauss, *Liberalism Ancient and Modern*, p. 12.

士那樣閱讀經典與陶冶情操，他們只要具備最基本的語言能力即可。因此，大眾文化的盛行取決於大眾識字率的增加，而大眾識字率的增加取決於大眾教育（mass education）。在這個意義上，「現代民主的生死存亡取決於識字率（literacy）」。[201]

　　第三，現代民主的本質不是紳士統治，而是大眾統治（mass rule）。在現代民主社會中，大眾是多數，紳士是少數。表面上看來，紳士依舊是統治者，因為現代代議制民主的運作邏輯是，大眾選舉紳士成為其代理人，從而讓紳士代替大眾管理國家。而實際上，紳士不是真正的統治者，因為紳士必須對大眾負責，而不是對自己負責。他們代表的不是紳士本身的利益，而是大眾的利益。因此，紳士只是名義上的統治者，而不是實際上的統治者。紳士統治著，卻不是統治者。大眾假借紳士之手統治國家，所以紳士統治只是大眾統治的工具。緣此，現代民主的本質不是少數紳士的統治，而是多數大眾的統治。[202]

　　正如古今自由截然相反，古今民主也針鋒相對。古代民主的原則是美德，而現代民主的原則是自由。古代民主文化是紳士文化，而現代民主文化是大眾文化。古代民主政治是紳士統治，而現代民主政治是大眾統治。在現代民主的視野中，古代民主純屬幻覺；而在古代民主的視野中，現代民主實在庸俗。古代民主否定現代民主的理由是，「人類生活的目標……不是自由，而是美德。自由作為一個目標是模稜兩可的，因為自由既可以為善，也可以作惡。」[203]

---

[201] Ibid., pp. 4-5. Strauss, *What Is Political Philosophy? And Other Studies*, pp. 37-38.

[202] Strauss, *Liberalism Ancient and Modern*, pp. 5, 12.

[203] Strauss, *What Is Political Philosophy? And Other Studies*, p. 36.

　　一言以蔽之，古今自由主義的根本區別是，古代自由主義的本質是美德，而現代自由主義的本質是自由。1957年2月4日，施特勞斯在一封高度機密的私人書信中言道，他正計劃召集門生申請「共和國基金會」（The Fund for the Repulic）的資助，著手研究這個時代的根本問題──「自由與美德」問題。然而，該基金會所關注的焦點卻是自由問題，而不是美德問題。因此，施特勞斯在信中指出，「為了避免腦子一根筋的自由至上主義者（the single-minded libertarians）可能會犯下的錯誤，我們有必要給予該基金會某些指導，讓他們適當考慮如下事實：自由或『權利』只是政治問題的一根支柱，另一根支柱則是諸如『國家利益』、『公共善』、『人類的偉大』、『社會的格調與層次』、『美德』之類的事物。」[204] 易言之，自由與美德是政治問題的兩根支柱，而現代自由主義的大問題是，它只管自由，卻不顧美德。[205] 古代自由主義的核心概念是 "liberty"，"liberty" 的含義有兩層：一是自由（freedom），二是美德（liberality）。而且，美德是根本，只有具有美德的人（liberal men），才是真正的自由人（free men）。在一定意義上，自由與美德是一個硬幣的兩面，兩者合二為一。然而，現代自由主義的核心概念是 "freedom"，*"freedom"* 只有自由的含義，卻喪失了美德的內核。自由人未必是有美德的人，有美德的人也未必是自由人。自由與美德截然分離了，兩者各不相干。正是如此，在施特勞斯的政治哲學中，古代自由主義是真正

204　該信現藏於芝加哥大學圖書館特藏部施特勞斯文稿檔案中，see Leo Strauss, "Letter to Berns, Cropsey, Diamond, Horwitz, Jaffa, Kennington, Storing, Weinstein and Zetterbaum（Feb. 4, 1957），" Leo Strauss Papers, Box 18, Folder 10, Department of Special Collections, University of Chicago Library, Feb. 4, 1957.

205　Strauss, *Liberalism Ancient and Modern*, p. 64.

的自由主義，而現代自由主義是扭曲的自由主義。

　　如果現代自由主義走向墮落，是因為現代自由主義遺忘了美德。那麼，現代自由主義是如何遺忘美德的呢？在施特勞斯看來，現代自由主義的美德遺忘症根源於相對主義。[206]相對主義認為，美德不是普遍永恆的，也不是放之四海而皆準的，它相對於具體的歷史、地域、文化及個體等語境而言。不同時代有不同時代的美德，不同文化有不同文化的美德，不同個體也有不同個體的美德。倘若如是，政府就應該在美德問題上保持價值中立，把美德問題留給私人來決斷。[207]這樣，美德問題就無聲無息地從公

---

206 胡全威認為，在施特勞斯的視野中，自由主義導致了道德的墮落。自由主義導致道德墮落主要源於四個因素：第一，價值中立；第二，自由教育與宗教教育的缺乏；第三，公私領域的劃分；第四，不受控制的技術發展。確實，這四個因素都有可能導致道德墮落。但是，胡全威所討論的主題是，在施特勞斯的思想中，自由主義導致道德墮落。而他並沒有根據施特勞斯的文本，充分論證這四個因素跟自由主義的內在關聯。他僅僅指出了第三個因素跟自由主義的關聯，但卻沒有交代清楚其他三個因素跟自由主義之間的關係。實際上，只有首先論證自由主義導致了這四個因素，然後證明這四個因素導致了道德墮落，才能證明自由主義導致了道德墮落。而胡全威的討論主要局限於第二部分，但卻忽略了第一部分。本書認為，在施特勞斯的政治哲學中，自由主義遺忘美德的根源是相對主義。相對主義包括實證主義所主張的價值中立，但又不限於價值中立，它還包括歷史主義。而自由教育的缺乏與公私領域的劃分，本質上源於自由主義接納相對主義。然而，儘管不受控制的技術發展在一定程度上引發了道德墮落，但是，道德墮落是不受控制的技術發展造成的，而不是自由主義造成的。在這個意義上，本書同意胡全威所概括的前三個因素，但卻反對第四個因素。關於胡全威的觀點，參胡全威，《史特勞斯》，頁182-188。

207 古代城邦的目的是幸福，但是在現代社會，幸福是主觀的。儘管幸福是主觀的，幸福的條件卻是客觀的。幸福的條件是生命、自由與追求幸福的權利，即自然權利。因此，政府的任務不是把某種幸福強加給個體，而是保障個體

共領域中煙消雲散了！

　　現代自由主義的美德遺忘症直接體現在現代教育之中。現代教育是普及教育（universal education），其目的是普遍自由（universal freedom），其途徑是大眾啟蒙（universal enlightenment or mass enlightenment）。普及教育的理論基礎是現代政治哲學，它建立在如下假設基礎之上，即人人生而自然平等，人人享有平等的自然權利。哲學家與非哲學家是平等的，紳士與大眾也是平等的。因此，人人都有接受教育的平等權利。教育的首要目標是識字率，而不是美德。美德只具有工具性價值，而不再具有目的性價值。但是，現代教育遺忘美德的隱患是人性的喪失。

　　而古代教育是自由教育（liberal education），它針對的不是多數大眾，而是少數紳士。其目標也不是大眾的自由，而是紳士的美德。自由教育的理論基礎是古典政治哲學，其核心預設是，人人天生自然不平等（by nature unequal）。有些人天生富裕，有些人天生貧窮；有些人天生聰明，有些人天生愚蠢；有些人天生高貴，有些人天生低賤。因此，並非所有人都能成為有美德的人。在古代社會，由於經濟匱乏，只有少數有閒暇的富人才能接受教育。少數有閒暇的富人就是潛在的紳士，而教育的目的就是讓他們成為真正的紳士。如此，古代教育不可能是針對多數大眾的普及教育，而是面向少數紳士的自由教育。[208]

　　因此，現代自由主義的出路是回歸古代自由主義：從普及教

的自然權利。Strauss, "The Crisis of Political Philosophy," pp. 95-96.

208 Strauss, *Liberalism Ancient and Modern*, pp. 19-21. Strauss, *Natural Right and History*, pp. 134-135. Strauss, *What Is Political Philosophy? And Other Studies*, pp. 36-38. Strauss, "The Crisis of Political Philosophy," p. 94.

育轉向自由教育，從普遍自由轉向古典美德。那麼，何謂自由教育？第一，自由教育是文化教育。在原初的意義上，文化有兩層含義。文化首先意味著農業（agriculture），即培育土壤（cultivation of the soil）。然後，文化意味著培育心智（cultivation of the mind）。正如土壤需要耕種者，心智也需要教師。問題的關鍵是，如何挑選教師？施特勞斯認為，我們應當挑選最偉大的教師，即最偉大的思想家（the greatest minds）。然而，大師可遇不可求，並非人人有幸相逢。如此，我們唯一的選擇是閱讀大師的經典（the great books）。只有通過閱讀大師的經典，我們才能進入大師的思想。因此，自由教育的本質是閱讀經典。[209]

其次，自由教育是美德教育。根據柏拉圖的教誨，「最高意義上的教育是哲學。而哲學是追求智慧抑或追求知識。」哲學所追求的知識不是一般的知識，而是最重要的知識，而最重要的知識是美德。並且，美德是人類的最高目的。因此，自由教育實際上是美德教育。用施特勞斯的話來說，「自由教育即塑造完美紳士的教育，亦即培養人類卓越性的教育，它在於提醒我們自身記得人類的卓越，也就是人類的偉大。」如此，自由教育就是培養哲學家。但是，施特勞斯指出，對於人類而言，智慧是遙不可及的，因此，我們不可能成為哲學家。儘管「我們不可能成為哲學家，但是我們可以熱愛哲學；我們可以嘗試哲學思考」。哲學思考意味著「傾聽偉大哲學家之間的對話」，亦即研讀偉大經典，聆聽大師教誨。在這個意義上，自由教育在於閱讀經典。[210]

---

209 Strauss, *Liberalism Ancient and Modern*, p. 3. Strauss, "The Crisis of Our Time," p. 48.

210 Strauss, *Liberalism Ancient and Modern*, pp. 6-7. Strauss, "The Crisis of Political Philosophy," p. 101.

　　最後，自由教育是紳士教育，其目的是塑造完美紳士。施特勞斯認為，只有通過自由教育，一個人才能成為真正的紳士。紳士只關注最重要的事務，即「靈魂的良好秩序與城邦的良好秩序」。紳士關注靈魂的良好秩序，意味著紳士關注哲學。而紳士關注城邦的良好秩序，意味著紳士關注政治。在這個意義上，紳士關注的事務只有兩樣，即政治與哲學。如此，一個人要成為紳士，必須關注政治與哲學。而要關注政治與哲學，必須具有高尚的品格與高貴的品味。高尚的品格使之探索美好的政治秩序問題，而高貴的品味使之思索艱深的哲學真理問題。因此，「潛在紳士的教育⋯⋯首先在於性格的形成與品味的養成」。[211]

　　要而言之，自由教育的對象是潛在紳士，目標是培養美德，途徑是閱讀經典。正是如此，自由教育可以診治現代自由主義的弊病。現代自由主義的病根是遺忘美德，病症是大眾文化。正是因為遺忘了高貴的美德，大眾文化才甚囂塵上。施特勞斯援引韋伯的名言道，大眾文化的悲劇性結果是「專家沒有靈魂，縱欲者沒有心肝」。[212]大眾文化在現代社會大行其道，以至於施特勞斯如此感慨：現代民主與其說是大眾統治，不如說是大眾文化的統治。而在施特勞斯的思想中，自由教育恰恰是大眾文化的解毒劑，美德遺忘症的良藥。自由教育猶如一把梯子，它使我們能夠從現代自由的底端爬上古代自由的頂端，從現代民主的深淵重返古代民主的地基。[213]在現代自由主義社會中，自由的泡沫裏仕了

211　Strauss, *Liberalism Ancient and Modern*, pp. 10-11, 13.

212　Max Weber, *The Protestant Ethic and the Spirit of Capitalism*, tran. Talcott Parsons, London and New York: Routledge, 2001, p. 124.

213　Strauss, *Liberalism Ancient and Modern*, p. 5.

美德的身軀。因此，自由教育的意圖是，在自由的泡沫中戳破一個缺口，讓美德的身軀重見光明。美德之光是跟洞穴相對的陽光，而不是人造的燈光。正是如此，真正的自由教育追尋的是陽光，而不是燈光；是美德，而不是自由。[214]

綜合而言，施特勞斯的古代自由主義分為兩個方面。第一方面是其理論基礎，即絕對主義。具體而言，這種絕對主義指的是古典政治哲學中的自然主義。第二方面是其核心內涵，即古代自由觀與古代民主觀。無論是古代自由觀，還是古代民主觀，兩者的核心都是美德。因此，古今自由主義的根本區別是，古代自由主義以絕對主義為基礎，而現代自由主義以相對主義為基礎；古代自由主義以美德為核心，而現代自由主義以自由為核心。

然而，現代自由主義卻處於內憂外患的夾縫之中。其內部危險是，相對主義摧毀了自然權利；其外部威脅是，相對主義滋生了極權主義。因此，現代自由主義危機根源於相對主義。在施特勞斯看來，相對主義拒斥了自然正當（natural right），也就等於否定了自然權利（natural rights）。自然正當與自然權利本是同根生，兩者的生死存亡均取決於古代自然主義。這樣，要解救自然權利，現代自由主義必須回歸古典政治哲學，重新發現古代自然主義中的絕對主義。相對主義同時也否定了價值判斷的可能性。如果價值判斷不可能，那麼美德也就不可能。而美德不可能意味著，我們無法判斷自由主義與極權主義的優劣。因此，要拒斥極權主義，現代自由主義必須回歸古典政治哲學，重新發現古代自然主義中的美德。

一言以蔽之，現代自由主義的出路是回歸古代自由主義，而

---

214 Ibid., p. 25.

回歸古代自由主義的關鍵是回歸古典政治哲學。因為在古典政治哲學的自然主義中，古代自由主義的絕對主義可以矯正現代自由主義的相對主義，而古代自由主義的美德可以調和現代自由主義的自由。緣此，施特勞斯的善意警告是，現代自由主義應該從相對主義轉向絕對主義，從自由轉向美德。[215]這或許就是施特勞斯通過自由主義批判，向所有自由主義者敲響的時代警鐘。

　　但是，回歸古典政治哲學並不意味著古典政治哲學中隱含著救治現代政治哲學的配方。同理，回歸古代自由主義也不意味著古代自由主義中蘊藏著救治現代自由主義的藥方。古代社會與現代社會截然不同，所以我們根本無法把古代自由主義理念應用於現代社會。然而，這並不是說古代自由主義對我們毫無用處。儘管回歸古代自由主義不是救治現代自由主義的藥方，但卻是診治

---

215 在〈相對主義〉中，施特勞斯認為，以伯林為代表的現代自由主義之所以發生危機，是因為現代自由主義拋棄了絕對主義基礎，從而徹底轉向相對主義。從中可以看出，在施特勞斯的思想中，絕對主義是自由主義的基礎。並且，現代自由主義要擺脫危機，應該從相對主義基礎回歸絕對主義基礎。請特別參見 Strauss, *The Rebirth of Classical Political Rationalism*, p. 17. 另外，施特勞斯指出，哲學意味著追求永恆的秩序，而這假設永恆不變的秩序是存在的，而這個永恆不變的秩序不受歷史的影響或干擾。換言之（in other words），這假定自由的領域內在於「必然性領域」（realm of necessity），並且自由的領域依賴（dependent province）於「必然性領域」。根據「換言之」的表述，我們可以推斷，第二個假定是對第一個假定的解釋說明。因此，「必然性領域」指的是第一個假定中不被歷史影響或干擾的永恆不變的領域。基於此，自由領域依賴於（depends on or is based on）永恆不變的領域，抑或自由領域以永恆不變的領域為基礎。而永恆不變正是絕對主義的核心特徵，所以，絕對主義是自由主義的基礎。關於這方面的論述，see Strauss, *Jewish Philosophy and the Crisis of Modernity*, pp. 471-472. 關於自由主義應該關注美德的討論，see Strauss, *Liberalism Ancient and Modern*, pp. v-xi, 3-64.

現代自由主義的起點。[216] 在古代自由主義的鏡子中，現代自由主義得以觀察其自身的癥結所在，從而促使其在現代社會中配製適應現代社會的治病良方。因此，古代自由主義，不是現代自由主義的藥方，但卻是現代自由主義的藥引。

在這個意義上，儘管施特勞斯是現代自由主義的批判者，但卻是古代自由主義的朋友。他的自由主義批判，不是為了埋葬自由主義，而是為了拯救自由主義。[217] 施特勞斯曾言，即便偉大的思想家是民主的批判者，甚至是民主的敵人，我們也應該悉心聆聽他們的教誨。[218] 如果施特勞斯真是二十世紀當之無愧的偉大思想家，那麼，我們似乎也應該洗耳恭聽他作為著名自由主義批判者的聲音。

---

216 Strauss, *The City and Man*, p. 11. Strauss, "The Crisis of Our Time," p. 54.

217 在一封臭名昭著的書信中，施特勞斯的立場似乎是支持法西斯主義，反對自由主義。施特勞斯認為，儘管新右翼納粹德國不寬容猶太人，然而我們不能因此而反對右翼的原則（the principles of the right）（所謂右翼的原則，指的是「法西斯主義、權威主義與帝國主義原則」）。相反，只有通過右翼的原則，我們才能反抗可鄙之物。在施特勞斯看來，自由主義所謂的自然權利對於我們反抗可鄙之物來說是無濟於事的。正是這樣，只要羅馬的思想仍然在世界的某個角落閃閃發光，我們就沒有理由爬向十字架，也沒有理由爬向自由主義的十字架（the cross of liberalism）。基於本章的觀點，一種相對站得住腳的解釋可能是，施特勞斯支持的不是法西斯主義，而是法西斯主義的基本原則；施特勞斯反對的不是自由主義，而是現代自由主義的基本原則。法西斯主義的基本原則是一種絕對主義原則，而現代自由主義的基本原則是一種相對主義原則。因此，從根本上而言，施特勞斯的立場是，反對相對主義，主張絕對主義。正是這樣，現代自由主義應該拋棄相對主義，走向絕對主義。如果現代自由主義採取了古典政治哲學的絕對主義立場，那麼，施特勞斯或許會視之為一種出路。Leo Strauss, "Letter to Karl Löwith（May 19, 1933）," *Constellations*, Vol. 16, No. 1, 2009, p. 82.

218 Strauss, "Existentialism," p. 307.

結語

　　本章旨在討論施特勞斯的極權主義理論，施特勞斯的極權主義理論亦分為兩個部分。第一部分是其極權主義觀念，即相對主義是極權主義的淵源。第二部分是其反極權主義觀念，即絕對主義是極權主義的出路。正是因為施特勞斯的極權主義理論的邏輯起點是相對主義，所以，本章嘗試把施特勞斯的極權主義理論命名為「相對主義極權主義理論」（relativistic totalitarianism）。

　　根據施特勞斯的極權主義觀念，現代自由主義的理論基礎是相對主義，而相對主義是極權主義的淵源，因此，現代自由主義是自由主義危機的標誌。現代自由主義的內憂外患是：一方面，現代自由主義的相對主義摧毀了其理論基礎——自然權利理論；另一方面，現代自由主義的相對主義滋養了極權主義——德國納粹主義。具體而言，現代自由主義的理論基礎是相對主義，相對主義的結果是縱容性虛無主義，縱容性虛無主義助長了毀滅性虛無主義，而毀滅性虛無主義是德國納粹主義意識形態的思想根源。因此，現代自由主義的相對主義在實踐中養育了德國納粹主義。正是如此，相對主義是極權主義的實踐源泉。

　　而根據施特勞斯的反極權主義觀念，古代自由主義的理論基礎是絕對主義，絕對主義根源於古典政治哲學中的自然主義。因此，古代自由主義的絕對主義可以矯正現代自由主義的相對主義。而且，現代自由主義接納相對主義的另一個結果是，選擇了自由，卻遺忘了美德。而古代自由主義的核心正是美德，因此，古代自由主義的美德可以救治現代自由主義的美德遺忘症。正是如此，現代自由主義危機的出路是回歸古代自由主義。如果現代自由主義的相對主義是極權主義的淵源，那麼，古代自由主義的絕對主義就是反抗極權主義的開端。在這個意義上，絕對主義是反抗極權主義的思想資源。

　　一言以蔽之，施特勞斯的相對主義極權主義理論，在理論上是相對主義與絕對主義的對立，而在實踐中是現代自由主義與古代自由主義的對立。

第三章

兩種極權主義理論
伯林與施特勞斯的思想紛爭

Berlin's statement seems to me to be a characteristic document
of the crisis of liberalism.[1]

——Leo Strauss

Strauss's reason detects absolute values.[2]

——Isaiah Berlin

　　伯林有言，整個十九世紀政治哲學都在解釋法國大革命所犯下的錯誤。[3]與此類似，整個二十世紀政治哲學都在診斷極權主義的病症。在這個意義上，極權主義問題是二十世紀政治哲學的核心問題。在伯林看來，二十世紀是人類有史以來最糟糕的世紀。為了虛無縹緲且遙不可及的烏托邦理想，人類不惜自相殘殺，互相毀滅，最終釀成了極權主義的人間悲劇。人類歷史中種種駭人聽聞的大屠殺，跟二十世紀的極權主義比起來，簡直是小巫見大巫。伯林哀歎道，二十世紀的極權主義悲劇，根本「不是自然災害，而是可以預防的人類罪惡」！[4]

　　西方政治哲學界的共識是，蘇聯共產主義與德國納粹主義是二十世紀極權主義的兩個典型案例。伯林是流亡英國的俄裔猶太人，而施特勞斯是流亡美國的德裔猶太人。因此，兩位政治哲學家都對二十世紀的極權主義問題有著切身的體驗與痛徹的反思：伯林認為蘇聯共產主義是一元主義的結果，[5]而施特勞斯卻指出德

---

[1]　Strauss, *The Rebirth of Classical Political Rationalism*.

[2]　Berlin and Jahanbegloo, *Conversations with Isaiah Berlin*, p. 109.

[3]　Ibid., p. 144.

[4]　Berlin, "A Message to the 21st Century."

[5]　Berlin, *The Crooked Timber of Humanity*, pp. 1-19.

國納粹主義是相對主義的結果。[6]

　　根據前兩章的論述，伯林與施特勞斯的極權主義診斷可以剝離出兩種極權主義理論。第一種是伯林的一元主義極權主義理論，即一元主義是極權主義的根源，而多元主義是極權主義的藥方。第二種是施特勞斯的相對主義極權主義理論，即相對主義是極權主義的淵源，而絕對主義是極權主義的藥引。

　　本章要討論的是伯林與施特勞斯的思想爭論。根據施特勞斯的觀點，伯林的多元主義實際上是相對主義，而相對主義是極權主義的源泉，因此，多元主義同樣是極權主義的來源。相反，根據伯林的觀點，施特勞斯的絕對主義實際上是一元主義，而一元主義是極權主義的根源，因此，絕對主義同樣是極權主義的來源。如果伯林與施特勞斯的互相批評都是正確的，那麼，兩種極權主義理論將陷入雙重困境：一元主義極權主義理論的困境是，一元主義與多元主義都是極權主義的根源；而相對主義極權主義理論的困境是，相對主義與絕對主義都是極權主義的淵源。正是如此，一元主義與多元主義，相對主義與絕對主義，都有可能不知不覺地邁向極權主義的深淵。

第一節　施特勞斯的伯林批判

　　1961 年，施特勞斯發表〈相對主義〉一文，[7]非常有力地批判了伯林的〈兩種自由概念〉。在施特勞斯的眼中，伯林的自由主義是自由主義危機的典型代表。他的自由主義非但無法復興自由

6　Strauss, "The Three Waves of Modernity," p. 98.

7　Strauss, "Relativism," pp. 135-157.

主義，反而會埋葬自由主義。伯林的自由主義之所以會觸發自由主義危機，是因為他的自由主義投入了相對主義的環抱。施特勞斯認為，自由主義的理論根基是絕對主義，不是相對主義。自由主義拋棄絕對主義，走向相對主義的歷史悲劇是納粹主義暴政。倘若如此，相對主義的環抱，不但無法溫暖自由主義的冰冷身軀，反而會窒息自由主義的殘喘氣息。

　　施特勞斯之所以認為伯林的自由主義奠基於相對主義的基礎之上，是因為他把伯林的多元主義等同於相對主義。在〈兩種自由概念〉中，伯林認為多元主義是自由主義的基礎。伯林言道：「我們在日常經驗中所遭遇的世界是這樣一個世界，在其中，我們面臨著同等終極的目的之間的選擇，同等絕對的主張之間的選擇，實現某些選擇必定會不可避免地犧牲其他選擇。的確，正是因為這是人類的處境，所以人類才如此看重自由選擇。」他還指出：「正如我所相信的，如果人類的目的有許多個，而且，並非所有目的在原則上都可以互相兼容，那麼，衝突與悲劇的可能性就無法從人類生活中完全消除，不管是個人生活，還是社會生活。這樣，在絕對主張之間進行選擇的必要性就是人類處境的必然特徵。而這就使自由具有了價值……」[8]然而，施特勞斯卻把多元主義與相對主義混為一談了。〈相對主義〉中沒有出現「多元主義」這個術語，是因為施特勞斯把凡是屬於多元主義的論述都

8　Berlin, *Liberty*, pp. 213-214.伯林晚年改變了這個看法，他認為自由主義與多元主義沒有邏輯關聯，而只有心理上的關聯或事實上的關聯。由於施特勞斯的矛頭指向的是伯林的〈兩種自由概念〉，而不是他的所有文本，所以此處僅限於討論〈兩種自由概念〉中的觀點。伯林晚年的看法，see Berlin and Jahanbegloo, *Conversations with Isaiah Berlin*, p. 44. Berlin and Polanowska-Sygulska, *Unfinished Dialogue*, pp. 79-93.

歸結為相對主義了。這樣，根據伯林的觀點，多元主義是自由主義的基礎，而根據施特勞斯的觀點，多元主義是相對主義，因此，在施特勞斯的視域中，相對主義是伯林自由主義的理論基礎。倘若如是，伯林的自由主義無異於自掘墳墓。

施特勞斯的伯林批判並非無源之水，實際上其來有自。早在1940年代-1950年代，甚至更早，施特勞斯就已經形成了相對主義批判的基本思想。尤其是，他在韋伯的多元主義中發現了相對主義的苗頭。而韋伯的多元主義與伯林的多元主義如出一轍，兩者的許多論述甚至相差無幾。[9]在這樣的背景下，當施特勞斯讀到伯林的〈兩種自由概念〉，並且在其中覺察到了濃厚的多元主義氣息，他無疑立刻會想起韋伯的多元主義。這也難怪他把伯林的多元主義視為相對主義了。

因此，要理解施特勞斯的伯林批判，首先要理解施特勞斯的韋伯批判。而要理解施特勞斯的韋伯批判，首先要理解韋伯，尤其是韋伯的多元主義思想。韋伯的多元主義集中體現於他的經典演講〈學術作為一種志業〉中。

世界的祛魅（the disenchantment of the world），是韋伯多元主義思想的邏輯起點。而世界的祛魅本身則根源於現代性的兩個重要特徵——理智化（intellectualization）與理性化（rationalization）。韋伯認為，理智化與理性化並不意味著我們的知識增長了。例如關於人類的生存條件的知識，現代文明人並不比原始印第安人所知更多。現代文明人居住於城市中，他們的生存必需品都來源於

9　儘管伯林的多元主義與韋伯的多元主義高度相似，但是，伯林畢生似乎都沒有討論過韋伯的多元主義，也沒有說明自己的多元主義與韋伯的多元主義之間的關係。參錢永祥，《縱欲與虛無之上》，北京：生活・讀書・新知三聯書店，2002，頁115。

農民的供應。而印第安人居住於遙遠的原始部落中，他們靠自己的雙手來獲得生存必需品。因此，印第安人比現代文明人更加清楚人類的生存條件。關於電車如何運行的知識，我們只知道上下班去乘坐電車，但是，我們並不清楚電車運行的機械原理，除非我們是這個領域的專家。諸如此類的例子都告訴我們，理智化與理性化並沒有增加我們的知識。

那麼，理智化與理性化意味著什麼呢？韋伯指出，理智化與理性化意味著，只要我們想知道這些知識，那麼，我們隨時隨地都可以知道這些知識。如果我們要知道人類生存的基本條件，我們只要谷歌一下就一清二楚了。如果我們要知道電車運行的機械原理，我們只要去書店買一本相關的書就可以了。我們根本不需要去過印第安人那樣的原始生活才能明白人類生存的基本條件，我們也不需要成為機械師才能搞懂電車運行的基本原理。因此，「理智化與理性化的主要意思是，沒有什麼神秘莫測且難以預料（incalculable）的力量在起作用，相反，人們原則上可以通過計算（calculate）的方式來支配一切。而這意味著世界被祛魅了。人們不再需要像野蠻人那樣訴諸巫術來支配或祈禱神靈，對於野蠻人而言，這種神秘的力量是存在的。技術的方法與計算才能幫助我們。這就是理智化的首要含義。」[10] 也就是說，知識不再具有任何神秘性。從今往後，人類再也不用依靠上帝來解答俗世的困惑了，恰恰相反，人類本身就能夠輕而易舉地解答這些困惑。對於韋伯而言，理智化與理性化的結果是世界之祛魅。

世界之祛魅的核心內涵正是尼采的世紀預言——「上帝死

10　Max Weber, *From Max Weber*, trans. H. H. Gerth and C. Wright Mills, New York: Oxford University Press, 1946, p. 139.

了」。[11] 理性的力量取代了上帝的力量，計算的方法取代了巫術的方法。如果上帝活著，那麼上帝就是最高權威，就是唯一權威。上帝主宰萬物，上帝支配一切。倘若人世間的價值發生衝突，那麼，我們只要訴諸上帝這個最高權威就可以解決這個衝突。如果我們不知道什麼是美好的生活方式，什麼是理想的政治秩序，那麼，我們只要翻開《聖經》就可以找到答案。假如我們不清楚人生的真諦是什麼，我們只要去教堂聆聽牧師的教誨就可以了。總而言之，無論什麼問題，無論什麼困惑，無論什麼疑難，上帝都可以圓滿解決。按照伯林的方式來說，上帝在場的世界是一元主義世界。在其中，所有問題都有且只有一個正確答案，即上帝的答案。所有問題都可以解答，解答問題的方法是啟示。如果把所有問題的答案收集在一起，那麼這些答案將構成完美和諧的統一體。根據上帝啟示給人類的語錄，我們甚至可以對各種價值進行排序。而只要我們遵從上帝的旨意，那麼我們終將過上自由、平等、和平、正義的完美生活。因此，一元主義世界是沒有瑕疵的大同世界。

　　但是，如果上帝死了，那麼最高權威就消失了。這樣，我們就進入了諸神之爭的世界：「世界上的各種價值領域都處於無法調和的互相衝突之中。」正是如此，「我不知道人們希望如何在『學術上』確定法國文化與德國文化的價值。因為這裡也一樣，不同的諸神互相鬥爭，並且永遠處於鬥爭之中。」在法國文化與德國文化之間，我們根本無法確定孰優孰劣；在諸神之間，我們也不知該如何選擇。在韋伯的眼中，只有唯一的上帝才能告訴我

11　Nietzsche, *Thus Spoke Zarathustra*, tran. Adrian Del Caro, Cambridge: Cambridge University Press, 2006, pp. 5, 69.

們唯一權威的答案。但是，唯一的上帝（God）已經退位了，剩下的是不分高下的諸神（gods），抑或諸神的化身。「古老的諸神從墳墓中爬出來。諸神被祛魅了，因而化身為非人的力量。它們爭取權力，控制我們的生活，並且再度開啟了相互之間的永恆鬥爭。」法國文化代表一種神祇，而德國文化代表另一種神祇。在各自的文化領域中，各自的神祇都是最高權威。但是，在兩種文化之間，兩種神祇都不是終極權威，誰都無法壓倒對方。因此，上帝死了的世界就是諸神之爭的世界。在韋伯看來，人類的雙眼被上帝遮蔽了上千年，時至今日才真正意識到世界的真相是諸神之爭。[12]

實際上，諸神之爭的世界隱喻的是多元主義的世界。韋伯總結道：「我們時代的命運是理性化與理智化，並且首先是『世界之祛魅』。準確而言，最高貴的終極價值，要麼從公共生活退入神秘生活的超驗領域之中，要麼從公共生活退入直接私人關係的友愛之中。」具體而言，由於世界之祛魅，最高權威銷聲匿跡了，於是，人類的現實處境是「諸神之間的永恆鬥爭。抑或直白來說，終極意義上可能的生活態度之間是無法調和的，因而它們之間的鬥爭根本不可能終結。這樣，我們就有必要做出決定性的選擇」。[13]世界之祛魅的結果是諸神之爭，而諸神之爭意味著終極價值從此消逝了，各種價值之間互相衝突。因此，人類必須在互不兼容的價值之間做出個人選擇。韋伯的諸神之爭隱藏著伯林的多元主義影子，在伯林的視野中，「如果人類的目的有許多個，而且，並非所有目的在原則上都可以互相兼容，那麼，衝突與悲

12　Weber, *From Max Weber*, pp. 147-149, 152-153.

13　Ibid., pp. 152, 155.

劇的可能性就無法從人類生活中完全消除，不管是個人生活，還是社會生活。這樣，在絕對主張之間進行選擇的必要性就是人類處境的必然特徵。」[14]因此，韋伯的諸神之爭本質上就是伯林的多元主義。

　　1922年前，青年施特勞斯是韋伯的忠實粉絲。不難預料，他定然對韋伯的著作了如指掌。然而1922年遇見海德格爾之後，他被海德格爾的經典解讀法所深深折服，從此，他拋棄了韋伯，轉而成為海德格爾的仰慕者。[15]1949年，在其著名系列演講〈自然權利與歷史〉中，施特勞斯跟韋伯徹底決裂，他在其中專闢一講系統批判了韋伯的實證主義。其核心論點是，韋伯的實證主義最終摧毀了自由主義的理論基礎——自然權利。而在施特勞斯看來，實證主義是相對主義的一種類型。因此，韋伯的相對主義最終將埋葬自由主義。

　　施特勞斯在批判韋伯的實證主義之時，直接把韋伯的多元主義等同於實證主義，也就是等同於相對主義。韋伯多元主義思想的一個核心特徵是價值互不兼容，對此，施特勞斯概括道：「實際上，由於各種價值都互不兼容，肯定任意一種價值都必定意味著否定其他某種價值或某些價值。」也就是說，價值之間無法和睦相處，無法同時存在。因此，我們必須在各種價值之間做出非此即彼的抉擇：如果我們選擇了其中一個價值，就不能選擇另一個價值。而韋伯多元主義的另一個主要特徵是價值衝突，施特勞斯闡釋道：「韋伯否定人類具有任何關於真正價值系統的科學，

14　Berlin, *Liberty*, p. 214.

15　Strauss, "Existentialism," p. 304. Strauss, *Jewish Philosophy and the Crisis of Modernity*, p. 461.

無論是經驗科學，還是理性科學，他也否認人類具有任何關於真正價值系統的知識，不管是科學知識，還是哲學知識。真正的價值體系並不存在，存在的是各種各樣具有相同等級的價值。各種價值要求之間互相衝突，並且各種價值之間的衝突無法通過人類的理性來加以解決。社會科學或社會哲學只能澄清價值衝突及其所有後果；價值衝突要留給每個個體通過無關乎理性（non-rational）的自由決定來解決。」[16] 在施特勞斯的視野中，正是因為韋伯否定價值知識是真正的知識，所以各種價值之間互相平等，互相衝突。並且，價值衝突無法解決，永不停歇。然而，在施特勞斯批判韋伯的相應文本中，「多元主義」的蹤影無跡可尋。相反，他不假思索地把多元主義視為實證主義。因此，在施特勞斯看來，價值之間互不兼容與互相衝突，不是多元主義的主要特徵，而是相對主義的核心特徵。

正是如此，當施特勞斯閱讀伯林的〈兩種自由概念〉之時，他從伯林的多元主義思想中辨認出韋伯的相對主義影子。價值之間互不兼容與互相衝突，恰恰是伯林多元主義的兩個重要特徵。就此而言，伯林的多元主義與韋伯的多元主義近乎一對孿生兄弟，讓施特勞斯始終難以分別。施特勞斯從韋伯的多元主義中看到的不是多元主義，而是實證主義。同樣，他從伯林的多元主義中看到的也不是多元主義，而是實證主義。在〈相對主義〉中，只有「實證主義」與「相對主義」的字樣，而沒有「多元主義」的蹤跡。因此，施特勞斯的伯林批判與韋伯批判是一脈相承的，前者是後者的繼續與深化，而後者是前者的基礎與源泉。基於這樣的分析，我們不難理解為什麼施特勞斯把伯林的多元主義視為

16　Strauss, *Natural Right and History*, pp. 41-42, 64.

相對主義，而把相對主義視為伯林自由主義的理論基礎。

　　施特勞斯的〈相對主義〉與伯林的〈兩種自由概念〉針鋒相對。如果說〈相對主義〉指向的是「古典政治理性主義的重生」，那麼〈兩種自由概念〉指向的則是「古典政治理性主義的覆滅」，兩者的主旨恰恰背道而馳。[17]伯林在〈兩種自由概念〉的末篇非常尖銳地批判了西方思想史中盛行的一元主義思潮，而施特勞斯的古典政治理性主義實質上就是伯林眼中的一元主義。因此，伯林的核心目標是復興多元主義，埋葬古典政治理性主義。[18]施特勞斯則在〈相對主義〉中系統批判了當代政治哲學中彌漫的相對主義思潮，而伯林的多元主義本質上就是施特勞斯所謂的相對主義。所以，施特勞斯的主要意圖是批判相對主義，復興古典政治理性主義。

　　實際上，施特勞斯不僅從伯林的自由主義中看到了相對主義，也從他的自由主義中看到了絕對主義。施特勞斯的矛頭指向的正是伯林自由主義思想中的兩張面孔：第一張面孔是，伯林認為選擇自由以價值之間的相對有效性為前提；第二張面孔是，伯林同時主張消極自由是絕對有效的。這樣，伯林的自由主義就陷入了自相矛盾的困境：「『相對主義』……似乎需要某種『絕對主義』」。[19]

　　就第一張面孔而言，伯林認為經驗現實中的實際情形是，人

17　1989年，〈相對主義〉重新收錄於施特勞斯弟子托馬斯‧潘格爾所編輯的施特勞斯論文集《古典政治理性主義的重生》（*The Rebirth of Classical Political Rationalism*）中。該書的標題非常恰當地概括了〈相對主義〉的主旨。Strauss, "Relativism," pp. 13-26.

18　Berlin, *Liberty*, pp. 212-217.

19　Strauss, "Relativism," p. 15.

類的目的不止一個，而是有許多個，這些目的之間不是和諧相處的，而是互不兼容的，同時也是不可通約的。更甚的是，目的之間的互不兼容性與不可通約性隱含著的邏輯是價值衝突的不可避免性。[20] 根據施特勞斯的分析，經驗還暗含著另外一種邏輯，即「所有人類目的的平等」[21]。因為人類的經驗是紛繁蕪雜的，德意志民族有德意志民族的經驗，英格蘭民族有英格蘭民族的經驗，每種文化都有其自身的經驗，都有其自身關於人類目的的觀念。如果承認德意志民族的價值與目的，沒有道理不承認英格蘭民族的價值與目的，因為這些民族的價值與目的是不可通約的。這就意味著，如果承認經驗的前提，就等於承認所有人類價值與目的之間是平等的，也即它們都是平等的終極價值，都是平等的絕對價值。如果價值衝突是不可避免的，而價值之間又是平等的，那麼，在這些互相衝突的價值之間的選擇就是不可避免的。而且這種選擇只能交給個人自己來決定，因為無論選擇何種價值對個人來說都意味著無法挽回的損失。因此，個人應當有選擇自由。[22] 而如果承認人類目的之間是平等的，那麼人類目的之間就無法判斷孰優孰劣、孰好孰壞了。這樣，價值判斷就不可能了。而在施特勞斯看來，相對主義的核心特徵正是價值判斷的不可能性。[23] 因此，一旦承認價值與目的的平等性，就等於承認了相對主義。在這個意義上，選擇自由是以價值之間的相對有效性為前提的。

接著，施特勞斯又挖掘出伯林的另一張面孔。伯林在為消極

20　Berlin, *Liberty*, p. 214.

21　Strauss, "Relativism," p. 14.

22　Berlin, *Liberty*, pp. 213-214.

23　Strauss, "The Three Waves of Modernity," pp. 81-82.

自由辯護時，反覆宣稱要劃定一個神聖不可侵犯的最低限度的消極自由領域。劃定這個領域的規則可能是多種多樣的，不同的時代有不同的劃分方法。這個自由領域要麼被稱為自然權利，要麼被稱為上帝的意志……但是在伯林看來，最要緊的不在於如何劃定這個自由領域，而在於各方都承認這個領域是確切存在的。[24] 而在施特勞斯看來，問題的關鍵就在這裡，因為伯林所說的消極自由領域是不可侵犯且不可逾越的，並且，更為重要的是，這個最低限度的消極自由領域是「絕對的」（absolute）：「真正相信最低限度的個人自由的不可侵犯性，就蘊含著某種絕對的立場。」[25] 而這個不可侵犯的絕對領域就是消極自由的私人領域，因此，伯林的觀點是，消極自由是絕對有效的。

　　如果選擇自由以相對主義為前提，而消極自由又以絕對主義為前提，那麼，伯林的自由主義既要以相對主義為前提，又要以絕對主義為前提。因此，自由主義的自相矛盾是，相對主義需要某種絕對主義。但是，施特勞斯指出，自由主義的自相矛盾正是自由主義危機的症狀：「根據伯林所理解的自由主義，沒有一個絕對的基礎，自由主義無法生存；而擁有一個絕對的基礎，自由主義也無法生存。」[26] 自由主義之所以需要一個絕對的基礎，是因為只有擁有一個絕對的基礎，消極自由的絕對有效性才能有保障，私人領域的神聖不可侵犯性才有可能。反過來，自由主義又不能有一個絕對的基礎，因為一旦擁有一個絕對的基礎，消極自由的絕對有效性就會大打折扣，私人領域的神聖不可侵犯性就無

24　Berlin, *Liberty*, p. 210.

25　Ibid.

26　Strauss, "Relativism," p. 16.

法保證。何以如此呢？根據伯林的觀點，消極自由與積極自由都是絕對價值，但是這兩種絕對價值互不兼容，無法調和。這樣，如果滿足了一種絕對價值，就無法滿足另一種絕對價值。而更加關鍵的是，消極自由與積極自由都是同等有效的。如此，兩者都具有同等的權利來主張各自的價值。在這個意義上，如果我們滿足了積極自由，那麼我們就無法滿足消極自由。既然兩者都是平等的，那麼，我們就可以借用積極自由的名義來剝奪消極自由。這樣，神聖不可侵犯的消極自由領域就被積極自由神聖地侵犯了。因此，伯林的自由主義面臨著一個難以掙脫的兩難困境。

　　而在施特勞斯看來，糟糕的不僅僅是伯林的自相矛盾，更在於伯林所宣稱的絕對基礎本身沒有基礎：

　　　　尋求私人領域的神聖性需要一個基礎，一個「絕對的」基礎，但是這種基礎自身卻沒有基礎；任何古老的基礎，任何「這類絕對的立場」，當它們參照的是我自己的主觀意志或者我所處的社會的意志，都是沒有基礎的。[27]

　　如果伯林既主張相對主義，又主張絕對主義，那麼相對主義必定會摧毀絕對主義的基礎。因為在一個相對主義時代，沒有什麼絕對的基礎，所有的基礎都是相對於特定個體的主觀意志與特定社會的公共意志而言的。不同的個體有不同的意志，不同的社會有不同的意志。這樣，絕對的基礎只不過相對於個體或社會而言罷了。因此，如果絕對的基礎參照的是個體的意志與社會的意志，那麼，這種絕對基礎絕對沒有基礎。無論在哪種意志之中，

27　Ibid., p. 15.

絕對主義所賴以維繫的基礎都是不牢靠的，並且毫無確定性可言。

　　儘管伯林意圖在絕對主義與相對主義之間尋求第三條道路，然而在施特勞斯看來，第三條道路實在是無稽之談，這是完全不可能的。[28]伯林的自由主義矗立於絕對主義與相對主義之間，但是，絕對主義與相對主義非但沒有挽救自由主義，反而把自由主義撕成粉碎。因此，絕對主義，還是相對主義？這是個問題。並且，這是個非友即敵的生死抉擇問題。正是這樣，伯林面臨著一個難以紓解的身分悖論，他如何既是一個相對主義者，又是一個絕對主義者？按照伯林的邏輯，在相對主義與絕對主義之間做出選擇是不可避免的。那麼，伯林該何去何從呢？施特勞斯認為，伯林最終拋棄了絕對主義，選擇了相對主義。相對主義已經摧毀了絕對主義的基礎，而人類不可能棲居於沒有地基的廢墟之上。伯林的相對主義，集中體現於他在〈兩種自由概念〉末段所引的熊彼特的寥寥數語中：「一個文明人與一個野蠻人的區別，在於他認識到人們的各種信念都是相對有效的，但卻依舊矢志不渝地為之堅守。」[29]而在施特勞斯的眼中，伯林的邏輯荒唐透頂。如果文明人的標誌是堅守相對主義信念，而野蠻人的象徵是恪守絕對主義信條，那麼，這無異於宣稱：「每一個自由主義的御用文人與狂夫暴徒都是文明人，而柏拉圖與康德則是野蠻人。」[30]

　　在施特勞斯看來，伯林是一個相對主義者，還是一個絕對主

28　Ibid., p. 17.

29　Berlin, *Liberty*, p. 217.關於熊彼特的引文出自熊彼特的名著《資本主義、社會主義與民主》，Joseph A. Schumpeter, *Capitalism, Socialism and Democracy*, London and New York: Routledge, 2003, p. 243.

30　Strauss, "Relativism," p. 17.

義者，這並不要緊。要緊的是，伯林的相對主義與絕對主義困局跟自由主義危機息息相關。自由主義是現代性方案的核心內容，而在當代社會，現代性方案已經危機重重，人們已經不再像以往那樣對之深信不疑了。而人們不再相信現代性方案的根本原因是相對主義的甚囂塵上，因此，相對主義是現代性危機的根源，抑或，相對主義是自由主義危機的根源。然而，弔詭的是，相對主義卻是伯林自由主義的理論基礎。伯林的自由主義難道不是自尋死路嗎？正是如此，施特勞斯認為伯林的自由主義是自由主義危機的標誌，伯林的〈兩種自由概念〉是自由主義危機的範本。因為自由主義危機的根源是，「自由主義拋棄其絕對主義基礎，從而試圖成為完全的相對主義。」[31]

正是出於這樣的考量，施特勞斯的〈相對主義〉分為兩個部分，前半部分討論的是伯林的自由主義，而後半部分批判的是相對主義，尤其是實證主義。施特勞斯意圖通過批判相對主義，來批判伯林的自由主義，並以此警告伯林及其他自由主義者：在相對主義時代，自由主義危機正在不知不覺間悄悄降臨！如果自由主義者要完全擺脫自由主義危機，那麼，他們就必須跟相對主義徹底決裂，跟絕對主義重歸於好。

然而，遺憾的是，施特勞斯於1961年發表的〈相對主義〉並沒有立即進入伯林的視野，也沒有引起學術界的絲毫重視。從此，〈相對主義〉銷聲匿跡了近三十年。直到1989年，施特勞斯的弟子潘格爾將〈相對主義〉編入施特勞斯的論文集《古典政治

31　Ibid. 甘陽在1998年發表的〈柏林與「後自由主義」〉中也認同施特勞斯對伯林的批判，他認為施特勞斯非常深刻地洞見到伯林自由主義的內在困境。甘陽，〈柏林與「後自由主義」〉，載《讀書》1998年第4期，頁38-45。

理性主義的重生》中，〈相對主義〉才重新進入學術界的視野。然而，為時晚矣！此時，非但伯林已經毫不在乎施特勞斯的批評，就連施特勞斯的再傳弟子福山也早已把祖師爺的教誨拋諸腦後。伯林語露不屑地言道：「我無法答覆他，因為他已經在其墳墓中了，而我對他的眾多信徒絲毫提不起興趣。」[32]而福山則自鳴得意地炮製出驚世駭俗的歷史終結論，高調宣稱自由主義是歷史的終點。[33]按照施特勞斯的邏輯，如果自由主義不跟相對主義一刀兩斷，那麼，自由主義的終點就是死路一條。倘若如此，歷史的終點就是一個毫無出路的死胡同。可是，自由主義者對施特勞斯的自由主義批評置若罔聞，這或許就是施特勞斯的學術悲劇。

第二節　伯林的施特勞斯批判

　　1988年，伊朗哲學家賈漢貝格魯（Ramin Jahanbegloo）在倫敦對伯林進行了五次深度訪談。最終，這五次訪談的文字稿於1991年正式出版，標題是《伯林談話錄》（*Conversations with Isaiah Berlin*）。《伯林談話錄》系統回顧了伯林一生的學術歷程，是伯林思想的絕妙縮影，也是伯林思想的最佳導論。正是在這部訪談錄中，伯林毫不留情地批判了施特勞斯的絕對主義傾向。在伯林的視域中，施特勞斯的絕對主義實際上是一元主義。而一元主義是二十世紀極權主義的理論根源，因此，施特勞斯的絕對主義蘊含著極權主義的潛在危險。

　　伯林與施特勞斯的分歧顯然不是無關緊要的細節性分歧，而

32　Berlin and Jahanbegloo, *Conversations with Isaiah Berlin*, p. 32.

33　Fukuyama, "The End of History?," pp. 3-18.

是根深柢固的原則性分歧。正是如此，伯林在芝加哥訪問時，施特勞斯數度企圖感化伯林，然而伯林卻都無動於衷，依然故我，最終施特勞斯無功而返。[34]伯林拒絕施特勞斯的學術感召，是因為兩人之間有一道無法逾越的思想鴻溝：伯林認為《霍布斯的政治哲學》是施特勞斯的最佳著作，而施特勞斯本人卻直言不諱地承認，此書是他寫得最糟糕的作品。[35]

施特勞斯否定《霍布斯的政治哲學》的學術價值，是因為此書犯了一個致命的嚴重錯誤。在該書中，施特勞斯認為霍布斯是跟古典政治哲學徹底決裂的第一人。柏拉圖是古典政治哲學的代表人物，在柏拉圖的思想中，古代自然法首先是客觀的價值判斷標準，並且客觀的自然秩序獨立於主觀的人類意志。而霍布斯是現代政治哲學的創始人，在霍布斯的視野中，現代自然法首先是主觀的自然權利，並且主觀的自然權利根源於主觀的人類意志。因此，在那時的施特勞斯看來，這正是霍布斯政治哲學的原創性所在。[36]然而，通過細緻考察馬基維利的學說，施特勞斯猛然意識到這個觀點是錯誤的。實際上，這個原創性要歸功於馬基維利，馬基維利才是現代政治哲學的開創者。施特勞斯之所以犯下這個

34　Berlin and Jahanbegloo, *Conversations with Isaiah Berlin*, p. 32.

35　Ibid., pp. 32-33.

36　在《霍布斯的政治哲學》中，施特勞斯認為柏拉圖與亞里斯多德是古典政治哲學的創始人。但是，施特勞斯後來更正了這個觀點，他認為蘇格拉底才是古典政治哲學的創立者。因此，筆者棄用《霍布斯的政治哲學》中的說法，轉而使用更加恰當的表達，即柏拉圖是古典政治哲學的代表人物。Leo Strauss, *The Political Philosophy of Hobbes*, Chicago and London: The University of Chicago Press, 1996, pp. vii-viii.關於蘇格拉底是古典政治哲學創立者的觀點，see Strauss, "The Three Waves of Modernity," p. 38.

致命的錯誤，是因為他被斯賓諾莎等哲學家誤導了，他誤以為馬基維利的巨著是《李維史論》，而不是《君主論》，並且誤以為《李維史論》意圖復興古代舊傳統，而不是開創現代新傳統。正是因為意識到這點，施特勞斯在兩部後期作品中修正了他的錯誤觀點：第一部是《自然權利與歷史》第五章〈現代自然權利〉（"Modern Natural Right"），第二部是《什麼是政治哲學及其他研究》（*What Is Political Philosophy? And Other Studies*）中收錄的〈論霍布斯政治哲學的基礎〉（"On the Basis of Hobbes's Political Philoophy"）。[37]然而，不管是馬基維利，還是霍布斯，兩人都屬於現代人，兩人的政治哲學都屬於現代政治哲學。

　　而伯林早在學生時代就研讀過霍布斯的著作，但是他似乎對霍布斯提不起什麼興趣。儘管他在牛津講課時依舊繞不過霍布斯的政治哲學，但是他平生只寫過一篇關於霍布斯的作品，即1964年為麥克弗森《占有性個人主義政治理論》（*The Political Theory of Possessive Individualism: From Hobbes to Locke*）所寫的書評〈霍布斯、洛克與麥克弗森教授〉（"Hobbes, Locke and Professor Macpherson"）。[38]相反，伯林對馬基維利則充滿興趣，為此，他專門撰寫了長篇論文〈馬基維利的原創性〉（"The Originality of

---

37　Strauss, "The Three Waves of Modernity," pp. 83-84. Strauss, *The Political Philosophy of Hobbes*, pp. xv-xvi. Leo Strauss, "Preface to *Hobbes Politische Wissenschaft*," *Interpretation: A Journal of Political Philosophy*, Vol. 8, No. 1, 1979, p. 2.施特勞斯修正其錯誤觀點的兩部作品，分別參見Strauss, *Natural Right and History*, pp. 166-202. Strauss, *What Is Political Philosophy? And Other Studies*, pp. 170-196.

38　Isaiah Berlin, "Hobbes, Locke and Professor Macpherson," *Political Quarterly*, Vol. 35, No. 4, 1964, pp. 444-468.

Machiavelli"）來討論馬基維利的二元主義思想。[39]伯林之所以對馬基維利的政治哲學興趣盎然，是因為伯林想知道一元主義傳統最早何時受到挑戰，並且如何受到挑戰，而馬基維利正是跟一元主義傳統徹底決裂的第一人。而伯林之所以對霍布斯的政治哲學漠然視之，或許是因為霍布斯在伯林所建構的一元主義與多元主義對峙的理論框架中並沒有占據什麼特殊的位置。在伯林看來，霍布斯是貨真價實的一元主義者，僅此而已。他既不是新傳統的開闢者，也不是舊傳統的終結者，充其量只是一元主義古老傳統的現代繼承者。[40]

概括而言，伯林與施特勞斯在馬基維利與霍布斯問題上的核心分歧是：第一，儘管伯林與施特勞斯都承認馬基維利是新傳統的首創者，但是在伯林的眼中，馬基維利是促使多元主義傳統與一元主義傳統分道揚鑣的始作俑者，而在施特勞斯的眼中，馬基維利是促使現代政治哲學與古典政治哲學一刀兩斷的始作俑者。第二，在伯林看來，現代人霍布斯實際上是古代人柏拉圖的精神後裔。霍布斯與柏拉圖一脈相承，兩者都隸屬於西方政治哲學史中的一元主義大傳統。因此，霍布斯在肉身上是現代人，而在精神上卻是古代人。在施特勞斯看來，霍布斯非但不是柏拉圖的繼承者，反而是柏拉圖的掘墓人。實際上，霍布斯是馬基維利的追隨者，他沿著馬基維利所開闢的學術道路，繼續向前推進了現代政治哲學的思想浪潮。[41]因此，霍布斯是現代人，而柏拉圖是古代人。霍布斯代表的是現代政治哲學，而柏拉圖代表的是古典政治

39　Berlin, *Against the Current*, pp. 25-79.

40　Berlin and Jahanbegloo, *Conversations with Isaiah Berlin*, pp. 53-61.

41　Strauss, "The Three Waves of Modernity," pp. 88-89.

哲學。在這個意義上，霍布斯與柏拉圖截然相反，兩者隸屬於兩個完全不同的思想傳統。

　　正是因為這種無法調和的原則性分歧，伯林對施特勞斯的政治哲學絲毫不以為然。這樣，我們也不難理解為什麼伯林晚年竟然如此不留情面地譏諷施特勞斯的絕對主義傾向。伯林對施特勞斯的批判集中於兩個方面：第一方面，施特勞斯的隱微主義（esotericism）解釋學；第二方面，施特勞斯的現代性危機診斷。但是，由於第一方面跟本章的論題沒有實質性關聯，所以接下去將重點討論伯林對第二方面的批評。

　　施特勞斯政治哲學的出發點是現代政治哲學，而其終點站是回歸古典政治哲學。現代政治哲學之所以是施特勞斯政治哲學的邏輯起點，是因為現代政治哲學正面臨著一場前所未有的危機，而現代政治哲學危機的本質是現代性危機。針對施特勞斯的現代性危機診斷，伯林的批評大致可以分為三項核心內容。

　　第一項內容是現代性危機的譜系學，即在施特勞斯看來，現代性危機淵源於馬基維利。伯林如此闡釋施特勞斯的現代性危機診斷：在施特勞斯的眼中，「政治哲學在『邪惡的導師』馬基維利那裡就誤入歧途了，從此積重難返。對於施特勞斯而言，自中世紀以降，沒有任何政治思想家找到真正的道路。柏克最接近這條道路，但是霍布斯及其追隨者卻錯得離譜，完全是誤人子弟。」[42]

42　Berlin and Jahanbegloo, *Conversations with Isaiah Berlin*, p. 31.伯林認為，對於施特勞斯而言，馬基維利之後的政治哲學就誤入歧途了。施特勞斯弟子雅法承認伯林的判斷是準確的。雅法自稱曾經在七年間聆聽了施特勞斯的幾乎每一門課，並且跟施特勞斯私交甚篤。他認為他所瞭解的施特勞斯跟伯林所描述的施特勞斯是一致的。但是，他並不認為，在施特勞斯看來，自中世紀以降，沒有任何政治思想家找到真正的道路。雅法指出，在施特勞斯的思想

伯林意識到，在施特勞斯的政治哲學中，現代性危機實際上淵源於馬基維利。馬基維利是現代政治哲學的先驅，並且馬基維利從一開始就完全走岔了路，而霍布斯只不過是馬基維利的忠實信徒，他跟著馬基維利的步伐一錯再錯。因此，整個現代政治哲學史就是一部現代政治哲學危機的歷史。

毋庸置疑，伯林對施特勞斯的把握十分準確。在施特勞斯的政治哲學中，現代性危機確實可以追溯到馬基維利，因為整個現代政治哲學正是濫觴於馬基維利。在馬基維利的十字路口，現代政治哲學與古典政治哲學分道揚鑣，各走各路。自此，現代政治哲學一路狂飆，先後歷經現代性的三次浪潮，一步一步向前推進現代性的倉促步伐，從而一發而不可收拾，最終釀成了施特勞斯所謂的現代性危機。

在施特勞斯看來，馬基維利觸發現代性危機的按鈕是現代政治哲學與古典政治哲學的決裂。古今政治哲學決裂的關鍵是兩者對於美德（virtue）與命運（fortuna or chance）的不同理解。首先，就美德而言，其核心問題是，什麼是最佳政體？美德是古典政治哲學的核心，因此，古典政治哲學的本質是追求最佳政體，而最佳政體意味著最有利於促進美德的政體。而馬基維利則從根本上否定最佳政體這個基本前提，他認為古典政治哲學都在回答人們應當如何生活，而問題是人們實際如何生活。因此，他意圖降低政體的實現標準，從理性主義轉向現實主義，從最佳政體轉向現實政體。現實政體的核心不是美德，而是目標（objectives）

中，美國建國之父、林肯與邱吉爾就是找到真正道路的政治思想家。因此，他認為伯林的這個論斷是有問題的。Jaffa, *Crisis of the Strauss Divided*, pp. 163-164.

——公共善（the common good）。在這個意義上，目標高於美德。人們不再用美德界定目標，而是以目標界定美德。美德就是有利於實現目標的精神品質。凡是促進目標實現的就是善的，凡是阻礙目標實現的就是惡的。倘若如此，那麼目標證明手段合理。為了達到目的，人們可以不擇手段。為了實現公共善，人們可以犧牲美德。通過這種方式，馬基維利徹底改變了美德的古典含義。

其次，就命運而言，其核心問題是，如何實現最佳政體？古典政治哲學認為最佳政體的實現取決於難以掌控的命運女神，因為最佳政體的實現條件極其苛刻，在人世間極其難以滿足。在這個意義上，最佳政體的實現幾乎是不可能的。而馬基維利則降低了政體的實現標準，從而使政體的實現成為可能。當然，馬基維利所謂的政體不是以應然為標準的最佳政體，而是以實然為標準的現實政體。在古典政治哲學中，應然的標準是美德。而在馬基維利的政治哲學中，真正的標準不是應然的標準，而是實然的標準。何謂實然的標準？馬基維利認為，實然的標準是目標。因此，最佳政體的目標是美德，而現實政體的目標是公共善。通過降低政體的實現標準，馬基維利提高了政體的實現可能性。正是如此，政體的實現不再取決於無法把握的偶然命運，而是取決於自我掌控的人類本身。在馬基維利的眼中，人類可以征服命運：「因為命運是一位女子，如果人們要征服她，就必須毆打她，狠揍她。」通過征服命運，人類不再是命運的奴隸，而是命運的主人。[43]

43　馬基維利關於美德與命運的論述，see Machiavelli, *The Prince*, tran. Harvey C. Mansfield, Chicago and London: The University of Chicago Press, 1998, pp. 61-

　　然而，伯林並不贊同施特勞斯的觀點。對於施特勞斯而言，馬基維利是使現代政治哲學與古典政治哲學公開決裂的首創者。而對於伯林而言，馬基維利卻是使多元主義與一元主義分道揚鑣的先行者。在這個意義上，伯林認為馬基維利是多元主義之父。[44]

　　學術界通常認為，馬基維利是邪惡的導師，是非道德主義者。[45]馬基維利《君主論》的核心意圖是分離政治與道德，讓政治歸政治，讓道德歸道德。[46]但是，伯林並不認同學術界的流行觀點。他認為，馬基維利的學術貢獻並不是區分政治與道德，而是區分兩種無法兼容的道德：一種是古希臘與古羅馬的異教徒道德；另一種是中世紀的基督徒道德。異教徒的核心道德是，勇氣、活力、秩序、紀律、幸福、力量、正義等；基督徒的主要道德是，仁慈、憐憫、犧牲、寬恕、愛上帝、信仰等。儘管馬基維利區分了兩種道德觀，但是，他並沒有以異教徒的道德否定基督徒的道德。他同樣承認基督徒的道德，基督徒眼中的聖徒也是馬基維利眼中的聖徒，基督徒眼中的魔鬼也是馬基維利眼中的魔

62, 98-101.施特勞斯對馬基維利的美德觀與命運觀的論述，see Strauss, "The Three Waves of Modernity," pp. 84-87. Strauss, *What Is Political Philosophy? And Other Studies*, pp. 40-47. Leo Strauss, *Thoughts on Machiavelli*, Chicago and London: The University of Chicago Press, 1958.

44　Berlin, *Against the Current*, p. 79.

45　施特勞斯也認為馬基維利是邪惡的導師，see Strauss, *Thoughts on Machiavelli*, pp. 9-14. 伯林在文獻綜述中還曾引用過施特勞斯的著作，see Berlin, *Against the Current*, p. 36.

46　筆者曾經撰文對此提出過批判。通過區分政治道德與日常道德，筆者指出，馬基維利分離的不是政治與道德，而是政治道德與日常道德。馬華靈，〈政治道德與日常道德：一種解救政治與道德悖論的嘗試〉，載《思想》2009年第3期，頁221-231。

鬼。基督徒認為某種行為是善行，他也認為是善行；基督徒認為某種行為是惡行，他也認為是惡行。只是，基督徒的道德非但無助於建立強大的國家，反而會摧毀國家的根基。因為政治的根本原則不是美德，而是成功。如果把國家的基礎奠定在美德之上，那麼國家可能會面臨分崩離析的危險。在這個意義上，他認為基督徒的道德觀只能促進個體的幸福，而無法促進國家的幸福。

　　在伯林看來，馬基維利的意圖並不是要譴責基督徒的道德觀，而是要指出這兩種道德觀是無法兼容的。在馬基維利的世界裡，人世間的道德不止一種，而是有兩種。基督徒的道德是私人道德，而異教徒的道德是公共道德。前者的目標是個體幸福，而後者的目標是國家幸福。這樣，兩種道德觀之間就無法調和，不可兼容，甚至互相衝突。因此，我們必須在兩種道德觀之間做出非此即彼的選擇。如果我們選擇了基督徒的道德觀，那麼，我們必須默默承受國家軟弱無力的現實；如果我們要建立一個偉大的義大利共和國，那麼，我們必須毫不猶豫地拋棄基督徒的道德觀，淡定從容地選擇異教徒的道德觀。儘管從基督徒的視角來看，異教徒的行為簡直褻瀆神靈，敗壞道德，但是，為了共和國的尊嚴與榮耀，為非作歹是可以接受的，作惡多端是可以忍受的。在這個意義上，選擇是不可避免的。選擇了基督徒的道德觀，就不能同時選擇異教徒的道德觀。反之，選擇了異教徒的道德觀，也不能同時選擇基督徒的道德觀。馬基維利的寫作對象是君主，而不是基督徒。他實際上是在告誡君主：如果你要建立強大的國家，那麼，你就不能死板恪守基督徒的道德觀。

　　倘若馬基維利的意圖不是讓政治與道德分家，而是讓基督徒道德與異教徒道德分離，那麼，人生就不再只有一種選項，而是有兩種選項。一旦人生有兩種選項，那麼，我們就可以有第三種選項、第四種選項，甚至更多。因此，如果二元主義是可能的，那麼多元主義也是可能的。在這個意義上，馬基維利的二元主義是多元主義的開端，前者為後者鋪平了道路。伯林指出，馬基維利本人並沒有意識到自身的價值二元主義與價值多元主義傾向，但是他通過對峙基督徒的道德觀與異教徒的道德觀，從而在客觀上產生了這樣的效果。在伯林看來，「第一位真正區分同等終極但卻無法兼容的價值的思想家可能是馬基維利。他認為成功的治國之道跟基督徒的價值觀或價值尺度無法兼容。」[47]因此，馬基維利是現代二元主義倫理學的鼻祖，正是他砸爛了一元主義的古老枷鎖，從而打開了多元主義的歷史閥門。一元主義認為所有問題都有且只有一個正確答案。只要人們具備足夠的理性，所有問題的終極解決方案（final solutions）在原則上都可以找到。如果終極解決方案可以找到，那麼完美社會的烏托邦也可以實現。在其中，所有價值都可以互相兼容，和諧共處，最終它們將構成完美無缺的理想社會圖景。而馬基維利的二元主義則指出，人世間的問題至少有兩種答案，並非只有一種。同等終極、同等神聖並且同等有效的兩種價值無法兼容，甚至互相衝突，而且沒有一種普遍理性的方式可以解決這種衝突。因此，人們必須在兩種無法調和的價值觀之間做出非此即彼的兩難選擇，而一旦選擇一種價值就意味著犧牲另一種價值。在這個意義上，一元主義烏托邦是荒唐可笑的，完美和諧的理想社會根本不可能實現。[48]

---

47 Berlin, *Concepts and Categories* (Second Edition), p. 280.

48 伯林關於馬基維利的上述論斷，具體參見Berlin, *Against the Current*, pp. 25-79. Berlin and Jahanbegloo, *Conversations with Isaiah Berlin*, pp. 53-61. 劉小楓主張，在伯林看來，馬基維利是自由主義的先驅。而實際上，伯林關於馬基維利的討論主要局限於二元主義與多元主義。伯林認為馬基維利是多元主義的先

　　第二項內容是現代性危機的病理學，即在施特勞斯的眼中，現代性危機之所以發生，是因為現代政治哲學最終走向徹底的相對主義。伯林曾言，施特勞斯的觀點是，「功利主義、經驗主義、相對主義與主觀主義，這些都是徹頭徹尾的謬論，它們嚴重腐蝕了現代思想，並且對個體與社會造成了重大損失。」[49]伯林的判斷基本符合施特勞斯本人的判斷。只不過，施特勞斯並沒有對功利主義與經驗主義進行過專門的論述，也沒有像伯林所說的那樣，把功利主義與經驗主義直接等同於謬論。因此，在這一點上，伯林對施特勞斯的把握並不那麼準確。

　　但是，就相對主義與主觀主義而言，伯林的判斷是準確而敏銳的。相對主義問題確實是施特勞斯終生念茲在茲的核心問題。現代政治哲學的理論基礎是自然權利理論，而自然權利理論的哲學基礎是絕對主義。但是，現代政治哲學最終否定了絕對主義，走向相對主義。現代政治哲學與古典政治哲學決裂的方式是，以現代自然權利取代古代自然法，以個體的權利取代國家的權利。在古典政治哲學的視野中，自然法是絕對有效的法律，放之四海而皆準，其根本主張是，凡是符合自然的都是正當的，凡是不符合自然的都是不正當的。因此，自然法是一種自然義務，它要求人們的絕對服從。而現代自然權利則否定了古典自然正當，其基

驅，但是他並沒有明確說馬基維利是自由主義的先驅。如果從多元主義可以推出自由主義，那麼，既然馬基維利是多元主義的先驅，馬基維利自然也是自由主義的先驅。然而，在伯林的政治哲學脈絡中，多元主義與自由主義之間是否具有邏輯關係是懸而未決的。因此，劉小楓對伯林的解讀似乎無法成立。關於劉小楓的觀點，參劉小楓，《施特勞斯的路標》，頁350。關於多元主義與自由主義之間的關係問題，請特別參考本書結論的第二節部分。

49　Berlin and Jahanbegloo, *Conversations with Isaiah Berlin*, p. 31.

本訴求是，凡是符合權利的都是正當的，凡是不符合權利的都是不正當的。正當的標準不再是絕對而永恆的自然，而是相對而暫時的權利。因為在實證主義與歷史主義的視野中，沒有什麼自然權利，有的只是實在權利與歷史權利。如果權利來源於個體自我保全的欲望，而每個個體對於自我保全的理解都是不同的，那麼，權利最終將取決於個體的意志。一旦個體的意志成為權利的基礎，那麼權利就是相對的，而不是絕對的。在這個意義上，現代自然權利不知不覺地滑向了相對主義的深淵。在施特勞斯的眼中，現代政治哲學中逐漸彌漫開來的實證主義與歷史主義迷霧慢慢遮蔽了現代自然權利理論，最終完完全全吞噬了現代政治哲學本身。正是如此，相對主義點燃了現代性危機的導火線：現代政治哲學的巔峰是虛無主義，虛無主義的終點是現代政治哲學危機，現代政治哲學危機的結果是現代性危機。[50]

關於施特勞斯的現代性危機論斷，伯林自然無法苟同。「施特勞斯否定後文藝復興世界，並認為這個世界被實證主義與經驗主義無可救藥地敗壞了，這對我來說近乎荒謬。」[51]首先，關於什麼是現代性，伯林與施特勞斯具有不同的理解。施特勞斯認為古代性與現代性的分水嶺是馬基維利，因此，後馬基維利的世界就是現代世界，後馬基維利的政治哲學就是現代政治哲學。然而，伯林卻認為他並不清楚現代性的開端，也不知曉什麼是現代性。對他而言，所謂的前現代、現代與後現代都是沒有實質性意義的術語。正是這樣，當賈漢貝格魯問他是不是把自己定位成一個現

50　Strauss, *The Political Philosophy of Hobbes*, pp. 129-170. Strauss, *Natural Right and History*, pp. 1-80.

51　Berlin and Jahanbegloo, *Conversations with Isaiah Berlin*, pp. 31-32.

代人，以區別於施特勞斯的古代人傾向時，他的回答是，我一點也不知道「現代人」的意思是什麼。[52] 在伯林的政治哲學中，如果真有所謂的古代性與現代性，那麼兩者的界線也肯定是模糊不清的。倘若柏拉圖代表古代人，而馬基維利代表現代人，那麼古代人的核心特徵是一元主義，而現代人的主要特徵是二元主義或多元主義。但是，這並不意味著後馬基維利世界就是所謂的現代世界。因為即便在後馬基維利世界，古代性與現代性也是交織在一起而難捨難分的。就一元主義而言，法國啟蒙思想家是古代人；就多元主義而言，維柯、赫爾德、哈曼以及浪漫主義思想家都是現代人。但是，這兩撥人都屬於後馬基維利世界。因此，以時間作為區分標準的古代性與現代性在伯林的思想中是毫無意義的。施特勞斯把後馬基維利世界視為一個鐵板一塊的整體，所以他認定後馬基維利世界是現代世界。而伯林從後馬基維利世界中辨識出了它的多重面相，所以他並不贊同古代性與現代性的簡單化區分。

其次，伯林也無法認同後文藝復興世界被相對主義思潮逐漸敗壞了的說法。後文藝復興世界，實際上就是後馬基維利世界。在後馬基維利世界，西方思想史的浪濤中湧動著兩股暗中較勁的思想潮流。一股是主潮，即一元主義思潮，它以法國啟蒙運動思想家為代表，例如伏爾泰、愛爾維修與百科全書派思想家。另一股是暗流，即多元主義思潮，它以反啟蒙運動思想家為代表，例如維柯、赫爾德與哈曼。[53] 對於啟蒙運動與反啟蒙運動，伯林有著豐富而複雜的曖昧態度。一方面，他認同啟蒙運動所堅守的普遍

52　Ibid., pp. 32, 61.

53　Berlin, *Against the Current*, pp. 1-24.

價值，但卻無法贊同啟蒙運動的一元主義傾向；另一方面，他反
對反啟蒙運動所主張的核心價值，但卻肯定反啟蒙運動的多元主
義傾向。[54]正是出於這種複雜的情緒，伯林認為啟蒙運動與反啟蒙
運動兩者都既有其正面遺產，也有其負面遺產。就正面遺產而
言，啟蒙運動揭櫫了普遍價值的重要性，而反啟蒙運動則揭示了
一元主義的謬誤。就負面遺產而言，啟蒙運動的一元主義孕育了
蘇聯共產主義，而反啟蒙運動的浪漫主義則產生了法西斯主
義。[55]如果施特勞斯的邏輯是正確的，那麼，啟蒙運動與反啟蒙運
動就都是錯誤的，因為兩者都同屬於被敗壞了的現代政治哲學。
然而，對於伯林而言，這是難以令人接受的。施特勞斯可以否定
啟蒙運動與反啟蒙運動的負面遺產，但卻不能否定兩者的正面遺
產。而施特勞斯否定整個現代政治哲學，就等於同時否定了兩者
的正面遺產與負面遺產。如果啟蒙運動代表的是伯林的自由主義
面向，反啟蒙運動代表的是伯林的多元主義面向，那麼，施特勞

54　Berlin and Jahanbegloo, *Conversations with Isaiah Berlin*, pp. 70-71. Berlin, *The Power of Ideas*, p. 4. Berlin, *The Age of Enlightenment*, p. 29.格雷敏銳地指出，伯林的競爭性自由主義（agonistic liberalism）意在調和啟蒙運動與反啟蒙運動。John Gray, *Isaiah Berlin*, Princeton: Princeton University Press, 1996. Robert Wokler也意識到伯林同情啟蒙的一面，但是他認為格雷把伯林視為一個反啟蒙運動者，卻沒有看到格雷所強調的伯林調和啟蒙運動與反啟蒙運動的面向。James H. Billington, Jr. Arthur Schlesinger, and Robert Wokler, "Sir Isaiah Berlin, 6 June 1909．5 November 1997," *Proceedings of the American Philosophical Society*, Vol. 150, No. 4, 2006, p. 671.而劉擎則強調，伯林對於啟蒙運動的曖昧態度，非但不是一種思想混亂，反而是最值得重視的思想遺產。劉擎，《懸而未決的時刻：現代性論域中的西方思想》，北京：新星出版社，2006，頁124。

55　Berlin, *The Crooked Timber of Humanity*, pp. 1-19. Berlin, *The Roots of Romanticism*, pp. 145-146. Berlin, *The Power of Ideas*, pp. 10-11, 134-135, 204.

斯否定現代政治哲學，相當於否定了自由主義與多元主義。而自由主義與多元主義卻是伯林畢生最珍視的兩項價值，在這個意義上，伯林根本無法認同施特勞斯的偏激論斷。

　　第三項內容是現代性危機的治療學，即在施特勞斯的視域中，現代性危機的出路是，否定現代政治哲學中的相對主義，回歸古典政治哲學中的絕對主義。根據伯林的理解，施特勞斯的絕對主義意味著人世間存在著「永恆不變的絕對價值（eternal, immutable, absolute values），這些價值對於所有時代所有地方的所有人都是真實的（true for all men everywhere at all times），諸如上帝賦予的自然法等」。[56]在伯林的論述中，施特勞斯的絕對主義具有兩個核心特徵。首先，絕對價值是永恆不變的。如果我們說某種價值是絕對價值，那麼，這種價值不會隨著時間的改變而改變，不會隨著地域的改變而改變，不會隨著文化的改變而改變，也不會隨著環境的改變而改變。換言之，絕對價值不會隨著任何因素的改變而改變，它獨立於任何因素而存在。絕對價值可以決定任何外在的變量，任何外在的變量無法決定絕對價值。在這個意義上，絕對價值是超然的存在。其次，絕對價值是絕對有效的。具體而言，絕對價值的有效性可以穿越時間的限制。不管哪個時代，絕對價值都是有效的。它既可以適用於古代，也可以適用於現代。絕對價值的有效性可以穿越空間的限制，不管什麼地方，絕對價值都是有效的。它既可以適用於中國，也可以適用於美國。絕對價值的有效性還可以穿越人群的限制，不管針對什麼人，絕對價值都是有效的。它既可以適用於白人，也可以適用於黑人。總之，無論何時何地，針對任何人，絕對價值的有效性

56　Berlin and Jahanbegloo, *Conversations with Isaiah Berlin*, p. 32.

都能夠得到保證。

伯林的判斷跟施特勞斯本人的理解是一致的。施特勞斯認為，自然的標準保證了絕對價值的永恆不變性。在古典政治哲學中，自然本身是永恆不變的。[57] 例如關於椅子的自然，無論椅子的形狀如何變化，但是椅子的自然是一成不變的。椅子的形狀有許多，例如躺椅、太師椅、籐椅等。但是，椅子之所以為椅子，或者，我們之所以把躺椅稱為椅子，是因為這些被稱為椅子的事物都具有共同的特徵，即椅子的自然。正是椅子的自然，使椅子成為椅子，而不是成為桌子。與之類似，善良之所以是善良，是因為善良的自然是永恆不變的。善良的表現形式千變萬化，例如有些人通過幫助孤寡老人來體現自己的善良，有些人通過做義工來體現自己的善良。但是，無論善良的形式如何變化，善良成為善良的自然是固定不變的。正是如此，善良作為一種價值是絕對價值。

同樣，自然的標準也保證了絕對價值的絕對有效性。政治哲學的本質是追求最佳政體，而最佳政體意味著根據自然就是最佳的政體。何謂自然最佳（by nature best）？施特勞斯認為，自然最佳蘊含著兩層含義：首先，只要符合自然的就是最佳的；其次，只要符合自然的就是無論何時何地都是有效的。因此，最佳政體指的是無論何時何地都是有效的自然政體。反之，政治科學關注的是某個美好的政體，某個美好的政體意味著在特定的時間、特定的地點是美好的政體。因此，某個美好的政體不是絕對有效的，而是暫時有效的。它的有效性取決於它所處的時代與所在的地域，一旦超出使之有效的時代與地域，它的有效性就消失了。

57　Strauss, *Natural Right and History*, pp. 89-90.

例如，某個政體對墨西哥來說是有效的，不代表對西班牙來說也是有效的。[58]

　　但是，伯林卻完全無法同意施特勞斯的絕對主義觀點。在伯林的政治哲學中，施特勞斯的絕對主義實質上就是一元主義。伯林曾簡明扼要地界定什麼是一元主義，一元主義學說指的是「普遍永恆（universal, timeless）且確鑿無疑的真理是存在的，並且，這些真理適用於所有人、所有地方與所有時代（all men, everywhere, at all times）；差異只是源於錯誤與幻象，因為真理是唯一且普遍的（one and universal）──所有地方、所有人都一直（everywhere, always, by everyone）信仰真理」。[59]易言之，一元主義指的是絕對主義。相似地，伯林也曾指出，「……一元主義的宇宙觀是，宇宙是永恆不變的單一系統（a single, unvarying system），所有人都可以根據理性來理解它。如果只有他們才能用眼睛看到宇宙，那麼，所有時代所有地方的所有人在所有情況下都可以根據理性來理解宇宙（intelligible in the light of reason to all men … at all times, in all conditions, everywhere）。」[60]如果「所有時代所有地方的所有人在所有情況下」是絕對主義的核心特徵，那麼，根據伯林的觀點，這也是一元主義的核心特徵。正是如此，在伯林看來，絕對主義與一元主義是一回事，兩者可以畫上等號。一元主義就是絕對主義，絕對主義就是一元主義。

　　在伯林的視野中，一元主義可以大致區分為經驗一元主義與理性一元主義。根據理性一元主義，真正的哲學「可以為所有

58　Strauss, *Studies in Platonic Political Philosophy*, p. 29.

59　Berlin, *The Power of Ideas*, p. 8.

60　Ibid., p. 208.

人、所有地方、所有時代（for all men, everywhere, for all time），
解決所有理論問題與實踐問題」。並且，在理性主義者看來，所
有問題的解決方法是理性。根據理性，「所有問題都可以通過發
現客觀的答案來加以解決，一旦客觀的答案被找到了……那麼，
所有人都可以清楚地看到這些答案（for all to see），並且這些答
案將永遠有效（valid eternally）。」[61] 因此，準確而言，施特勞斯的
絕對主義是理性一元主義，而不是經驗一元主義。為什麼施特勞
斯的絕對主義不是經驗一元主義呢？對於伯林而言，經驗主義與
理性主義都是一元主義的典型代表。無論是通過經驗的歸納法，
還是通過理性的演繹法，我們都可以發現所有問題的客觀答案：
「對於每一個真問題而言，虛假的答案有許多，只有一個答案是
真實的。一旦我們發現了這個答案，那麼它就是終極答案，並且
是永遠真實的答案。」[62] 但是，經驗一元主義卻無法用來描述施特
勞斯的絕對主義。經驗千變萬化，而理性永恆不變。正是因為永
恆不變的理性發現了永恆不變的自然，而永恆不變的自然發現了
永恆不變的絕對價值，施特勞斯的絕對主義才成其為絕對主義。
在這個意義上，理性與自然是施特勞斯絕對主義的基礎，而施特
勞斯的絕對主義實質上是理性一元主義。

　　倘若施特勞斯的絕對主義是理性一元主義，那麼，我們就可
以理解，在伯林的眼中，為什麼施特勞斯的絕對主義是先驗意義
上的絕對主義。伯林指出，施特勞斯及施特勞斯的弟子都「相信
絕對的善惡與絕對的對錯，並且，絕對的善惡與絕對的對錯可以
通過一種先驗的視覺，即一種魔眼，來直接感知──通過一種我

61　Ibid., p. 51. Berlin, *The Age of Enlightenment*, p. 28.

62　Berlin, *The Power of Ideas*, p. 40. Berlin, *The Age of Enlightenment*, p. 16.

並不具備的柏拉圖式理性官能來直接感知。柏拉圖、亞里斯多德、《聖經》、《塔木德經》、邁蒙尼德，或許阿奎那以及中世紀其他經院哲學家，都知道什麼是人類最美好的生活。施特勞斯也知道，施特勞斯的弟子今天也依舊如此主張。而我卻沒有這麼幸運」。伯林所謂的魔眼指的是柏拉圖式的理性官能，因為理性是靈魂的眼睛，並且是具備魔力的神秘眼睛。通過這雙理性的魔眼，施特勞斯觀察到了伯林無法觀察到的永恆真理與絕對價值。據此，價值判斷得以可能，人們可以區分絕對的善惡與絕對的對錯。在這個意義上，絕對價值是先驗的，而不是經驗的。施特勞斯的絕對主義不是以經驗的感覺為基礎，而是以先驗的理性為基礎。[63]

　　然而，伯林卻反其道而行之。伯林並不相信什麼先驗的理性與形而上學的魔眼，他認為自己根本不具備這樣的理性。伯林始終是經驗主義者，因為經驗主義是其思想中的三條線索之一。[64]他言道：「我一直是一個經驗主義者，並且只知道我能夠經驗到的東西，抑或，我認為我可以經驗，而且並不打算相信超越個人之上的實體。」[65]正是如此，伯林認為在所有哲學家中，他最想認識的是休謨與威廉・詹姆斯。因為伯林秉承休謨的經驗主義傳統，並贊同詹姆斯的反一元主義立場。倘若如是，那麼伯林的反一元主義思想，實際上根源於伯林的經驗主義。[66]基於此，伯林認為自

63　Berlin and Jahanbegloo, *Conversations with Isaiah Berlin*, pp. 32, 108-109, 113.

64　Isaiah Berlin, "Epilogue: The Three Strands in My Life," in Henry Hardy (ed.), *Personal Impressions* (Second Edition), London: Pimlico, 1998, pp. 255-259.

65　Berlin, *The Power of Ideas*, p. 11.

66　Billington, Arthur Schlesinger, and Wokler, "Sir Isaiah Berlin, 6 June 1909 □ 5 November 1997," pp. 667-668.

已並不相信永恆的理性真理，他所相信的只是普遍的經驗真理。
例如粉紅色不像黑色，而像朱紅色的命題，實際上就是經驗真
理，而不是先驗真理。因為這個命題無法被任何經驗所駁倒，並
且不是從任何定義推理而來的。我們不是通過定義，而是通過觀
察，來確定這個命題的正確性。正是這樣，伯林「從不相信任何
形而上學真理」，他所相信的是經驗真理，「因此，我們在經驗領
域中發現了普遍真理」。[67]同樣，普遍價值也來源於人類的經驗，
普遍價值的存在是人類的經驗事實，而不是人類的先驗感知。因
為所有文化都區分善惡，所有民族都判斷對錯。[68]

　　綜上所述，如果伯林的觀點是正確的，那麼，施特勞斯的絕
對主義就是一元主義。第一，就現代性危機的譜系學而言，施特
勞斯認為馬基維利拒絕了古典政治哲學的絕對主義，所以他是現
代性危機的源頭。而在伯林的眼中，正是因為馬基維利拒斥了前
馬基維利政治哲學中的絕對主義，他才成為多元主義的先驅。第
二，就現代性危機的病理學而言，施特勞斯指出現代政治哲學中
的相對主義是現代性危機的根源，而伯林卻認為現代政治哲學中
的一元主義才是現代性危機的病根。現代政治哲學具有多重面
向，它既有一元主義的一面，也有多元主義的一面，因此，施特
勞斯所謂的現代政治哲學被敗壞了的說法是站不住腳的。第三，
就現代性危機的治療學而言，施特勞斯意圖以古典政治哲學中的
絕對主義診治現代政治哲學中的相對主義，而伯林卻反駁道，施
特勞斯的絕對主義實際上是一元主義，而一元主義本身是現代性
危機的源泉。因此，絕對主義根本無法診治現代性危機，恰恰相

67　Berlin, *The Power of Ideas*, pp. 3-4.

68　Berlin and Jahanbegloo, *Conversations with Isaiah Berlin*, pp. 32, 37, 108-109.

反，絕對主義本身就是現代性危機的象徵。

第三節　兩種極權主義理論的雙重困境

　　根據伯林與施特勞斯的政治哲學，極權主義具有兩種截然不同的理論：第一種是伯林的一元主義極權主義理論，其典型案例是蘇聯共產主義。一元主義極權主義分為兩個部分：第一部分是極權主義部分，即一元主義是極權主義的理論基礎，而共產主義是極權主義的實踐邏輯。第二部分是反極權主義部分，即多元主義是反極權主義的哲學基礎，而自由主義是反極權主義的實踐源泉。第二種是施特勞斯的相對主義極權主義理論，其典型案例是德國納粹主義。同樣，相對主義極權主義也分為兩個部分：第一部分是極權主義部分，相對主義是極權主義的理論淵源，現代自由主義是極權主義的實踐基礎。第二部分是反極權主義部分，即絕對主義是反極權主義的理論基礎，而古代自由主義是反極權主義的實踐源泉。因此，伯林的極權主義理論實質上是一元主義與多元主義的對峙，共產主義與自由主義的對峙。而施特勞斯的極權主義理論實質上是相對主義與絕對主義的對立，現代自由主義與古代自由主義的對立。

　　根據伯林對施特勞斯的批評，施特勞斯的絕對主義是一元主義。而伯林認為，一元主義是極權主義的根源。這樣，施特勞斯的絕對主義就是極權主義的根源。根據施特勞斯對伯林的批評，伯林的多元主義是相對主義。而施特勞斯認為，相對主義是極權主義的根源。這樣，伯林的多元主義就是極權主義的根源。

　　通過比較伯林與施特勞斯的政治哲學，兩種極權主義理論將陷入雙重困境。兩種極權主義理論的雙重困境可以通過以下推理過程來表述：

（一）大前提

    （1）伯林的極權主義命題是，一元主義是極權主義的根源；
反極權主義命題是，多元主義是反極權主義的基礎。

    （2）施特勞斯的極權主義命題是，相對主義是極權主義的淵
源；反極權主義命題是，絕對主義是反極權主義的基
礎。

（二）小前提

    （1）伯林的施特勞斯批判：因為絕對主義是一元主義，所以
絕對主義是極權主義的根源。

    （2）施特勞斯的伯林批判：因為多元主義是相對主義，所以
多元主義是極權主義的根源。

（三）結論

    （1）一元主義極權主義困境：一元主義是極權主義的根源，
多元主義也是極權主義的根源。

    （2）相對主義極權主義困境：相對主義是極權主義的根源，
絕對主義也是極權主義的根源。

在一元主義極權主義困境中，伯林的觀點是，一元主義是極
權主義的根源；施特勞斯的觀點是，多元主義是極權主義的根
源。在相對主義極權主義困境中，施特勞斯的觀點是，相對主義
是極權主義的根源；伯林的觀點是，絕對主義是極權主義的根
源。在第一重困境中，施特勞斯向伯林發出警告，反極權主義的
多元主義本身就隱藏著極權主義危險。而在第二重困境中，伯林
也向施特勞斯拉響警報，反極權主義的絕對主義本身也潛伏著極

權主義危機。因此，兩種極權主義理論的雙重困境，實質上是兩種政治哲學激烈衝突的結果。

正如羅爾斯的學術感悟，如果不經意間在偉大哲學家的著作中覺察到某種錯誤，那麼，我們必須假定，偉大哲學家自己必定也覺察到了這種錯誤，並且已經在某個地方糾正了這種錯誤。[69]同樣，偉大哲學家之間的思想衝突，必定是非比尋常的衝突。衝突的背後定然隱藏著常人難以企及的哲學智慧。因此，伯林與施特勞斯之間的衝突，不能被輕易地視為一方有錯的直接證據。相反，我們必須嚴肅對待這種衝突，嘗試理解這種衝突背後所蘊藏著的深刻的學術啟示。如果伯林與施特勞斯的政治哲學不是「簡單的錯誤」，而是深刻的啟示，那麼，兩種極權主義理論的雙重困境所昭示的是，人類的命運似乎最終都將定格在毫無出路的極權主義之上——自由主義危機重重。自由主義似乎劫數難逃，極權主義似乎不可避免。倘若如是，歷史的終結不是自由主義，而是極權主義。

兩種極權主義理論的雙重困境，實際上是自由主義的雙重困境。在一元主義極權主義困境中，自由主義似乎既是一元主義，又是多元主義，因為自由主義既主張自由優先於其他價值，又宣稱價值多元而平等。在相對主義極權主義困境中，自由主義似乎既是相對主義，又是絕對主義，因為自由主義既主張價值是相對有效的，又宣稱自由是絕對的。

亞當・斯威夫特（Adam Swift）嘗言，「如果說羅爾斯的《正義論》是當代政治哲學中最具有影響力的著作，那麼，伯林

69　John Rawls, "Afterword: A Reminiscence," in Juliet Floyd and Sanford Shieh （ed.）, *Future Pasts*, Oxford: Oxford University Press, 2001, p. 427.

的〈兩種自由概念〉就是最具有影響力的單篇論文。」[70] 兩篇經典
文獻的核心主題都是自由主義，因此可以說，伯林與羅爾斯是當
代自由主義的代表。然而，當代自由主義的代表卻最深刻地體現
了自由主義的危機。早在1961年，施特勞斯即已憂心忡忡地指
出，〈兩種自由概念〉是自由主義危機的範本，因為伯林的自由
主義既接納絕對主義，也認可相對主義。[71] 羅爾斯在《政治自由主
義》（1993年初版）中修正了《正義論》的觀點，他認為，《正義
論》沒有考慮到理性多元主義的事實（the fact of reasonable
pluralism）。因此，《政治自由主義》的問題意識是，在理性多元
主義的情況下，穩定的正義社會如何可能？[72] 哈佛大學圖書館館
藏羅爾斯致伯林書信表明，早在1980年代，羅爾斯就已經接受了
伯林所揭櫫的多元主義理念，並已在思索如何建構一套以政治自
由主義為中心的理論框架，從而解決多元主義的價值衝突問
題。[73] 但是，羅爾斯的政治自由主義本質上是一種一元主義：價值
衝突問題有且只有一個答案，即政治正義觀念，而非整全性正義
觀念；[74] 價值衝突問題可以解決，其解決方式是兩種正義原則、

---

70 Adam Swift, *Political Philosophy: A Beginners' Guide for Students and Politicians*, Cambridge, UK: Polity, 2006, p. 51.

71 Strauss, "Relativism," pp. 135-157.

72 John Rawls, *Political Liberalism*（Expanded Edition）, New York: Columbia University Press, 2005, pp. xvii-xviii.

73 John Rawls, "Letter to Isaiah Berlin," Papers of John Rawls, Box 39, Folder 6, Harvard University Archives, Harvard University, June 10, 1983.

74 羅爾斯認為政治自由主義只是一種政治正義觀念，而不是唯一政治正義觀念。因此，他並不排除其他政治正義觀念的可能性。儘管可能有各種不同的政治正義觀念，但是，羅爾斯假定，只有政治正義觀念才能解決價值衝突問題。

公共理性與重疊共識等；價值衝突問題一旦解決，各種整全性學說就能和諧共存、和睦相處。政治自由主義（political liberalism）區別於整全性自由主義（comprehensive liberalism）的是，整全性自由主義在政治、道德、宗族等一切領域都主張自由價值的優先性，而政治自由主義則僅僅在政治領域主張自由價值的優先性。但是，一旦政治自由主義宣稱自由價值的優先性，政治自由主義即已踏入一元主義的深淵──政治自由主義高於其他一切整全性學說。如果政治自由主義承認多元主義，那麼，自由價值就不具有優先性。而如果政治自由主義主張自由價值的優先性，那麼，政治自由主義就是一種一元主義。[75]

75　台灣學者林火旺認為，羅爾斯的政治自由主義跟多元主義可以兼容。他的理由是，政治自由主義主張政治價值在政治領域的優先性，而不是主張政治價值在所有領域的優先性。而多元主義否定的是某種價值在所有領域的優先性，而不是某種價值在某些特殊領域的優先性。因此，政治自由主義與多元主義可以互相兼容。然而，問題的關鍵是，政治自由主義是否主張政治價值在所有政治領域的優先性？也就是說，政治自由主義允許政治價值在美國政治領域具有優先性，但是它是否同時允許其他國家在政治領域並不把政治價值視為優先價值？在國內政治層面，如果政治自由主義只是主張某國可以根據該國的特殊價值取向，而把政治價值視為優先價值，並且承認其他國家可以按照自己的價值取向否定政治價值的優先性，那麼，多元主義並不否定政治自由主義在某個特定領域的特殊價值排序。但是，在國際政治層面，如果政治自由主義主張所有不具有相同價值取向，但都面臨著理性多元主義事實的國家，都承認政治價值在政治領域的優先性，那麼，政治自由主義就走向了一元主義。關於林火旺的觀點，參林火旺，〈多元主義與政治自由主義〉（第五屆美國文學思想研討會），台北：中央研究院歐美研究所，1995。

結語

本章的主要意圖是，通過分析伯林與施特勞斯的思想爭論，從而歸納出兩種極權主義理論的雙重困境。根據伯林的一元主義極權主義理論，一元主義是極權主義的根源，而多元主義是極權主義的出路。而根據施特勞斯的相對主義極權主義理論，相對主義是極權主義的淵源，而絕對主義是極權主義的出路。

然而，施特勞斯卻批判伯林的多元主義是相對主義。伯林的多元主義在相對主義與絕對主義之間搖擺，因此，伯林的多元主義陷入了自相矛盾：多元主義既主張絕對主義，又主張相對主義。在施特勞斯看來，伯林的多元主義最終徹底拋棄絕對主義，完全走向相對主義。而在施特勞斯的政治哲學中，相對主義是極權主義的淵源，因此，伯林的多元主義潛藏著極權主義的危險。

而伯林卻批判施特勞斯的絕對主義是一元主義。施特勞斯意圖通過古典政治哲學中的絕對主義來矯正現代政治哲學中的相對主義，然而，在伯林的思想中，絕對主義本身危機重重。絕對主義正是伯林畢生矛頭所向的一元主義，而一元主義是極權主義的思想根源，因此，施特勞斯的絕對主義隱含著極權主義的危險。

正是如此，兩種極權主義理論陷入了雙重困境：一元主義極權主義的困境是，一元主義與多元主義都蘊含著極權主義的危險；而相對主義極權主義的困境是，相對主義與絕對主義都隱藏著極權主義的危險。

如果兩種極權主義理論面臨著雙重困境，那麼，我們應該何去何從呢？第四章與第五章將嘗試著回答這個問題。第四章要論證的是，伯林的多元主義不是相對主義。而第五章要論證的是，伯林的多元主義不是絕對主義。因此，多元主義是相對主義與絕對主義夾縫之間的中間道路。但是，多元主義的中間道路既不同於相對主義，也不同於絕對主義。在這個意義上，多元主義的中間道路是相對主義與絕對主義之外的第三種立場。[76]而根據第一章的觀點，多元主義與一元主義截然相反，因此，多元主義不是一元主義。一言以蔽之，正是因為多元主義不是相對主義，也不是絕對主義，更不是一元主義，所以，多元主義是兩種極權主義理論所面臨的雙重困境的最終出路。

---

76 胡傳勝亦有類似觀點，他指出多元主義是一元主義與相對主義之間的中道。胡傳勝的判斷非常敏銳，然而遺憾的是，他並沒有詳細論證這個觀點。參胡傳勝，《自由的幻象：伯林思想研究》，南京：南京大學出版社，2001，頁203、235。

第四章

多元主義與相對主義

伯林與施特勞斯的公開交鋒

Strauss radically misunderstood my position.[1]

Pluralism is not relativism.[2]

——Isaiah Berlin

1976年，伯林出版其著作《維柯與赫爾德》。在其中，伯林數度把維柯與赫爾德視為相對主義者，並且把維柯與赫爾德的多元主義等同於相對主義。[3]同年11月11日，伯林友人莫米利亞諾在《紐約書評》發表《維柯與赫爾德》的書評。在這篇書評中，莫米利亞諾批評道，除非伯林竭盡全力「調和民族傳統與普遍價值」，否則，伯林的文化多元主義必將導致道德相對主義。[4]

1980年，伯林刊發了一篇至關重要的論文〈評注十八世紀歐洲思想中所謂的相對主義〉（"Note on Alleged Relativism in Eighteenth-Century European Thought"），以此來回應莫米利亞諾的批評。[5]此文的修訂版〈十八世紀歐洲思想中所謂的相對主義〉（"Alleged Relativism in Eighteenth-Century European Thought"）後來重刊於伯林的論文集《扭曲的人性之材》（*The Crooked Timber*

1　Isaiah Berlin, "Letter to Harry Jaffa（May 24, 1992），" MS. Berlin 228, Folios 265-266, Bodleian Library, Oxford University, May 24, 1992, p. 265.

2　Berlin, *The Power of Ideas*, p. 12.

3　Berlin, *Vico and Herder*, pp. 77, 174, 208, 209, 211, 214.相應的表述亦可在此書的增訂版《啟蒙運動的三個批評者》中找到，see Berlin, *Three Critics of the Enlightenment*, pp. 98, 198, 234, 235, 237, 240.在《反潮流》中，伯林亦把維柯的多元主義視為相對主義，see Berlin, *Against the Current*, p. 103.

4　Momigliano, "On the Pioneer Trail."

5　Isaiah Berlin, "Note on Alleged Relativism in Eighteenth Century European Thought," *Journal for Eighteenth-Century Studies*, Vol. 3, No. 2, 1980, pp. 89-106.

of Humanity）中。[6]在這篇論文中，伯林坦承自己從前確實把維柯與赫爾德視為相對主義者，但是在閱讀了莫米利亞諾的書評之後，他意識到自己犯了一個嚴重的錯誤。十八世紀根本沒有相對主義者，[7]相對主義實際上發軔於十九世紀。因此，他希望通過這篇論文來修正自己的觀點。正是出於這樣的意圖，伯林在文中明確指出維柯與赫爾德不是相對主義者，而且維柯與赫爾德的多元主義也不是相對主義。[8]

1996年，伯林在後來增訂出版的《啟蒙運動的三個批評者》中進一步澄清多元主義與相對主義之間的區別：「實質上，在目前這篇赫爾德研究中，我有時使用的『相對主義』，並不是這個術語通常所理解的意思，即一種倫理主觀主義或認識論主觀主義（ethical or epistemological subjectivism），而是我在其他地方所指的客觀多元主義（objective pluralism），客觀多元主義可以洗脫任何主觀主義的汙名（我希望這樣會表達得更加清楚）。」[9]儘管伯林在《維柯與赫爾德》中使用了「相對主義」這個術語，但是，他所謂的相對主義並不是主觀主義意義上的相對主義，而是跟主觀主義毫不相干的「客觀多元主義」。正是因為伯林在術語使用上的混亂與不嚴謹，所以莫米利亞諾才誤解伯林的多元主義是相對

6　Berlin, *The Crooked Timber of Humanity*, pp. 70-90.

7　Berlin and Jahanbegloo, *Conversations with Isaiah Berlin*, p. 107.

8　請特別參考伯林為回應莫米利亞諾而做出的說明，Berlin, *The Crooked Timber of Humanity*, pp. 76-77.

9　Berlin, *Three Critics of the Enlightenment*, p. 198.《啟蒙運動的三個批評者》是《維柯與赫爾德》與《北方的巫師》兩書的合輯。《北方的巫師》討論的是哈曼（Johann Georg Hamann）的思想，see Isaiah Berlin, *The Magus of the North*, London: John Murray, 1993.

主義。

不止於此，類似的學術誤解也發生在伯林與施特勞斯之間。早在1961年，施特勞斯就從伯林的〈兩種自由概念〉中覺察到了伯林的相對主義苗頭。正是基於這樣的判斷，施特勞斯才憂心忡忡地發生警告：伯林的〈兩種自由概念〉是「自由主義危機的範本」。伯林的自由主義之所以會發生危機，是因為伯林的自由主義拋棄了絕對主義，從而走向相對主義。[10]而在施特勞斯的眼中，自由主義的相對主義是二十世紀極權主義的根源。因此，伯林的自由主義暗藏著極權主義的危險，這就是施特勞斯所謂的自由主義危機。

然而，伯林晚年似乎對施特勞斯的批評不以為然，甚至有點不屑一顧。其實，伯林並非真的對施特勞斯的批評緘默不語，他早在散亂各處的文章中對相對主義問題做出了系統的分析與有力的回答。〈十八世紀歐洲思想中所謂的相對主義〉等論文既可以用來回應莫米利亞諾的批評，也可以用來反駁施特勞斯的批判。而且，如果伯林在〈兩種自由概念〉中所流露的相對主義傾向，確實不是施特勞斯所理解的相對主義，而是伯林所理解的客觀多元主義，那麼，伯林所謂的多元主義就不是施特勞斯所謂的相對主義。這樣，我們就不難理解伯林何以會斬釘截鐵地反駁其批評者：「我不是一個相對主義者，」而且，「多元主義不是相對主義。」[11]倘若伯林的自我澄清能夠自圓其說，那麼，施特勞斯的批

10　Strauss, "Relativism," p. 17.

11　Berlin, *The Power of Ideas*, pp. 11, 12.正如格雷所言：「如果伯林是一個相對主義者，那麼，自由主義就沒有特殊的權威。」意即，如果伯林是一位自由主義者，那麼，伯林就不可能主張相對主義。Gray, *Isaiah Berlin*, p. 150.

判就站不住腳了。

　　為了論證伯林的多元主義不是相對主義，本章將以〈十八世紀歐洲思想中所謂的相對主義〉等相關論文為中心，系統考察伯林的反相對主義論述。本章的論證脈絡將採取兩條路徑來展開：第一條路徑是伯林文本中明言的論證。伯林認為相對主義的主要特徵是主觀性與不可理解性，而多元主義的核心特徵卻是客觀性與可理解性，因此，多元主義不是相對主義。第二條路徑是伯林文本中隱含的論證。施特勞斯所理解的相對主義的主要特徵，不是伯林所謂的主觀性與不可理解性，而是主觀性、特殊性與不可評價性三者的統一。而伯林所謂的多元主義的核心特徵，不僅包括客觀性與可理解性，還包含普遍性與可評價性，因此，伯林的多元主義不是相對主義。[12]

第一節　客觀性與可理解性：伯林的明確回應

　　1992年，伯林讀罷施特勞斯的〈相對主義〉，直言不諱地澄清道：「施特勞斯從根本上誤解了我的立場，這對我來說再清楚不過了。我既不是一個相對主義者，也不是（按照他對相對主義者的理解）一個歷史主義者，並且從來都不是。」儘管如此，伯林並不打算系統回應施特勞斯的相對主義指控。然而，伯林的沉默並非毫無理由。在伯林看來，即便他對此做出回應，他的回應

12　本章的核心內容最初以〈多元主義與相對主義：伯林與施特勞斯的思想爭論〉為題發表於《學術月刊》。儘管本章對該文做出了大幅度修正與潤飾，但是，本章的核心觀點與該文的核心觀點依舊是一致的。參馬華靈，〈多元主義與相對主義：伯林與施特勞斯的思想爭論〉，頁32-40。

也不可能說服施特勞斯的眾多弟子。並且，對於那些跟伯林的立場大體一致的人們而言，他的回應也沒有什麼新意。實際上，他早就在許多論文中言明了多元主義與相對主義之間的區別。因此，伯林認為，凡是熟悉其思想的讀者都會明白「我的立場是什麼，我的依據是什麼，施特勞斯在什麼地方誤解我了」。正是出於這樣的考慮，伯林覺得自己再也無須為此浪費唇舌了，因為該說的都已經說了。[13]

那麼，伯林到底說了什麼呢？他在這些論文中如何區分多元主義與相對主義呢？本節將以這些論文為中心，重點討論伯林文本中明言的第一條路徑，即以客觀性與可理解性為基礎的反相對主義路徑。根據這條反相對主義路徑，以客觀性與可理解性為核心特徵的多元主義，不可能是以主觀性與不可理解性為主要特徵的相對主義。為此，本節將分為兩個部分：第一部分闡釋伯林所理解的相對主義。在伯林的論述中，主觀性與不可理解性是相對主義的主要特徵，而特殊性與不可評價性是相對主義的次要特徵。因此，伯林並沒有特別重視特殊性與不可評價性，反而把大部分目光都聚焦於主觀性與不可理解性之上。第二部分論證伯林的多元主義不是相對主義。伯林認為相對主義的主要特徵是主觀性與不可理解性特徵，而多元主義卻具有客觀性與可理解性的特徵。因此，多元主義絕對不是相對主義。而由於伯林沒有強調相對主義的特殊性與不可評價性特徵，所以，他並沒有特別針對這兩個特徵進行詳細的討論。

13　Berlin, "Letter to Harry Jaffa (May 24, 1992)," p. 265.

一、主觀性與不可理解性：伯林的相對主義觀念

在伯林看來，相對主義有兩種版本。第一種是強勢版本的相對主義（stronger version of relativism），由於這種相對主義以事實判斷（judgements of fact）為核心，所以，伯林稱之為「關於事實判斷的相對主義」（relativism of judgements of fact），抑或「事實相對主義」（relativism of fact）。[14]事實相對主義的主要觀點是，我們無法獲取客觀的事實知識（objective knowledge of facts）。「因為一切信念都被其在社會系統中的位置所決定，因而有意無意被理論家抑或其所屬的團體或階級的利益所決定。」[15]如果事實知識取決於個體利益或群體利益，那麼，所有事實知識都是個體利益或群體利益的體現。而每個個體都有每個個體的利益，同樣，每個群體都有每個群體的利益，如此，每個個體都有每個個體的事實知識，每個群體也有每個群體的事實知識。在這個意義上，所有事實知識都是主觀的，而不是客觀的。

第二種是弱勢版本的相對主義（weaker version of relativism），由於這種相對主義以價值判斷（judgements of values）為核心，所以，伯林稱之為「關於價值判斷的相對主義」（relativism of judgements of values），抑或「價值相對主義」（relativism of values）。[16]價值相對主義的思想淵源是德意志浪漫非理性主義、叔

---

14 「關於事實判斷的相對主義」來自伯林的文本，但是「事實相對主義」卻不是伯林本人的用語。由於伯林把關於價值判斷的相對主義稱為「價值相對主義」（relativism of values），所以，我們也可以依此把關於事實判斷的相對主義簡稱為「事實相對主義」。Berlin, *The Crooked Timber of Humanity*, p. 74.

15 Ibid.

16 「關於價值判斷的相對主義」與「價值相對主義」都是伯林本人所使用的術

本華與尼采的形而上學等。[17]其基本主張是，我們無法獲取客觀的價值知識。[18]在價值相對主義的視域中，所有價值都被其所在的歷史、文化、地域、個體等因素所決定，因此，所有價值都是主觀的，所有價值都是相對的。每一個時代有每一個時代的價值觀，每一種文化有每一種文化的價值觀，每一個地域有每一個地域的價值觀，每一個個體有每一個個體的價值觀。這樣，客觀的價值知識就不存在，存在的只是各種各樣主觀的價值知識。

事實相對主義與價值相對主義的共同之處是，兩者都否定客觀性。在這個意義上，否定客觀性是相對主義的關鍵特徵。也正是因為兩者都否定客觀性，所以，兩者才成其為相對主義。而事實相對主義與價值相對主義的不同之處是：第一，儘管兩者都否定客觀性，但是，兩者所否定的內容是有差異的。事實相對主義所否定的是客觀的事實知識，而價值相對主義所否定的是客觀的價值知識。第二，儘管價值相對主義否定客觀的價值知識，但是，它並不否定客觀的事實知識。因為人類的經驗足以證明，自然科學或者某個特殊群體可以獲取客觀的事實知識。[19]

而在伯林的文本中，伯林所要討論的不是事實相對主義，而是價值相對主義。因為學者們批評伯林的多元主義是相對主義，不是批評多元主義主張事實相對主義，而是批評多元主義主張價值相對主義。在這個意義上，如果伯林要撇清自己的多元主義與價值相對主義之間的瓜葛，那麼，他必須論證多元主義不是價值

語，see ibid., pp. 74, 80, 87.

17　Ibid., p. 77.

18　Ibid., pp. 74, 81. Berlin, *Liberty*, p. 146.

19　Berlin, *The Crooked Timber of Humanity*, pp. 74, 81. Berlin, *Liberty*, p. 146.

相對主義。正是這樣，伯林所論述的主題僅限於價值相對主義。

　　而在價值相對主義中，伯林的文本中又蘊含著另外兩種類型的相對主義：文化相對主義（cultural relativism）與歷史相對主義（historical relativism）。文化相對主義具有所有價值相對主義的共性，即否定客觀價值（objective values）的存在。接著，伯林指出，「最極端版本的文化相對主義強調文化之間的巨大差異，並主張一種文化無法著手理解（understand）其他文明所遵守的事物──只能描述他們的行為，不能描述行為的目的或意義，就像某些早期人類學家描述原始社會中的行為一樣。」[20]基於此，文化相對主義具有兩個重要特徵：第一個特徵是主觀性（subjectivity），即所有價值都是主觀價值，客觀價值是不存在的。所有價值相對主義都否定客觀價值，而文化相對主義是價值相對主義的一種，所以，文化相對主義的主觀性特徵來自於價值相對主義。第二個特徵是不可理解性（intelligibility），即每一種文化共同體中的成員都只能理解其自身的價值，而無法理解異質文化的異質價值。要理解某種行為，必須知曉行為背後的動機與意圖，抑或瞭解行為背後的意義。而異質文化的異質價值之所以無法理解，是因為各種文化之間的差異實在太大，以至於超過了人類的通常理解能力。正是這樣，我們只能描述行為，而無法理解行為。

　　關於歷史相對主義，伯林言道：「在最著名的那種現代歷史相對主義中居於中心地位的是如下觀念，即人類完全被其傳統、文化、階級或代際束縛於特殊（particular）的態度或價值尺度之上，而這使其他觀點（outlooks）或理想顯得怪異，有時甚至不可理解（unintelligible）；如果我們承認這類觀點（outlooks）的存

20　Berlin, *The Crooked Timber of Humanity*, p. 81.

在，那麼，這將不可避免地導致我們對客觀的標準（objective standards）產生懷疑，因為我們去問這些觀點中哪一個是正確的，變得毫無意義了。」[21] 在這段論述中，歷史相對主義蘊含著四大特徵。第一個特徵是特殊性（particularity），即所有價值都被其所在的傳統、文化、階級或代際所決定，因此，所有價值都是特殊價值。第二個特徵是不可理解性，即所有特殊價值都被各種傳統、文化、階級或代際所束縛，因此，人類無法相互理解對方視域中的特殊價值。第三個特徵是主觀性，即如果所有價值都是特殊價值，那麼，價值判斷的標準就是主觀的，而不是客觀的。第四個特徵是不可評價性（incapability of value judgments），即如果價值判斷的標準是主觀的，那麼，我們就無法判斷各種異質價值中的哪一種是正確的價值，哪一種是錯誤的價值。

不管文化相對主義與歷史相對主義的具體內涵是什麼，在伯林的論域中，兩者都具有兩個共同特徵，即主觀性與不可理解性。那麼，一般意義上的價值相對主義到底具有怎樣的特徵呢？在伯林的文本中，一般意義上的價值相對主義跟特殊意義上的歷史相對主義一樣也具有四大特徵，即特殊性、主觀性、不可理解性與不可評價性。價值相對主義的四大特徵，實際上根源於價值相對主義的核心預設，即所有價值都被歷史、文化、地域、階級、民族、種族、個體、群體、出身、地位、性別、語言、性情與環境等各種因素所決定。伯林文本中所討論的價值相對主義特徵，本質上都是這個核心預設的衍生與延伸。正是因為所有價值都被這些因素所決定，所以，所有價值都是特殊價值與主觀價值，並且，人類無法理解與評價異質價值。但是，在伯林的相對

21　Ibid., p. 82.

主義論述中，主觀性與不可理解性是伯林重點強調的兩個特徵，而特殊性與不可評價性只是處於相對次要的從屬地位。因此，就伯林的討論而言，主觀性與不可理解性是價值相對主義的主要特徵，而特殊性與不可評價性是價值相對主義的次要特徵。

　　價值相對主義的第一個特徵是特殊性，即所有價值都是特殊價值，沒有什麼普遍價值。在伯林的視野中，價值相對主義者不僅包括歷史主義者，而且也包括如下觀點的主張者，即「個體或群體的觀念與態度必定被各種不同的決定性因素所決定，例如他們在其社會不斷演化的社會結構中所處的地位、或者生產關係、抑或遺傳學、心理學及其他原因」。[22]我們的價值之所以被我們周遭的各種因素所決定，是因為「我們是自然或環境的產物，抑或我們是歷史的產物，而這影響了我們的性情、我們的判斷與我們的準則」。[23]根據伯林的理解，價值相對主義的邏輯是，環境與歷史塑造了我們，同時也塑造了我們的價值觀，因此，我們的價值觀被我們的環境與歷史所決定。如果我們的價值觀被我們的環境與歷史所決定，那麼，有什麼樣的環境與歷史，就有什麼樣的價值觀。在這個意義上，所有價值都是特殊的環境與特殊的歷史所產生的特殊價值。正是這樣，價值相對主義者認為，我們「無法找到普遍的規則」。[24]同理，普遍價值在人世間也不可能存在。普遍價值預設了超越特殊的環境與歷史的可能性，而價值相對主義卻假定所有價值都被特殊的環境與歷史所決定。如果所有價值都被束縛在特殊的環境與歷史中，那麼，所有價值都不可能超越它

22　Ibid., p. 77.

23　Berlin, *Liberty*, p. 146.

24　Berlin, *The Crooked Timber of Humanity*, p. 71.

們所在的特殊環境與歷史。因此，所有價值都是特殊價值，普遍價值是不可能的。

　　第二個特徵是主觀性，即所有價值都是主觀的與相對的，客觀價值並不存在。在伯林看來，所有版本的價值相對主義都主張「客觀價值是不存在的」。[25]而且，價值相對主義的核心內容是「質疑關於過去的客觀知識的可能性」。為什麼客觀知識不可能呢？因為我們的特殊文化決定了我們的特殊價值，而我們的特殊價值繼而又決定我們不可能有客觀的知識。[26]具體而言，由於我們的歷史、文化、階級、民族、種族、性別、語言與環境等各種因素塑造了我們的價值，所以，所有價值都是相對於我們的歷史、文化、階級、民族、種族、性別、語言與環境等各種因素來說的。基於此，相對主義主張，所有價值都是主觀的。

　　依據伯林之言，價值相對主義「淵源於如下觀點，即人類的觀點必定被他們通常沒有意識到的力量所決定，例如叔本華的非理性宇宙力量；馬克思的階級支配下的道德（class-bound morality）；佛洛伊德的無意識驅動力；社會人類學家的各種無法調和的習慣與信仰的綜合，這些習慣與信仰被人們在很大程度上無法控制的環境所決定。」[27]當然，人類沒有意識到的力量還包括歷史、文化、種族、性別、語言與環境等各種因素。基於此，一個時代有一個時代的價值，一個地方有一個地方的價值。即便某種價值在某個時代獲得了認可，也可能在另一個時代被人們所否定。同樣，即便某種價值在某個地方遭到了批判，亦有可能在另

25　Ibid., p. 81.

26　Ibid., p. 77.

27　Ibid., p. 78.

一個地方為人們所尊重。在這個意義上，所有價值都不是永恆的，而是變動的。正是如此，其邏輯結果是，「一切判斷都是相對的，一切評價都是主觀的」[28]，易言之，「所有客觀性都是主觀的，都是相對於其自身所處的時空而言的；一個思想繁榮的時代所具有的所有真實性與可靠性以及所有洞見與天賦，都只是相對於其自身的『輿論氛圍』而言的。無物永恆，一切皆流。」[29]

第三個特徵是不可理解性，即某個共同體的成員無法理解另一個共同體的異質價值；某個時代中人無法理解另一個時代的異質價值；某個個體也無法理解另一個個體的異質價值。要而言之，人類無法理解不同文化、不同時代與不同個體的異質價值。人類之所以無法理解異質價值，是因為人類的價值被其所在的歷史、文化、種族、地域等因素所決定。一種文化中的諸種價值封閉於其自身的文化視域之中，因而無法理解另一種完全不同的文化視域中的異質價值。

在伯林看來，價值相對主義所能言的只能是：「我愛喝咖啡，你愛喝香檳。我們有不同的品味。此外我們再也無法說什麼了。」[30]我愛喝咖啡，是因為我的特殊偏好；而你愛喝香檳，也是源於你的特殊偏好。在你我各自的成長歷程中，我們生活周圍的各種因素疊加在一起，綜合塑造了我們獨特的飲食習慣與休閒方式，最終，我們各自形成了「愛喝咖啡」與「愛喝香檳」的口味與偏好。價值相對主義宣稱，在這兩種特殊的偏好之間，沒有什

28　Berlin, *Liberty*, p. 146.

29　Ibid., p. 147.

30　Berlin, *The Crooked Timber of Humanity*, p. 11. 類似的表述，亦可參見Berlin and Jahanbegloo, *Conversations with Isaiah Berlin*, p. 107. Berlin, *The Power of Ideas*, pp. 11-12.

麼共通的東西使我們能夠互相理解。你無法理解我為什麼愛喝咖啡，正如我無法理解你為什麼愛喝香檳。我無法穿透你的心靈來把握你愛喝香檳的理由，你也無法走進我的世界來理解我愛喝咖啡的成因。

伯林曾以一個形象的隱喻來說明文化相對主義的不可理解性，這個隱喻同樣可以用來描述價值相對主義。根據伯林的描述，人類猶如囚徒被拘禁於各種「沒有窗戶的房間」（windowless boxes）之中，這些房間之間密不透風，沒有出路。[31]因此，我們不可能走出一個房間，去瞭解另一個房間的狀況。同樣，另一個房間中的人們也不可能來到我們的房間，從而觀察我們的動靜。正是這樣，我們不可能理解他們，正如他們也不可能理解我們。在這裡，「沒有窗戶的房間」意指文化、歷史、種族、階級、個體等各種因素。基於這樣的隱喻，人類的價值被文化、歷史、種族、階級、個體等各種因素所束縛，從而無法超越這些因素來理解各種截然不同的異質價值。在這個意義上，我不能理解你愛喝香檳的喜好，你也不能理解我愛喝咖啡的偏好。

第四個特徵是不可評價性，即人類無法客觀評價不同文化、不同時代與不同個體的異質價值。我們既不能判斷異質價值的真偽，也無法判定異質價值的是非。異質價值的真偽與是非相對於其所在的歷史、文化、地域與環境等因素而言。一旦超出其所在的歷史、文化、地域與環境等因素，價值判斷就不可能了。不可評價性與不可理解性依據於相同的理論預設，正是因為人類的價值被文化、歷史、地域、環境等各種因素所束縛，所以人類無法超越這些因素來評價各種形形色色的異質價值。從價值相對主義

31　Berlin, *The Crooked Timber of Humanity*, pp. 60, 85.

的核心預設可以推導出所有價值的特殊性與主觀性，而從所有價值的特殊性與主觀性可以推導出價值之間的不可理解性與不可評價性。

在伯林的眼中，相對主義的觀點是：「由於個體或群體的判斷是一種品味、一種道德態度或道德觀點的表達或陳述，個體或群體的判斷就是該個體或群體的判斷，沒有什麼客觀的關聯物可以決定這種判斷的真偽。我喜歡山川，而你卻不喜歡；我熱愛歷史，而他卻認為歷史就是一派胡言：歷史全都取決於個體的觀點。由此得出，在這些假設之上言說真偽簡直毫無意義。」[32]同樣，如果「所有標準都是相對的」，那麼，「歷史中的任何個體都不能被正當地判定為無辜的或罪惡的，因為他被如此描述所依據的價值是主觀的，這些價值來源於自我利益、階級利益、一種文化的一個過往階段抑或其他類似的某些原因；因此，這種判決並不具有『客觀的』的法律地位，也不具有真正的權威。」[33]在這個意義上，伯林認為價值判斷不是客觀的，而是主觀的。

據此，相對主義宣稱，「我的價值是我的價值，你的價值是你的價值。如果我們的價值發生衝突，很糟糕的是，我們雙方都不能主張自己是正確的。」[34]在相對主義的視野中，價值判斷的不可能性淵源於價值判斷標準的相對性。如果價值判斷標準都是相對的，那麼，個體的是非善惡與價值的好壞對錯都是相對的。這樣，你有你的價值判斷標準，我有我的價值判斷標準。你我的不同價值判斷標準，都只是相對於你我各自所處的歷史、文化、地

32　Ibid., p. 80.

33　Berlin, *Liberty*, p. 153.

34　Berlin, *The Power of Ideas*, p. 13.

域與環境等因素而言而已。如此，我不能忽略這些因素而判斷你的善惡，你也不能遺忘這些因素而判斷我的是非；同樣，我不能超出這些限制性因素而評價你所主張的價值的好壞，你也不能跳出這些限制性因素而斷定我所讚賞的價值的對錯。於是，個體之間沒有是非善惡之分，價值之間也沒有好壞對錯之別。正是如此，伯林言道：「相對主義意味著，你愛喝加糖咖啡，而我愛喝無糖咖啡。我們無法確定哪一種是正確的。口味不同，價值也不同。」[35] 在這個意義上，伯林認為相對主義「摧毀了道德」本身。[36]

表面上看來，伯林對價值相對主義的討論似乎清晰而明確。而實際上，伯林的價值相對主義論述中存在著兩大混淆：第一，伯林混淆了歷史相對主義與文化相對主義；第二，伯林混淆了主觀主義與相對主義。為了更加清楚地呈現伯林的含糊不清之處，我們不妨先討論相對主義的基本含義，然後，再討論伯林思想中的這兩種混淆是如何產生的。

根據克里斯・斯沃伊爾（Chris Swoyer）的觀點，相對主義的公式是：「Y is relative to X」。其中，Y是因變量，指的是相對的內容（what is relative），例如思想、信念、道德、價值、知識、真理、事實等。而X是自變量，指的是相對的對象（relative to what），例如文化、語言、歷史、種族、性別、個體等因素。因此，Y隨著X的變化而變化，有什麼樣的X就有什麼樣的Y。而如何理解Y與X，就決定了我們如何理解相對主義。如果Y指的是事實，那麼這種相對主義指的是伯林所謂的事實相對主義。如果Y指的是價值，那麼這種相對主義指的是價值相對主義。如

35 Berlin and Jahanbegloo, *Conversations with Isaiah Berlin*, p. 107.

36 Berlin, *The Power of Ideas*, p. 211.

果 X 指的是文化，那麼它就是文化相對主義。如果 X 指的是歷史，它就是歷史相對主義或歷史主義（historical relativism or historicism）。[37]如果 X 指的是個體，那麼它就是主觀相對主義或主觀主義（subjective relativism or subjectivism）。在這個意義上，文化相對主義、歷史相對主義與主觀主義都是相對主義。不同的是，文化相對主義相對的是不同的文化，歷史主義相對的是不同的歷史，而主觀主義則相對於不同的個體。前兩者相對的都是人類的外部世界，而後者相對的是人類的內部世界，即人類的主觀情感、興趣、愛好等。[38]

　　根據相對主義的公式，我們可以非常清楚地看到伯林的兩大混淆的成因。第一，伯林混淆歷史相對主義與文化相對主義，是因為他誇大了歷史相對主義的內涵。在伯林的視野中，文化相對主義與歷史相對主義都屬於價值相對主義，但是，兩者之間略有差異。文化相對主義宣稱，所有價值都是相對於特殊的文化而言的；而歷史相對主義主張，所有價值都是相對於特殊的傳統、文化、階級或代際而言的。倘若伯林的論斷是正確的，那麼，歷史相對主義包含了文化相對主義，而這將使文化相對主義與歷史相對主義的區分變得毫無意義。

37　西方政治哲學中有兩種歷史主義：第一種是施特勞斯或伯林所謂的歷史主義，這種歷史主義實際上是相對主義的一種。第二種是波普爾所謂的歷史主義，即通過科學方法來獲得科學知識，從而預測人類歷史的未來。但是，這種歷史主義不是相對主義的一種，而是絕對主義的一種。關於波普爾的歷史主義定義，see Karl Popper, *The Poverty of Historicism*, Boston: The Beacon Press, 1957.

38　Chris Swoyer, "Relativism," （Winter 2010 Edition）In *Stanford Encyclopedia of Philosophy*, edited by Edward N. Zalta, 2010〔cited September 1 2013〕; available from http://plato.stanford.edu/entries/relativism/.

　　實際上，伯林的歷史相對主義定義，不是歷史相對主義的定義，而是一般意義上的價值相對主義定義。因此，伯林在某種程度上誇大了歷史相對主義的內涵。準確而言，歷史相對主義的定義是，所有價值都是相對於特殊的歷史而言的。正是這樣，「歷史主義者……主張，只有人類的思想與行動跟其所處的歷史語境相關，才能完全被人們所理解。」[39] 一旦超出其所處的歷史語境，那麼，思想與行動就變得無法理解了。也就是說，傳統、文化與階級都不能納入歷史相對主義的定義之中，否則，歷史相對主義就不是歷史相對主義，而是各種相對主義的雜糅。

　　第二，伯林混淆主觀主義與相對主義，是因為他把相對主義視為主觀主義的一種。在伯林的文本中，伯林時常把相對主義與主觀主義並置，似乎相對主義與主觀主義是一回事。[40] 相對主義與主觀主義到底是什麼關係呢？在《啟蒙運動的三個批評者》第198頁的腳注中，伯林清晰地說明了兩者之間的曖昧關係：相對主義通常被理解為「一種倫理主觀主義或認識論主觀主義」。此外，在該書第214頁腳注5中，伯林認為「相對主義……跟客觀進步的信仰互不兼容」。哪裡有客觀性，哪裡就沒有相對主義；反之，哪裡有相對主義，哪裡就沒有客觀性。[41] 而且，伯林在邏輯上暗含著這樣的推論，即從相對主義可以推出主觀主義。[42] 因此，

39　Berlin, *The Crooked Timber of Humanity*, p. 77.

40　Berlin, *Liberty*, pp. 146, 153. Berlin and Jahanbegloo, *Conversations with Isaiah Berlin*, p. 31. Berlin, *The Power of Ideas*, pp. 12, 211. Berlin, *The Crooked Timber of Humanity*, p. 87.

41　Berlin, *Three Critics of the Enlightenment*, pp. 198, 214.

42　伯林指出，由於人類是歷史與環境等因素的產物，所以歷史與環境等因素塑造了人類的價值。基於此，所有價值判斷都是相對與主觀的。正是這樣，伯

在伯林的心目中，相對主義是主觀主義的一種，並且，相對主義必然蘊含著主觀主義。

然而，主觀主義實際上是相對主義的一種，而不是相反。相對主義不僅僅包括主觀主義或主觀相對主義，還包括文化相對主義、歷史相對主義、道德相對主義、價值相對主義等各種形態的相對主義。因此，主觀性特徵是主觀主義的主要特徵，而不是所有價值相對主義的核心特徵。在這個意義上，伯林似乎混淆了文化相對主義、歷史相對主義與主觀主義。按照伯林的邏輯，如果相對主義特指主觀主義，那麼，伯林的相對主義定義就排除了文化相對主義與歷史相對主義。反過來，如果相對主義包括文化相對主義與歷史相對主義，那麼，相對主義就不是特指主觀主義，同樣，主觀性也不是相對主義的主要特徵。

例如在〈歷史的不可避免性〉（"Historical Inevitability"）之第六節中，伯林專門闡釋了相對主義的基本內涵，並且論證了多元主義與相對主義的重要差異。伯林認為相對主義的重要特徵是「一切判斷都是相對的，一切評價都是主觀的」，而多元主義則主張「我們的某些判斷無疑是相對的與主觀的，但是我們的其他判斷卻不是」。[43] 但是，他並沒有指出主觀主義是相對主義的一種，也沒有說明主觀主義與相對主義的區別。如果主觀主義是相對主義的一種，那麼，「相對的」就已經包括了「主觀的」含義。並且，「相對的」不僅指相對於個體而言，還指相對於文化、歷史、種族、語言等各種非主觀因素而言。而在伯林的文本語境中，「相對的」核心內涵似乎是「主觀的」。如此，伯林的相對主

林從相對主義推出了主觀主義。See Berlin, *Liberty*, p. 146.

43　Ibid., pp. 145-154.

義界定在某種程度上似乎就排除了文化相對主義與歷史相對主義。但是，伯林似乎並沒有注意到這一點，他依舊根據他的相對主義界定，在其他文本中區分並討論文化相對主義與歷史相對主義。

二、客觀性與可理解性：伯林的相對主義批判

伯林反駁相對主義的第一條路徑是其明言的路徑。根據伯林的觀點，主觀性與不可理解性是價值相對主義的主要特徵，而特殊性與不可評價性是價值相對主義的次要特徵。而伯林卻明確指出多元主義的核心特徵是客觀性與可理解性，因此，多元主義不是相對主義。然而，價值相對主義不是還具有特殊性與不可評價性特徵嗎？伯林如何對待這兩個次要特徵呢？儘管伯林在闡釋多元主義的客觀性與可理解性特徵的同時，也捎帶提及了多元主義的普遍性與可評價性特徵，但是，由於特殊性與不可評價性在他的相對主義梳理中並不占據核心地位，所以，伯林並沒有明確說明，多元主義的普遍性與可評價性特徵可以用來區分多元主義與相對主義。在這個意義上，多元主義的客觀性與可理解性特徵，是伯林反駁相對主義的明言路徑；而多元主義的普遍性與可評價性特徵，是伯林反駁相對主義的隱含路徑。本節將重點討論伯林反駁相對主義的明言路徑，而伯林反駁相對主義的隱含路徑將留待下一節討論。

正如伯林所說的，他所討論的相對主義特指價值相對主義，而不是事實相對主義。同樣，他所探討的多元主義也特指價值多元主義，而不是事實多元主義。在多元主義者的理路中，事實相對主義與事實多元主義說法本身就是有問題的。在事實領域，唯一具有說服力的立場是事實一元主義，這是毋庸置疑的。正是這

樣，真正的多元主義者，在事實領域主張事實一元主義，而在價值領域主張價值多元主義。同理，真正的多元主義本質上是事實一元主義與價值多元主義的統一。在伯林的文本中，維柯與赫爾德的多元主義立場就全面體現了兩者的統一。伯林言道：「關於事實真理問題，他們跟啟蒙運動是一致的：事實真理只有一個，而不是有許多，這對所有人來說都是普遍相同的（the same for all men universally），並且，這也得到理性人的認同……」因此，在維柯與赫爾德的視域中，事實一元主義是正確的，而事實多元主義與事實相對主義都是錯誤的。[44]在這個意義上，多元主義者與一元主義者的共同之處是，他們都贊成事實一元主義，反對事實多元主義與事實相對主義。而他們的不同之處是，一元主義者主張價值一元主義，而多元主義主張價值多元主義。正是如此，多元主義與一元主義之間的分歧，不是在事實領域，而是在價值領域。根據這樣的論斷，我們可以說，伯林的相對主義批判，實質上是以價值多元主義批判價值相對主義。

伯林反對相對主義的學術立場始終如一，初心不改，不管是在其學術生涯的早期，還是在其學術生涯的晚期。實際上，早在1961年施特勞斯發表〈相對主義〉批判伯林的相對主義傾向之前，而且也在1958年伯林發表〈兩種自由概念〉演講討論多元主義觀點之前，伯林就已經在1953年發表的著名論文〈歷史的不可避免性〉中專闢一節猛烈抨擊了相對主義的基本觀點。1976年，伯林在〈維柯與啟蒙運動〉（"Vico and the Ideal of the Enlightenment"）中也澄清了維柯不是相對主義者。[45]1980年代，伯林更是刊發了

44　Berlin, *The Crooked Timber of Humanity*, pp. 88-89.

45　Berlin, "Vico and the Ideal of the Enlightenment," pp. 640-653.

〈十八世紀歐洲思想中所謂的相對主義〉（1980年）、〈維柯與文化史〉（"Giambattista Vico and Cultural History"）（1983年）、〈理想的追求〉（1988）等一系列區分多元主義與相對主義的文章。[46]而在他的絕筆之作〈我的思想歷程〉中，伯林再次重申自己不是相對主義者。[47]從這些論文中可以看出，伯林的價值多元主義不可能是價值相對主義，否則，他也沒有必要花那麼大力氣反覆批判相對主義了。

根據價值相對主義的兩個主要特徵，伯林的相對主義批判分為兩個方面，即主觀性批判與不可理解性批判。伯林的主觀性批判與不可理解性批判，淵源於價值多元主義的兩個重要特徵：客觀性與可理解性。正是因為多元價值是客觀價值，所以，所有價值都是主觀價值的觀點是錯誤的；正是因為人類可以理解異質價值，所以，人類無法理解異質價值的觀點是荒謬的。由此可以推斷，伯林的價值多元主義不是價值相對主義。

價值多元主義的第一個特徵是客觀性（objectivity），即多元價值是客觀價值，不是主觀價值。根據伯林的觀點，價值相對主義主張客觀價值是不存在的，所有價值都是主觀價值。[48]而價值多元主義則宣稱多元價值是客觀價值，並非所有價值都是主觀價值。在伯林的相對主義批判中，客觀性特徵是多元主義區別於相對主義的首要原因。正是如此，在伯林看來，維柯與赫爾德思想中所蘊含的多元主義實質上就是伯林所謂的「客觀多元主義」。[49]

---

46 這些論文都重刊於《扭曲的人性之材》中，see Berlin, *The Crooked Timber of Humanity*, pp. 1-19, 49-90.

47 Berlin, *The Power of Ideas*, pp. 1-23.

48 Berlin, *The Crooked Timber of Humanity*, p. 81.

49 Berlin, *Three Critics of the Enlightenment*, p. 198.

　　在伯林的客觀多元主義思想中，多元價值首先是客觀價值，並且多元價值之間都是同等客觀的價值。對此，伯林毫不諱言：「多元價值（a plurality of values）」都是「同等真實，同等終極，並且首先是同等客觀的」。[50] 抑或，「不同社會與不同條件下的不同價值集合都具有同等的客觀有效性」。[51] 不僅如此，「客觀目的之間不可通約，並且有時互不兼容。」[52] 從中可以看出，多元價值的基本特徵是客觀性、真實性、終極性、平等性、不可通約性與互不兼容性，而且，客觀性是多元價值的首要特徵。這就是伯林所謂的客觀多元主義的核心主張。具體而言，「客觀目的有許多，即終極價值有許多。某些終極價值跟其他終極價值互不兼容。而且，各個時代的不同社會，同一個社會中的不同群體，所有階級、教會或種族，抑或它們之中的特定個體，都在追求終極價值。任何人都會發現自身遭遇到各種無法結合、但卻同等終極且同等客觀的目的之間互相衝突的主張。」[53] 在多元主義的敘述中，多元價值既是客觀價值，又是終極價值。而在相對主義的脈絡中，所謂的多元價值只不過是主觀價值，所謂的終極價值無非是短暫價值。因此，「多元主義……不是相對主義，更不必說主觀主義了。」[54]

　　多元價值是客觀價值的論斷，取決於「客觀」這個術語本身的有效性。按照相對主義的觀點，「客觀」與「主觀」的含義都是相對的，都是主觀的，這樣，客觀與主觀的對立本身就不存在

50　Berlin, *The Crooked Timber of Humanity*, pp. 79-80.

51　Ibid., p. 84.

52　Ibid., p. 87.

53　Ibid., pp. 79-80.

54　Ibid., p. 87.

了，甚至「客觀」與「主觀」這兩個術語都應該從人類的詞典中剔除出去。伯林指出，「如果任何事物都不是客觀的，如果客觀性在原則上是不可思議的，那麼，『主觀』與『客觀』的術語就不再是對立的，而是毫無意義的。因為一切互相關聯的事物都是同起同滅的。」[55] 沒有客觀，只有主觀，其邏輯結果是，客觀與主觀都將煙消雲散。如此，相對主義的所有價值都是主觀的說法本身也將一去不復返了。在這個意義上，「如果一切都是相對的、主觀的、偶然的、先見的……如果諸如『主觀』與『相對』、『偏見』（prejudiced）與『先見』（biased）之類的詞語，都不再是具有比較性（comparison）與對比性（contrast）的術語，即如果這些詞語都沒有隱含其本身的對立面的可能性，也就是隱含『客觀』（或至少『不那麼主觀』）抑或『毫無偏見』（或至少『沒有那麼多偏見』）的可能性，那麼，對於我們而言，這些詞語有什麼意義呢？用這些詞語來指稱一切，用這些詞語來作為絕對的術語，而不是互相關聯的術語，這是對其正常含義的一種浮誇性扭曲……」[56] 因此，在伯林看來，即便是相對主義者也不能否定「客觀」這個術語本身的有效性。如果「客觀」是一個無效的術語，那麼，「主觀」也是一個無效的術語。而如果「主觀」喪失了其本身的含義，那麼，相對主義者就無法描述其自身的主張。在這個意義上，無論如何，「客觀」是有效的術語。同理，客觀價值也是一種有效的表達，否則，主觀價值就是一種無效的表達，並且，相對主義者也不能宣稱所有價值都是主觀價值。

如果多元價值是客觀價值，那麼，客觀價值存在的理論依據

55　Berlin, *Liberty*, p. 153.

56　Ibid., p. 150.

是什麼呢？客觀價值存在的理論依據是伯林的人性觀。在〈我的思想歷程〉中，伯林言道：「多元價值（the multiple values）是客觀的，這是人性本質的一部分，而不是人類主觀想像的隨意創造。」[57]如果多元價值是人類主觀想像的結果，那麼，毫無疑問，多元價值是主觀價值。但是，伯林並不這樣認為。在他的心中，多元價值是人性的本質賦予的，因此，多元價值是客觀價值。那麼，人性的本質如何構成了客觀價值的基礎呢？對此，伯林做出了進一步說明：「我認為這些價值是客觀的——這就是說，它們的本性以及對它們的追求，是人之為人的組成部分，並且，這是一種客觀賦予。男人是男人，女人是女人，而不是貓狗桌椅，這個事實是客觀事實。這個客觀事實的一部分是，當人依舊是人時，人就會追求某些特定的價值，並且只追求這些價值。」[58]因此，「客觀的」意味著這些價值是人之為人的組成部分，是人之為人的本質，是一個正常人都會認可的東西，「它們被如此廣泛地接受，並且如此深深地扎根於人類的真實人性之中，以至於它們經過歷史的發展，如今已經成為我們所謂的正常人的本質組成部分。」[59]正常人是什麼意思呢？伯林解釋道：「當我說一個人是正常人的時候，我的意思部分是，他不會輕易破壞這些規則，而毫不顧忌他人的憎惡。」[60]因此，在伯林的視域中，人的本質與正常人的本質，都是客觀價值存在的基礎。人類不可能輕易放棄多元價值，否則他就不是一個正常人，甚至不是人類了。[61]

57　Berlin, *The Power of Ideas*, p. 12.

58　Ibid.

59　Berlin, *Liberty*, p. 210. Berlin, *The Power of Ideas*, p. 12.

60　Berlin, *Liberty*, p. 211.

61　高斯認為伯林混淆了價值的普遍性與價值的客觀性。價值客觀性意味著價值第二個特徵是可理解性（intelligibility），即不同文化、不同時代與不同個體之間的異質價值是可以互相理解的。不可否認，人類的多元價值是歷史、文化、民族、語言、種族、性別、環境等各種因素綜合作用下的產物。這些因素在一定程度上塑造、影響，甚至改變人類的多元價值。在這個意義上，多元價值與這些因素息息相關，密不可分。但是，這並不是說，多元價值被歷史、文化、民族、語言、種族、性別、環境等各種因素所決定。相對主義者認為，所有價值都被這些因素所決定。因而，人類無法超越這些因素，從而也無法理解不同時代、不同文化與不同個體所具有的異質價值。[62] 然而，多元主義則主張，多元價值只是受這些因素的影響，而不是被這些因素所決定。所以，人類完全可能超越這些因素，從而理解不同時代、不同文化與不同個體的異質價值。在伯林的眼中，即便我們不同意納粹主義的邪惡觀點，我們依舊可以通過某種方式來理解納粹主義的成因。[63] 正是基於這樣的判斷，伯林認為，多元主義與相對主義具有根本性區別。在多元主義者看來，相對主義的不可理解性主張是站不住腳的。

那麼，人類的互相理解是如何可能的呢？人類憑什麼去理解

世界是存在的，而大多數時間大多數地點的大多數人都追求某種價值（即價值的普遍性），並不意味著這種價值是客觀價值。例如所有人都追求幸福，但這並不代表幸福是客觀的。而且，大多數時間大多數地點的大多數人都追求某種價值，並不意味著這種價值是有價值的（worthy）。例如所有人可能都希望敵人遭殃，但是這並不代表這種欲望是有價值的。數百年前，幾乎所有人都認為性別不平等是合理的，但這並不代表性別不平等就是合理的。在這個意義上，價值的普遍性並不構成價值的客觀性。Gaus, *Contemporary Theories of Liberalism*, pp. 29-31.

62 Berlin, *The Power of Ideas*, p. 60.

63 Berlin and Jahanbegloo, *Conversations with Isaiah Berlin*, p. 38.

異質文化中的異質價值呢？更何況，異質價值跟我們的價值之間可能會產生激烈的衝突。伯林認為，理解異質文化中的異質價值需要一種特殊的人類官能（faculty）──「同理心」（empathy）。伯林的「同理心」概念來源於維柯與赫爾德，[64]維柯稱之為*fantasia*，[65]而赫爾德則稱之為*Einfühlen*。[66]簡單來說，同理心意即人同此心，心同此理，從而感同身受。它指的是一種特殊的想像性洞察能力（imaginative insight），或者想像性的同情理解能力（imaginative sympathy）。具體而言，同理心就是想像性地把自己置身於他人的歷史、文化、語言、民族、性別等語境之中，嘗試著進入他人的思想世界與情感世界之中，設身處地地想像他人在他自己的整個語境中是如何思考的，是如何看待各種問題的；他人的價值觀又是如何形成的，這些價值觀為什麼與我的價值觀不同。在這種想像性的洞察力基礎之上，我不是把你當作我自己，像我自己理解我自己一樣來理解你。相反，我把我自己當作你，像你自己理解你自己一樣去理解你。或者說，我嘗試用你的眼睛，而不是用我自己的眼睛來看你，以此來破譯（decipher）你的情感與思想世界中被你的整個語境加密了（enciphered）的隱秘信息。即便你所處的時代與文化語境與我的時代與文化語境截然不同，即便你我的價值觀激烈衝突，即便你是來自遠古的原始人，即便你是來自偏遠蠻荒之地的部落民族，只要我擁有足夠的

64　Berlin, *The Crooked Timber of Humanity*, pp. 49-69. Berlin, *The Power of Ideas*, pp. 53-67. Berlin, *Vico and Herder*. Berlin, "Vico and the Ideal of the Enlightenment." Berlin and Jahanbegloo, *Conversations with Isaiah Berlin*, pp. 37-38.

65　Berlin, *The Crooked Timber of Humanity*, pp. 62-64. Berlin, *The Power of Ideas*, p. 60.

66　Berlin, *Against the Current*, p. 10. Berlin and Jahanbegloo, *Conversations with Isaiah Berlin*, pp. 37-38.

想像力與充分的耐心，我就可以努力進入你的世界來理解你。如果這種理解是不可能的，那麼，過去就永遠僵死在過去，甚至人類學與歷史學這兩門學科也將從此消失。而更可怕的是，一切學術都將毫無意義，因為學術就是建立在這種想像性地理解他人的基礎之上的。此外，理解另一種文化中的價值並不代表認可這種文化中的價值，例如，我能夠設身處地地理解為什麼你會為了平等而犧牲自由，但是，這並不代表我認可你的這種觀點。或許在我看來，自由是不能以平等的名義來剝奪的，但這依舊不會妨礙我理解你，只要我有足夠的想像力。[67]

　　而且，要使人類的互相理解成為可能，理解者與被理解者之間必須有一座架通雙方心靈世界的橋梁。一個人可能有充分的同理心能力，但是，他可能依舊無法進入對方的心靈世界。因此，光有同理心的能力似乎並不足以使理解成為可能。例如，儘管一個中國人渴望理解一個英國人的裸體行為藝術，但是，由於他始終認為在公共場合裸體是一種違背道德的行為，所以，即便這個中國人有充分的同理心能力，他可能也無法理解這種行為藝術。在這種情況下，若要使同理心發生效力，我們就需要某種中介。這種中介就像一座橋梁，架通不同語境中的不同人群。那麼，這座橋梁到底何所指呢？伯林解釋道：「根據維柯的觀點，如果『人類』這個術語意味著什麼的話，那麼，所有這些人類都必定具有充分的共通之處，從而使理解成為可能。即通過充分的努力

67　Berlin, *The Crooked Timber of Humanity*, pp. 11, 60-62, 79-86. Berlin, *The Power of Ideas*, p. 12. Berlin, *Liberty*, pp. 147-152. Berlin and Jahanbegloo, *Conversations with Isaiah Berlin*, pp. 37-38. Berlin, "Vico and the Ideal of the Enlightenment," pp. 640-653. Berlin, "Reply to Robert Kocis," p. 390.

進行想像，從而理解這個世界對於居住於偏遠時空的造物來說是什麼樣子的，理解誰在踐行著儀式，誰在使用著詞彙，誰在創造著藝術作品。而這類儀式、詞彙與藝術作品都是人類自我表達的天然方式，人類嘗試理解並解釋自己所處的世界時都需要這些東西。」[68] 易言之，在伯林的思想中，若要使人類的互相理解成為可能，我們必須借助同理心。而要使同理心發生效力，我們必須依靠能夠架通兩個世界的橋梁，而這座橋梁就是伯林所謂的共通之處。人類的共通之處猶如機器中的馬達，只有人類具有某些共通之處，人類的同理心才能真正啟動，人類的互相理解才能真正開始。因此，問題的關鍵是發動這個馬達，啟動人類的共通之處，從而嘗試拋棄一開始所抱有的偏見。只有這樣，這個中國人才能理解英國人的裸體行為藝術。

那麼，何謂共通之處呢？在伯林的價值多元主義思想中，人性既有不同之處，也有共通之處。儘管人性千差萬別，各不相同，但是，只要人類依舊是人類，人性就必定具有某些共通之處。人性的共通之處，就是伯林所謂的「共通人性」（common human nature）。[69] 伯林明確指出，「客觀目的之間可能互不兼容，但是，

68　Berlin, *The Crooked Timber of Humanity*, p. 60.

69　在施特勞斯的語境中，為了使 nature 與 human nature 具有一致性，human nature 被筆者翻譯為人類自然。然而，在伯林的語境中，我們沒有必要繼續使用同樣的翻譯。因為使用同樣的翻譯可能造成誤解，讓人無法理解人類的自然到底何所指。不過，必須要注意的是，儘管此處按照通譯翻譯為人性，但是此處所謂的人性與施特勞斯語境中的人類自然是同一個詞語。在伯林的文本中，共通的人性有不同的英文表達方式。伯林有時使用 common human nature，有時使用 common nature。儘管共通的人性在英文表達上存在著這種差異，但是其基本含義卻是一致的。See Isaiah Berlin, "A Letter on Human Nature," *The New York Review of Books*, September 23, 2004. Berlin, *The Power*

這些目的的多樣性不可能是無限的，因為不管人性如何多種多樣，也不管人性怎樣千變萬化，如果人類真的可以被稱為人類的話，那麼，人性就必定具有某種屬性特徵（generic character）。」[70] 人性所具有的這種屬性特徵，是人之為人都應該具有的基本特徵，因此，它是伯林思想中的共通人性。

　　共通人性在伯林的文本中具有舉足輕重的地位，它是人類之間得以互相理解的前提條件。共通的人性使人類具有某些共通的「基本範疇」（basic categories）、「人類的基本目標」（basic human goals）、「共通的基礎」（common ground）、「共通的視域」（common horizon）以及「共通的價值」（common values），[71] 從而充當了人類之間互相理解的橋梁。為了表述的方便，不妨把這些共通之物總稱為「共通的視域」。在這個意義上，共通的人性賦予人類共通的視域，而共通的視域賦予人類互相理解的可能性。伯林指出，即便「其他文明的『相對主義』與『主觀主義』，也無法阻止我們享有各種共通的假設（common assumptions）」，而「這種共通的基礎（common ground）是⋯⋯客觀的，它使我們能夠確定，其他人也是人，其他文明也是開化的」。這個共通的基礎使我們能夠互相理解，互相溝通。「如果這個共通的基礎坍塌了，那麼，我們就無法理解了，並且根據這個假設，我們將誤判。」[72]

---

of Ideas, pp. 8, 9. 諾曼・科爾斯（Norman Coles）對伯林的人性觀與共通人性觀做出了非常詳細的解讀，see Norman Coles, *Human Nature and Human Values: Interpreting Isaiah Berlin*, East Sussex: Egerton House Publishing, 2004.

70　Berlin, *The Crooked Timber of Humanity*, pp. 79-80.

71　Berlin, *Liberty*, pp. 148-152. Berlin, *The Power of Ideas*, pp. 9, 12. Berlin, *The Roots of Romanticism*, pp. 145-146.

72　Berlin, *Liberty*, p. 152.

從中可以看出，共通的假設與共通的基礎是互相理解的基礎。對此，伯林進一步解釋道：「不同時空中的文化之所以能夠互相溝通（intercommunication），正是因為使人之所以為人的事物對人類來說都是共通的（common），而且，這種共通之物扮演著人類之間的橋梁的作用。」[73] 也就是說，共通之物是互相溝通的前提。而要互相溝通，必須能夠互相理解。因此，共通之物是互相理解的前提。正是這樣，伯林主張，共通的人性是人之所以為人的核心組成部分。只要人還是人，人類就互相分享著這份共通的人性。如此，通過共通的人性以及建立在共通人性基礎之上的共通視域，人類的同理心得以穿越不同時空的不同文化壁壘，最終使人類之間的互相理解成為可能。

因此，伯林不是相對主義者，伯林的多元主義也不是相對主義。從伯林的明言路徑可以看出，多元主義與相對主義的區別主要在於兩個方面。第一，根據相對主義的觀點，所有價值都是主觀價值。然而，根據伯林的多元主義，多元價值是客觀價值，並且客觀價值存在的理論基礎是伯林的人性觀。第二，根據相對主義的觀點，人類無法理解異質文化中的異質價值。但是，根據伯林的多元主義，通過共通的人性與共通的視域所建築的心靈橋梁，人類可以借助同理心來理解異質文化中的異質價值。

第二節　普遍性與可評價性：伯林的隱含回應

伯林之所以認為多元主義不是相對主義，是因為相對主義的主要特徵是主觀性與不可理解性，而多元主義的核心特徵是

73　Berlin, *The Crooked Timber of Humanity*, p. 11. Berlin, *The Power of Ideas*, p. 8.

客觀性與可理解性。但是，伯林的這種論證並沒有使他擺脫相
對主義的嫌疑。因為主觀性只是主觀相對主義的核心特徵，而
不是所有相對主義的主要特徵。同樣，不可理解性只是認識相
對主義（cognitive relativism）抑或伯林所謂的認識論主觀主義
（epistemological subjectivism）的核心特徵，而不是所有相對主義
的主要特徵。[74]正是如此，儘管伯林的多元主義可以擺脫主觀相對
主義與認識相對主義的嫌疑，但卻無法擺脫其他某種相對主義的
嫌疑，尤其是無法擺脫價值相對主義的嫌疑。而在伯林與施特勞
斯的論述中，相對主義主要指價值相對主義。如果伯林的價值多
元主義依舊可能滑入價值相對主義的深淵，那麼，伯林反駁相對
主義的明言路徑就無法奏效。

　　實際上，價值相對主義的主要特徵不是主觀性與可理解性，
而是特殊性與不可評價性。而且，在施特勞斯看來，價值相對主
義的核心特徵是主觀性、特殊性與不可評價性。這樣，如果伯林
要論證價值多元主義不是價值相對主義，從而有效反駁施特勞斯
的相對主義指控，那麼，他就必須論證價值多元主義並不具有特
殊性與不可評價性的特徵。

　　本節將具體展開伯林反駁相對主義的隱含路徑，即以普遍性
與可評價性為基礎的反相對主義路徑。為此，本節將分為兩個部
分來討論這個問題。第一部分討論施特勞斯的相對主義觀念。籠

74　正是這樣，加利波指出，伯林基於可理解性的反相對主義策略，只能論證多
　　元主義不是認識論相對主義，而無法論證多元主義不是道德相對主義，see
　　Galipeau, *Isaiah Berlin's Liberalism*, p. 63.而實際上，伯林本人晚年也意識到
　　不可理解性並非所有相對主義的特徵，Isaiah Berlin, "Reply to Ronald H.
　　Mckinney, 'Towards a Postmodern Ethics: Sir Isaiah Berlin and John Caputo',"
　　The Journal of Value Inquiry, Vol. 26, No. 4, 1992, pp. 557-560.

統而言，施特勞斯所理解的相對主義具有三大特徵：主觀性、特殊性與不可評價性。第二部分論證價值多元主義不是價值相對主義。[75]價值相對主義的主要特徵是特殊性與不可評價性，而伯林的價值多元主義的核心特徵是普遍性與可評價性，因此，伯林的價值多元主義不是價值相對主義。

一、特殊性與不可評價性：施特勞斯的相對主義觀念

　　西方的危機是施特勞斯學術反思的起點，也是施特勞斯政治哲學的入口。在他看來，西方危機的根源是現代政治哲學中的相對主義。同時，西方危機的主要標誌是政治哲學危機，因此，相對主義也是政治哲學危機的根源。[76]在這個意義上，相對主義問題

75　二十世紀以來最重要的政治多元主義理論家之一威廉・康納利（William Connolly）在2005年出版的《多元主義》（*Pluralism*）一書的第二章〈多元主義與相對主義〉（"Pluralism and Relativism"）中對施特勞斯進行了批判。他認為施特勞斯混淆了多元主義與相對主義。康納利的論斷無疑是正確的，但是，他的論證卻並不那麼有效。首先，他對施特勞斯的理解非常有限，而且僅限於 *Liberalism Ancient and Modern* 等相關篇章。施特勞斯在這些篇章中並沒有討論多元主義問題，他批判的主要是現代自由主義的相對主義傾向。而康納利似乎並沒有打算進入施特勞斯思想的內在理路（施特勞斯更加重要的著作 *Natural Right and History, What Is Political Philosophy and Other Studies* 等都沒有進入他的視野），他只是借施特勞斯的相對主義批判來討論他自己所在意的多元主義。其次，施特勞斯確實混淆了多元主義與相對主義。但是，施特勞斯的混淆並沒有體現在這本書中，而是體現在對伯林的批判（Strauss, "Relativism," pp. 13-26.）與對韋伯的批判（Strauss, *Natural Right and History*, pp. 35-80.）中。施特勞斯對韋伯與伯林的批判，請參考本書第三章第一節的相關討論。關於康納利的觀點，see William E. Connolly, *Pluralism*, Durham and London: Duke University Press, 2005, pp. 38-49.

76　Strauss, "The Crisis of Our Time." Strauss, "The Crisis of Political Philosophy."

是施特勞斯政治哲學的核心問題。毫不誇張地說，施特勞斯畢生的學術重心就是克服相對主義。

儘管相對主義問題至關重要，但是，在施特勞斯業已出版的學術著作中，標題中出現「相對主義」字樣的文獻只有一篇，即那篇以批判伯林的〈兩種自由概念〉著稱的〈相對主義〉。在施特勞斯生前，〈相對主義〉湮沒無聞，鮮有人知。而在施特勞斯死後，〈相對主義〉重出江湖，震驚學界。在某種程度上，〈相對主義〉是〈兩種自由概念〉最強勁的對手。因此，〈相對主義〉是重新思索施特勞斯的相對主義問題的起點。

倘若如是，相對主義在〈相對主義〉中意味著什麼？相對主義的定義是：「所有目的都是相對於選擇者而言的，因而所有目的都是平等的。」[77] 選擇者千差萬別，所以目的因人而異。你所選擇的目的，不一定是我所選擇的目的，反之亦然。例如，你認為人生的目的是吃喝玩樂，於是你頓頓山珍海味，餐餐鮑魚魚翅，夜夜歌舞昇平，日日逍遙自在。但是，我認為人生的目的不是物質欲望，而是靈魂不朽。於是，我清心寡欲，修身養性；懸樑刺股，埋頭苦讀；奮筆疾書，著書立說。由於所有目的的優劣都是相對於個體而言的，所以，沒有什麼客觀的標準可以用來判斷各種目的之間的優劣，所有目的之間的優劣都只是個體的主觀感受。你不能說我的目的是錯誤的，我也不能說你的目的是糟糕的。只有我自己才能判斷什麼樣的目的是美好的，也只有你自己才能判斷什麼樣的目的是糟糕的。在這個意義上，你的目的與我的目的是平等的。這個定義隱含著兩個關鍵信息：第一，正是因為所有目的都是相對於選擇者而言的，所以，所有目的都是主觀

---

77 Strauss, "Relativism," p. 15.

的；第二，正是因為所有目的都是主觀的，所以，所有目的都是平等的。易言之，相對主義的首要特徵是主觀性（subjectivity），而主觀性的邏輯結果是平等性（equality）。

　　不止於此，主觀性與平等性的歷史悲劇是不可評價性，即客觀的價值判斷在原則上不再可能了。如果所有選擇都是主觀的，所有價值都是平等的，那麼，野蠻的社會與文明的社會就具有同等的正當性。施特勞斯敏銳地覺察到相對主義的危險性：「……所有社會都有其理想，食人者的社會與文明的社會同樣都有。如果各種原則被一個社會所接受這個事實就足以證明其正當的話，那麼，同類相食的原則跟文明生活的原則就同樣站得住腳，並且同樣正確了。從這個觀點來看，前者的原則當然不能被當作邪惡的而加以拒斥。」[78] 既然沒有客觀的標準用來判斷好壞對錯，那麼，我們就無法判斷食人者的社會與文明的社會孰好孰壞了。要而言之，相對主義的困境是客觀的價值判斷已經不可能了。什麼是好的，什麼是壞的；什麼是對的，什麼是錯的；什麼是高貴的，什麼是低賤的；什麼是正義的，什麼是非正義的；什麼是野蠻的，什麼是仁慈的；這一切價值判斷都已經煙消雲散了，人類再也無法知道自己需要什麼了。我們可以對納粹集中營做出事實性的描述與解釋，我們也可以對蘇聯的大清洗進行實然的描述，但是，我們不能下判斷說納粹集中營是野蠻人的行徑，我們也不能下結論說蘇聯人清洗是滅絕人性的卑劣行徑。反過來說，我們

78　施特勞斯的推論所依據的前提是，價值判斷的標準來源於社會或文明。然而，如果價值判斷的標準來源於個體的主觀感受，那麼，我們同樣可以得出結論：食人者的社會與文明的社會之間的好壞對錯是無法判斷的。因此，施特勞斯的這段話也可以用來佐證主觀性與平等性導致不可評價性的推論。Strauss, *Natural Right and History*, p. 3.

甚至同樣也無法把幫助弱勢群體的行為判斷為善良，更加無法把寬恕他人錯誤的行為視為仁慈。

在施特勞斯的政治哲學中，相對主義分為兩種，即實證主義與歷史主義。實證主義認為，沒有價值知識，只有事實知識，而唯一真正的事實知識是科學知識。並且，事實判斷無法推出價值判斷。所以，我們應該避免價值判斷。而歷史主義的核心觀點是，所有價值都是相對於特殊的歷史語境而言的，沒有什麼普遍永恆的價值判斷標準，因此，我們無法進行價值判斷。實證主義與歷史主義的共同之處是，它們都認為價值判斷不可能。而兩者的差別之處是，前者認為唯一可靠的知識是科學，而後者則認為科學不是可靠的知識，唯一可靠的知識是歷史。因為即便是科學知識也是相對於具體的歷史語境而言的，伴隨著歷史的變遷而變化。換言之，在實證主義的視野中，科學是最高權威；而在歷史主義的框架中，歷史是最高權威。[79]

在施特勞斯的思想框架中，實證主義隱含著兩個非常重要的結果。第一，實證主義的直接結果是主觀主義（subjectivism），即所有價值都是相對於個體的主觀選擇而言的。正是因為世界上的價值五花八門，而我們又沒有可靠的價值知識，所以，我們無法決定何種價值是珍貴的價值，何種價值是卑劣的價值。如此，人類的各種價值將陷入無休無止的衝突之中，並且，人類的理性根本無法解決這些永恆的價值衝突。基於此，施特勞斯總結道：「社會科學或社會哲學只能澄清價值衝突及其所有後果；價值衝突要留給每個個體通過無關乎理性（non-rational）的自由決定來

79　施特勞斯關於實證主義與歷史主義的最精彩論述，see ibid., pp. 9-80. 其他片段性的論述散見於各種論文與著作中，此處不再具體列舉。

解決。」[80]這就是說，價值衝突沒有客觀的解決之道，唯一的解決之道是個體的主觀選擇。並且，個體可以隨心所欲地進行主觀選擇，甚至可以以極其不合情理的方式進行主觀選擇。總而言之，價值是相對於個體的主觀喜好而言的。人們想要選擇何種價值就選擇何種價值，完全不需要提供任何理由說明為什麼要選擇該種價值，因為「理性不能表明無私的滿足高於自私的滿足，也無法表明任何可以實現的目的是荒謬的，『人們追求這些目的是其想像與性情所致』」。[81]例如，在饑餓與吃人之間，我們無須證明吃人的正當性，就可以毫無猶豫地選擇吃人。我們可以選擇吃人，是因為這是我們的「自由」選擇；而我們無須證明吃人的正當性，是因為這是我們「無關乎理性」的選擇。我們的理性無法證明吃人是罪惡行徑，所以，我們可以心安理得地自由選擇吃人來解決溫飽問題。如果價值衝突的解決之道完全取決於個體的主觀選擇，那麼，實證主義在邏輯上就蘊含著主觀主義的結果。在這個意義上，實證主義符合相對主義的主觀性特徵。[82]

第二，實證主義的邏輯終局是虛無主義，即價值判斷是不可能的，所有價值都是平等的。[83]實證主義導致虛無主義，是因為實證主義否定了價值知識與理性。一方面，由於價值知識不是真正

80　Ibid., pp. 41-42.

81　Strauss, "Relativism," p. 18.

82　施特勞斯指出，實證主義社會科學否定了任何關於終極準則（the ultimate principles）的知識，因此，我們的準則只有我們的任意選擇與盲目偏好。在這個意義上，實證主義蘊含著主觀主義。Strauss, *Natural Right and History*, p. 4.

83　關於虛無主義的定義，see Strauss, *The Rebirth of Classical Political Rationalism*, p. 9. Strauss, *Natural Right and History*, pp. 4-5, 18, 42. Strauss, *What Is Political Philosophy? And Other Studies*, pp. 18-19.

可靠的知識，所以我們不應該進行任何價值判斷。另一方面，由
於理性法庭已經無法審判各種價值之間的優劣，所以理性已經對
價值衝突無能為力。理性只能告訴我們達成目的手段，卻不能告
訴我們何種目的優於另一種目的。這樣，所有價值都取決於個體
的主觀選擇。而每個人有每個人不同的選擇。你可以選擇善良，
我可以選擇奸詐；你可以選擇仁慈，我可以選擇殘忍。各種價值
之間的排序在個體內部才是有意義的，在個體之間是無效的。如
此，不能因為我選擇了奸詐和殘忍，而你選擇了善良和仁慈，所
以你做出判斷說我是錯誤的。善良和仁慈不能作為價值判斷的標
準，用以衡量奸詐與殘忍的是非對錯。否則，我們就有合乎理性
的根據來否定奸詐和殘忍。而這跟實證主義拒斥理性的前提是不
一致的。正是如此，作為你個人而言，你可以認為善良高於奸
詐，仁慈高於殘忍；同樣，作為我個人而言，我也可以認為奸詐
高於善良，殘忍高於仁慈。而在我們兩個個體之間，我不能說你
的選擇是錯誤的，你也不能說我的選擇是糟糕的。也就是說，兩
個個體之間的這種價值判斷是不可能的。這樣，我們之間的選擇
是互相平等的，兩者之間不具有可比性。正如施特勞斯所言，
「韋伯的論題必然導致虛無主義，抑或導致這種觀點，即每一種
偏好，不管如何邪惡，如何卑鄙，抑或如何瘋狂，在理性的法庭
之前都必須被判定為跟任何其他偏好一樣正當。」[84]

　　而歷史主義則具有三個密切相關的特徵。首先，歷史主義的
核心預設是特殊性（particularity），即只有特殊價值，沒有普遍
價值。歷史主義的基本主張是「所有人類思想都是歷史的，因而
無法把握任何永恆之物。根據古代人的觀點，哲學思考意味著離

84　Strauss, *Natural Right and History*, pp. 42, 52. Strauss, "Relativism," pp. 18-19.

開洞穴。然而，根據我們當代人的觀點，所有哲學思考實質上都應該放置於『歷史世界』、『文化』與『世界觀』中，亦即放置於柏拉圖所謂的洞穴之中。我們把這種觀點稱為『歷史主義』」。在施特勞斯看來，歷史即洞穴。在歷史洞穴之中，只有特殊而短暫的意見，沒有普遍而永恆的知識。只有從洞穴上升到陽光之中，我們才能把握普遍而永恆的知識。如果所有價值都是歷史的，那麼所有價值都是特殊的。正是如此，施特勞斯指出，「歷史主義認為，通過理解人們的過去、遺產及歷史情境，人們可以獲得的準則……不是抽象的，也不是普遍的……而是具體的，抑或特殊的（particular）——準則適用於特殊的時代，抑或特殊的民族，亦即準則相對於特殊的時代抑或特殊的民族而言。」在這個意義上，「歷史學派成功地質疑了普遍或抽象的準則；它認為，歷史研究將揭示特殊或具體的標準。」普遍的準則是普遍價值判斷的標準。如果沒有普遍的準則，只有特殊的標準，那麼，所有價值都不具有普遍意義，而只有特殊意義。總而言之，在歷史主義的視野中，只有特殊的價值判斷標準，沒有普遍的價值判斷標準；只有特殊價值，沒有普遍價值。[85]

其次，歷史主義的主要特徵是主觀性，即所有價值都是主觀的，沒有什麼客觀價值。在歷史主義看來，任何客觀的價值規範都煙消雲散了，歷史的標準不再具有任何客觀性，所以，「剩下的僅有標準就具有純粹主觀的特徵，這些標準只能從個體的自由選擇中獲得支持。從此，沒有客觀的標準可以區分好的選擇與差的選擇。歷史主義的巔峰是虛無主義。」[86]如果所有價值判斷標準

85　Strauss, *Natural Right and History*, pp. 12, 16-17.

86　Ibid., pp. 17-18.

都是主觀的，那麼，所有價值的好差優劣也都是主觀的。個體的主觀選擇決定了什麼價值是好的，什麼價值是差的。在這個意義上，所謂的價值只不過是個體的主觀偏好而已。你熱愛運動，我喜歡閱讀。兩者之間無法用客觀的標準來加以衡量，只有個體的主觀意志才是最佳裁判。因此，在某種程度上，歷史主義的主觀性特徵跟上述的相對主義定義具有一定的相通之處。[87]

最後，歷史主義的終極結果是虛無主義，即價值判斷的不可能性。價值判斷的不可能性根源於特殊性與主觀性。如果沒有普遍的價值判斷標準，所有價值判斷標準都是特殊的，那麼，我們就無法在普遍的意義上判斷文明與野蠻的差異。歷史的標準隨著歷史的變化而變化，某個時代可能認為文明高於野蠻，另一個時代可能就認為野蠻是文明，而文明才是野蠻。如此，文明與野蠻就是平等的。你不能說野蠻是卑鄙的，也不能說文明是高貴的，因為你一旦如此說，就等於承認價值判斷的標準具有普遍性。[88]同理，如果所有價值判斷的標準都是主觀的，那麼，是非善惡與好壞對錯都是相對於個體的主觀選擇而言的。你選擇善，而我選擇惡，這並不代表你的選擇優於我的選擇。因為在主觀的意義上，善與惡具有同等的價值。凡是我們主觀選擇的，對於我們自己來說就是對的。但是，我們不能因為別人的選擇跟我們的選擇不一樣，從而否定別人的不同選擇。基於這樣的推理，施特勞斯得出

---

87 施特勞斯關於主觀性與客觀性的論述存在自相矛盾。在《自然權利與歷史》論述歷史主義的同一章節中，施特勞斯又認為歷史主義的準則跟前歷史主義的準則同樣客觀。並且，儘管歷史的標準是相對於特殊的歷史語境而言的，但是歷史的標準卻是客觀的。ibid., p. 16.

88 Strauss, *The Rebirth of Classical Political Rationalism*, p. 9.

結論：歷史主義的巔峰是虛無主義。[89]

　　綜上所述，施特勞斯的相對主義定義是，所有價值都是主觀的，因而所有價值都是平等的，這樣，價值判斷就不可能了。概括而言，相對主義的特徵是主觀性與不可評價性。施特勞斯又把相對主義分為實證主義與歷史主義。實證主義的特徵是主觀性與不可評價性，而歷史主義的特徵是特殊性、主觀性與不可評價性。

　　然而，施特勞斯的相對主義論述依舊存在著含糊不清之處。第一，他的相對主義定義實質上是主觀主義的定義，而不是一般意義上的相對主義定義。主觀主義是相對主義的一種，但卻無法涵蓋所有相對主義。例如文化相對主義認為，所有價值都是相對於特定的文化而言的，而不是相對於個體的主觀感受而言的。除了文化與個體的主觀性以外，價值還可以相對於語言、宗教、種族、性別等因素而言。因此，相對主義的內涵要遠遠豐富於施特勞斯的主觀主義界定。

　　第二，實證主義實際上不是相對主義。實證主義的結果是主觀主義，但它本身不是主觀主義。實證主義並不主張所有價值都是相對於個體而言的，但是由於實證主義否定了客觀的價值知識，所以實證主義的觀點中蘊含著主觀主義的推論。在某種意義上，我們可以說實證主義構成了相對主義的某種前提。但是，它跟相對主義依舊具有本質區別。最關鍵的是，實證主義明確主張科學是最高價值。如果我們說某種學術研究是不科學的，我們隱含著的意思是，這種研究是不可取的，或者這種研究是錯誤的。也就是說，價值判斷是可能的。而相對主義卻認為，價值判斷是

89　Strauss, *Natural Right and History*, p. 18.

不可能的。因此，我們不能把實證主義與相對主義混為一談。

第三，施特勞斯混淆了歷史主義與主觀主義。歷史主義確實是一種相對主義，即歷史相對主義。但是，歷史主義只能主張特殊性，而無法必然推出主觀性。歷史主義認為所有價值都是相對於具體的歷史而言的，因此，它強調的是時間維度。而主觀主義主張所有價值都是相對於具體的個體而言的，因此，它不具有時間性。主觀主義中的個體既可以指歷史中的個體，也可以指現在時刻的個體，還可以指未來世界中的個體。而歷史主義中的歷史當然可以指歷史中的個體，但是，這裡的歷史含義要遠遠廣於個體。歷史還可以指歷史中的文化、地理、語言、民族等，它是各種因素的綜合體。因此，儘管兩者具有某種程度的重疊，但是兩者之間具有巨大差異。歷史主義並不必然導致主觀主義，主觀主義也不會必然產生歷史主義。兩者之間沒有邏輯上的必然聯繫，只有實踐中的偶然聯繫。

通過這樣的批判性分析，我們可以大致確定，實際上施特勞斯所言的相對主義蘊含著主觀主義與歷史主義，但卻無法包括實證主義。並且，歷史主義的特徵是特殊性與不可評價性（不包括主觀性），而主觀主義的特徵是主觀性與不可評價性。因此，籠統而言，在施特勞斯的思想中，相對主義的主要特徵是主觀性、特殊性與不可評價性。

二、普遍性與可評價性：伯林的相對主義批判

伯林認為相對主義的主要特徵是主觀性與不可理解性。然而，伯林所理解的相對主義的主要特徵，並不是所有相對主義的核心特徵，而只是某種相對主義的核心特徵。主觀性僅僅是主觀主義的核心特徵，而不是所有相對主義的特徵。同樣，不可理解

性也只是認識相對主義的核心特徵，而不是所有相對主義的特徵。即便主觀主義與認識相對主義之外的另一種相對主義承認客觀性與可理解性，這種相對主義可能依舊是相對主義，只是相對於不同的對象罷了。例如價值相對主義，它可以承認客觀價值存在於人類歷史中，也可以承認人類可以理解異質文化中的異質價值，但是，我們並不能把價值相對主義排除出相對主義的陣營。如果各種價值不是相對於個體而言，而是相對於特殊的時空而言，那麼，儘管各種價值都是客觀價值，但卻不是普遍價值。而如果各種價值都不是普遍價值，而只是特殊價值，那麼，普遍的價值判斷就不可能了。因此，即便價值相對主義接納客觀性與可理解性，但是由於價值相對主義無法擺脫特殊性與不可評價性的嫌疑，所以價值相對主義依舊內在於相對主義的框架之中。而在伯林的文本中，相對主義指的正是價值相對主義。然而，伯林卻把價值相對主義跟主觀主義及認識相對主義混為一談了。

　　實際上，價值相對主義的核心特徵恰恰是施特勞斯所理解的特殊性與不可評價性，其基本內涵是，所有價值都是相對於其所處的特殊時代、文化、民族等因素而言的，沒有什麼普遍的價值判斷標準可以用來判斷各種價值之間的好壞對錯。[90]因此，若要證明伯林不是相對主義者，伯林的價值多元主義不是價值相對主義，我們必須首先糾正伯林的價值相對主義論述。換言之，價值

90　Swoyer把這種版本的相對主義稱為規範性相對主義（normative relativism）。另外一種版本的相對主義是描述性相對主義（descriptive relativism），描述性相對主義僅僅認為各種不同的群體擁有不同的態度、觀點、行為與價值等，它並不在這個基礎上進一步做出價值性的訴求。而規範性相對主義則在價值方面比描述性相對主義走得更遠。由於描述性相對主義沒有做出價值方面的訴求，所以，此處不再加以討論。See Swoyer, "Relativism."

相對主義的主要特徵不是主觀性與不可理解性，而是特殊性與不可評價性。具體而言，特殊性意味著沒有普遍價值，所有價值都是相對於其所處的歷史、文化、民族等因素而言的。不可評價性意味著普遍的價值判斷不可能了，我們再也無法用一條普遍的價值標尺來丈量各種價值之間的好壞對錯了。在這個意義上，如果伯林要有效反駁價值相對主義，那麼，他必須反駁價值相對主義的特殊性與不可評價性特徵。

　　儘管伯林沒有專門撰文批判價值相對主義的特殊性與不可評價性，但是，我們依舊可以從伯林分散在各處的論文中，提煉出他的反特殊性與反不可評價性觀點。伯林的反特殊性與反不可評價性，不一定是為了反對價值相對主義的特殊性與不可評價性特徵而特別寫作的。在一定程度上，他可能只是為了論述其他論題的需要而捎帶提及。然而，正是這些捎帶提及的主張，反而能夠使他擺脫價值相對主義者的惡名，而他專門為反對價值相對主義而作的論文卻沒有發揮這樣的效果。[91] 正是因為伯林反駁價值相對主義的特殊性與不可評價性的論證，只是隱含在這些散亂文字背後的論證，所以，伯林反駁價值相對主義的第二條路徑是其隱含的路徑，而不是其明言的路徑。

91　伯林反相對主義的缺陷似乎可以用來解釋克勞德的不足之處，克勞德把伯林理解的相對主義界定為無法理解與評價異質價值，而伯林在文中主要強調的是可理解性，很少提到可評價性，而在克勞德的觀念中，可評價性可能是至關重要的，所以，他特別突出了這點。但是，伯林提到的客觀性卻被他忽略了。因此，克勞德並沒有全面重構伯林的反相對主義論述。關於克勞德的觀點，see Crowder, "Pluralism, Relativism and Liberalism in Isaiah Berlin." Crowder, *Isaiah Berlin: Liberty, Pluralism and Liberalism*, pp. 114-123. Crowder, "Value Pluralism and Liberalism: Berlin and Beyond," p. 209.

　　針對價值相對主義的特殊性與不可評價性特徵，伯林反駁價值相對主義的隱含路徑亦可分為兩個部分。第一部分是普遍性論證，即並非所有價值都是特殊價值，普遍價值是存在的。根據價值相對主義的觀點，所有價值都是特殊價值，沒有什麼普遍價值。而伯林卻指出，有些價值確實是特殊價值，但是，也有些價值是普遍價值。人類社會的差異性告訴我們，人類社會中的許多價值是特殊價值，例如古代中國人以女人纏小腳為美之象徵的特殊價值觀。然而，人類社會並非沒有任何相通之處。「關於什麼是正確的，什麼是錯誤的，什麼是善的，什麼是惡的，不同社會中的人民歷經時間長河依舊有著廣泛的共識。傳統、觀點與態度是千差萬別的（different），這當然沒錯，但是，一般性原則（general principles）依舊可以穿越眾多需求而存在。」[92]因此，在伯林看來，人類社會的差異性根本無法抹除人類社會的相通性，正是這種相通性使人類具有某些普遍價值。

　　何謂普遍價值？普遍價值指的是大多時間、大多數地點的大多數人在大多數情況下都會認可的價值。伯林明確表示自己相信「普遍的道德準則」，並且，「我所相信的道德準則是大多數國家的大多數人在非常長的時間裡都遵守的道德準則。接受這點，使我們能夠共同生活在一起。」[93]如果沒有普遍的道德準則，或者，如果沒有普遍價值，那麼，人類就無法共同生活。易言之，人類的共同生活預設了普遍價值的存在。正是這樣，伯林言道：「你可以說，每一種文明都區分好壞，都區分真偽。從中確實可以得

92　Berlin, *The Crooked Timber of Humanity*, p. 18.

93　Berlin and Jahanbegloo, *Conversations with Isaiah Berlin*, p. 108.

出結論，這實際上是關於人類的普遍事實……」[94]假設有一個社會沒有任何普遍價值或普遍的道德準則，那麼，這個社會是什麼樣子的呢？毫無疑問，在這樣的社會中，一切道德感都將消失，一切是非感都將湮滅。人人都可以打家劫舍，人人都可以燒殺擄掠，人人都可以坑蒙拐騙，人人都可以謊話連篇，人人都可以無惡不作。總而言之，這個社會就是霍布斯所描繪的自然狀態，在其中，每一個人都反對每一個人。[95]最終，人類將在自相殘殺中走向毀滅。在這樣的社會中，人類根本無法共同生活。因此，人類共同生活的前提條件是普遍價值的存在。儘管普遍價值的存在不是人類共同生活的充分條件，但卻是人類共同生活的必要條件。沒有普遍價值，就沒有人類社會。

在伯林的價值多元主義學說中，普遍價值實質上就是伯林所謂的共通價值（common values）。賈漢貝格魯曾問伯林：「您不是認為普遍性原則與文化相對主義是對立的嗎？」伯林答曰：「我不這樣認為。民族之間以及社會之間的差異可能被誇大了。我們所知的文化中沒有一種文化缺乏好與壞、真與偽的觀念。例如，就我們所見，我們所知的每一個社會都讚美勇敢。普遍價值是存在的。這是一種關於人類的經驗事實，這就是萊布尼茲所謂的事實真理，而非理性真理。大多數人在絕大多數地點，在絕大多數情況下，並且在幾乎所有時代，實際上都共同（common）主張這些價值，不管有意無意，還是表現在他們的行為、舉止以及行動之中。」[96]因此，共通價值就是「在可以考證的歷史當中，

94　Ibid., p. 113.

95　Hobbes, *Leviathan*, p. 88.

96　Berlin and Jahanbegloo, *Conversations with Isaiah Berlin*, p. 37.

大多數人都……共同主張的價值」。[97]伯林的論述中蘊含著關於普遍價值的三項重要內容：第一，普遍價值存在的事實基礎是人類社會的相通性。即便人類社會的差異性也無法排除人類社會的相通性，同樣，即便特殊價值存在的事實也無法否定普遍價值的存在。正是因為人類社會具有許多相通性，所以人類社會具有普遍價值。第二，普遍價值存在的哲學基礎是經驗主義，而不是理性主義。人類社會的相通性不是基於先驗的理性洞察，而是基於經驗的事實觀察。同理，普遍價值存在是一種事實真理，而不是一種理性真理。正是如此，伯林稱之為經驗事實，這也是伯林一貫的經驗主義立場。第三，普遍價值實質上就是伯林所謂的共通價值。共通價值是大多數時間、大多數地點的大多數人在大多數情況下都共同主張的普遍價值，而不是所有時間、所有地點的所有人在所有情況下都共同主張的絕對價值。在這個意義上，共通價值是普遍價值的論斷，實際上是以經驗主義為哲學基礎的普遍主義論斷，而不是以理性主義為理論基礎的絕對主義論斷。[98]

在伯林看來，共通價值來源於共通人性。伯林所謂的共通人性分為兩個部分：第一部分是生理部分，例如所有人都有某些器官，都有某些生理反應，都具有思考能力，都具有基本情感。如果沒有這些生理特質，那麼，人類就不是人類了。第二部分是道德部分，所有人都承認某些基本價值。人類對於基本價值的清單可能會產生分歧。有些人認為幸福是基本價值，而其他人認為知識是基本價值。不管基本價值的內容是什麼，如果人類不承認基

97　Berlin, *The Crooked Timber of Humanity*, p. 18.

98　關於普遍主義與絕對主義之間的差異，普遍價值與絕對價值之間的區別，請參考第五章的詳細論述，本章不再具體展開。

本價值，那麼，人類就不是人類了。基於此，如果人類企圖互相毀滅，互相傷害，互相背叛，那麼，我們就不能視之為人類，我們毋寧視之為瘋子。他們已經逾越了人之為人所必須具備的某些基本品質，因此，我們不再把他們當作人類來加以同等對待。如果人類依舊是人類，那麼，人類必須具備某些基本價值。這些基本價值是多數時間多數地點的多數人都普遍接受的價值，也就是伯林所謂的普遍價值或共通價值。在這個意義上，普遍價值或共通價值是人之為人必須具有的基本特質，是共通人性的構成性內容。正是如此，共通人性賦予了人類的普遍價值或共通價值。[99]

而且，共通價值來源於共通人性，亦可借助互相溝通與互相理解的中介來加以證明：共通的人性意味著人類可以互相溝通與互相理解，而人類可以互相溝通與互相理解意味著人類必定具有共通價值。「我們從中可以得到教益，即只要我們生活於社會中，我們就可以互相溝通。如果我們無法溝通，我們就不是人類。『人類』的部分含義是，人類無論如何都應該能夠理解我對他所說的部分內容。在這個意義上，共通的語言、共通的溝通以及某種程度上的共通價值必定存在，否則，人類之間就不能互相理解了。如果一個人無法理解任何其他人所說的話，那麼，這個人就不是人，他可以被宣判為不正常的。在正常與溝通存在的意義上，共通價值是存在的。」而且，「為了互相溝通，人類生活於一個共同的世界中，必定要被迫承認某些共通價值，某些共通事實。」[100]在伯林的敘述中，共通的人性意味著人類必定可以互相溝

99　伯林關於共通人性與共通價值之間的關係，最精彩且最詳細地表述於Berlin, *The Crooked Timber of Humanity*, pp. 203-205.

100　Berlin, *The Roots of Romanticism*, pp. 145-146.

通與互相理解。如果互相溝通與互相理解不可能，那麼，人類本身就是個虛假的概念。只要人類還是人類，人類必定能夠互相溝通與互相理解。也就是說，人類的概念本身預設了互相溝通與互相理解的可能性。而互相溝通與互相理解的前提是共通價值的存在。儘管互相溝通與互相理解在原則上是可能的，但是，這並不代表在實踐中也是可能的。我們在日常生活中經常遭遇到無法溝通與互相誤解的經驗事實。無法溝通與互相誤解之所以發生，是因為我們之間缺乏某種共通價值，從而無法使之像橋梁一樣架通我們之間的心靈。在這個意義上，只有人類具有某些共通價值，人類的互相溝通與互相理解在實踐中才有可能。換言之，互相溝通與互相理解的可能性預設了共通價值的存在。綜合而言，共通的人性預設了互相溝通與互相理解的可能性，而互相溝通與互相理解的可能性預設了共通價值的存在，因此，共通人性預設了共通價值的存在。在這個意義上，共通價值來源於共通人性。正是如此，伯林鄭重地指出，「所有人類都必定具有某些共通價值，否則人類就不再是人類了；而且，人類必定也具有某些異質價值（different values），否則人類就沒有什麼不同了，而事實上人類卻是各不相同的。」[101]

　　例如，人權（human rights）就是普遍價值。人權之所以是普遍價值，是「因為這是人類可以共同生活在一起的唯一體面（decent），甚至唯一可以忍受的方式。如果你問我什麼是『體面』，我會說，這是我們所認為的人類都應該遵循的唯一生活方式，如果人類不打算互相毀滅的話。這些都是一般性真理，但是，這並不假定某種不變的東西。我無法保證有什麼東西是不變

---

101 Berlin, *The Power of Ideas*, p. 12.

的」。在伯林看來，人權不同於自然權利（natural rights）。人權是普遍價值，而自然權利是絕對價值。前者基於經驗事實，而後者基於先驗理性。前者可能會發生變化，而後者永恆不變。正是如此，伯林認為自己相信的不是自然權利，而是人權。沒有人權，就沒有「最低限度的體面社會」（a minimally decent society）。[102] 而且，既然人權是普遍價值，那麼，人權也是共通的人性所賦予的：「人權的觀念建立在下列真實的信仰之上，即存在著某些善（自由、正義、追求幸福、真誠與愛），這些善符合所有人類本身的利益，而不是符合作為這個或那個民族、宗教、職業、性格的成員的利益。……有些東西是人類本身所要求的，不是因為他們是法國人、德國人、中世紀學者或雜貨商，而是因為他們過著男人和女人的生活。」[103] 也就是說，人權不是某個國家的人所獨享的，它是屬於全人類的，這是共通人性的內在要求。

第二部分是可評價性論證，即並非所有價值判斷都是相對的，普遍的價值判斷是可能的。根據相對主義的觀點，所有價值判斷都是相對的，沒有什麼普遍的價值判斷。所有價值都被其所處的歷史、文化、民族、種族、環境等各種因素所決定，所以，人類無法超越這些因素，從而評價不同時代、不同文化與不同民族的異質價值。而伯林的多元主義卻認為，人類可以做出普遍的價值判斷。人類的價值並不是被歷史、文化、民族、種族、環境等各種因素所決定，而只是受這些因素的影響。在某種程度上，這些因素形塑了人類的價值。但是，這並不是說人類無法超越這些因素，從而評價不同時代、不同文化與不同民族的異質價值。

102　Berlin and Jahanbegloo, *Conversations with Isaiah Berlin*, p. 114.

103　Ibid., p. 39.

多元主義承認這些因素影響了人類的價值，正是這樣，人類的價值多種多樣，各不相同。而這也正是多元主義主張價值多元的理由。但是，無論這些因素如何影響人類的價值，無論人類的各種價值之間的差異性有多麼大，人類總是在好壞對錯之間存在著廣泛的共識，例如每個社會都會讚美勇敢。[104]同樣，「如今，沒有人會為奴役辯護，沒有人會為在宗教儀式上殺人辯護，沒有人會為納粹的毒氣室辯護，沒有人會為出於快感、利益抑甚或政治目的而折磨人類辯護，沒有人會為法俄革命中所要求的孩子有義務控訴其父母辯護，也沒有人會為毫無情由的殺戮（mindless killing）辯護。」[105]因此，在多元主義者看來，人類可以在好壞對錯之間做出普遍的價值判斷，這是多元主義區別於相對主義的關鍵。

　　例如，一個人喜歡用大頭針扎人來獲得快感。他知道用大頭針扎人會讓對方疼痛，但是，他認為對方是否疼痛跟自己無關，他就是希望通過把大頭針扎進別人的身體來獲得快感。他也知道，如果別人把大頭針扎進他的身體，他自己也會感到疼痛，並且會毫不猶豫地阻止別人把大頭針扎進自己的身體。但是，他依舊要把大頭針扎進別人的身體。在他看來，別人把大頭針扎進他的身體，而他自己感到疼痛，所以他要阻止這種行為；相反，他把大頭針扎進別人的身體，他感到的不是疼痛，而是快感，所以他要繼續這種行為。這個人實際上是一個以自我為中心的人。他認為，用人頭針扎人跟用大頭針扎網球沒有什麼分別。他享受的

---

104 伯林的每個社會都會讚美勇敢的論斷似乎有點過分自信了。例如，一個弱小的幼童勇敢地與歹徒搏鬥，以至於喋血街頭，死於非命。或許對某些社會來說，這是值得讚美的行為，但是對另外一些社會來說，讚美這種勇敢恐怕就是讚美一種殘忍了，這種勇敢無異於自殺。ibid., p. 37.

105 Berlin, *The Crooked Timber of Humanity*, p. 18.

是扎大頭針這種行為本身，至於扎的是人，還是網球，這並不重
要。那麼，我們應該如何對待這種人呢？根據相對主義者的觀
點，所有價值判斷都是相對的，因此，我們無法在普遍的意義上
判斷這個人的行為是正確的，還是錯誤的。在這個意義上，我們
只能說我們無法認同這個人的行為，但是，我們不能譴責這個人
的行為。然而，根據伯林所主張的多元主義，普遍的價值判斷是
可能的，因此，我們完全可以在普遍的意義上判斷這個人的行為
是錯誤的。在這個意義上，我們不但可以不認同這個人的行為，
而且我們還可以譴責這個人的行為。在伯林看來，這個人不是腦
子清醒的正常人，而是精神錯亂的瘋子。我們應該把他關進精神
病院，以免他禍害人間，荼毒眾生。我們根本沒法跟瘋子講道
理，瘋子既無法交流，也無法溝通。而伯林之所以認為我們可以
譴責這個人的行為，並且把他視為瘋子而關進精神病院，是因為
人類具有某些共通價值。共通價值告訴我們，我們不應該只為了
自己的快感，而無緣無故地用大頭針扎人。對於伯林而言，共通
價值滲入了正常人的理念之中。如果一個人是正常人，那麼，這
個人就會認可共通價值。反之，如果一個人不認可共通價值，那
麼，這個人就不是正常人。易言之，伯林的正常人理念使人類具
有某些共通價值，而人類的共通價值使我們能夠進行普遍的價值
判斷。[106]

---

[106] Isaiah Berlin, "Rationality of Value Judgements," in Carl J. Friedrich（ed.）, *Nomos VII: Rational Decision*, New York: Atherton Press, 1964, pp. 221-223. 同樣的案例亦可參考Berlin, "Reply to Ronald H. Mckinney, 'Towards a Postmodern Ethics: Sir Isaiah Berlin and John Caputo'," p. 560. 伯林還在另一篇文章中討論過類似的案例。一個人認為腳踢石頭與殺害家人是沒有分別的。按照相對主義的邏輯，這個人的行為反映了某種特殊的道德，因此，我們無法在普遍的意義上

　　不僅如此，在伯林看來，價值判斷的可能性以同理心的理解
為基礎。伯林之所以認為人類可以理解不同時代、不同文化與不
同民族的異質價值，是因為人類具有同理心的能力。人類可以憑
藉其自身的想像性洞察力，設身處地地進入遠古時代與異質文
化，從而理解遠古時代與異質文化的價值觀是如何形成的，並且
理解他們為什麼會奉行跟我們截然不同的價值觀。正是因為我們
可以通過同理心的方式去理解對方，我們也可以通過這種方式來
讚賞對方的價值，或者譴責對方的價值。在這個意義上，同理心
的理解開放出了批判（criticize）的可能性，也即開放出了價值判
斷的可能性。[107]正是如此，伯林認為，「如果我們確實要譴責各種
社會或各個個體，那麼，只有把這些社會與個體的社會狀況與物
質狀況、抱負、價值規範以及進步與反動的程度考慮在內，並且
根據其自身的狀況與觀點來衡量他們，我們才能譴責他們。」也
就是說，如果我們要譴責他們，我們必須首先理解他們，掌握他
們自身的狀況與觀點，並且根據他們自身的狀況與觀點來評價他
們。同時，如果我們要譴責他們，我們還要根據我們自己的價值
觀來進行評判。在這個意義上，價值判斷是評價者個人的價值觀
與評價對象的價值觀互動的結果。無論如何，只有首先理解對
方，才能評價對方。[108]

判斷這個人的行為是錯誤的。然而，多元主義認為這個人的行為是錯誤的，
甚至認為這個人就是個瘋子。因為這個人的行為背離了伯林所謂的正常人理
念。不管這個人或其他人提出如何具有說服力的理由，也不管這個人所在的
社會如何支持他的所作所為，在多元主義看來，這個人的行為在普遍的意義
上是錯誤的。Berlin, *Concepts and Categories*, p. 166.

[107] Berlin, *The Crooked Timber of Humanity*, pp. 11, 79.

[108] Berlin, *Liberty*, pp. 151-152.

　　而同理心的理解又是共通的人性賦予的，因此，共通的人性從根本上賦予了價值判斷的可能性。「我們強迫孩子接受教育，我們禁止公開執行死刑。這些確實都是對自由的約束。我們證明這樣做是正當的，是因為對於我們來說，比之於強迫所施加的限制程度，無知、野蠻的教育抑或殘忍的快感與興奮是更糟糕的。而這個判斷又相應地基於我們如何確定善惡，亦即，基於我們的道德、宗教、思想、經濟與美學價值，而這又相應地與我們的人類觀（conception of man）緊密相關，與人類本性的基本需求（the basic demands of his nature）緊密相關。換言之，我們對這些問題的解決，基於我們對何為圓滿人生的想像（vision of what constitutes a fulfilled human life），正是這個想像有意無意地指導著我們。」[109]共通的人性賦予「人類本性的基本需求」，並塑造了「我們的人類觀」。而「我們的人類觀」與「人類本性的基本需求」又塑造了我們的價值觀。接著，我們的價值觀進一步確定了價值判斷的基礎。正是我們的價值觀使我們做出判斷：「我們強迫孩子接受教育，我們禁止公開執行死刑，」這些行為都是正當的。也正是基於共通的人性以及以共通的人性為基礎的共通價值，我們有充分的理由判斷，為了消除小手指上的疼痛而企圖毀滅全世界的行為是錯誤的。[110]在這個意義上，共通的人性奠定了價值判斷的基礎。

　　如果普遍的價值判斷是可能的，那麼，人類就可以贊同或反對不同時代、不同文化與不同民族的異質價值。在野蠻的社會與文明的社會之間，我們可以毫不猶豫地讚賞文明社會，並譴責野

---

[109] Ibid., pp. 214-215.

[110] Berlin, "Reply to Robert Kocis," pp. 390-391.

蠻社會。在尊老愛幼與虐待婦孺之間，我們可以不假思索地推崇尊老愛幼的優良傳統，而反對虐待婦孺的卑劣行徑。在恐怖主義與和平主義之間，我們可以堅定不移地向恐怖主義宣戰，而向和平主義示好。正是如此，好壞對錯與是非善惡在普遍的意義上是可以區分的。既然如此，為什麼伯林還反覆宣稱多元價值都是相對有效的，並且，多元價值之間同等終極、同等絕對、同等客觀、同等有效呢？如果多元價值都是相對有效的，並且，多元價值之間同等終極、同等絕對、同等客觀、同等有效，那麼，我們應該如何判斷多元價值之間的好壞對錯與是非善惡呢？伯林一方面宣稱好壞對錯與是非善惡之間的價值判斷是可能的，而另一方面又主張多元價值之間的好壞對錯與是非善惡是無法判斷的。倘若如是，伯林不是陷入自相矛盾的深淵了嗎？

其實不然，伯林並沒有陷入自相矛盾。要理解伯林表面上的自相矛盾，必須借用伯林的另一個關鍵概念——正面價值（positive values）。[111] 需要加以說明的是，儘管伯林本人使用了「正面價值」這個概念，但是，伯林本人並沒有系統解釋這個概念的具體含義，也沒有用這個概念來區分多元主義與相對主義。此處只是借用這個概念，並賦予這個概念伯林所沒有賦予的特殊含義。通過這種方式，我們可以更加清晰地區分多元主義與相對主義。儘管我們借用這個概念來區分多元主義與相對主義，並不是伯林本人的意思，但是，通過這種方式來區分多元主義與相對主義依舊可以跟伯林的思想取得共鳴，並且，在某種意義上，這種做法也內在於伯林的思想框架。

基於此，價值可以分為兩種，即正面價值與負面價值

---

111 Berlin, *The Crooked Timber of Humanity*, p. 19. Berlin, *Liberty*, p. 212.

（negative values）。[112] 正面價值指的是自由、民主、平等、正義、安全、和平、幸福等價值，而負面價值指的是奴役、專制、暴虐、極權等極端價值。通過這樣的區分，我們可以清楚地看到，伯林所謂的多元價值不是負面價值，而是正面價值。伯林的價值衝突案例，都是自由、平等、正義、仁慈等正面價值之間互相衝突的案例，從來都不是自由與奴役、正義與非正義、仁慈與殘忍等正面價值與負面價值之間互相衝突的案例。[113] 在相對主義的視域中，正面價值與負面價值之間的好壞對錯與是非善惡是無法判斷的。因此，自由與奴役之間的好壞對錯是無法判斷的，正義與非正義之間的是非善惡是無法判斷的。但是，在多元主義的視域中，正面價值與負面價值之間的好壞對錯與是非善惡是可以判斷的，無法判斷的是正面價值之間哪個更好，哪個更優，哪個更對。因此，自由與奴役之間的好壞對錯是可以判斷的，無法判斷的是自由與平等之間的高下優劣。正面價值不是指納粹集中營裡

---

112 正面價值與負面價值的衝突之所以是成立的，是因為在伯林看來，只要某種目的被當作目的本身，而不是被當作達成另一種目的的手段，那麼，這種目的就是價值。在這個意義上，價值就是價值，價值無須是好的（good）。這樣，如果我們把奴役當作目的本身，而不是某種手段，那麼，奴役也是一種價值。正是如此，正面價值與負面價值的區分跟伯林的基本思想並不相悖。Berlin and Polanowska-Sygulska, *Unfinished Dialogue*, p. 221.

113 伯林認為價值衝突既產生於善與善之間，也產生於惡與惡之間。但是，他所關注的是善與善之間的衝突，亦即他所關注的是正面價值與正面價值之間的衝突。ibid. 張國清敏銳地指出，多元主義問題，不是善與惡之間的關係問題，而是善與善之間的關係。然而，遺憾的是，他並沒有詳細解釋這個觀點，也沒有進一步發揮這個觀點，更加沒有用這個觀點來澄清多元主義與相對主義之間的根本性區別。關於張國清的觀點，參張國清，〈在善與善之間：伯林的價值多元論難題及其批判〉，載《哲學研究》2004年第7期，頁72-78。

的殺戮行為，不是指蘇聯大清洗的野蠻行徑，不是指施特勞斯所
舉的食人者同類相食的例子，也不是指活人獻祭的行為。毋庸置
疑，我們可以批判納粹集中營的殘忍，可以批判蘇聯大清洗的野
蠻，可以批判同類相食的兇殘，可以批判活人獻祭的罪惡。然
而，正面價值之間的高下優劣卻是懸而未決的。誠如高爾斯頓所
言，最困難的選擇不是善與惡之間的選擇，而是善與善之間的選
擇。[114] 正是如此，伯林認為正面的多元價值是相對有限的，並
且，正面的多元價值之間同等終極、同等絕對、同等客觀、同等
有效。在這個意義上，我們不能說多元價值之間的好壞對錯與是
非善惡是無法判斷的，這個命題本身就是偽命題。多元價值之間
不存在好壞對錯與是非善惡的問題，因為多元價值是正面價值，
所以多元價值肯定是好的，是對的，是善的。多元價值之間的問
題，不是善與惡之間的問題，而是善與善之間的問題。我們知道
多元價值都是好的，只是我們並不清楚哪個多元價值更好。

　　施特勞斯認為，相對主義的困境是好壞對錯之間再也無法判
斷了。然而，伯林卻認為多元主義不是相對主義。在多元主義看
來，好壞對錯是可以判斷的，我們可以判斷恐怖分子是滅絕人性
的，我們也可以判斷勇敢是值得讚美的。不能判斷的是，好與好
之間到底哪個更好，正面價值與正面價值之間到底哪個更具有優
先性。我們不能判斷善良是否比友愛更具有優先性，我們也不能
判斷正義是否比仁慈更可取，同樣，我們也無法判斷寬恕是否比
勇敢更重要。伯林所謂的價值之間的相對有效性，指的正是正面
價值之間的相對有效性，而不是正面價值與負面價值之間的相對
有效性。在自由與平等這兩種價值之間，我們無法確定自由比平

---

114 Galston, *Liberal Pluralism*, p. 34.

等更具有優越性，也無法確定平等比自由更具有優越性，兩者之間是無法排序的，因此，自由對於平等，平等對於自由，都是相對有效的。我們不能用功利主義的方式宣稱，由於自由值五元，平等值十元，所以平等比自由更有優越性。然而，自由與奴役之間卻可以清晰界分。我們不會說自由對於奴役是相對有效的，奴役對於自由也是相對有效的，並且自由與奴役之間的價值高下是無法確定的，因此，自由與奴役都是同等有效的。於是，我們再也不能對奴役說三道四了，我們再也不能對毫無情由的殺戮指指點點了，我們更加沒有充分的理由來譴責希特勒的集中營與史達林的古拉格，天堂裡的玫瑰並不比地獄裡的罌粟高貴。在伯林看來，自由高於奴役，天堂優於地獄，這些都是可以進行價值判斷的。施特勞斯認為，伯林承認了基於經驗的人類目的的多樣性，也就承認了「所有人類目的的平等」，[115]因此，好壞對錯在平等性的困境中再也無法進行區分了。但是，從此處的分析可以看出，伯林卻並不如此看待，他承認的不是「所有人類目的的平等」，而是某些人類目的的平等：自由主義與共和主義是平等的，但是自由主義與法西斯主義卻不是。在施特勞斯看來，相對主義的核心觀點是，好壞對錯與是非善惡都是相對的，因此，我們無法在普遍的意義上判斷好壞對錯與是非善惡。而在伯林看來，多元主義隱含著這樣的觀點，即好壞對錯與是非善惡不是相對的，相對只是某一種「善」與另一種「善」；同樣，不能進行價值判斷的只是某一種「善」與另一種「善」，而不是某一種「善」與另一種「惡」。一言以蔽之，相對主義無法在普遍的意義上判斷善與惡，而多元主義可以在普遍的意義上判斷善與惡，但卻無法在普

---

115 Strauss, "Relativism," p. 14.

遍的意義上判斷善與善。因此，伯林承認相對價值，但卻否認相對主義。

綜合而言，根據價值相對主義的觀點，所有價值都是特殊價值，沒有什麼普遍價值；並且，所有價值判斷都是相對的，沒有什麼普遍的價值判斷。而根據價值多元主義的觀點，並非所有價值都是特殊價值，共通價值就是普遍價值；而且，並非所有價值判斷都是相對的，普遍的價值判斷是可能的。換言之，價值相對主義的主張是特殊性與不可評價性，而價值多元主義的主張是普遍性與可評價性。因此，價值多元主義不是價值相對主義。

結語

本章的核心觀點是，伯林不是相對主義者，伯林的多元主義也不是相對主義。施特勞斯曾經直言不諱地指出，伯林的自相矛盾是，一方面主張相對主義，另一方面又贊同絕對主義。最終，伯林的自由主義徹底拋棄絕對主義，完全轉向相對主義。因此，伯林的自由主義是自由主義危機的象徵。

然而，伯林卻明確宣稱自己不是相對主義者，多元主義也不是相對主義。伯林論證多元主義不是相對主義主要基於兩條路徑。第一條路徑是以客觀性與可理解性為基礎的明言路徑，即伯林所理解的相對主義的主要特徵是主觀性與不可理解性，次要特徵是特殊性與不可評價性。而伯林的多元主義的核心特徵卻是客觀性與可理解性，因此，多元主義不是相對主義。具體而言，相對主義認為所有價值都是主觀價值，並且，人類無法理解不同時代、不同文化與不同民族的異質價值。然而，多元主義並不贊同相對主義的主張。多元主義宣稱並非所有價值都是主觀價值，客觀價值是存在的，客觀價值存在的理論基礎是伯林的獨特人性觀。而且，人類也可以理解不同時代、不同文化與不同民族的異質價值，人類理解異質文化依靠的是人類的同理心能力。同理心之所以能夠發揮作用，是因為人類具有共通的人性，共通的人性賦予人類某些共通的視域，而共通的視域使人類可以借助同理心來理解異質價值。

　　然而，相對主義的主要特徵實際上不是主觀性與不可理解性，而是特殊性與不可評價性。因為主觀性是主觀主義的主要特徵，而不可理解性是認識相對主義的主要特徵。這樣，伯林的相對主義批判只能反駁主觀主義與認識相對主義，而無法反駁所有相對主義。如果伯林要澄清多元主義與相對主義之間的區別，那麼，他必須進一步論證多元主義不具有特殊性與不可評價性特徵。

　　而伯林論證多元主義不是相對主義的第二條路徑恰恰針對的是相對主義的特殊性與不可評價性特徵。第二條路徑是以普遍性與可評價性為基礎的隱含路徑，即施特勞斯所理解的相對主義的核心特徵是主觀性、特殊性與不可評價性，而伯林的多元主義的核心特徵卻是普遍性與可評價性，因此，多元主義不是相對主義。具體而言，根據相對主義的觀點，所有價值都是特殊價值，並且，人類無法評價不同時代、不同文化與不同民族的異質價值。但是，根據多元主義的觀點，並非所有價值都是特殊價值，伯林所謂的共通價值就是普遍價值。而且，人類也可以評價不同時代、不同文化與不同民族的異質價值。人類的共通人性使人類具有某些共通價值，而共通價值使人類的同理心發揮作用，在同理心的作用之下人類得以理解異質價值，在理解的基礎之上人類可以評價各種異質價值。

　　同時，通過區分正面價值與負面價值，多元主義與相對主義之間的區別清晰可見。多元主義與相對主義的根本區別是，相對主義認為普遍的價值判斷是不可能的，因此，正面價值與負面價值之間的好壞對錯與是非善惡是無法判斷的；而多元主義認為普遍的價值判斷是可能的，因此，正面價值與負面價值之間的好壞對錯與是非善惡是可以判斷的，無法判斷的是正面價值之間的高下優劣。基於此，正面價值與負面價值之間可以排序，所以，多元主義不是相對主義。正面價值之間無法排序，所以，多元主義不是一元主義。

第五章

多元主義與絕對主義
伯林與施特勞斯的隱匿對話

The difference between Strauss and me is simply between the absolute, <u>a priori</u> basis ... and the virtually … universal basis …[1]

I do not have the faculty which detects absolute moral rules.[2]

——Isaiah Berlin

在《伯林談話錄》中，伯林曾言：「我知道，在施特勞斯即將發表的一篇文章中（一篇擱置數年無人閱讀的遺作），我將受到猛烈的攻擊。」[3]伯林所謂的即將發表的遺作正是施特勞斯的〈相對主義〉，在其中，施特勞斯尖銳地批評伯林的多元主義既是相對主義，也是絕對主義，因此，他的多元主義將引發自由主義危機。而實際上，此文早在1961年即已發表於《相對主義與人類研究》一書中，[4]並在1989年重刊於《古典政治理性主義的重生》中。[5]而在1988年，伯林與賈漢貝格魯開始一系列訪談之時，伯林以為此文即將首次公開發表，他毫不知曉此文早於1961年就已經公諸於眾了。[6]

對於施特勞斯的批判，伯林似乎不以為然。他帶著無所謂的口吻言道：「就隨他吧。我無法答覆他，因為他已經在其墳墓中

---

[1]　Berlin, "Letter to Harry Jaffa（May 24, 1992）."

[2]　Berlin and Jahanbegloo, *Conversations with Isaiah Berlin*, p. 109.

[3]　Ibid., p. 32.

[4]　Strauss, "Relativism," pp. 135-157.

[5]　Strauss, "Relativism," pp. 13-26.

[6]　伯林一直不知道此文已經於1961年發表，也不知曉此文已經於1989年重新收錄於《古典政治理性主義的重生》中。直到1992年，雅法把此文副本郵寄給伯林，伯林才得以明瞭。See Berlin, "Letter to Harry Jaffa（May 24, 1992），" p. 265.

了，而我對他的眾多信徒（disciples）絲毫提不起興趣。」[7]據此，中西學術界普遍以為伯林生前沒有回應施特勞斯的批評。然而，伯林生前真的沒有回應施特勞斯的批評嗎？他真的沒有認真對待施特勞斯的徒子徒孫嗎？其實不然，伯林確實回應了。在牛津大學伯林檔案所藏的一封塵封二十多載的書信中，伯林直接回應了施特勞斯在〈相對主義〉中所提出的批評。由於這封書信對於理解伯林與施特勞斯的爭論具有非比尋常的特殊意義，因此，筆者將詳細交代這封書信的來龍去脈。

1992年5月28日，《紐約書評》刊載伯林與賈漢貝格魯的訪談錄〈哲學與人生：一次訪談〉（"Philosophy and Life: An Interview"）。[8]這個訪談錄並不是1991年《伯林談話錄》出版之後

---

[7] Berlin and Jahanbegloo, *Conversations with Isaiah Berlin*, p. 32.

[8] 《紐約書評》網站（http://www.nybooks.com/issues/1992/05/28/）顯示，〈哲學與人生：一次訪談〉的正式發表日期是1992年5月28日。The Isaiah Berlin Virtual Library網站（http://berlin.wolf.ox.ac.uk/lists/interviews/）也標明，該訪談錄的發表日期是1992年5月28日。然而，〈雅法致《紐約書評》編輯書信〉的日期卻是1992年5月13日。也就是說，早在該訪談錄發表之前半個月，雅法即已得知該訪談錄即將發表的消息，於是他致信《紐約書評》編輯，意圖站在施特勞斯的立場回應伯林的施特勞斯批判。而在該信開頭，雅法明確指出，〈哲學與人生：一次訪談〉發表於1992年5月18日，遠遠早於《紐約書評》網站上所公佈的正式發表日期。1992年5月18日，雅法致信伯林，並且，把他致《紐約書評》編輯的書信同時也寄給伯林。而伯林回信給雅法的日期是1992年5月24日。這就意味著，早在〈哲學與人生：一次訪談〉發表之前，伯林與雅法之間關於施特勞斯的通信就已經完成了。之所以出現這種日期錯亂的情況，筆者的推測是，《紐約書評》編輯早在該訪談錄發表之前即讓雅法先睹為快，否則雅法不可能在訪談錄發表之前即致信該編輯。至於該訪談的具體發表日期，要麼是編輯錯估具體發表日期，要麼是雅法搞錯了。Ramin Jahanbegloo, "Philosophy and Life: An Interview," *The New York Review of Books*, May 28, 1992.關於〈雅法致《紐約書評》編輯書信〉的

的另一次新訪談。實際上，它只是《伯林談話錄》開頭與結尾的
節錄，其中也收錄了伯林對施特勞斯的批評。然而，早在〈哲學
與人生：一次訪談〉正式發表之前，施特勞斯的著名弟子雅法
（Harry Jaffa）即已獲悉它將發表於《紐約書評》的消息。很有可
能的是，《紐約書評》編輯提前把該訪談錄的具體內容透露給了
雅法。所以，雅法早在1992年5月13日即致信《紐約書評》編
輯，並意圖站在施特勞斯的立場上，回應伯林對施特勞斯的批
評。9

　　1992年5月18日，雅法就此致信伯林本人，並同時附寄他致
《紐約書評》編輯的書信以及《古典政治理性主義的重生》中所
收錄的〈相對主義〉一文。10在該信中，雅法真誠地懇請伯林回應
施特勞斯的批評：

具體日期、〈雅法致伯林書信〉的具體日期以及〈伯林致雅法書信〉的具體
日期，請特別參考牛津大學伯林檔案所藏的相關資料，see Harry Jaffa, "Letter
to the Editor of *The New York Review of Books* (May 13, 1992)," MS. Berlin 228,
Folios 232-234, Bodleian Library, Oxford University, May 13, 1992. Harry Jaffa,
"Letter to Isaiah Berlin (May 18, 1992)," MS. Berlin 228, Folios 230-231,
Bodleian Library, Oxford University, May 18, 1992. Berlin, "Letter to Harry Jaffa
(May 24, 1992)."

9　Jaffa, "Letter to the Editor of *The New York Review of Books* (May 13, 1992)."

10　這些材料現收錄於伯林檔案中，see Jaffa, "Letter to Isaiah Berlin (May 18, 1992)."
Jaffa, "Letter to the Editor of *The New York Review of Books* (May 13, 1992)."
Leo Strauss, "Relativism," MS. Berlin 228, Folios 236-240, Bodleian Library,
Oxford University, May 18, 1992.雅法亦曾把這些材料輯錄於他生前發表的最
後一本著作中，不過，伯林檔案中的材料明確標明了書信的具體日期，而雅
法的著作中卻沒有這方面的信息。除非伯林檔案中的材料有雅法著作中不曾
有的信息，否則，筆者將引用雅法著作中的具體頁碼，以方便讀者以及相關
研究者的進一步查證。see Jaffa, *Crisis of the Strauss Divided*, pp. 163-183.

　　在該訪談中，您說您不會回應，因為施特勞斯已經死了，而您對其信徒沒什麼興趣。我希望恭敬地向您指出，這並不是一個合適的理由。⋯⋯由於施特勞斯無法在這裡為自己辯護而不回應施特勞斯，無論如何，我認為這是錯的。施特勞斯相信，我認為您也會相信，真正嚴肅的思想家之間的對話不是私人對話，這種對話將超越時間，並將永垂不朽。我確信，如果您對施特勞斯的回應配得上他（worthy of him）的話（我當然希望您的回應可以配得上他），那麼，能夠駕馭這場爭論（argument）的某個人，將在恰當的時候出現，並推進這場爭論（此人是否在您的有生之年或在我的有生之年出現，這並不重要！）。[11]

　　2012年，筆者在哈佛大學擔任訪問學者期間有幸讀到了這封至關重要的書信。當時，筆者的疑惑是，伯林是否給雅法回信，並在信中回應施特勞斯的批評呢？如果伯林真的給雅法回信了，那麼，這封回信定然是解開伯林與施特勞斯之爭的關鍵。然而，雅法對此並沒有進一步交代。於是，筆者萌生了一個念頭，決定尋訪伯林回信以及其他相關材料的下落。

　　2012年11月22日，筆者分別致信施特勞斯文稿執行人、芝加哥大學教授內森・塔科夫（Nathan Tarcov）與伯林文集的編輯亨利・哈代（Henry Hardy）。首先，筆者向塔科夫教授打聽，《伯林談話錄》中所說的伯林在芝加哥訪問期間與施特勞斯的數

11　在雅法著作中，「永垂不朽」（transcended ... mortality）被誤拼為「超越道德」（transcend ... morality）。筆者根據伯林檔案中的書信原文對其加以更正。Jaffa, *Crisis of the Strauss Divided*, p. 165.

度交談是否有錄音紀錄。塔科夫教授當天回信說自己沒有在施特勞斯檔案中見過相關紀錄。他猜測施特勞斯的未刊書信中或許有這方面的討論。他表示歡迎筆者前往芝加哥大學一探究竟。2014年，在哥倫比亞大學教授馬克・里拉（Mark Lilla）的溝通與幫助之下，筆者專程前往芝加哥大學，耗費數月時光查詢施特勞斯檔案。遺憾的是，除了眾所周知的〈相對主義〉一文，施特勞斯檔案中並沒有關於伯林的任何相關紀錄。

　　同時，筆者向哈代詢問伯林生前是否回應施特勞斯，抑或是否回信給雅法。我也向他詢問伯林與施特勞斯在芝加哥的交談紀錄。[12] 當日，哈代即覆信表示，他沒有看到過伯林與施特勞斯交談的錄音紀錄。他本人也沒有發現伯林致施特勞斯或雅法的任何書信，而且牛津大學伯林檔案目錄中也沒有顯示有這樣的書信。不過，他依舊認為，這並不代表這樣的書信不存在或沒有寄出，只是伯林的秘書可能沒有保存相應的副本。他表示自己會再去查詢伯林檔案，先確定雅法致伯林的書信是否保存於伯林檔案中。此外，他還囑咐筆者諮詢對伯林檔案極為熟悉的青年學者，時為哈佛大學博士候選人的約書亞・裘尼斯（Joshua L. Cherniss）。[13] 同一天，裘尼斯亦致信表示，在他的印象中，伯林檔案中沒有伯林與施特勞斯之間的信件。他認為，如果伯林與施特勞斯之間真有通信，那麼這些信件可能保存於芝加哥大學的施特勞斯檔案中。關

12　Berlin and Jahanbegloo, *Conversations with Isaiah Berlin*, p. 32.

13　裘尼斯在哈佛大學攻讀博士學位期間，已經在牛津大學取得博士學位。其牛津大學博士論文取材於伯林檔案，對伯林的思想發展進行了非常系統的研究，該博士論文最終於2013年出版，see Joshua L. Cherniss, *A Mind and Its Time: The Development of Isaiah Berlin's Political Thought*, Oxford: Oxford University Press, 2013.

於伯林與施特勞斯在芝加哥的交談，他確實在伯林的書信與日記等檔案材料中，看到過伯林言及自己跟施特勞斯之間的討論，但是，這些材料並沒有說明兩人交談的具體內容。

於是，筆者決定直接聯繫雅法本人，看看他是否收到過伯林的回信。由於在雅法所在大學的網站上無法找到其郵箱，所以，2012年11月23日，筆者致信哈佛大學哈維‧曼斯菲爾德教授（Harvey C. Mansfield, Jr.），向他詢問雅法的聯繫方式。曼斯菲爾德教授當日回信，讓筆者聯繫雅法的助手埃里克‧科伊肯德爾（Eric Coykendall）。同一天，筆者致信科伊肯德爾，詢問伯林是否回信給雅法。但是，直到2013年2月14日，科伊肯德爾才回信轉達雅法的意見。雅法表示伯林一直沒有給自己回信。他不無遺憾地感歎，自施特勞斯的〈相對主義〉之後，伯林與施特勞斯的爭論就此落幕了。

然而，實際上並非如此。非常慶幸的是，哈代最後還是找到了〈伯林致雅法書信〉，[14]這封失而復得的書信終於重見天日。2012年12月5日，即早在科伊肯德爾回信的兩個多月前，哈代就向筆者寄發了〈雅法致伯林書信〉以及〈伯林致雅法書信〉的電子文檔。收到科伊肯德爾的回信後，筆者於2013年2月16日把〈伯林致雅法書信〉轉發給科伊肯德爾，並希望他向雅法轉達筆者的懇請：正如雅法懇請伯林回應施特勞斯的批評，筆者也懇請雅法回應伯林的回應。然而，雅法一直沒有回覆筆者的提議。不出兩年（2015年1月10日），雅法本人亦仙逝矣！至此，二十世紀政治哲學史上具有深遠意義的學術公案，真的要暫時告一段落了。

14　Berlin, "Letter to Harry Jaffa（May 24, 1992）."

　　因此，就目前所掌握的文獻而言，〈伯林致雅法書信〉是伯林生前直接回應施特勞斯批評的唯一文本。在這個意義上，這封書信恐怕是理解伯林與施特勞斯之爭的關鍵性文本。然而，遺憾的是，在2017年之前，這封書信尚未在中西學術界公開發表。因此，中西學術界尚不知曉伯林生前曾經回應過施特勞斯的批判。直到2017年，筆者所翻譯的〈伯林致雅法書信〉在《讀書》雜誌上全球首發，這封書信才最終得以面世。[15]

　　本章將以〈伯林致雅法書信〉為主要文獻，並輔以其他相關文本，論證伯林的多元主義不是絕對主義，而是普遍主義。[16]為此，本章將先考察施特勞斯的絕對主義觀念，再闡釋伯林的絕對主義觀念，最後分析伯林所理解的普遍主義不是施特勞斯所理解的絕對主義。

第一節　施特勞斯的絕對主義觀念

　　施特勞斯所理解的絕對主義是什麼？在回答這個問題之前，

15　2015年11月18日，筆者得到哈代的授權，從而把〈伯林致雅法書信〉翻譯為中文，中譯本參馬華靈，〈伯林致雅法書信——從伯林的未刊書信說起〉，載《讀書》2017年第3期，頁73-82。

16　正是因為混淆了絕對主義與普遍主義，所以，部分中國學者才認為伯林的多元主義對自由主義的普遍主義構成了挑戰。而實際上，伯林的多元主義挑戰的不是自由主義的普遍主義，而是自由主義的絕對主義。中國學者對絕對主義與普遍主義的混淆，最典型的是馬德普，〈價值多元論與普遍主義的困境——伯林的自由思想對自由主義政治哲學的挑戰〉，載《天津師範大學學報（社會科學版）》2001年第6期，頁11-17。馬德普、王敏，〈價值多元論與自由主義——論伯林遇到的挑戰及晚年思想的轉變〉，載《政治學研究》2012年第3期，頁49。

我們必須首先明確兩點：第一，施特勞斯本人從未明確自我宣稱是絕對主義者；第二，施特勞斯沒有一篇文稿專門討論絕對主義觀念。如果施特勞斯不是一個絕對主義者，那麼，所謂的施特勞斯式絕對主義觀念也就沒有討論的必要了。為此，我們必須先證明施特勞斯是絕對主義者，然後再討論施特勞斯的絕對主義觀念。

施特勞斯是絕對主義者的觀點，在施特勞斯弟子雅法的文章中可以得到確證。伯林曾經如此嘲諷施特勞斯，他認為，只有某種形而上學的魔眼（magic eye）才能看到所謂的永恆真理。[17] 而雅法並不認同伯林的看法，他為其老師辯護道：永恆的真理不僅存在於古代哲學與中世紀哲學中，還存在於〈獨立宣言〉、傑佛遜、林肯以及邱吉爾的思想中。因此，我們根本不需要伯林所謂的魔眼才能觀察到絕對真理，絕對真理活生生地存在於西方的思想傳統之中。而我們時代的危機之所以發生，正是因為現代人遺忘了古典政治哲學中的永恆真理，從而深陷相對主義的泥沼。如此，若要拯救我們時代的危機，我們應該復興古典政治哲學中的永恆真理，而這正是施特勞斯有目共睹的學術成就。在這個意義上，施特勞斯的立場是絕對主義。[18]

然而，這樣的旁證尚不足以證明施特勞斯是絕對主義者。要證明施特勞斯是絕對主義者，必須回到施特勞斯自身的文本中。在施特勞斯零散的文本片段中，我們確實可以捕捉住他的絕對主義傾向。

證據一：在〈相對主義〉中，施特勞斯批判伯林的自由主義是自由主義危機的範本。而自由主義危機之所以發生，是因為伯

17　Berlin and Jahanbegloo, *Conversations with Isaiah Berlin*, pp. 31-33.

18　Jaffa, *Crisis of the Strauss Divided*, p. 164.

林的自由主義「拋棄了其絕對主義（absolutist）根基，意圖變成完全的相對主義」。[19]如果自由主義危機的根源是否定絕對主義，肯定相對主義，那麼，回歸絕對主義，拒斥相對主義，顯然是擺脫自由主義危機的開端。在這個意義上，施特勞斯的立場是絕對主義。他的根本意圖是以絕對主義來矯正自由主義的相對主義。

　　證據二：施特勞斯認為，柏拉圖對價值系統的闡釋是絕對主義闡釋（Plato's absolutist interpretation）。[20]而施特勞斯是著名的柏拉圖主義者，他甚至把他的最後一本自編文集命名為《柏拉圖式政治哲學研究》（*Studies in Platonic Political Philosophy*）。[21]並且，施特勞斯學派的著名代表斯蒂芬・史密斯更是把施特勞斯的自由主義稱為柏拉圖式自由主義（Platonic liberalism）。[22]由此，我們可以推斷，施特勞斯是柏拉圖式絕對主義者。

　　證據三：施特勞斯明確指出，西方傳統、自然正當與絕對主義三者之間如影隨形，不可分割：「我們偉大的西方傳統的信仰是，一種理性且普遍的倫理學是可能的，抑或自然正當是可能的。而絕對主義就內在於（inherent）我們偉大的西方傳統，亦即內在於一種理性且普遍的倫理學是可能的或自然正當是可能的信仰。相對主義者卻憤慨或鄙夷地拒斥了絕對主義。」在施特勞斯看來，西方傳統是偉大的，而絕對主義又是西方傳統內在固有的，因此，絕對主義定然也是偉大的。正是如此，他主張道，除了當今的相對主義時代，我們在任何時代都會發現，任何價值立

19　Strauss, *The Rebirth of Classical Political Rationalism*, p. 17.

20　Ibid., p. 11.

21　Strauss, *Studies in Platonic Political Philosophy*.

22　Smith, *Reading Leo Strauss*, pp. 87-107.

場都需要「絕對而普遍真實」的理論前提。然而，我們時代的社會科學家卻並不以為然，他們「意識到相對主義是不恰當的，但是他們卻猶豫不決，不願轉向所謂的『絕對主義』」。也就是說，在施特勞斯的視野中，社會科學家應該放棄相對主義，轉向絕對主義。相對主義猶如無源之水，無根之木，沒有任何根基可言；只有絕對主義才能為社會科學研究奠定可靠的基礎。[23]

　　證據四：施特勞斯擔憂道，在相對主義時代，自由教育將面臨全面危機。因為「如今文化不再……是一種絕對之物，相反，文化變成相對的了」。這意味著，西方文化不再是唯一的文化（*the* culture），而是許多文化（cultures）中的一種。除了西方文化，還有佛教文化、伊斯蘭教文化，甚至還包括黑社會的幫派文化、少數族裔的暴力文化、商業社會的低俗文化等。如此，西方文化不再具有絕對的優越性，它跟幫派文化、暴力文化以及低俗文化都互相平等。而在施特勞斯看來，自由教育本質上是西方文化的教育。因此，如果要使自由教育成為可能，必須主張西方文化是絕對的。而施特勞斯是著名的自由教育倡導者，在這個意義上，他是主張西方文化優越論的絕對主義者。[24]

　　根據這些證據，我們可以判斷施特勞斯是絕對主義者。那麼，施特勞斯所謂的絕對主義究竟何所指呢？通過擷取施特勞斯散亂各處的絕對主義篇章，我們大致可以拼接出他的絕對主義圖像。在施特勞斯的思想框架中，絕對主義的第一個特徵是唯一性（singularity）。施特勞斯指出，「我們全都記得這樣的時刻，那時多數人都或明或暗地相信，**有且只有一個**普遍有效的真實的價值

23　Strauss, *The Rebirth of Classical Political Rationalism*, pp. 11-12.

24　Strauss, *Liberalism Ancient and Modern*, p. 4.

系統（one and only one true value system of universal validity），並
且有些社會與個人依舊主張這個觀點。」[25] 這樣的時刻到底是什麼
時刻？在施特勞斯的視野中，這樣的時刻指的是古典政治哲學時
刻。在古典政治哲學時代，自然的就是絕對的，「只有存在一個
絕對的視域抑或自然的視域，哲學才有可能。」[26] 這就等於說，自
然與絕對是一回事，絕對的視域就是自然的視域，自然的視域就
是絕對的視域。不僅如此，自然還是價值判斷的標準，並且是唯
一的價值判斷標準（nature is *the* standard）。[27] 同時，「自然是唯一
的規範」（nature is *the* norm），「自然是唯一的權威（nature is *the*
authority）」。[28] 由此可以看出，自然是放之四海而皆準的最高準
則，是獨一無二的終極準則。

　　此外，在施特勞斯看來，自然的就是美好的：「自然提供了
標準，而這種標準完全獨立於人類的意志。這暗示自然即美好
（nature is good）。」[29] 凡是符合自然標準的都是美好的，凡是違背
自然標準的都是糟糕的。因此，符合自然的生活，不但是美好的
生活，而且是唯一美好的生活（*the* good life）。同理，符合自然
的政治秩序，不僅是美好的政治秩序，並且是唯一美好的政治秩
序（*the* good political order）。而在施特勞斯看來，最佳政體是唯
一的，[30] 同樣，最佳生活也是唯一的。因此，自然的生活本質上是
最佳生活（*the* best life），自然的政治秩序本質上也是最佳政體

25　Strauss, *The Rebirth of Classical Political Rationalism*, p. 11.

26　Strauss, *Natural Right and History*, p. 35.

27　Ibid., pp. 92, 96, 119.

28　Ibid., pp. 11, 92.

29　Strauss, "The Three Waves of Modernity," p. 85.

30　Strauss, *Natural Right and History*, p. 139.

（*the* best regime）。如此，絕對、自然、美好與最佳在一定程度上具有同一性。絕對的是自然的，自然的是美好的，美好的是最佳的。

絕對主義的第二特徵是永恆不變性（eternality and immutability）。在施特勞斯看來，「在嚴格的古典意義上，哲學就是追求永恆的秩序（the eternal order）、永恆的原因（the eternal cause）或一切事物的原因。而且，哲學假定了一個永恆且不變的秩序（an eternal and unchangeable order）。歷史就產生於這個秩序之中，並且根本無法干擾這個秩序。換言之，哲學假定任何『自由領域』都只是從屬於『必然性領域』的區域。用科耶夫的話來說，哲學假定『存在本身實質不變（immutable），存在本身永恆（eternally）如一』。」[31] 哲學與歷史具有根本性差異，在哲學的世界中，永恆是最重要的，因此永恆高於特殊。而在歷史的世界中，特殊是最重要的，所以特殊高於永恆。哲學假定了永恆的存在，而歷史從根本上否定了永恆。正是如此，哲學的前提條件是從歷史中解放出來。從超越歷史與超越特殊性出發，邁向永恆而不變的自然秩序。

在施特勞斯看來，追求永恆的哲學不是現代哲學，而是古典哲學。現代哲學拒斥了永恆的自然秩序，從而走向特殊的歷史秩序。而古典哲學則恰恰相反，在古典哲學的視域中，「哲學要求徹底超脫於人類事務：人類必定無法在地球上絕對怡然自得，他必須成為一名關注整體的公民（a citizen of the whole）。」[32] 人類的事務是特殊的歷史事務，整體的事務才是永恆的自然事務。因

31　Strauss, *Jewish Philosophy and the Crisis of Modernity*, p. 471.

32　Ibid., pp. 471-472.

此，我們必須關注整體，而不是局部；關注普遍，而不是特殊；關注自然，而不是歷史。自然永恆不變，而人類卻變化萬千，歷史亦風雲莫測。倘若我們選擇了歷史，拋棄了自然，那就等於選擇了短暫的變化，拋棄了不變的永恆。在歷史主義的視野中，一切皆流，無物永恆。一切事物都是相對於具體的歷史語境而言的，一個時代有一個時代的價值觀，一個時代有一個時代的文化。時代變了，價值也隨之變了，文化同樣也變了。而在施特勞斯看來，哲學必須追求永恆。因此，在相對主義時代，哲學是不可能的。

跟古今哲學的差異類似，古今自由主義的區別也在於此。在古代自由主義世界裡，「關於『自然』的知識，也就是關於不變（unchangeable）且可知的必然性的知識。」因此，發現自然意味著發現永恆之物。[33] 人類的自然亦如是：「人類的自然保持不變，道德也是永恆（timeless）或先驗的。」但是在現代自由主義世界中，人類的自然與道德都不再具有絕對性，兩者都不是固定不變的。相反，人類的自然與道德隨著時代的變遷而變遷，不同的時代有不同的自然與道德。[34] 基於此，古今自由主義建立在不同的理論基礎之上：古代自由主義以絕對主義為根基，而現代自由主義以相對主義為基礎。

絕對主義的第三個特徵是絕對有效性，即無論何時何地在何種情況下針對何人都是有效的。在某種意義上，絕對有效性包含了上述的永恆性特徵，因為絕對有效的價值肯定是永恆的價值。但是，永恆性特徵的討論對象是作為價值判斷標準的自然，而絕

33　Strauss, *Natural Right and History*, pp. 89-90.

34　Strauss, *Liberalism Ancient and Modern*, p. 34.

對有效性的主要適用對象是價值判斷本身。因此，儘管兩者的含義有交叉，但是依舊具有各自的獨立性。

在施特勞斯的思想中，絕對有效性根源於自然。在本質上，絕對的意思是不受任何限制。而「發現自然等同於實現一種超越歷史、超越社會、超越道德且超越宗教的……人類可能性」。這種超越歷史、超越社會、超越道德且超越宗教的人類可能性，實際上就是無論何時何地在何種情況下針對何人都是有效的可能性。只有具備超越世間社會的視野，人類才能突破時間、地域、人群等因素的束縛，從而獲得不受時間限制、不受地域限制、不受族群限制的自然視野。而且，發現自然還意味著追求首要之物（the first things），而「對於首要之物的哲學追求，不僅僅預設了首要之物的存在，而且還預設首要之物是永恆的（always），永恆之物是比非永恆之物更加真實的存在」。這就是說，追求自然等同於追求永恆。永恆意味著不受時間的限制，這樣，自然也不受時間所限。在這個意義上，自然本身是絕對的。而正是因為自然本身是絕對的，所以自然才能為絕對有效性奠定可靠的基礎。[35]

如果自然是絕對的，那麼，絕對有效性就體現在自然正當理論中。「自然正當或自然正義必定真實存在，因而『無論在哪裡（everywhere）都必定具有相同的效力』。如此看來，自然正當至少對人類的正義思想，必定具有總是相同且從未停止的影響。」[36]在這裡，自然正當蘊含著三個重要信息：首先，自然正當的效力不受地域所限，因此，它無論在哪裡都具有相同的效力；其次，自然正當的效力也不受時間所限，所以，它具有從不停止的影響

力；最後，自然正當的效力永恆不變，所以，它才能一直保持相
同的效力。正是因為自然正當突破了時空等因素的約束，所以自
然正當是絕對的。

　　也正是因為自然正當是絕對的，「好人的含義是，總是好，
並且無論在哪裡都一直好（always and everywhere the same）。」[37]
好人的本質不受時間與空間的限制。只要一個人是好人，那麼，
他無論在什麼時間在什麼地點都是好人。我們不能說某個人在希
臘時代是好人，在羅馬時代就是壞人。同樣，我們也不能說某個
人在英國是好人，在美國就是壞人。在施特勞斯看來，好人之好
具有始終不變的性質。

　　同理，「善與真對於所有人來說都是相同的，但是快樂卻因
人而異。」因為善與真具有客觀性，而快樂卻具有主觀性。前者
的客觀性根源於自然正當，而後者的主觀性卻根源於人類偏好。
從自然正當的角度審視善與真，善與真不受時空所限、不受人群
所限，始終都是相同的。然而，從人類偏好的角度考察快樂，快
樂不具有穩定性。不同的人有不同的偏好，我熱愛咖啡，而你喜
歡喝茶。對我來說，咖啡是快樂之源。而對你來說，茶才是快樂
的港灣。你我之間對於快樂的定義是完全不同的。也正是在這個
意義上，快樂不是絕對的，而善與真卻是絕對的。[38]

　　最佳政治秩序也是絕對最佳（best absolutely）的政治秩序。
施特勞斯言道：「古代哲學家把最佳政治秩序理解為無論何地總
是（always and everywhere）最佳的政治秩序。」[39]但是，最佳政治

37　Strauss, *What Is Political Philosophy? And Other Studies*, p. 35.

38　Strauss, *Liberalism Ancient and Modern*, p. 52.

39　Strauss, *The Rebirth of Classical Political Rationalism*, p. 56.

秩序只是意味著它在理論上是最可欲的（desirable），並不代表它在實踐中是最可行的（feasible）。因此，我們不能指望把最佳政治秩序應用於所有社會之中。在施特勞斯的思想中，最佳政治秩序的實現取決於自然的運氣，而不是人類的意志。因為最佳政治秩序的實現需要極其苛刻的條件，而這些條件在一般情況下非常難以滿足。[40]正是如此，最佳政治秩序只是意味著，它是現實政治秩序好壞的判斷標準，並且是唯一的判斷標準。在這個意義上，只有根據絕對最佳的政治秩序，任何現實政治秩序才能證明自身是正當的或美好的。[41]

因此，我們可以說，施特勞斯是一個絕對主義者。而他的絕對主義思想具有三個主要特徵，即唯一性、永恆不變性與絕對有效性。基於此，如果我們說某種價值是絕對價值，那麼，這個價值無論在什麼時間、什麼地點、什麼情況下，針對無論什麼人都是始終有效的。總之，絕對價值不折不扣，不受任何限制，並且超越世間的一切束縛。

第二節　伯林的絕對主義觀念

實際上，伯林所理解的絕對主義與施特勞斯所理解的絕對主義如出一轍。然而，儘管伯林的絕對主義與施特勞斯的絕對主義基本相同，但是，兩人的學術立場卻具有根本性差異。施特勞斯支持絕對主義，而伯林卻反對絕對主義。施特勞斯之所以支持絕對主義，是因為絕對主義可以矯正相對主義，從而避免墮入極權

40　Strauss, *Natural Right and History*, pp. 140-143.

41　Strauss, *The Rebirth of Classical Political Rationalism*, pp. 56-57.

主義深淵。反之，伯林之所以反對絕對主義，是因為絕對主義是一元主義，而一元主義跟極權主義僅有一步之遙。一言以蔽之，兩位政治哲學家的根本差異是，施特勞斯主張絕對主義是極權主義的出路，而伯林卻宣稱絕對主義是極權主義的根源。

在伯林的政治哲學中，絕對主義就是一元主義，一元主義就是絕對主義，兩者可以互相交換使用。伯林曾言，根據「古老的絕對主義」（old absolutism）觀點，「我們可以利用某種對所有時間、所有地方的所有人都有效的不變標準（some unfaltering criterion valid for all men, everywhere, at all times），判定他們的作品互相優於或劣於對方，抑或判斷他們的作品優於或劣於我們自己的作品。」[42]同時，伯林直言不諱地指出，一元主義的核心內容是「普遍永恆（universal, timeless）且確鑿無疑的真理是存在的，並且，這些真理適用於所有人、所有地方與所有時代（all men, everywhere, at all times）；差異只是源於錯誤與幻象，因為真理是唯一且普遍的（one and universal）──所有地方、所有人都一直（everywhere, always, by everyone）信仰真理」。[43]正是如此，我們可以說，在伯林的思想中，絕對主義實際上是一元主義，它們只是同一種含義在不同語境中的不同表達方式。因此，如果一元主義可以區分為經驗一元主義與理性一元主義，那麼，絕對主義也可以區分為經驗絕對主義（empiricist absolutism）與理性絕對主義（rationalist absolutism）。同樣，如果可以解答的問題是一元主義的哲學基礎，那麼，可以解答的問題也是絕對主義的哲學基礎。經驗絕對主義的理論基礎是經驗問題，而理性絕對主義的

---

42 Berlin, *Against the Current*, p. 128.

43 Berlin, *The Power of Ideas*, p. 8.

理論基礎是規範問題。

　　從伯林的寥寥數語中，我們可以清晰地勾勒出絕對主義與一元主義的三個核心特徵：「真理是唯一且普遍的」體現了絕對主義與一元主義的唯一性特徵；「不變標準」與「普遍永恆且確鑿無疑的真理是存在的」代表了絕對主義與一元主義的永恆不變性特徵；「某種對所有時間、所有地方的所有人都有效的不變標準」、「真理適用於所有人、所有地方與所有時代」與「所有地方、所有人都一直信仰真理」則指向絕對主義與一元主義的絕對有效性特徵。

　　接下去，我們將詳細論述伯林所理解的絕對主義。首先，絕對主義的第一個特徵是唯一性。具體而言，所有問題都有且只有一個正確答案，無論是事實問題，還是價值問題。在伯林的政治哲學中，絕對主義的唯一性特徵淵源於一元主義的第一個命題。伯林在一個非常精闢的段落中，清晰地概括了一元主義的第一個命題與絕對主義的唯一性特徵之間的內在關聯：「所有真正的問題都有一個真正的答案，並且只有一個真正的答案。所有其他答案都背離這個真理，因而是錯誤的。這適用於關於行為與情感的問題，即適用於實踐，同樣也適用於關於理論或觀察的問題——既適用於價值問題，也適用於事實問題。」[44]絕對主義之所以具有唯一性特徵，是因為所有問題都有且只有一個正確答案，所有其他答案都是錯誤答案。並且，唯一性特徵指向四類主要問題，即理論問題、實踐問題、事實問題與價值問題。

　　舉例而言，關於政治正當性問題。「政治正當性的定義是什麼？」這是個理論問題；「如何實現政治正當性？」這是個實踐

---

[44]　Berlin, *The Crooked Timber of Humanity*, p. 209.

問題；「美國政府的正當性基礎是什麼？」這是個事實問題；「美國政府是否具有正當性？」這是個價值問題。根據絕對主義的唯一性準則，這四個問題都只有一個正確答案。如果我們認為一個政府是正當的，當且僅當這個政府獲得了人民的同意，那麼，我們就不能同時接受政府的正當性以傳統為基礎的定義。如果我們認為實現政治正當性的唯一途徑是選舉，那麼，我們就否定了軍政府的正當性。如果我們認為美國政府以人民的同意作為正當性基礎，那麼，我們就否定了其他可能的答案。如果我們認為美國政府是正當的，那麼，我們就不能同時認為美國政府是不正當的。總之，不管什麼問題，其答案都是唯一的。

　　絕對主義的唯一性特徵來源於一元主義的第一個命題，而一元主義的第一個命題則來源於兩類可以解答的問題——經驗問題與規範問題。經驗絕對主義正是根源於經驗問題。經驗問題的解答方法是觀察與實驗，其典型是自然科學。例如地球是否繞著太陽公轉問題，這個問題的答案是唯一的：要麼地球繞著太陽公轉，要麼不是。我們肯定不會說地球既繞著太陽公轉，又不繞著太陽公轉。如果我們要確定這個問題的答案，那麼，我們只要像天文學家那樣通過觀察或者實驗的方法去操作即可。儘管在現代自然科學出現之前，關於這個問題的答案五花八門，但是，這些答案都是錯誤的答案。一旦我們確定了唯一的答案，所以其他答案都會隨風飄散，無影無蹤，這是毫無懸念的。正是這種不容置疑的確定性，使現代自然科學具有了至高無上的榮耀。

　　理性絕對主義則以規範問題為基礎，其解答方法是演繹法，其典型是數學。只要以一系列顛撲不破的公理與定理為前提，並根據嚴格的邏輯推理規則，那麼，我們就可以得出確鑿無疑的結論，並且是唯一準確的結論。例如長方形的周長問題，長方形周長的計算公式是：周長＝（長＋寬）×2。已知某個長方形的長度是4釐米，寬度是2釐米。那麼，根據這個公式，我們計算出該長方形的周長是12釐米。這個答案是唯一正確的，我們不可能得出另外一個答案來。這個長方形的周長不可能是10釐米，也不可能是15釐米，這些答案都違背了長方形周長的計算公式，因此都是錯誤的答案。正是這樣，無論我們要計算哪個長方形的周長，只要我們根據周長計算公式，那麼，每個長方形的周長都只有唯一的正確答案。

如果我們把經驗絕對主義與理性絕對主義應用於政治領域，那麼，我們同樣可以說，所有政治問題都有且只有一個正確答案。例如絕對的自由與絕對的平等問題。在多元主義者看來，絕對的自由與絕對的平等互不兼容，互相衝突。如果我們選擇了絕對的自由，那麼，強者就會壓制弱者，這樣，我們就犧牲了絕對的平等。反之，如果我們選擇了絕對的平等，那麼，強者的自由就會受到限制，這樣，我們就犧牲了絕對的自由。[45] 但是，無論我們選擇絕對的自由，還是選擇絕對的平等，這兩種選擇都是正確的。因此，正確答案不止一個，而是有兩個，甚至更多。但是，在絕對主義者的眼中，這個問題有且只有一個正確答案。只要我們的理性足夠發達，只要我們的頭腦足夠精明，那麼，無論如何棘手的價值問題，無論如何糾結的選擇困境，都可以迎刃而解，並且其解決方案是唯一的。經驗絕對主義者看到自然科學大獲全勝，於是，他們意圖把自然科學的方法應用於哲學問題與政治問題。而理性絕對主義者看到了數學方法的魅力，於是，他們意圖把數學方法應用於哲學問題與政治問題。這樣，經驗絕對主義者

45　Ibid., pp. 12-13.

就把哲學問題與政治問題視為經驗問題，而理性絕對主義者則把哲學問題與政治問題當作規範問題。前者認為政治問題可以通過歸納法來解答，而後者認為政治問題可以通過演繹法來解答。最終，所有政治問題都可以通過歸納法與演繹法來解答。跟自然科學與數學一樣，所有政治問題的答案也是唯一的。[46]

　　絕對主義的第二個特徵是永恆不變性。絕對主義的永恆不變性同樣來源於伯林的一元主義學說。根據一元主義的第一個命題，所有問題都有且只有一個正確答案；根據一元主義的第二個命題，所有問題都可以找到可靠的解答方法。因此，通過可靠的解答方法所得出的答案就是唯一正確的答案：「對於每一個真問題而言，虛假的答案有許多，只有一個答案是真實的。一旦我們發現了這個答案，那麼它就是終極答案，並且是永遠真實（forever true）的答案。」[47]。正是如此，唯一正確的答案也是永恆不變的答案，是永恆不變的真理：「這些永恆的真理（timeless truths）在原則上必定是可知的。」[48]無論在什麼情況下，這個正確答案都是唯一的。唯一的正確答案不會隨著時代的變化而變化，不會隨著地域的變化而變化，也不會隨著文化的變化而變化。無論在世界的哪個角落，只要遇到的問題是同一個問題，那麼，這個問題的正確答案就是那個永恆不變的唯一答案。

　　在這個意義上，一元主義本身預設了永恆不變的價值。伯林指出，一元主義「觀念本身建立在如下信念基礎之上，即真實

46　關於經驗絕對主義、理性絕對主義及其理論基礎，see Berlin, *The Age of Enlightenment*, pp. 11-29. Berlin, *Against the Current*, pp. 1-3. Berlin, *The Power of Ideas*, pp. 36-52, 201-202.

47　Berlin, *The Power of Ideas*, p. 40. Berlin, *The Age of Enlightenment*, p. 16.

48　Berlin, *The Crooked Timber of Humanity*, p. 6.

的、不變的、普遍的、永恆的客觀價值（true, immutable, universal, timeless, objective values）是存在的……」[49] 抑或，「自希臘人以來，或許早在他們之前，人們就相信，關於人類生活之本質與目的的核心問題，以及關於他們所生活之世界的本質與目的的核心問題，真實的、客觀的、普遍的且永恆的答案（true, objective, universal and eternal answers）都可以找到。」[50] 總而言之，一元主義意味著「永恆價值（eternal values）是存在的」。[51]

誠實是一種可貴的道德品質。但是，在多元主義者的眼中，誠實並不一定是永恆不變的客觀價值。假如張三的一位親人不幸罹患不治之症。當其親人問張三：「我得了什麼病？」張三應該誠實地告訴其親人真相，而讓親人痛哭流涕且痛不欲生呢？還是應該隱瞞事實的真相，讓親人高高興興地度過餘生呢？在這個場景中，隱瞞事實真相可能是一個更加恰當的選擇。如果我們誠實地告訴親人真相，親人可能由於心情鬱悶而加速死亡。在這個意義上，誠實的道德品質並非一成不變，它隨著語境的變化而變化。在具體的語境中，有時候我們確實應該堅守誠實的品質。例如一個陌生人向我問路，而我明知他所問的地方在哪裡，然而我卻欺騙他，把他指向相反的方向。這樣的欺騙是絕對不可原諒的，我們根本無法給出正當的理由來論證欺騙問路者的合理性。在這個語境中，如果沒有其他任何附加信息，那麼，我們必須恪守誠實的美德。但是，在其他語境下則另當別論。如果陌生人問路的意圖是為了趕到目的地槍殺一群手無寸鐵的無辜平民，那

---

49 Berlin, "Vico and the Ideal of the Enlightenment," p. 641.

50 Berlin, *The Power of Ideas*, p. 201.

51 Berlin, *The Crooked Timber of Humanity*, p. 45.

麼，毫無疑問，欺騙具有更加正當的理由——平民的生命權遠遠
高於誠實的美德。儘管欺騙違背了誠實的美德，但是，在這個案
例中，誠實是善良的殘忍，而欺騙是惡意的善良。因此，多元主
義者認為，誠實並不具有永恆不變的絕對主義性質。

　　然而，在絕對主義者的視域中，無論在什麼情況下，誠實都
是永恆不變的客觀價值。在張三的案例中，絕對主義者認為，張
三應該誠實地告訴其親人事實的真相，因為欺騙違反了永恆不變
的道德律令。不管誠實給他人帶來的結果是什麼，我們都應該矢
志不渝地堅守誠實的道德品質。誠實之所以是一種美德，不是因
為我們誠實地告訴他人事實的真相，從而讓他們為之歡欣雀躍。
結果的好壞，並不是衡量誠實是否是一種美德的判斷標準。如果
誠實的道德價值取決於結果的好壞，那麼，誠實就可以隨時被犧
牲，隨時被拋棄，隨時被遺忘。張三選擇隱瞞親人罹患不治之症
的真相，其目的是為了讓親人安度餘生，享受最後的時光。如果
張三坦誠相告，那麼其親人可能會在痛苦的自我折磨中慢慢地死
去。換言之，在張三的眼中，個體的誠實是否是一種美德，取決
於結果的快樂與痛苦。如果快樂大於痛苦，那麼，誠實是一種美
德，這樣我們就應該堅守誠實的品質。但是，如果痛苦大於快
樂，那麼，誠實就不是一種美德，如此，我們就可以放棄誠實的
美德。絕對主義者無法接受這樣的邏輯，如果欺騙是正當的，那
麼誠實就是罪惡的。在這個案例中，快樂與痛苦成為判斷誠實是
否美德的標準。由於張三的誠實造成了親人的痛苦，所以誠實不
是一種美德，而是一種罪惡。緣此，誠實就不是永恆不變的。誠
實在某種語境是美德，但是在另一種語境下卻是罪惡。正是這
樣，絕對主義者認為，如果某種價值是絕對價值，那麼，這種價
值就是永恆不變的。誠實之所以是一種美德，就是因為誠實無論

如何都不能被犧牲，我們無論如何都必須堅持誠實的品德。無論
其結果是好是壞，無論其環境如何變化，絕對價值就是絕對價
值，絲毫不能被打折扣。從出生到死亡，從天涯到海角，從遠古
到未來，絕對價值都一如既往，一成不變。

　　絕對主義的第三個特徵是絕對有效性。絕對主義的絕對有效
性特徵也可以追溯到一元主義。在一元主義的視域中，「所有問
題都可以通過發現客觀的答案來加以解決，一旦客觀的答案被找
到了……那麼，所有人都可以清楚地看到這些答案（for all to
see），並且這些答案將永遠有效（valid eternally）。」[52] 永遠有效性
意味著無論何時何地在何種情況下針對何人都是有效的，事實問
題如此，價值問題也是如此。正是如此，伯林言道：「如果不存
在對於所有時代所有地點的所有人（all men, at all times,
everywhere）來說都是真實的單一而普遍的答案，那麼，這就意
味著，這個問題不是一個真正的問題。因為根據定義，所有真正
的問題必定都能夠通過一個真正的解決方案來解答，並且，這個
解決方案有且只有一個，所有其他解決方案必定都是錯誤的。」[53]
在伯林的眼中，一元主義奠定了絕對主義的基礎：正確答案是唯
一的，永恆不變的，並且是絕對有效的。如果某個問題是事實問
題，那麼事實問題的答案肯定絕對有效。例如，美國獨立戰爭開
始於哪一年？答案是 1775 年。這個答案是唯一答案，所有其他答
案都是錯誤的。而且，這個答案是永恆不變的答案，我們不能說
這個答案在過去是 1775 年，而在未來就變成 1778 年。最後，這
個答案還是絕對有效的答案，所有時代所有地點所有人都會同意

52　Berlin, *The Power of Ideas*, p. 51. Berlin, *The Age of Enlightenment*, p. 28.

53　Berlin, *The Crooked Timber of Humanity*, p. 184.

這個正確答案。

　　不僅事實問題的答案是絕對有效的答案，價值問題的答案也是絕對有效的答案。如果我們說自由是絕對價值，那麼，這就意味著自由是永遠有效的價值。倘若自由與安全產生衝突，那麼，我們應該選擇自由，還是選擇安全呢？如果我們選擇自由，那麼，某些人的自由可能會侵犯另一些人的人身安全。假如壞人有持槍的自由，那麼，壞人可能會為了某種邪惡的目的而任意槍殺無辜的平民，在這個意義上，壞人的持槍自由威脅到了公眾的人身安全。反過來，如果我們選擇安全，那麼，某些人的安全就要求限制另一些人的自由。毋庸置疑，我們應該制定法律嚴格限制壞人的持槍自由，甚至限制所有人的持槍自由，從而徹底杜絕槍枝對人身安全的潛在威脅。在這種情況下，持槍自由就讓位於人身安全了。但是，如果自由是絕對價值，那麼，我們就不能以任何藉口來犧牲自由。儘管壞人的持槍自由可能威脅公眾的人身安全，但是，我們依舊主張自由高於安全。因為自由是自由，安全是安全，兩者不是一回事。如果我們可以以安全的名義犧牲自由，那麼，我們也可以以秩序的名義犧牲自由，我們還可以以公共利益的名義犧牲自由，甚至，我們可以以任何具有同等重要性的價值犧牲自由。這樣，自由的價值最終將蕩然無存。正是如此，如果自由是絕對價值，那麼，自由就必須是絕對有效的。正是因為自由是絕對有效的，所以，自由可以成為價值判斷的標準。根據自由的標準，我們可以判斷行為的正當性。如果美國政府無緣無故地剝奪公民的言論自由，那麼，我們可以據此斷定美國政府的行為是不正當的。如果法國政府不問情由地把異議人士關進監獄，從而剝奪他的人身自由，那麼，我們也可以借此譴責法國政府的反自由行為。如果英國政府毫無理由地強迫佛教徒改信基督教，那麼，我們同樣可以借此抗議英國政府剝奪佛教徒的宗教信仰自由。因此，如果我們說某種價值是絕對有效的，那麼，我們非但不能剝奪這種價值，而且還可以把這種價值視為價值判斷的標準。凡是侵犯這種價值的行為都是不正當，凡是符合這種價值的行為都是正當的。

要而言之，伯林所理解的絕對主義的核心內容是：根據絕對主義的唯一性特徵，絕對價值即唯一價值；根據絕對主義的永恆不變性特徵，絕對價值即永恆價值；根據絕對主義的絕對有效性特徵，絕對價值即絕對有效的價值。

伯林所理解的絕對主義與施特勞斯所理解的絕對主義既有共同點，也有不同點。就共同的一面而言，兩者都認為絕對主義具有唯一性、永恆不變性與絕對有效性的特徵。而就不同的一面而言，兩者具有兩大差異：第一，立場差異：伯林反對絕對主義，而施特勞斯贊成絕對主義；第二，基礎不同：伯林所理解的絕對主義來源於一元主義，而施特勞斯所理解的絕對主義來源於自然主義。

第三節　絕對主義與普遍主義

既然伯林反對絕對主義，並且認為絕對主義就是他所譴責的一元主義，那麼，為什麼施特勞斯卻認為伯林是一個絕對主義者呢？施特勞斯的觀察是敏銳的，他從伯林的〈兩種自由概念〉中覺察到伯林的絕對主義影子。在討論消極自由時，伯林認為，人類社會建立在最低限度的消極自由基礎之上，而最低限度的消極自由本身必須是絕對的：「真正相信最低限度的個人自由的不可侵犯性，就蘊含著某種絕對的立場。」同時，伯林指出，一個社會是否自由，取決於兩個核心準則：第一，權利是絕對的，這樣，「所有人……都享有絕對的權利（absolute right）……」；第二，最低限度的消極自由是神聖不可侵犯的。如果消極自由是絕對的，而伯林又主張消極自由，那麼，伯林不就是一個絕對主義者嗎？[54]

而在論述消極自由與積極自由時，伯林又宣稱，消極自由與積極自由都是「絕對的主張」（absolute claims），我們無法同時滿足兩者。如果我們選擇了消極自由，那麼，我們就無法同時選擇積極自由；反之，如果我們選擇了積極自由，那麼，我們也不能同時選擇消極自由。正是因為兩者都是「終極價值」（ultimate values），所以兩者都具有「同等的權利」（equal right）來主張各自的重要性。既然伯林承認消極自由與積極自由都是絕對價值，那麼，我們不是有充分的證據證明伯林是一個絕對主義者嗎？[55]

不止於此，在分析多元主義時，伯林也反覆主張多元價值就是絕對價值。伯林曾經如此闡釋多元主義世界的基本狀況：「我們在日常經驗中所遭遇的世界是這樣一個世界，在其中，我們面臨著同等終極（equally ultimate）的目的之間的選擇，同等絕對（equally absolute）的主張之間的選擇，實現某些選擇必定會不可避免地犧牲其他選擇。的確，正是因為這是人類的處境，所以人類才如此看重自由選擇。」也就是說，多元價值既是終極價值，也是絕對價值，並且，各種多元價值之間是互相平等的。顯而易見，伯林所謂的消極自由與積極自由也屬於多元價值，所以，兩者都是絕對價值，且互相平等。伯林還進一步論述了多元主義的

54　Berlin, *Liberty*, pp. 210-211.

55　Ibid., p. 212.

核心特徵：「正如我所相信的，如果人類的目的有許多個，而且，並非所有目的在原則上都可以互相兼容，那麼，衝突與悲劇的可能性就無法從人類生活中完全消除，不管是個人生活，還是社會生活。這樣，在絕對主張（absolute claims）之間進行選擇的必要性就是人類處境的必然特徵。而這就使自由具有了價值……」在伯林的視野中，多元價值互不兼容，互相衝突，而互相衝突的結果是無法挽回的損失。正是如此，人類必須在各種絕對價值之間進行非此即彼的選擇。這樣，自由選擇的權利就從多元主義中產生了。[56]倘若多元價值真是絕對價值，而伯林又是多元主義的熱心倡導者，那麼，我們有什麼理由不認為伯林是一個絕對主義者？

話雖如此，但是事情似乎並沒有那麼簡單。在〈兩種自由概念〉的末尾，伯林卻又跟絕對主義劃清了界線，上下文之間的間隔不過數頁而已。他明確主張，自由主義與多元主義都不是絕對主義。伯林總結道：「自由選擇各種目的而不主張各種目的的永恆有效性（eternal validity）的理想，以及與之相關的價值多元主義，或許只是我們正在衰落的資本主義文明的最新成果：遠古時代與原始部落並沒有這個理想，而我們的後代將用好奇、甚至同情的目光來看待這個理想，但是，他們卻無法理解這個理想。」這就是說，自由主義與多元主義，既不是永恆不變的，也不是絕對有效的。它們只是當代人的理想，但卻不是古代人的理想，也不是未來人的理想。自由主義與多元主義本身都不是什麼絕對價值，因為在伯林看來，只有遠古時代與原始社會才渴望所謂的絕對價值與永恆價值。如果自由主義與多元主義不是絕對價值，那

56　Ibid., pp. 213-214.

麼，按照伯林的邏輯，它們應該是相對價值：自由主義與多元主義的有效性是相對於我們時代而言的。既然自由主義與多元主義是相對價值，那麼，我們有什麼理由為它們辯護呢？然而，伯林卻弔詭地指出，我們依舊可以為之辯護。根據熊彼特的觀點，「一個文明人與一個野蠻人的區別，在於他認識到人們的各種信念都是相對有效的，但卻依舊矢志不渝地為之堅守。」伯林引用這句話來佐證自己的立場，他認為，即便自由主義與多元主義都是相對價值，他依舊有充分的理由為之辯護。但是，根據什麼理由呢？伯林並沒有進一步說明。[57]

因此，在肯定絕對主義與否定絕對主義之間，伯林的多元主義陷入了自相矛盾的兩難困境。然而，伯林的自相矛盾，不就是施特勞斯所批判的核心內容嗎？施特勞斯曾敏銳地指出，伯林的多元主義處於絕對主義與相對主義之間。正是這樣，伯林才一方面主張絕對主義，另一方面又反對絕對主義。在施特勞斯看來，伯林的自相矛盾清晰表明，在絕對主義與相對主義之間尋求多元主義的第三條道路實在是癡人說夢，可笑之極。伯林必須當機立斷，要麼選擇絕對主義，要麼選擇相對主義。如果伯林選擇絕對主義，那麼，他的自由主義尚有置之死地而後生的機會。但是，如果他選擇相對主義，那麼，他的自由主義將死無葬身之地。施特勞斯哀歎道，伯林恰恰拋棄了彌足珍貴的絕對主義，而選擇了萬劫不復的相對主義，因此，伯林的自由主義最終將點燃自由主義的危機。[58]

---

57 Ibid., p. 217. 熊彼特的引文，see Schumpeter, *Capitalism, Socialism and Democracy*, p. 243.

58 Strauss, *The Rebirth of Classical Political Rationalism*, p. 17.

　　然而，伯林真的是絕對主義者嗎？伯林的多元主義真的是絕對主義嗎？其實不然。伯林晚年曾言：「熊彼特的說法是正確的，相信理想應當是絕對的（absolute）的人們是崇拜偶像的野蠻人。」[59]可見，在伯林的心中，絕對主義者是原始社會的野蠻人，而不是現代社會的文明人。伯林本人又怎麼可能棄做文明人而甘為野蠻人呢？我們之所以會產生伯林既是絕對主義者，又不是絕對主義者的弔詭印象，是因為伯林在使用「絕對」這個術語的時候是含糊不清的。當他在一元主義語境中討論絕對主義之時，他所謂的絕對主義指的是以唯一性、永恆不變性與絕對有效性為核心特徵的絕對主義。然而，當他在多元主義語境中討論絕對價值之時，他所謂的絕對價值並不具有上述三個特徵。[60]倘若如此，那麼多元主義語境中的絕對價值到底是什麼意思呢？通過細緻考察伯林的文本，我們可以發現，伯林所謂的絕對價值實際上指的不是嚴格意義上的絕對價值，而是普遍價值。然而，對於「普遍」這個術語，伯林同樣含糊其辭，其意不明。在一元主義語境中，他所謂的「普遍」意指嚴格意義上的絕對。[61]而在多元主義語境中，他所謂的「普遍」又特指伯林自己所界定的具有特殊含義的普遍。[62]因此，儘管伯林區分了絕對價值與普遍價值，抑或絕對主義與普遍主義，但是，在其許多文本中，他並沒有嚴謹地使用這

59　Berlin and Jahanbegloo, *Conversations with Isaiah Berlin*, pp. 107-108.

60　本節所討論的消極自由、積極自由以及多元價值的絕對性，實際上就不具有絕對主義的三大特徵。

61　Berlin, *The Power of Ideas*, pp. 8, 201. Berlin, "Vico and the Ideal of the Enlightenment," p. 641.

62　Berlin and Jahanbegloo, *Conversations with Isaiah Berlin*, pp. 108-109, 114. Berlin, *The Power of Ideas*, p. 3.

兩個術語，也沒有具體說明這兩個術語在具體語境中的具體含義，而這或許就是理解伯林思想的困難所在。然而，嚴格區分絕對主義與普遍主義並非不可能。就目前的文獻而言，伯林早年經常混亂並交叉使用絕對價值與普遍價值，而晚年卻數度嘗試嚴格區分兩者。因此，伯林晚年的相關論述，或許有助於我們澄清他對絕對主義與普遍主義的混亂使用。

伯林在絕對主義與普遍主義之間反覆徘徊的曖昧態度，最深刻地體現在他對於啟蒙運動與反啟蒙運動的複雜態度中。伯林認同啟蒙運動的普遍主義，因為啟蒙運動所揭櫫的普遍價值是解放性價值：「從根本上來說，我是一個自由的理性主義者（liberal rationalist）。伏爾泰、愛爾維修、霍爾巴赫與孔多塞等人所宣揚的啟蒙價值甚合我意。或許他們太狹隘了，並且經常在人類的經驗事實上犯錯。但是，這些人是偉大的解放者。他們把人們從恐懼、蒙昧、狂熱以及駭人的觀念中解放出來。他們反對殘忍，他們反抗壓迫，他們成功地反擊了迷信、無知以及許多摧毀人們生活的事物。所以，我站在他們這邊。」在這個意義上，我們可以說，伯林實際上是啟蒙運動的精神後裔。同時，伯林反對啟蒙運動的絕對主義（一元主義），肯定反啟蒙運動的多元主義：「但是，他們卻是教條主義者，太過於簡單化了。我之所以對其對手的觀點產生興趣，是因為我認為理解其對手的觀點可以提升他們自己的想像，天資聰慧的敵人常常能夠確定啟蒙思想中的謬誤或膚淺的分析。我感興趣的不是重複並捍衛啟蒙運動的老生常談以及關於啟蒙運動的老生常談，而是通往知識之路的批判性攻擊。」因此，伯林也是反啟蒙運動的思想傳人。在伯林的視野中，啟蒙運動的教條主義使它陷入一元主義的死胡同中，而反啟蒙運動卻為啟蒙運動的死路打開了一個缺口，這個缺口就是伯林終其一生竭力闡發的多元主義。伯林激賞反啟蒙運動的多元主義，但是，他並不認同反啟蒙運動的基本價值：「我並不分享，甚或極力讚賞，這些啟蒙運動之敵的觀點。」因為反啟蒙運動的基本價值也孕育了災難性的政治後果。[63]概括來說，伯林既是啟蒙運動的支持者，也是啟蒙運動的批判者。他支持的是啟蒙運動的普遍主義，而批判的是啟蒙運動的絕對主義（一元主義）。同樣，他既是反啟蒙運動的支持者，也是反啟蒙運動的批判者。他支持的是反啟蒙運動的多元主義，而批判的是反啟蒙運動的核心價值。因此，伯林的核心意圖是，把啟蒙價值的理論基礎從絕對主義轉向普遍主義，從一元主義轉向多元主義。一言以蔽之，伯林的普遍主義根源於啟蒙運動，而伯林的多元主義則來源於反啟蒙運動。在這個意義上，伯林的立場是在啟蒙運動與反啟蒙運動之間，其根本目標是調和啟蒙運動與反啟蒙運動。倘若如此，那麼伯林就是啟蒙運動遺產與反啟蒙運動遺產的共同繼承者，而其政治哲學的本質是用反啟蒙運動的多元主義重新為啟蒙運動的普遍主義奠基。

正是如此，伯林的多元主義否定絕對主義，但卻肯定普遍主義。儘管伯林與施特勞斯所理解的絕對主義在理論基礎上存在著較大差異，但是兩者的核心內容並沒有實質性分歧。因此，如果伯林的多元主義不是伯林所謂的絕對主義，那麼，伯林的多元主義也不是施特勞斯所謂的絕對主義。在伯林看來，他的多元主義實質上是一種普遍主義。既然如此，伯林所謂的普遍主義與施特勞斯所謂的絕對主義到底有何區別呢？

在伯林晚年的作品中，跟普遍主義與絕對主義區分最密切相

63　Berlin and Jahanbegloo, *Conversations with Isaiah Berlin*, pp. 70-71. Berlin, *The Power of Ideas*, p. 4. Berlin, *The Age of Enlightenment*, p. 29.

關的三份文獻是《伯林談話錄》、〈回應羅納德‧麥金尼〉（1992年）[64]與〈伯林致雅法書信〉（1992年5月24日）[65]。《伯林談話錄》中最重要的是以〈道德與宗教〉、〈休謨與英國哲學〉和〈人權〉為標題的三部曲。[66]這三篇對於理解伯林的普遍主義與絕對主義區分確實至關重要，但是，由於這三篇內容只是伯林與賈漢貝格魯的訪談紀錄，囿於文體格式的限制，伯林並沒有系統而充分地展開相關論述。因此，相對來說，這三篇的論述略顯粗糙，只是淺嘗輒止，尚有意猶未盡之感。〈回應羅納德‧麥金尼〉非常細緻而深刻地闡釋了伯林關於普遍主義與絕對主義的區分。但是，遺憾的是，伯林的回應針對的是麥金尼，而不是施特勞斯。因此，我們無法確定伯林用來回應麥金尼的論述，是否可以同樣用來回應施特勞斯。而〈伯林致雅法書信〉則不然，伯林不但在此信中直接回應了施特勞斯在〈相對主義〉中對伯林的批評，而且更為重要的是，他還意圖澄清他所謂的普遍主義與施特勞斯所謂的絕對主義之間的根本差異。因此，在伯林的現有文本中，〈伯林致雅法書信〉既是區分普遍主義與絕對主義的關鍵性文獻，也是區分伯林與施特勞斯學術立場的綱領性文獻。在這個意義上，只有以〈伯林致雅法書信〉為思想指南，我們才能激活《伯林談話錄》與〈回應羅納德‧麥金尼〉中用來區分伯林與施特勞斯的關鍵性段落。

　　概括而言，在伯林的政治哲學中，絕對主義與普遍主義主要

64　Berlin, "Reply to Ronald H. Mckinney, 'Towards a Postmodern Ethics: Sir Isaiah Berlin and John Caputo'," pp. 557-560.

65　Berlin, "Letter to Harry Jaffa (May 24, 1992)."

66　Berlin and Jahanbegloo, *Conversations with Isaiah Berlin*, pp. 108-114.

有四大核心區別。第一，絕對主義主張，如果某種價值是絕對價值，那麼這種價值對所有時間所有地點的所有人都始終有效。而普遍主義則認為，如果某種價值是普遍價值，那麼這種價值只是對大多數時間大多數地點的大多數人有效，而不是對所有時間所有地點的所有人都始終有效。[67]

在〈伯林致雅法書信〉中，伯林直截了當地指出施特勞斯完全誤解了他的觀點。他認為自己既不是施特勞斯所謂的相對主義者，也不是施特勞斯所謂的絕對主義者。伯林與施特勞斯一樣都承認「人類的終極價值（ultimate human values）是存在的」。就這點而言，兩者似乎頗有共識。然而，伯林立刻澄清道，他所謂的終極價值與施特勞斯所謂的終極價值是兩種不同的概念。施特勞斯所謂的終極價值指的是絕對價值，而伯林所謂的終極價值實際上是普遍價值。因此，準確而言，伯林所理解的普遍價值與施特勞斯所理解的絕對價值並不是一回事。在施特勞斯看來，絕對價值意味著「永恆價值」（eternal values），而永恆價值意味著「對所有時代的所有人都有效」（valid for all men at all times）的價值，抑或「所有地方的所有人都始終」（quod semper, quod ubique, quod ab omnibus）堅持的價值。但是，在伯林的眼中，他本人所謂的「『絕對』的『終極』信仰」（'absolute', 'final' beliefs）建立

67　伯林研究者克勞德沒有注意到絕對主義與普遍主義的區分，以至於他把絕對主義的特徵視為普遍主義的特徵。正是這樣，克勞德認為普遍價值「對所有時代、所有文化中的所有人都是有價值的」。而在伯林看來，克勞德所謂的普遍價值實際上是絕對價值，因為普遍價值只是在大多數時間大多數地點對大多數人都有效的價值。關於克勞德對普遍價值與絕對價值的混淆，see Crowder, *Liberalism and Value Pluralism*, p. 45.

在普遍價值的基礎之上，而普遍價值指的是「如此多的人類共同
體在如此長的時間裡都如此廣泛相信（believed so widely for so
long in so many human communities）的價值，因此，對於人類來
說，這些價值被認為是自然而然的（natural）」。[68]因此，儘管伯林
在許多文本中使用了絕對價值、終極價值、絕對信仰等類似表
述，但是，伯林所謂的絕對價值實際上意味著普遍價值。

　　伯林的這些論述在《伯林談話錄》中得到了進一步的確證。
在《伯林談話錄》中，伯林坦言自己相信「普遍的道德準則」
（universal moral rules）。但是，普遍的道德準則不是施特勞斯所
謂的「絕對準則」（absolute rules），它指的是「大多數國家裡的
大多數人在相當長的時間裡（a great many people, in a great many
countries, for a very long time）都遵守的道德準則」。[69]因此，伯林
明確否定施特勞斯眼中的「永恆不變的絕對價值（eternal,
immutable, absolute values），這些價值對於所有時代所有地方的
所有人都是真實的（true for all men everywhere at all times），諸如
上帝賦予的自然法等」。[70]

　　在〈回應羅納德・麥金尼〉中，伯林同樣清晰地闡釋了絕對
主義與普遍主義之間的核心差異。在伯林看來，人世間並不存在
某種無所不包的價值判斷標準。這種價值判斷標準竟然可以從根
本上決定「所有時代所有地方的所有人」（all men at all times in
all places）所追求的核心價值，這實在令人匪夷所思。在西方政

68　Berlin, "Letter to Harry Jaffa（May 24, 1992）," p. 265. 類似的表述亦可參考
　　Berlin and Polanowska-Sygulska, *Unfinished Dialogue*, pp. 91, 214.

69　Berlin and Jahanbegloo, *Conversations with Isaiah Berlin*, p. 108.

70　Ibid., p. 32.

治哲學脈絡中，柏拉圖主義者、理性主義者、康德主義者以及功
利主義者都堅信這個觀點。伯林把這些人稱為一元主義者，抑或
絕對主義者。而在伯林的思想圖像中，他本人真正相信的不是絕
對主義，而是普遍主義：「我相信許多地方的許多人在相當長的
時間裡都共同追求許多終極價值（a good many ultimate values
have been pursued in common by a great many people in very many
places, over very long periods of time），只有這些價值才是我們所
謂的人類價值。」[71] 因此，儘管伯林同樣使用了終極價值的表述方
式，但是，這種終極價值只是普遍價值，而不是絕對價值。基於
此，〈回應羅納德‧麥金尼〉中的論述與〈伯林致雅法書信〉中
的論述完全一致。正是這樣，即便〈回應羅納德‧麥金尼〉所回
應的不是施特勞斯，但是，通過〈伯林致雅法書信〉的類似表
述，我們可以確證，〈回應羅納德‧麥金尼〉同樣可以用來澄清
伯林與施特勞斯之間的分歧。

　　第二，絕對主義的理論基礎是理性主義，而普遍主義的理論
基礎是經驗主義。[72] 理性主義假定先驗真理的存在，而經驗主義則

71　Berlin, "Reply to Ronald H. Mckinney,'Towards a Postmodern Ethics: Sir Isaiah
　　Berlin and John Caputo'," pp. 557-560.

72　克勞德認為普遍價值的經驗主義基礎缺乏規範性力量，因為從多數時間多數
　　地點的多數人都珍視某種價值這個事實，無法推出我們應該珍視這種價值這
　　個價值取向。根據普遍價值的經驗主義邏輯，如果自由是多數時間多數地點
　　的多數人都珍視的價值，那麼自由就是普遍價值。同理，如果戰爭是多數時
　　間多數地點的多數人都珍視的價值，那麼戰爭就是普遍價值。顯然，這是沒
　　有說服力的。在這個意義上，如果伯林要論證普遍價值的存在，那麼他必須
　　為普遍價值奠定規範性基礎，而不只是經驗性基礎。Crowder, "Value
　　Pluralism and Liberalism: Berlin and Beyond," p. 215.

假定經驗真理的存在。因此，絕對價值是先驗（*a priori*）價值，而普遍價值是經驗價值。[73] 在〈伯林致雅法書信〉中，伯林指出，施特勞斯所謂的絕對主義建立在理性主義的先驗基礎（*a priori basis*）之上。而他自己所謂的「『絕對』的『終極』信仰」（'absolute', 'final' beliefs）或「絕對的立場」（absolute stands）實際上不是施特勞斯所謂的絕對主義，而是他自己所理解的普遍主義。儘管他使用了「絕對」的術語，但是其含義並不是絕對主義意義上的絕對，而是普遍主義意義上的普遍。因此，伯林認為，「我與施特勞斯之間的區別就是，他所相信的絕對的先驗基礎（the absolute, *a priori* basis）與我使這些價值奠基於其上的近乎普遍（如果只能說是近乎的話）的基礎（the virtually ... universal basis）之間的區別。」[74] 易言之，絕對主義奠定於絕對的先驗基礎之上，而普遍主義則奠定於普遍基礎之上：「你可以說，每一種文明都區分好壞，都區分真偽。我們確實可以從中推出結論：這是一種近乎普遍的人類事實；但卻不是一種先驗形式的理性知識。」正是這樣，伯林並不相信絕對的自然權利，而只相信普遍的人類權利。因為自然權利的基礎是先驗的，而人類權利的基礎是普遍的。[75] 那麼，何為普遍基礎呢？

伯林所謂的近乎普遍的基礎，實際上就是他所理解的特殊的

73　正是因為絕對價值是先驗價值，所以伯林亦曾把絕對價值稱為先驗的普遍價值（the *a priori* view of universal values），而把普遍價值稱為準普遍價值（quasi-universal values）。儘管伯林在不同的場合使用不同的術語來表達絕對價值與普遍價值，但是，這些術語的含義具有內在統一性，所以，這並不影響本章的論述。Berlin and Polanowska-Sygulska, *Unfinished Dialogue*, p. 214.

74　Berlin, "Letter to Harry Jaffa (May 24, 1992)," p. 265.

75　Berlin and Jahanbegloo, *Conversations with Isaiah Berlin*, pp. 113-114.

經驗主義，[76]其理由是，伯林宣稱自己之所以跟施特勞斯的先驗基礎不同，是因為他自己是一個經驗主義者。[77]伯林如此闡釋自己的立場：「我一直是一個經驗主義者，並且只知道我能夠經驗到的東西，抑或，我認為我可以經驗，而且並不打算相信超越個人之上的實體。」[78]在伯林的眼裡，他在這個世界中所感知的一切就是各種經驗，此外無他。[79]例如，粉紅色像朱紅色，而不像黑色。這個命題就是經驗真理，因為它無法被任何經驗所駁倒。而且，這個命題不是先驗命題，因為它不是從任何定義推理出來的。「因此，我們在經驗領域中發現了普遍真理（universal truth）。『粉紅色』、『朱紅色』以及其他顏色的定義是什麼？它們都沒有定義。顏色只能通過觀察來識別，這樣，顏色的定義就可以被歸類為用事實證明的（ostensive）定義，並且在邏輯上，任何東西都無法從這類定義中推出來。」正是如此，伯林進一步主張，「我從不相信任何形而上學真理（metaphysical truths），不管是理性主義真理（rationalist truths）……還是（客觀）唯心主義真理……」[80]在這個意義上，普遍主義所主張的普遍真理實際上是經驗真理，而不是理性主義真理，也不是先驗真理。換言之，普遍真理不是絕

76　這種特殊的經驗主義不同於上文的經驗主義。上文所述的經驗主義會導致經驗絕對主義與經驗一元主義，而伯林所理解的特殊的經驗主義不會導致經驗絕對主義與經驗一元主義。恰恰相反，這種特殊的經驗主義跟普遍主義及多元主義密切相關。儘管伯林並沒有明確區分這兩種經驗主義，但是，他的文本中隱含著這樣的區分。在不同的場合，他所討論的經驗主義具有不同的含義。

77　Berlin, "Letter to Harry Jaffa (May 24, 1992)," p. 265.

78　Berlin, *The Power of Ideas*, p. 11.

79　Berlin and Jahanbegloo, *Conversations with Isaiah Berlin*, p. 32.

80　Berlin, *The Power of Ideas*, pp. 3-4.

對真理，因為絕對真理是先天的，而普遍真理是經驗的。[81]

因此，伯林否定絕對主義意義上的理性，而肯定普遍主義意義上的理性。在《伯林談話錄》中，伯林糾正賈漢貝格魯道：「我從來沒有說過我不相信『理性』。但是，我就是無法理解某些哲學家所謂的理性意味著什麼。對於他們而言，理性是一種魔眼，通過魔眼可以看到非經驗的普遍真理（non-empirical universal truths）。」或者，通過魔眼「直接感知關於某些標準的永恆真理（eternal truth）」。[82]抑或，「通過一種特殊的魔眼看到客觀的不變價值（objective unchanging values）」。[83]據此可以推斷，伯林與施特勞斯使用同一個「理性」，但卻賦予了不同的內涵。對於施特勞斯而言，理性可以洞見永恆不變的絕對真理與絕對價值。[84]絕對真理與絕對價值不是經驗的，而是先驗的。而對於伯林而言，理性並不具有這樣的功能。在人類經驗的輔助之下，理性或許可以觀察到普遍真理與普遍價值。但是，這種普遍真理與普遍價值不是先驗的，而是經驗的。因為伯林認為自己並不相信先驗的永恆真理，而只相信經驗的普遍真理。正是如此，伯林說自己並不具備施特勞斯這樣的理性官能。這種理性官能猶如靈魂的眼睛，可以洞察普通人類所無法洞察的永恆真理，可以解答經驗所無法解答的價值衝突問題，可以一勞永逸地解決人世間的一切問題，因此，伯林充滿反諷地稱之為「魔眼」。而伯林自稱不幸沒有被上天賜予這種具有超自然能力的理性魔眼。在這個意義

81　Berlin and Jahanbegloo, *Conversations with Isaiah Berlin*, p. 108. 關於普遍價值來源於經驗的討論，亦參 Berlin, *Liberty*, p. 45.

82　Berlin and Jahanbegloo, *Conversations with Isaiah Berlin*, p. 113.

83　Berlin and Polanowska-Sygulska, *Unfinished Dialogue*, p. 223.

84　Berlin and Jahanbegloo, *Conversations with Isaiah Berlin*, p. 109.

上，伯林所謂的普遍主義與施特勞斯所謂的絕對主義具有根本性
差異。85

正是因為伯林的多元主義堅持普遍主義，而普遍主義的理論
基礎是經驗主義，所以，伯林把他所謂的多元主義稱為「經驗多
元主義」（empirical pluralism）。在伯林的視域中，普遍價值有時
被稱為「終極價值」，有時被稱為「共通價值」，有時又被稱為
「最低限度的共通價值」（a minimum of common values）。但是，
無論伯林如何表述普遍價值，普遍價值的來源不是絕對主義的先
驗基礎，而是普遍主義的經驗基礎。正是這樣，伯林反覆宣稱，
普遍價值的存在是「一項經驗事實」。人類社會賴以生存發展所
不可或缺的經驗基礎是普遍價值，因此，沒有普遍價值，就沒有
人類社會。86

第三，絕對主義的理論預設是不變的人性觀（fixed human
nature），而普遍主義的理論預設是共通的人性觀（common
human nature）。87不變的人性觀是一種本質主義人性觀，它意味著
所有時間所有地點所有人都具有永恆不變的相同人性。而共通的

---

85 Ibid., pp. 32, 109, 113.

86 Berlin, "Reply to Ronald H. Mckinney,'Towards a Postmodern Ethics: Sir Isaiah
Berlin and John Caputo'," pp. 557-560.

87 盧克斯在討論多元主義的時候就沒有注意到不變的人性觀與共通的人性觀之
間的區別，因此，他誤以為，多元主義所主張的人類可以互相理解的觀點預
設了不變的人性觀。實際上，互相理解的基礎不是不變的人性觀，而是共通
的人性觀。Lukes, "The Singular and the Plural," p. 95. 高斯認為伯林的思想不
是後啟蒙運動思想，實際上他的思想依舊內在於啟蒙運動的框架之內。因為
伯林依舊主張共通人性，而共通人性理念屬於啟蒙運動。然而，高斯的問題
是，他混淆了共通人性與不變人性。在伯林看來，不變人性才是啟蒙運動的
理念。Gaus, *Contemporary Theories of Liberalism*, pp. 44-45, 49.

人性觀不是一種本質主義人性觀，它並不預設任何本質的人性。因此，共通的人性觀只是意味著多數時間多數地點多數人都具有相通的人性。借助共通的人性，人類的互相理解與互相溝通才有可能。[88]

伯林指出，法國啟蒙運動思想家的核心觀點就建立在不變的人性觀基礎之上。根據不變的人性觀，「在所有時代與所有地方（in all times and places），人性從根本上都是相同的。」抑或，「實質上，所有人的終極目的在所有時代（all men at all times）都是相同的：所有人都追求基本生理與生物需求的滿足，例如食物、庇護所、安全、和平、幸福、正義、其天賦才能的和諧發展、真理、某種更加不確定的美德（即道德完美）以及羅馬人所謂的人性。」[89]正是如此，一元主義烏托邦，抑或絕對主義烏托邦「賴以為基礎的假設是，人類有一種固定不變的本性（fixed, unfaltering nature），人類有普遍而共通的不變目標。一旦這些目標實現了，人性就完全實現了。普遍實現的理念（the very idea of universal fulfillment）所預設的是，人類本身追求相同的實質性目標，這些目標在所有地點、所有時代、對於所有人都是相同的（identical for all, at all times, everywhere）。其理由是，除非這樣，否則烏托邦就不可能是烏托邦，因為如果不是這樣的話，完美社會就將無法完美地滿足所有人」。[90]具體而言，正是因為人性是固定不變的，所以，所有人所追求的真理必定是固定不變的，所有人所追

88　Berlin and Polanowska-Sygulska, *Unfinished Dialogue*, pp. 55-56. Berlin, "Reply to Ronald H. Mckinney,'Towards a Postmodern Ethics: Sir Isaiah Berlin and John Caputo'," pp. 557-560.

89　Berlin, *Against the Current*, pp. 1, 3.

90　Berlin, *The Crooked Timber of Humanity*, pp. 20-21.

求的目標定然也是固定不變的。根據人類「固定不變的人性」
（fixed and unalterable human nature），「所有地方所有時代的所有
人（all men at all times in all places）都被賦予真正的或潛在的關於
普遍、永恆且不變的真理的知識。」[91]或者說，由於人性是固定不
變的，所以，「同樣的激情驅使著所有時代所有地方（everywhere,
at all times）的人們，並且也產生同樣的行為。」[92]如果所有人的目
標都是固定不變的，那麼，這些目標無論何時何地針對何人都是
始終有效的。既然如此，人類社會的未來無非是實現這些固定不
變的目標，從而在人間創造完美無缺的烏托邦天堂。西方思想史
中的一元主義或絕對主義烏托邦五花八門，但是，這些烏托邦理
念所提供的完美世界想像都有一個共同點：「不管這些世界被想
像為人間天堂，還是超越死亡的某種世界，所有這些世界的共通
之處是，它們都呈現了一種靜態的完美，在其中，人性最終得以
充分實現，一切都是靜止的、不變的並且是永恆的（all is still and
immutable and eternal）。」[93]換言之，固定不變的人性奠定了絕對
主義烏托邦的基礎，而絕對主義烏托邦的實現又反過來確保了固
定不變的人性的實現。

　　伯林所謂的不變的人性觀同樣體現在施特勞斯的思想中。施
特勞斯指出，現代自由主義的核心特徵是它接納了歷史主義，而
歷史主義卻認為人性或人類的自然（man's nature）是變動不居
的，道德是千變萬化的。但是，現代自由主義的反對者則宣稱：
「人性是固定不變的，道德是永恆的或先驗的。」而施特勞斯正是

91　Berlin, "A Letter on Human Nature."

92　Berlin, *The Crooked Timber of Humanity*, p. 70.

93　Ibid., pp. 22, 70-71.

現代自由主義的反對者，在這個意義上，施特勞斯是固定不變的人性觀的主張者。[94]同時，施特勞斯還認為，現代自然主義與古代自然主義的主要區別是，現代自然主義意圖征服人性，而古代自然主義則假定人性是固定不變的（the unchangeability of human nature）。而施特勞斯的立場是古代自然主義，因此，在施特勞斯的眼中，人性定然是固定不變的。[95]

但是，在伯林看來，固定不變的人性觀是一種錯誤的觀念。人類社會的經驗事實是，「人類千差萬別，人類的價值各不相同，人類對世界的理解也截然不同。」因此，「從一種文化到另一種文化，甚或在各種文化內部，人性都千變萬化，千差萬別。」正是這樣，伯林否定固定不變的人性觀：「我不相信所有人……『在皮膚之下』都是相同的，亦即，我相信千變萬化是人類存在的一部分……」[96]總而言之，在伯林的視域中，人性千變萬化，絕非一成不變；人性千差萬別，絕非千篇一律。

然而，儘管人性千變萬化，千差萬別，人類依舊共享著某種相通的特質，伯林稱之為「共通的人性」。[97]共通的人性（common human nature）不是相同的人性（the same human nature），而是相通的人性。所謂「相通」，就像人同此心，心同此理。因此，共通的人性並不代表所有人都共享某種相同的人性。[98]在伯林的眼

94　Strauss, *Liberalism Ancient and Modern*, p. 34.

95　Strauss, *The City and Man*, p. 7.

96　Berlin, "A Letter on Human Nature."

97　Berlin, *The Crooked Timber of Humanity*, pp. 79-80.

98　理查德・沃爾海姆（Richard Wollheim）認為，共通的人性並不意味著我們都是相同的（identical），而是意味著我們所共享的人性是相同的。沃爾海姆的前一個觀點是正確的，但是後一個觀點卻是錯誤的。如果共通的人性意味著

中，相同的人性實質上就是固定不變的人性。伯林指出，休謨的人性觀就是相同人性觀的典型，也就是不變人性觀的典型。在休謨的思想中，人性始終相同，一成不變。如果某人告訴我們一種跟我們的人性觀完全不同的人性觀，那麼，在休謨看來，這個人肯定是個騙子。[99] 但是，伯林的多元主義並不認同這種觀點，因為這種觀點是絕對主義與一元主義的根本預設。

在伯林看來，共通的人性是正常人都相通的人性，並且都應該具有的人性，但是，我們不能保證不正常的人也具備這樣的人性。凡是正常人都會有憐憫之心，然而，這個世界總是有某些不正常的暴徒與瘋子毫無憐憫之心。他們虐待清白無辜的路人，殘殺手無寸鐵的平民，背叛忠肝義膽的朋友，漠視慘無人道的罪惡，甚至圖謀毀滅整個人類。這樣的暴徒與瘋子已經完全喪失了理智，徹底失去了是非感，因此，根本不可能享有伯林所謂的共通人性。對於這些毫無人性的不正常人，最好的方式是把他們關進監獄或精神病院。[100]

相同的人性，那麼，共通的人性就是不變的人性。如果共通的人性是不變的人性，那麼，伯林就沒有必要區分兩者了。而且，如果共通的人性是不變的人性，那麼，伯林的多元主義最終將倒退為一元主義。關於沃爾海姆的觀點，see Richard Wollheim, "The Idea of a Common Human Nature," in Edna and Avishai Margalit（ed.）, *Isaiah Berlin: A Celebration*, Chicago: The University of Chicago Press, 1991, pp. 64-79.

99 關於伯林對休謨人性觀的論述，see Berlin, *The Crooked Timber of Humanity*, pp. 72-73.

100 Berlin, *Liberty*, pp. 210-211. Berlin, *The Power of Ideas*, p. 12. Berlin, *The Crooked Timber of Humanity*, pp. 203-204. 1936，伯林在一封書信中指出人類具有三種分類法：1、托爾斯泰的分類：具有理解能力的人與不具有理解能力的人；2、同情地理解人類事務的人，非同情地理解人類事務的人，以及

伯林認為，共通的人性意味著，「如果人類這個概念尚有意義的話，那麼，人類之間的共通基礎（common ground）就必定存在。我認為這樣說是正確的，即人類有某些基本需求，例如食物、庇護所、安全的需求，以及歸屬於人類自身所在的群體的需求（如果我們接受赫爾德的觀點的話），這些基本需求是符合所描述的人類特徵的任何人都必須擁有的。這些需求只是最基本的所有物；人們還能夠增加下列需求：某種最低限度的自由、追求幸福的機會或人們自我表達之潛能的實現、創造力（無論多麼基本）、愛、崇拜（正如宗教思想家所堅稱的）、溝通，以及某些自我想像與自我描述的手段，亦即想像與描述自身跟其所處的自然

瘋子和怪人；3、有限但完美者，無限但毫無特色者。他認為日後可以創造性地使用這些分類法。這三種分類法（尤其是第二種分類法）或許跟他後期所謂的共通人性有一定的關聯。伯林認為正常人都具有共通人性，不具有共通人性的人都是不正常人，例如瘋子。因此，共通的人性是區分正常人與瘋子的標準。同時，在伯林看來，同情理解的前提是具有共通的人性。如果這樣的推論是恰當的，那麼，伯林的正常人與瘋子兩分法可能是第二種分類法的拓展與延伸。See Berlin, *Flourishing: Letters 1928-1946*, p. 164. 不過，伯林的正常人觀念並非沒有問題。按照伯林的觀點，正常人都應該認可消極自由的價值。據此，古希臘人不大注重消極自由，所以古希臘人不是正常人。但是，這樣的觀點顯然無法令人信服。而且古今中外思想家中，輕視消極自由的思想家為數不少，我們並不能因此而認為這些思想家都不是正常人。這肯定也不是伯林本人所贊同的。然而，他的前提確實蘊含著這個難以讓人接受的結論。或許，更恰當的表述是，正常人都有共通的人性，而共通的人性賦予共通的價值，因此，正常人都會接受共通價值。但是，正常人都會接受共通價值，並不意味著正常人都會接受相同的共通價值。古代人可能偏愛政治自由，而現代人可能偏愛個體自由。這樣，政治自由是古代人的共通價值，而個體自由是現代人的共通價值。在這個意義上，儘管正常人都認可共通價值的理念，但是，共通價值的具體內容是什麼，不同的時代有不同的回答。基於此，正常人意味著接受共通價值理念的人。

環境與人文環境之間的關係的手段（也許以高度符號且高度神話的方式想像與描述）。」[101]根據伯林所謂的共通人性，人類具有兩種共通的基本需求：第一種是生理需求，這種需求只是為了滿足人類身體的需要；第二種是精神需求，這種需求是為了滿足人類靈魂的需要。[102]而實際上，共通的需求就是伯林所謂的共通價值，因此，共通價值的基礎是共通的人性。

共通的人性所賦予的兩種需求，跟不變的人性所賦予的兩種需求，在很大程度上是重合的。抑或，普遍主義所要求的基本需求與絕對主義所要求的基本需求基本一致。在生理需求上，伯林所列的兩種清單基本相同。由於生理需求是所有時代所有地方的所有人都必須滿足的基本需求，所以絕對主義的生理需求實際上也就是普遍主義的生理需求。但是，在精神需求上，儘管兩者的清單基本相似，然而其特徵卻並不相同。根據絕對主義的不變人性觀，所有時代所有地方的所有人都具有相同的精神需求。並且，相同的精神需求是永恆不變的，它超越了時間、地域、文化、種族、性別等限制。然而，根據普遍主義的共通人性觀，大多數時代大多數地方的大多數人只是具有相通的精神需求，而不是具有相同的精神需求。例如，消極自由就是大多數時間大多數地點的大多數人都認可的基本價值。[103]而且，相通的精神需求並非一成不變。某個時代的人們可能更加注重和平與安全，因此，

---

101 Berlin, "A Letter on Human Nature."關於共通的人性賦予人類的基本需求，亦參Berlin, *The Crooked Timber of Humanity*, pp. 203-204. Berlin, *Liberty*, pp. 54, 215.

102 伯林關於人性所蘊含著的生理需求與精神需求的討論，亦可參考Berlin, *The Crooked Timber of Humanity*, pp. 203-204.

103 Berlin, *Liberty*, pp. 52-53, 210-211.

和平與安全是這個時代的共通價值。然而，另一個時代的人們可能更加注重自由與平等，因此，自由與平等是這個時代的共通價值。在這個意義上，共通的精神需求具有相對穩定性，而不具有絕對穩定性。

伯林借用維根斯坦的「家族面相」（family face）概念，對不變的人性與共通的人性做出了非常形象的區分。例如某個顧姓家族，兒子長得像父親，父親長得像祖父，祖父長得像曾祖父，曾祖父長得像高祖父，以此類推。然而，兒子長得不一定像祖父，父親長得也不一定像高祖父。儘管家族成員之間存在著這種隔代差異，但是，這並不影響我們把這個家族稱為顧姓家族。而且，也正是這種特殊的家族類似性使我們得以區分顧姓家族與王姓家族。伯林所謂的共通人性，就像這種家族類似性。人與人之間在人性方面可以構成許多個不同的交集，但是，沒有一個共同的交集可以把所有人都囊括在一起。假設歐洲人共享著某種人性特徵，美洲人共享著另一種人性特徵，而亞洲人又共享著其他人性特徵，但是，沒有哪種人性特徵是各大洲的所有人都共同具有的。這就是為什麼共通的人性是共通的人性，而不是共同的人性的原因。這種家族類似性，並不意味著所有家族成員之間都共享著某個共同的面相。共同的面相，就像數學中的公約數。凡是該家族成員都必定具有這種面相特徵，凡是不具有這種面相特徵的人必定不是該家族成員。根據這個共同的面相，兒子既像父親，也像祖父、曾祖父以及高祖父。易言之，祖宗十八代都具有這個共同的面相特徵。不變的人性就像這個共同的面相，它是所有人都應該具有的共同本性。在伯林看來，家族成員根本就沒有這樣的共同面相，同理，所有人也根本不具有這樣的共同本性。因此，他認為不變的人性觀是錯誤的，而他僅僅主張共通的人性觀。[104]

　　第四，絕對主義主張絕對價值之間可以互相兼容，並且和諧共處，而普遍主義則認為普遍價值之間有時互不兼容，甚至互相衝突。在〈伯林致雅法書信〉中，伯林指出了自己與施特勞斯之間的差異：「我相信終極價值有時互相衝突——對於許多人而言，仁慈當然是一種終極的絕對價值，但是仁慈跟完全的正義無法兼容；完全的自由跟完全的平等也無法兼容，諸如此類。無論如何，就我的理解而言，僅有的普遍價值是好壞、真假及它們的派生，例如對錯與美醜等。由於施特勞斯沒有認識到絕對價值之間的不可兼容性，所以我們極其不一致。因為根據施特勞斯的觀點，所有絕對價值必定都彼此和諧一致。當施特勞斯說我們可以在先驗的意義上絕對知曉這些價值時，就他的理解而言，難道他指的是其他意思嗎？」[105]據此，在伯林的思想中，儘管伯林與施特勞斯都討論終極價值，但是，伯林所謂的終極價值是普遍價值，而施特勞斯所謂的終極價值是絕對價值。普遍價值的核心特徵是，普遍價值之間有時互不兼容與互相衝突。而絕對價值的主要特徵是，絕對價值之間互相兼容與和諧共處。

　　普遍價值之間互不兼容與互相衝突，正是多元主義的關鍵特徵。而絕對價值之間互相兼容與和諧共處，也正是一元主義的重要特徵。因此，當伯林在澄清自己的普遍主義與施特勞斯的絕對主義之間的差異之時，他想到的是多元主義與一元主義之間的差異。施特勞斯所謂的絕對主義實際上就是伯林所批判的一元主義，而伯林所謂的普遍主義實際上就是伯林所主張的多元主義。

---

[104] Berlin, "A Letter on Human Nature."

[105] Berlin, "Letter to Harry Jaffa（May 24, 1992），" p. 265.

在這個意義上，普遍主義與絕對主義的區別，類似於多元主義與一元主義的差異。[106]

　　施特勞斯的政治哲學，實質上是柏拉圖式政治哲學。在柏拉圖式政治哲學的自然主義中，施特勞斯找到了價值判斷的唯一標準——自然。根據自然的標準，好壞對錯的區分，是非善惡的判斷，都是絕對而永恆的。因此，施特勞斯的絕對主義，實際上根源於柏拉圖式政治哲學。柏拉圖式政治哲學對施特勞斯的影響根深柢固，波及一生。在某種意義上，我們甚至可以說，施特勞斯的學術生涯從柏拉圖開端，也從柏拉圖結束。1970年，晚年施特勞斯回顧其畢生的學思歷程時，曾如此描述柏拉圖在其心目中的地位：「在我年方十六之時，我們在學校讀了《拉凱斯篇》（*Laches*）。當時，我計劃或者說發願，終其一生閱讀柏拉圖，同時飼養兔子，並以鄉村郵政局長之位謀生。」[107]而施特勞斯生前最後一本自編文集的標題就是《柏拉圖式政治哲學研究》。[108]從中不難看出，在施特勞斯的政治哲學譜系中，柏拉圖式政治哲學不但是古典政治哲學的標誌，而且也是所有政治哲學的典範。現代政治哲學誤入歧途，正是現代政治哲學與柏拉圖式政治哲學徹底決裂的結果。[109]早年施特勞斯確實心儀柏拉圖式政治哲學，同樣，晚年施特勞斯也醉心於柏拉圖式政治哲學。始於柏拉圖，終於柏

---

106 關於一元主義與多元主義之間的差異，第一章已經有非常詳細的討論。所以，此處不再具體展開相關內容。一元主義與多元主義之間的差異，也適用於絕對主義與普遍主義之間的差異。因此，後者可以對照前者。

107 Strauss, *Jewish Philosophy and the Crisis of Modernity*, p. 460.

108 Strauss, *Studies in Platonic Political Philosophy*.

109 關於古今政治哲學決裂的扼要論述，see Strauss, *What Is Political Philosophy? And Other Studies*, pp. 9-55.

拉圖，正是施特勞斯一生的學術寫照。

　　而伯林的政治哲學，實質上是反柏拉圖式政治哲學。在伯林看來，柏拉圖式政治哲學是一元主義政治哲學的典型。正是這樣，伯林把一元主義稱為「柏拉圖式理想」（Platonic ideal）：「在某個時刻，我認識到，所有這些觀點的共同之處是一種柏拉圖式理想：第一，正如在科學中那樣，所有真正的問題必定有且只有一個真正的答案，其他所有答案必定都是謬誤；第二，發現這些真理的可靠途徑必定存在；第三，一旦找到真正的答案，那麼，這些答案必定互相兼容，並且形成一個單一整體，因為一個真理不可能跟另一個真理互不兼容——真理是我們先驗而知的。這種全知是宇宙拼圖遊戲的解決方案。而在道德領域中，我們就可以想像完美的生活必定是什麼樣子的，這種完美生活將取決於我們對統治宇宙的規則的正確理解。」[110] 一元主義的第三個命題正是伯林所謂的絕對主義的核心特徵。而且，第三個命題之所以成立，是因為第一個命題與第二個命題是成立的。也就是說，第三個命題以第一個命題和第二個命題為基礎。如果所有真正的問題都不止一個正確答案，那麼，許多正確答案就都具有同等的有效性，並且，正確答案之間可能互不兼容，互相衝突。如果解答問題的方法不存在，那麼，我們就不可能找到真理。而如果我們找不到真理，那麼，真理之間的互相兼容就無從談起。在這個意義上，只有前兩個命題成立，第三個命題才能成立。或者說，第三個命題預設了前兩個命題。如此，倘若絕對主義的特徵是，絕對價值之間可以互相兼容，並且和諧共處，那麼絕對主義也預設：第一，所有價值問題都有且只有一個正確答案；第二，所有價值問

110　Berlin, *The Crooked Timber of Humanity*, pp. 5-6.

題都有解決方法。這樣，絕對主義實質上就是一元主義。而柏拉圖式政治哲學是一元主義政治哲學的代表，所以，柏拉圖式政治哲學是絕對主義的代表。而施特勞斯的政治哲學是柏拉圖式政治哲學，因此，施特勞斯的政治哲學是絕對主義的典型。

　　基於此，伯林反對施特勞斯的絕對主義，是因為伯林反對柏拉圖意義上的一元主義。而伯林主張普遍主義，是因為伯林倡導多元主義。對照絕對主義的三大特徵，我們也可以大致推斷出絕對主義與普遍主義的基本差異。首先，絕對主義認為所有問題都有且只有一個正確答案，而普遍主義則認為問題的答案有許多，不止一個。其次，絕對主義主張絕對價值是永恆不變的，而普遍主義認為普遍價值是可以變化的。絕對價值之所以是永恆不變的，是因為人性是固定不變的。而普遍價值之所以是可以變化的，是因為人性只是共通的（common），而不是共同的（same）。最後，絕對主義宣稱絕對價值是絕對有效的，即對所有時間所有地點的所有人都是始終有效的價值。而普遍主義則認為普遍價值是普遍有效的，即對大多數時間大多數地點的大多數人都是基本有效的價值。

　　綜上所述，伯林的多元主義不是絕對主義，而是普遍主義。在伯林的視野中，絕對主義本質上就是一元主義，而一元主義正是伯林畢生的批判對象。因此，伯林不可能主張絕對主義的觀點。儘管伯林的文本中反覆出現絕對價值、絕對主張與終極價值等跟絕對主義息息相關的表達，但是，伯林實質上要表達的不是絕對主義，而是普遍主義。伯林與施特勞斯使用了相同抑或相似的詞彙，但卻表達了完全不一樣的含義，而這或許是施特勞斯誤以為伯林是絕對主義者的主要原因。

結語

　　本章要論證的核心觀點是，伯林的多元主義不是絕對主義，而是普遍主義。根據施特勞斯的觀點，伯林的多元主義是一種絕對主義。但是，伯林並不同意這個觀點。通過區分絕對主義與普遍主義，伯林認為多元主義主張的是普遍主義，而不是施特勞斯所謂的絕對主義。

　　伯林與施特勞斯所理解的絕對主義都具有三大特徵，即唯一性、永恆不變性與絕對有效性。根據絕對主義的三大特徵，絕對價值意味著無論什麼時間，無論什麼地點，無論在什麼情況下，無論針對什麼人都始終有效的永恆價值。儘管如此，伯林與施特勞斯在絕對主義問題上依舊具有兩大分歧。首先，關於絕對主義的理論基礎問題，兩人的理解具有實質性差異。施特勞斯認為，絕對主義的理論基礎是古典政治哲學中彌足珍貴的自然主義。而伯林卻認為，絕對主義的理論基礎是整個西方思想傳統中根深柢固的一元主義。其次，對於絕對主義的立場，兩人具有根本性區別。施特勞斯是一個絕對主義者，而伯林卻是一個反對絕對主義者。施特勞斯主張絕對主義，是因為古代自由主義的絕對主義可以矯正現代自由主義的相對主義，因此，絕對主義是擺脫自由主義危機的關鍵。而伯林反對絕對主義，是因為絕對主義實質上是一元主義，而一元主義是極權主義的思想根源。

　　根據伯林的觀點，絕對主義與普遍主義主要有四大區別：第一，絕對主義主張，絕對價值對所有時間所有地點的所有人都始終有效。而普遍主義則認為，普遍價值只是對大多數時間大多數地點的大多數人有效。第二，絕對主義的理論基礎是理性主義，而普遍主義的理論基礎是經驗主義。第三，絕對主義的理論預設是不變的人性觀，而普遍主義的理論預設是共通的人性觀。第四，絕對主義主張絕對價值之間可以互相兼容，而普遍主義則認為普遍價值之間有時互不兼容。而在伯林的政治哲學中，絕對主義實際上就是一元主義，而普遍主義實際上內在於多元主義。正是這樣，絕對主義與普遍主義之間的區別，本質上就是一元主義與多元主義之間的區別。因此，伯林的多元主義不是絕對主義，而是普遍主義。

結論

複合多元主義理論

　　綜上所述，根據伯林的一元主義極權主義理論，一元主義是極權主義的根源，而多元主義是極權主義的出路。根據施特勞斯的相對主義極權主義理論，相對主義是極權主義的源泉，而絕對主義是極權主義的出路。然而，施特勞斯卻批判伯林的多元主義是相對主義，而相對主義的結果是極權主義，因此，多元主義的結果是極權主義。反之，伯林則批判施特勞斯的絕對主義是一元主義，而一元主義的結果是極權主義，因此，絕對主義的結果是極權主義。這樣，兩種極權主義理論最終將陷入難以紓解的雙重困境：相對主義與絕對主義的結果是極權主義，而一元主義與多元主義的結果也是極權主義。假設伯林與施特勞斯的論斷都是成立的，那麼，人類最終將消逝於極權主義的茫茫黑夜之中。如此，人類的根本問題是，在相對主義與絕對主義之間，我們應該何去何從？在一元主義與多元主義之間，我們應該如何抉擇？倘若真如伯林與施特勞斯所言，絕對主義實質上是一元主義，而多元主義實質上是相對主義，那麼，一元主義與多元主義之間的問題本質上就是相對主義與絕對主義之間的問題。這樣，兩種極權主義理論的雙重困境就可以歸結為單一困境，即相對主義與絕對主義的結果都是極權主義。基於此，我們最終回到導論中所提出的根本問題：在相對主義與絕對主義之間，我們應該何去何從？

　　正如施特勞斯所言，伯林的多元主義是相對主義與絕對主義之間的中間立場。但是，施特勞斯卻認為伯林的這個中間立場是站不住腳的。[1] 在施特勞斯看來，所謂的中間立場意味著多元主義既主張相對主義，又主張絕對主義。在這個意義上，多元主義的中間立場反映的不是多元主義的理論洞見，而是多元主義的自相

1　Strauss, "Relativism," p. 17.

矛盾。如此，多元主義若要自圓其說，要麼選擇相對主義，要麼選擇絕對主義。施特勞斯認為，伯林最終選擇了相對主義，拋棄了絕對主義。然而，自由主義的相對主義隱藏著可怕的潛在後果：相對主義不但可能摧毀自由主義，而且還可能滋生極權主義。正是這樣，施特勞斯警示伯林的自由主義是自由主義危機的象徵。反過來說，如果伯林最終選擇了絕對主義，拋棄了相對主義，那麼，結果會怎樣呢？在伯林看來，絕對主義本質上就是一元主義，而一元主義的結果是極權主義，這樣，絕對主義不但可能埋葬自由主義，而且也可能孕育極權主義。易言之，在相對主義與絕對主義之間，無論伯林如何選擇，其最終結果都是極權主義。在這個意義上，伯林的多元主義深刻反映了相對主義與絕對主義之間的問題，抑或伯林的多元主義全面體現了兩種極權主義理論的雙重困境。

然而，果真如此嗎？本書並不這樣認為。在本書看來，多元主義是相對主義與絕對主義之間的中間立場，並不意味著多元主義既主張相對主義，又主張絕對主義。恰恰相反，多元主義既不主張相對主義，也不主張絕對主義。正是因為多元主義宣稱正面價值與負面價值之間的好壞對錯與是非善惡是可以判斷的，所以，多元主義不同於相對主義；正是因為正面價值與正面價值之間的高下優劣是無法判斷的，所以，多元主義不同於一元主義；正是因為多元主義主張普遍主義，而反對施特勞斯所謂的絕對主義，所以，多元主義不同於絕對主義。在這個意義上，多元主義是相對主義與絕對主義之間的中間立場，意味著多元主義既不是相對主義，也不是絕對主義，更不是一元主義，因此，多元主義是相對主義與絕對主義之外的第三種立場。如果多元主義是相對主義與絕對主義之外的第三種立場，那麼，多元主義也許是極權主義黑夜的一縷曙光。

因此，本書將嘗試在伯林的多元主義思想基礎之上，初步建構多元主義的道德哲學與政治哲學。多元主義的道德哲學討論的是價值多元主義問題，而多元主義的政治哲學討論的是政治多元主義問題。儘管這種建構以伯林的多元主義為基礎，但是本書的建構並不局限於伯林的多元主義框架，也不打算受限於伯林所開闢的多元主義論題。本書將在一定程度上修正並推進伯林的多元主義學說，從而使多元主義具備一套相對體系化的理論框架。

第一節　多元主義的道德哲學

本節將簡要論述相對主義、絕對主義、一元主義與多元主義之間的關係。本節要論證的核心觀點是，多元主義既不是相對主義，也不是絕對主義，更不是一元主義。而且，本節還將區分絕對主義與一元主義。在伯林的思想框架中，絕對主義等同於一元主義。但是，本節將論證一元主義必定是絕對主義，然而絕對主義未必是一元主義。基於這樣的判斷，多元主義不僅僅是絕對主義與相對主義之外的第三種立場，而且是相對主義、絕對主義與一元主義之外的第四種立場。為了更加清晰地區分這四者之間的關係，本節將把這四者的理論預設或基本觀點概括為四個公式。

一、多元主義與相對主義

多元主義與相對主義的區別，根源於兩者相似但卻不同的理論預設。相對主義的理論預設是，所有價值都被歷史、文化、地域、民族、性別、種族、語言、階級、出身、地位、環境等各種因素所決定。而多元主義的理論預設是，各種價值都受到歷史、文化、地域、民族、性別、種族、語言、階級、出身、地位、環境等各種因素的影響。據此，相對主義的理論預設可以表述為如下公式：X決定Y（X determines Y），而多元主義的理論預設可以歸結為如下公式：X影響Y（X influences Y）。其中，Y是因變量，指稱的是人類的各種價值；而X是自變量，指稱的是歷史、文化、地域、民族、性別、種族、語言、階級、出身、地位、環境等各種因素。

根據多元主義與相對主義的理論預設，兩者具有兩個共通之處：第一，兩者都能接受X形塑了Y（X shapes Y）的結論。在一定程度上，有什麼樣的X，就有什麼樣的Y；有什麼樣的Y，就有什麼樣的X。第二，兩者都主張多元價值。由於人類歷史上的X千變萬化，千差萬別，所以人類歷史上的價值也多種多樣，各不相同。因此，多元主義與相對主義都主張價值是多元的，而不是單一的；價值是變化的，而不是不變的。在這個意義上，多元主義與相對主義都反對一元主義的觀點。

儘管多元主義與相對主義都主張多元價值，但是，兩者對於多元價值的內涵具有不同的理解。在相對主義看來，多元價值的範圍是無限的。既然人類的所有價值都被X所決定，那麼，有什麼樣的X就必定有什麼樣的價值。X的數量與變化是無限的，所以Y的數量與變化也是無限的。這樣，尊老愛幼是一種特殊的價值，拋棄老人也是一種特殊的價值；和平共處是一種特殊的價值，殺人放火也是一種特殊的價值。而在多元主義看來，多元價值的範圍是有限的。如果人類的各種價值都被X所影響，那麼原則上來說，有什麼樣的X就有什麼樣的價值。但是，這並不意味著多元價值是無限的。多元主義承認尊老愛幼是一種可以接受的價值，但卻無法認同拋棄老人也是一種可以接受的價值；多元主義認可和平共處是一種可以接受的價值，但卻無法同意殺人放火也是一種可以接受的價值。在多元主義看來，人類世界的各種價值可以分為兩類：第一類是正面價值，例如尊老愛幼、和平共處等；第二類是負面價值，例如拋棄老人、殺人放火等。在相對主義看來，價值就是價值，沒有什麼正面與負面之分。尊老愛幼與和平共處也好，拋棄老人與殺人放火也好，都是被X所決定的特殊價值。因此，多元主義所謂的多元價值特指正面價值，而相對主義所謂的多元價值既包括正面價值，也包括負面價值。正是這樣，多元主義的多元價值是有限的，而相對主義的多元價值是無限的。

　　儘管多元主義與相對主義都認為X形塑了Y，但是，兩者對於X形塑了Y具有不同的理解。而兩者之所以對X形塑了Y具有不同的理解，是因為兩者的理論預設具有根本性差異。在相對主義看來，X形塑了Y的意思是，如果價值被X所決定，那麼，有什麼樣的X就必定有什麼樣的價值。但是，在多元主義看來，價值被X所決定與價值被X所影響是截然不同的。因此，X形塑了Y的意思是，如果價值只是被X所影響，那麼，有什麼樣的X可能就有什麼樣的價值，但是也有可能有不一樣的價值。價值被X所決定，意味著人類的各種價值都無法超越X的限制。而價值被X所影響，只是意味著人類的各種價值在一定程度上被X所塑造，但是，人類依舊可能超越X的限制，從而獲得跟X不匹配的價值。例如中西的飲食習慣差異，中國人可能不大習慣漢堡與披薩等西餐，而西方人可能不大習慣臭豆腐與茶葉蛋等中餐。如果按照相對主義的邏輯，那麼，中國語境中的X決定了中國人喜歡臭豆腐與茶葉蛋等飲食偏好，而西方語境中的X決定了西方人喜歡漢堡與披薩等飲食偏好。因此，中國人必定不喜歡漢堡與披薩等西餐，而西方人也必定不喜歡臭豆腐與茶葉蛋等中餐。中國人不可能超越中國語境中的 X，而西方人也不可能超越西方語境中的 X。然而，根據多元主義的觀點，儘管中國人喜歡臭豆腐與茶葉蛋等中餐受到中國語境中的 X 的影響，而西方人喜歡漢堡與披薩等西餐也受到西方語境中的 X 的影響，但是，這並不意味著中國人與西方人都無法超越他們各自語境中的 X。中國人依舊可能超越中國語境中的 X，從而逐漸喜歡漢堡與披薩等西餐。而西方人也可能超越西方語境中的 X，從而慢慢熱愛臭豆腐與茶葉蛋等中餐。君不見麥當勞、肯德基與必勝客等西餐廳在中國大受歡迎，而美國唐人街的中餐館也受到美國人的青睞，這些案例或許都是明證。在這個意義上，多元主義與相對主義的理論預設所蘊含的差異是：多元主義認為人類可以超越其自身的價值框架，而相對主義認為人類無法超越其自身的價值框架。

多元主義與相對主義在理論預設上的重大差異，使兩者在基本內涵方面具有兩大區別。第一大區別是，相對主義認為所有價值都是特殊價值，沒有什麼普遍價值；而多元主義認為並非所有價值都是特殊價值，有些價值是特殊價值，而有些價值是普遍價值。根據相對主義的觀點，所有價值都被 X 所決定，因此，人類無法超越自身的價值框架，在這個意義上，所有價值都是特殊價值。而根據多元主義的觀點，人類的各種價值只是被 X 所影響，而不是被 X 所決定，因此，人類可以超越自身的價值框架。不管人類世界中的 X 具有多大的多樣性與差異性，人類總是具有某些共通之處，從而使人類的互相溝通與共同生活成為可能。在這個意義上，儘管有些價值是特殊價值，但是也有些價值是普遍價值。特殊價值淵源於 X 的多樣性與差異性，而普遍價值來自於人類超越 X 的多樣性與差異性的可能性，抑或來自於人類的共通性。例如，凡是正常人都希望並追求基本的溫飽，這是人類的普遍價值。但是，對於如何解決溫飽問題，每個人有每個人的不同理解，每個民族有每個民族的不同解決方案。有些人希望天天有饅頭吃，而有些人希望每天有米飯吃，而另一些人希望每天有玉米啃；有些人希望通過在土地上辛勞耕作來解決溫飽問題，有些人希望通過找到一份大學教師的職位來解決溫飽問題。這些不同的價值取向指的是人類的特殊價值。

第二大區別是，相對主義主張特殊的價值判斷是可能的，而普遍的價值判斷是不可能的；多元主義則認為特殊的價值判斷與普遍的價值判斷都是可能的。按照相對主義的邏輯，既然所有價值都被Ｘ所決定，那麼，一切價值判斷也都被Ｘ所決定。這樣，人類就無法超越Ｘ而做出普遍的價值判斷。所謂的好壞對錯，所謂的是非善惡，都只是相對於Ｘ而言的。在Ｘ的範圍之內，如果某種價值是正確的，那麼這種價值就是正確的。如果某種價值是錯誤的，那麼這種價值就是錯誤的。我們不能說Ｘ範圍之外的某種價值是正確的，我們也不能說Ｘ範圍之外的某種價值是錯誤的。在這個意義上，特殊的價值判斷是可能的，而普遍的價值判斷卻是不可能的。據希羅多德《歷史》記載，印度卡拉提耶人（Callatians）的傳統是吃掉亡父的屍體。[2]儘管這種傳統無法被現代人所接受，但是按照相對主義的邏輯，吃掉亡父的屍體也是一種特殊的價值取向，這種價值取向是被Ｘ所決定的。所以，我們無法在普遍的意義上判定這種行為是錯誤的。

而在多元主義看來，既然人類的各種價值並沒有被Ｘ所決

2　Herodotus, *The History of Herodotus*（Volume 1）, tran. George Rawlinson, London: J. M. Dent & Sons Ltd., 1936, p. 229.

定，而只是被 X 所影響，那麼，人類的價值判斷也只是受 X 的影響，而不會被 X 所決定。這樣，人類就可以超越 X 而進行普遍的價值判斷。在一定程度上，關於好壞對錯與是非善惡的價值判斷，受到 X 及以 X 為基礎的特殊價值的影響。但是，關於好壞對錯與是非善惡的價值判斷，同時也受到超越 X 的普遍價值的影響。這樣，我們既可以說 X 範圍之內的某種價值是正確的或錯誤的，我們也可以說 X 範圍之外的某種價值是正確的或錯誤的。在這個意義上，特殊的價值判斷與普遍的價值判斷都是可能的。

例如，電影《楢山節考》中的荒僻村落。這個村落的習俗是長子把年邁的雙親背到荒山上拋棄，讓他們自生自滅，以此獻祭楢山神。按照相對主義的邏輯，如果一切價值判斷都被 X 所決定，那麼，所有價值判斷都是特殊的價值判斷。基於此，好壞對錯與是非善惡都取決於這個村落本身的特殊價值，而且，這個村落的特殊價值具有其自身的正當性。在這個村落中的村民看來，長子拋棄雙親於荒山的行為是正當的：一方面，這種行為節約了每個家庭的糧食，從而讓家族的延續變得更加可能；另一方面，這種行為也向楢山神獻祭了供品，從而可能得到楢山神的保佑而在來年獲得好運。根據這個村落的特殊價值，長子拋棄雙親於荒山的行為是正確的。因此，我們不能在普遍的意義上判斷這種行為是錯誤的。但是，在多元主義看來，這種行為是無法接受的，也是無法原諒的。人類完全可以超越其自身的價值框架，從而在普遍的意義上判斷這種行為是罪惡的。儘管從經濟的角度考量這種行為，這個行為對於這個村落來說是可以接受的；儘管從宗教的角度思考這種行為，這種行為對於這個村落來說也是可以肯定的。但是，在特殊的經濟考量與特殊的宗教考量之上，還有普遍的人道主義。普遍的人道主義要求子女贍養雙親、善待雙親並尊敬雙親。因此，長子拋棄雙親於荒山的行為體現的是多元主義所反對的負面價值。我們完全可以大聲譴責這種荒唐可笑的行為，我們也完全可以堅決否定這種不負責任的行為。

二、多元主義與絕對主義

同樣，多元主義與絕對主義的區別，也來源於兩者不同的理論預設。多元主義的理論預設是，歷史、文化、地域、民族、性別、種族、語言、階級、出身、地位、環境等各種因素影響了人類的各種價值，因此，多元主義的公式是：X影響Y。而絕對主義的理論預設是，人類的各種價值獨立於歷史、文化、地域、民族、性別、種族、語言、階級、出身、地位、環境等各種因素，因此，絕對主義的公式是：Y獨立於X（Y is independent of X）。「獨立」意味著Y既不受X影響，也不被X決定。易言之，X與Y的關係，不是自變量與因變量的關係。簡而言之，無論X如何變化，Y都不會隨之發生變化。儘管X千變萬化，而Y卻是永恆不變的。

根據多元主義與絕對主義的理論預設，兩者都認為人類的各種價值可以超越X的限制。在多元主義看來，人類的各種價值只是被X所影響，而不是被X所決定，所以，人類的各種價值在一定程度上被X所束縛，並且也在一定程度上能夠超越X的束縛。在這個意義上，人類的各種價值可以超越X的限制。而在絕對主義看來，人類的各種價值都獨立於X，絲毫不受X的任何影響，更不用說被X所決定了，因此，人類的各種價值完全不受X的任何束縛。在這個意義上，人類的各種價值可以超越X的限制。

儘管多元主義與絕對主義都認為人類的各種價值可以超越X的限制，但是兩者對於「超越X的限制」具有不同的見解。多元主義只主張有限超越論，而絕對主義主張無限超越論。在多元主義的視域中，人類的各種價值只是在一定程度上超越X的限制，但是同時也受到X的限制。而且即便人類的各種價值超越了X的限制，X的影響也始終存在，X是無法消除的必要組成部分。而在絕對主義的視野中，人類的各種價值可以在絕對意義上超越X的限制。X的變化與否與Y毫無關係，無論X如何變化，Y都絲毫不為所動。

　　例如，關於喝茶問題。絕對主義可能會說，喝茶有益於健康，因此，根據健康這個絕對而永恆的價值判斷標準，喝茶無論如何都是正確的價值選擇。不管是在美國，還是在中國；不管是在古代，還是在現代；不管是男性，還是女性；不管是黑人，還是白人；不管是窮人，還是富人，喝茶都是絕對正確的。然而，多元主義並不認同這樣的觀點。儘管多元主義承認人類的各種價值可以超越X的限制，但是，這並不代表所有價值都完全超越X的限制。人類的各種價值既受到X的影響，也具有突破X的影響的可能性。儘管有些價值確實受到X的影響，但是這些價值依舊可以超越X的限制，所以人類才會有某些普遍價值；然而，儘管有些價值具有超越X的可能性，但是這些價值並不一定能夠完全超越X，它們可能在很大程度上依舊受制於X，因此人類才會有各種各樣特殊價值。喝茶是一種正面價值，但是在正面價值中，它不是普遍價值，而是特殊價值，它在很大程度上依舊受制於X。不錯，確實有些美國人也喝茶，有些黑人也喝茶，有些古代人也喝茶，但是，這並不是說所有這些人都認為或都應該認為喝茶是一種正確的價值選擇。有些人就是喜歡喝咖啡，他們就是不喜歡喝茶。然而，我們並不能說這些人的價值選擇就是錯誤的。喝茶與喝咖啡都是特殊價值，而不是普遍價值。因此，我們應該以平等的態度對待它們，寬容各人的不同價值選擇，允許各人的不同價值取向。

根據多元主義與絕對主義的不同理論預設，兩者具有兩大重要區別。第一，絕對主義主張絕對價值是存在的，而多元主義僅僅主張有些價值是特殊價值，而有些價值是普遍價值。絕對價值意味著對所有時間所有地點所有人在所有情況下都始終有效的永恆價值，普遍價值只是意味著人類的共同生活與美好生活所要求的共通價值，而特殊價值意味著對不同時間不同地點不同人在不同情況下有不同效力的異質價值。[3]根據絕對主義的觀點，人類的各種價值都獨立於X，因此，不管X如何變化，人類的各種價值都始終有效。正是如此，絕對價值超越了X的任何限制。而根據多元主義的觀點，人類的各種價值都被X所影響，因此，X的變化，可能會引起價值的變化。正是因為人類的各種價值在一定程度上隨著X的變化而變化，所以人類才有各種各樣異質價值，並且這些異質價值的效力也會隨著X的變化而變化。同時，人類的各種價值並沒有被X所決定，所以，人類的各種價值具有超越X的可能性。正是因為人類的各種價值在一定程度上可以超越X的限制，所以人類才有某些共通價值，而且這些共通價值的效力也可以超越X的限制。但是，共通價值並不是絕對價值。共通價值只是在一定程度上超越了X的限制，而絕對價值在絕對意義上超越了X的限制。因此，某個時代的共通價值，可能蛻變為另一個

3　本書之所以沒有把普遍價值界定為伯林所謂的多數時間多數地點多數人在多數情況下都認可的價值，是因為這個界定有一定的瑕疵。例如宗教寬容作為一種價值，是現代歷史發展的產物，而不是人類歷史長河中的多數時間多數地點多數人在多數情況下都認可的價值。但是，現代人傾向於把宗教寬容視為普遍價值，這是一種經驗事實。在這個意義上，伯林的界定並不可靠。

時代的異質價值；而某個時代的異質價值，也可能昇華為下一個時代的共通價值。例如君主制背後所體現的價值取向在古代可能是共通價值，但是在現代卻演變為異質價值，並且最終演變為負面價值。而民主制背後所體現的價值取向在古代可能是異質價值，甚至是負面價值，但是在現代卻演變為共通價值。在這個意義上，共通價值既有穩定性的一面，也有變動性的一面。穩定性是因為它是人類的共同生活與美好生活所要求的普遍價值，而變動性是因為它不是所有時間所有地點所有人在所有情況下都認可的絕對價值。[4]

　　第二，絕對主義主張人類可以進行絕對的價值判斷，而多元主義僅僅主張人類既可以進行特殊的價值判斷，也可以進行普遍的價值判斷。在絕對主義看來，人類的各種價值獨立於 X 的影響，因此，人類的價值判斷也獨立於 X 的影響。在這個意義上，如果某種價值判斷是絕對的價值判斷，那麼，這種價值判斷對所有時間所有地點所有人在所有情況下都始終有效。絕對的價值判斷是一錘定音的終極裁決，是價值判斷領域的最高法院，因此，無論 X 如何干擾都不會影響這種判斷的有效性。如果殺人是絕對錯誤的，那麼，無論給出多麼具有說服力的理由，都無法抵消或降低這種判斷的有效性。假設五個人流落於大海中央的荒島上，短期內不會有任何外援，而且荒島上沒有任何可以充饑的糧食。這個時候，有個人提議把其中最贏弱的那位殺死，然後大家一起分食這個人的屍身。如果不這樣做，五個人都將在非常短的時間

4　伯林認為價值既有穩定性的一面，又有不穩定性的一面，因為價值不是固定不變的。伯林的觀點或許可以從側面佐證此處的討論。Berlin and Polanowska-Sygulska, *Unfinished Dialogue*, p. 223.

內一起死亡。而延續其他四個人的生命，可以增加這四個人存活的機率。他們殺死同伴的理由是，與其五個人一起死，不如讓一個人死。但是，在絕對主義看來，這是無法接受的。無論有多麼冠冕堂皇的理由，無論有多麼突如其來的情況，殺人就是殺人。這種行為在道德上是絕對錯誤的，不打折扣，不可抵消，不容否定。而在多元主義看來，人類的各種價值都受到X的影響，因此，人類的各種價值判斷也受到X的影響。同時，由於人類的各種價值沒有被X所決定，所以人類的各種價值判斷也可以超越X的影響。在這個意義上，人類既可以進行特殊的價值判斷，也可以進行普遍的價值判斷。例如關於喝咖啡問題，有些人認為喝咖啡是一種高級享受，而有些人則認為喝咖啡是一種低級趣味。喝咖啡到底是高級享受，還是低級趣味，在一定程度上取決於不同群體的不同價值觀，因此，關於這個問題的價值判斷是一種特殊的價值判斷。又如某個人無論在哪裡碰到什麼人都衝上去不由分說地一通狂揍，揍完之後還哈哈大笑，自鳴得意。對於這個人的這種行為，我們應該如何進行價值判斷呢？人類的共同生活與美好生活要求我們否定這個人的行為，譴責這個人的行為，批判這個人的行為。如果這個人精神健全，那麼，最好的方式是把這個人送進監獄。如果這個人精神錯亂，那麼，最好的方式是把這個人送進精神病院。我們不會因為某些跟他志趣相投的人贊同他的行為而放縱他，在這個意義上，我們對他的行為的否定已經超越了X的限定。正是如此，對於這個人的行為所做出的價值判斷是一種普遍的價值判斷。

三、多元主義與一元主義

　　一元主義的定義是：（1）某個單一價值支配（dominate）或

高於（superior）所有其他價值；[5]抑或，（2）所有價值都可以根據某個共通的價值尺度（common measure）進行全面排序（comprehensive ranking）。[6]在這兩個定義中，第二個定義蘊含了第一個定義，而第一個定義並不必然導致第二個定義。但是，只要某種觀點滿足兩者中的一個，那麼，這種觀點就是一元主義。基於此，一元主義的兩個公式是：（1）Y_1 支配 Y_n（Y_1 dominates Y_n）。其中，Y_1 指代支配所有其他價值或高於所有其他價值的單一價值（one single value），而 Y_n 指代被單一價值支配的其他價值。由於這個公式的核心是支配，因此，一元主義的第一個公式可稱為「支配性公式」（the formula of domination）。（2）Y 可以根據 Y_1 全面排序（Y can be comprehensively ranked in terms of Y_1）。

5　這個定義來自於伯林。伯林所謂的一元主義社會指的就是某個單一目的支配下的社會。在這個社會中，我們唯一要考慮的事情是如何實現這個單一目的。Berlin, *Concepts and Categories*, pp. 149-150.

6　這個定義參考了高爾斯頓的觀點。但是，高爾斯頓的界定跟本書的界定不同。高爾斯頓認為，一元主義的觀點是，所有價值都可以化約為某個共通價值尺度，或者，所有價值都可以全面排序。換言之，兩者居其一就是一元主義了。但是，高爾斯頓的界定無法全面反映一元主義的核心內涵。所有價值都可以全面排序，並不意味著我們需要根據某個共通的價值尺度來進行排序。我們完全可以想像某個特殊的共同體，在這個共同體中，所有價值都可以全面排序，但是，這個共同體中的人們並不知道排序是根據什麼標準而來的。他們只知道這種價值排序是祖上一代代傳承下來的，僅此而已。如果按照高爾斯頓的定義，那麼，這個共同體主張的是一元主義。然而，這樣的價值排序並不能反映一元主義中的「一元」。然而，如果我們把「所有價值都可以化約為某個共通價值尺度」納入考量，那麼，一元主義中的「一元」就體現出來了。在這裡，那個單一的共通價值尺度體現了「一元」。正是如此，我們才能稱之為一元主義。基於這樣的判斷，本書傾向於把這兩個標準合二為一，從而構成一元主義的一種定義。Galston, *Liberal Pluralism*, p. 6.

其中，Y指代一元主義所預設的各種絕對價值。Y_1也是Y的一種，但卻是其中特殊的一種。Y_1指代用來排序的共通價值尺度，因此，Y_1是最高價值（*summum bonum*），在價值上優於所有其他Y（Y_1 is superior to Y_n）。基於Y_1這個共通的價值尺度，所有Y都可以化約為（reduced to）Y_1而進行全面排序。Y可以化約為Y_1，意味著所有Y都可以轉化為以Y_1為價值單位（unit of vaue）的具體數值。如果善良等於10美元，那麼善良就可以化約為美元。由於這個公式的關鍵是可通約性，因此，一元主義的第二個公式可稱為「通約性公式」（the formula of commensrability）。[7]按照這個公式，功利主義就是典型的一元主義。功利主義認為，所有價值都可以化約為功利（utility）或快樂（pleasure）；根據這些價值的功利值（the scale of utility），人們可以對這些價值進行全面排序。如果自由等於10個功利值，平等等於7個功利值，而民

---

[7]　高斯概括了四種不可通約性：第一，如果我們無法用第三種價值V_3來決定我們應該如何在價值V_1和價值V_2之間做出選擇，那麼V_1和V_2不可通約；第二，如果我們無法根據某種價值尺度來衡量價值V_1和價值V_2，那麼V_1和V_2不可通約；第三，如果我們無法確定V_1優於V_2，V_2優於V1，抑或V_1等於V_2，那麼V_1和V_2不可通約；第四，如果V_1優於V_2和V_2優於V_1同時成立，那麼V_1和V_2不可通約。然而，第一種、第三種和第四種不可通約性實際上並不是不可通約性，而是不可比較性。後兩種是不可比較性容易理解，但是第一種具有一定的迷惑性。在第一種不可通約性中，V_3只是充當了價值標準，而不是價值尺度。例如莎士比亞偉大，還是某個拙劣文人偉大？我們可能並不清楚莎士比亞等於多少數值偉大，也不清楚那個拙劣文人等於多少數值偉大。但是，根據偉大這個價值標準，我們可以判斷莎士比亞比拙劣文人偉大。在這個意義上，莎士比亞與拙劣文人的偉大性可以比較，但不可通約。因此，筆者所謂的不可通約性特指高斯所謂的第二種不可通約性，而可通約性意味著價值之間可以通過某種價值尺度來具體衡量。Gaus, *Contemporary Theories of Liberalism*, p. 32.

主等於5個功利值,那麼,自由、平等與民主之間的價值排序是自由>平等>民主。依此類推,所有其他價值都可以按照這樣的方式來衡量各自的功利值。最終,按照所有價值的功利分值,我們可以對所有價值進行排序:$Y_1 > Y_2 > Y_3 > Y_4 > Y_5 > Y_6 \cdots\cdots$

　　在伯林的政治哲學中,一元主義就是絕對主義,絕對主義就是一元主義,兩者可以互換使用。然而,根據一元主義的兩個公式,一元主義與絕對主義並不完全相同。一元主義預設了絕對主義,而絕對主義卻沒有預設一元主義。因此,絕對主義並不一定是一元主義,而一元主義必定是絕對主義。根據一元主義的第一個定義,某種單一價值支配或高於所有其他價值。然而,絕對主義之所以為絕對主義,跟某種單一價值是否支配或高於所有其他價值無關。絕對主義主張絕對價值,而絕對價值意味著對所有時間所有地點所有人在所有情況下都始終有效的永恆價值。至於某種絕對價值是否支配或高於其他絕對價值,這並不是絕對主義所關注的焦點問題。而根據一元主義的第二個定義,價值之間完全可以互相排序。可是,絕對主義之所以為絕對主義,跟價值之間是否可以完全排序無關。如果某種價值對所有時間所有地點所有人在所有情況下都始終有效,那麼,這種價值就是絕對價值,而堅持這種觀點的主張就是絕對主義。至於這種絕對價值是否高於或低於另一種絕對價值,並不影響我們把這種主張稱為絕對主義。在這個意義上,價值之間是否可以完全排序,並不是絕對主義定義的必要組成部分。儘管絕對主義並不必然是一元主義,但是,絕對主義也可能產生跟一元主義一樣的政治悲劇。如果某種價值是絕對價值,那麼,這種價值對所有時間所有地點所有人在所有情況下都始終有效。既然如此,所有人都應該矢志不渝地追求這種價值。如果你不想追求這種價值,那麼,我就可以強迫你去追求這種價值，抑或把這種價值強加給你。這樣，極權主義就應運而生了。因此，絕對主義與一元主義隱含著同樣的政治危險。在這個意義上，儘管伯林錯誤地把施特勞斯的絕對主義視為一元主義，但是，由於絕對主義與一元主義都蘊含著極權主義的危險，所以，伯林對施特勞斯的診斷大體還是成立的。

而多元主義與一元主義主要有兩大區別：第一，一元主義認為某種單一價值支配或高於所有其他價值，而多元主義認為價值是多元的，而且我們常常無法區分多元價值之間的高下優劣，因此，沒有什麼單一價值可以支配或高於所有其他價值。第二，一元主義認為所有價值都可以根據某個共通的價值尺度進行全面排序，而多元主義卻認為共通的價值尺度並不存在，因此，所有價值的全面排序是不可能的。本書的第二章已經詳細考察了兩者的第一個區別，接下去將重點討論兩者的第二個區別。

實際上，多元主義並不反對價值排序。在多元主義的價值框架中，價值排序無疑是存在的。首先，多元主義可以把價值區分為正面價值（positive values）、中立價值（neutral values）與負面價值（negative values）。正面價值指的是在道德上正確或可以接受的價值，例如善良、誠實、勇敢等。負面價值指的是在道德上錯誤或無法接受的價值，例如殺人放火、燒殺擄掠以及納粹主義價值等。中立價值指的是在道德上有爭議或難以歸類的價值，例如同性戀的價值取向、墮胎的價值取向。中立價值之所以稱為中立價值，並不是說這種價值取向本身是中立的，而是說我們應該以中立的態度對待這種價值取向。我們之所以應該採取中立的態度，是因為這種價值取向本身具有爭議性或難以歸類，而且就人類目前的道德狀況而言，我們尚沒有充分的能力或充分的依據來解決這種爭議性或難以歸類性。其次，正面價值本身又可以區分為普遍價值（universal values）與特殊價值（particular values）。普遍價值指的是人類的共同生活與美好生活所要求的某些基本價值。人類的共同生活與美好生活要求這些基本價值，並不是說人類必須具備所有這些價值才能生活下去，也不是說人類的生活具備所有這些價值就一定能夠變得美好，而是說具備這些價值能夠讓人類的共同生活與美好生活變得更加可能，變得更加容易，變得更加美好。但是，如果人類絲毫不具備這些基本價值，那麼，人類的共同生活與美好生活肯定不可能。在這個意義上，這些基本價值構成了共同生活與美好生活的底線。這些基本價值就是本書所謂的「共通價值」。共同生活與美好生活並不要求具備所有共通價值，但是必定要求具備某種或某些共通價值。而特殊價值指的是不同時間不同地點不同人群在不同情況下認可的異質價值。根據這種區分，中立價值可以歸類為特殊價值與異質價值。但是，本書並不打算採用伯林文本中所使用的 "common values" 與 "different values" 來指稱共通價值與異質價值。"Common" 也可以翻譯為「共同」，因此，「共通價值」容易被誤解為「共同價值」。基於這樣的考慮，本書傾向於以 "convergent values" 指稱「共通價值」，以 "divergent values" 指稱「異質價值」。多元主義的價值排序是，在正面價值與負面價值之間，正面價值＞負面價值；[8]而在共通價值與異質價值之間，共通價值＞異質價值。因此，多元主義的價值總排序是共通價值＞異質價值＞負面價值。

　　但是，多元主義的價值排序（pluralistic hierarchy）與一元主

8　由於中立價值具有爭議性或難以歸類，所以在正面價值與中立價值之間，我們難以對之加以粗暴地排序。如果喝茶的價值取向代表正面價值，而同性戀的價值取向代表中立價值，顯然，我們不能簡單地說喝茶＞同性戀。

義的價值排序（monistic hierarchy）具有根本性差異。多元主義反對的是一元主義的價值排序，而不是價值排序本身。首先，多元主義並不認為人類世界中存在著某種共通的價值尺度，借此，人類的所有價值都可以化約為這個共通的價值尺度。例如愛情到底值多少錢？這個問題可能是無解的。如果愛情是一種待價而沽的商品，那麼，我們可以對之進行定價。根據愛情的價格，我們可以以之跟其他價值（例如親情）進行比較。假設愛情值100塊錢，而親情值1000塊錢，那麼，通過比較兩者的價格，我們可以確定，親情大於愛情。基於此，如果愛情與親情發生衝突的時候，我們可以毫不猶豫地選擇親情，從而捨棄愛情。但是，現實情況並非如此。愛情根本不是待價而沽的商品，它是無法定價的。親情也同樣如此。正是這樣，當愛情與親情發生衝突的時候，我們常常陷入兩難的境地。當你的妻子跟你的母親同時落水，而你只能救一個，這個時候，你到底選擇救誰？這個問題恐怕就是多元主義問題的生動體現。

其次，多元主義也不認為人類的所有價值都可以全面排序。多元主義的價值排序是一種粗糙的排序，而一元主義的價值排序是一種精細的排序。多元主義只是認為正面價值＞負面價值，共通價值＞異質價值＞負面價值。但是，多元主義並不認為共通價值內部的價值可以排序，也不認為異質價值內部的價值可以排序。假設安全是一種共通價值，喝茶的價值取向是一種異質價值，而納粹主義價值是一種負面價值。那麼，安全＞喝茶＞納粹主義。而一元主義則更加徹底，不管是正面價值，還是負面價值，不管是共通價值，還是異質價值，不管是這些價值之間，還是這些價值之內，所有價值的排序都是可能的。假設安全與自由都是共通價值，而喝茶與喝咖啡的價值取向是異質價值。對於多元主義而言，安全與自由之間可能是無法排序的，喝茶與喝咖啡之間也可能是無法排序的。但是，對於一元主義而言，根據某個共通的價值尺度，我們可以測量出安全、自由、喝茶與喝咖啡的數值。通過比較安全、自由、喝茶與喝咖啡的數值，我們可以對它們進行排序。在這個意義上，多元主義的價值排序是有限的排序（limited hierarchy），而一元主義的價值排序是無限的排序（unlimited hierarchy）。

第二節　多元主義的政治哲學

本節將在多元主義道德哲學基礎之上，建構多元主義政治哲學。在正式討論多元主義政治哲學之前，本節將先回顧學術界關於多元主義與自由主義關係的討論。多元主義與自由主義的關係問題蘊含著兩個小問題：第一個小問題是兼容性問題（problem of compatibility），即多元主義與自由主義是否可以互相兼容？第二個小問題是證成性問題（problem of justification），即多元主義與自由主義是否可以互相支持？

關於兼容性問題，本節的立場是，多元主義與自由主義可以互相兼容。然而，多元主義與自由主義可以互相兼容，並不意味著多元主義可以跟任何形式的自由主義互相兼容，而只是意味著多元主義可以跟某種特殊版本的自由主義互相兼容。根據多元主義的價值取向，多元主義跟一元主義自由主義（monistic liberalism）無法兼容，但卻可以跟多元主義自由主義（pluralistic liberalism）互相兼容。多元主義自由主義指的是跟多元主義的基本思想互相契合的自由主義，也就是本節所謂的「複合自由主義」（complex liberalism）。

　　關於證成性問題，本節的立場是，多元主義只能在特殊的意義上推出自由主義（particularistic justification for liberalism），但卻無法在普遍的意義上推出自由主義（universalistic justification for liberalism）；同樣，自由主義也只能在特殊的意義上推出多元主義（particularistic justification for pluralism），但卻無法在普遍的意義上推出多元主義（universalistic justification for pluralism）。根據多元主義的內在邏輯，人類世界的價值多種多樣，而自由價值只是多元價值中的一種。因此，在具有自由主義傳統的民族，多元主義可以支持自由主義制度。但是，在不具有自由主義傳統的民族，多元主義可以支持非自由主義制度。在這個意義上，多元主義只能在特殊的意義上推出自由主義。同樣，多元主義在特殊的意義上所推出的自由主義，不是一元主義自由主義，而是多元主義自由主義或複合自由主義。[9]如果多元主義可以在普遍的意義上推出自由主義，那就意味著，不管是在具有自由主義傳統的民族，還是在不具有自由主義傳統的民族，多元主義都要求它們

---

[9]　克勞德也持有類似觀點。在他看來，多元主義只能支持某種特殊種類的自由主義，而不是所有種類的自由主義。多元主義所支持的特殊種類的自由主義是以格林、霍布豪斯、羅爾斯以及德沃金為代表的社會自由主義（'social' liberalism），而不是以亞當‧斯密、哈耶克以及諾齊克為代表的古典自由主義（'classical' liberalism）。社會自由主義意圖平衡自由與平等，因而符合多元主義的基本精神。而古典自由主義則強調消極自由與自由市場的優先性，因而違背了多元主義的核心內涵。然而，本書的觀點與克勞德的觀點並不完全相同。首先，本書同意多元主義無法支持古典自由主義，但是本書所謂的一元主義自由主義包括但不限於古典自由主義。其次，社會自由主義並不一定是本書所謂的多元主義自由主義，除非社會自由主義接受下文所討論的政治多元主義的兩項根本原則。Crowder, "Value Pluralism and Liberalism: Berlin and Beyond," p. 221.

建立自由主義制度。倘若如此，多元主義的邏輯結果是，人們可以正當把自由主義制度強加給不具有自由主義傳統的民族。如果把自由主義制度強加給不具有自由主義傳統的民族是正當的，那麼，這就意味著自由價值高於所有非自由價值，抑或自由價值是最高價值。而一旦邁出這一步，多元主義就不再是多元主義，相反，多元主義將墮落為一元主義。在這個意義上，多元主義在普遍的意義上推出自由主義的邏輯是站不住腳的。同理，並非所有自由主義都能推出多元主義，只有某種特殊版本的自由主義才能推出多元主義。換言之，一元主義自由主義無法推出多元主義，而多元主義自由主義可以推出多元主義。一元主義自由主義假定自由價值高於所有非自由價值，這樣，儘管一元主義自由主義允許人們自由選擇各種價值，但卻不允許人們選擇違背自由精神的價值。而在多元主義的內在理路中，自由價值與非自由的正面價值具有同等的正當性。人們既可以選擇自由價值，也可以選擇非自由但卻同樣正當的正面價值。在這個意義上，一元主義自由主義無法推出多元主義。反過來，多元主義自由主義並不預設自由價值高於所有非自由價值，它主張人們可以自由選擇各種價值，包括自由價值與非自由的正面價值。如果自由價值不是最高價值，而且自由價值與非自由的正面價值具有同等的正當性，那麼，多元主義就產生了。在這個意義上，多元主義自由主義可以推出多元主義。

因此，多元主義只能跟多元主義自由主義互相兼容，也只能推出多元主義自由主義。那麼，何謂多元主義自由主義？本節將通過建構多元主義政治哲學來回答這個關鍵問題。政治多元主義具有兩項根本原則：最低限度的普遍主義（minimal universalism）與最大程度的多元主義（maximal pluralism）。最低限度的普遍主義意味著政治多元主義主張最低限度的共通價值，而最大程度的多元主義意味著政治多元主義主張最大程度的異質價值。如果某種意識形態同時堅持最低限度的普遍主義與最大程度的多元主義，那麼，這種意識形態就可以跟政治多元主義互相兼容。如果自由主義同時堅持最低限度的普遍主義與最大程度的多元主義，那麼，這種自由主義就是多元主義自由主義，多元主義自由主義意即本節所謂的複合自由主義。[10]

但是，複合自由主義並不是政治多元主義的唯一選項。除此之外，各個國家或各個民族還可以創建並發展複合平等主義（complex egalitarianism）、複合社會主義（complex socialism）、複合保守主義（complex conservatism）、複合共和主義（complex republicanism）、複合儒家主義（complex Confucianism）等各種複合意識形態（complex ideologies）。然而，無論政治多元主義在何種意義上支持何種主義，所有複合意識形態都必須同時承認最低限度的普遍主義與最大程度的多元主義，否則，這些複合意識形態就跟政治多元主義的基本內涵相悖了。由於最低限度的普遍主義與最大程度的多元主義是複合多元主義的複雜性（complex）所賦予的，並且所有複合意識形態都必須承認最低限度的普遍主義與最大程度的多元主義，所以，本節權且在這些主義之前添加

10　貝拉米認為，在多元主義時代，以尋找共識為基礎的自由主義是無法成功的。因此，他提倡以協商妥協為基礎的自由主義，即他所謂的「民主自由主義」（democratic liberalism）。在本書看來，以尋找共識為基礎的自由主義非常容易滑入一元主義深淵。而民主自由主義在理論基礎上類似於複合自由主義，但是兩者的理論建構並不相同。關於貝拉米的觀點，see Richard Bellamy, *Liberalism and Pluralism: Towards a Politics of Compromise*, London and New York: Routledge, 1999.

「複合」（complex）的修飾詞，以此區別於我們通常所說的自由主義、平等主義、社會主義、保守主義、共和主義與儒家主義等簡單意識形態（simple ideologies）。

一、多元主義與自由主義

多元主義與自由主義的關係問題，肇源於伯林1958年發表的〈兩種自由概念〉。在該文中，伯林言道：「我們在日常經驗中所遭遇的世界是這樣一個世界，在其中，我們面臨著同等終極的目的之間的選擇，同等絕對的主張之間的選擇，實現某些選擇必定會不可避免地犧牲其他選擇。的確，正是因為這是人類的處境，所以人類才如此看重自由選擇。」同時，伯林進一步指出：「正如我所相信的，如果人類的目的有許多個，而且，並非所有目的在原則上都可以互相兼容，那麼，衝突與悲劇的可能性就無法從人類生活中完全消除，不管是個人生活，還是社會生活。這樣，在絕對主張之間進行選擇的必要性就是人類處境的必然特徵。而這就使自由具有了價值……」[11] 這是伯林從多元主義推出自由主義的明證。[12]

11　Berlin, *Liberty*, pp. 213-214.

12　實際上伯林的推論是有問題的。人類必須在各種同等的價值之間進行選擇，並不意味著我們應該看重自由選擇的價值。既然這些價值都同等重要，那麼，選擇A價值跟選擇B價值就都具有同等的價值了。倘若如此，即便我們放棄自由選擇的權利，而把這種權利交給某個獨裁者，讓獨裁者代替我們選擇A價值或B價值，其結果也同樣是可以接受的。在這個意義上，多元主義只能推出選擇的不可避免性，但卻無法推出自由選擇的重要性。選擇是不可避免的，這是一回事。選擇權在自己手裡，還是在別人手裡，這是另外一回事。克勞德也認為從選擇的不可避免性無法推出自由選擇的價值。他的理由是，如果某些選擇是痛苦的，那麼，我們根本不需要珍視選擇自由，相反，

　　1988年，伯林在《伯林談話錄》中卻改變了當初的觀點。在其中，他甚至認為多元主義與自由主義沒有任何關係：「多元主義與自由主義並不是相同的概念，甚至也不是互相重疊的概念。某些自由主義理論並不主張多元主義。我既相信自由主義，也相信多元主義，但是兩者之間並沒有邏輯關聯。」[13]因此，在1988年的伯林看來，多元主義推出自由主義的觀點顯然是站不住腳的。

　　1994年，伯林似乎又認為多元主義可以推出自由主義。伯林重申這個觀點，源自於克勞德的激烈批評。克勞德在〈多元主義與自由主義〉（"Pluralism and Liberalism"）一文中指出，多元主義只能在特殊的意義上支持自由主義，但卻無法在普遍的意義上支持自由主義。[14]在跟伯納德・威廉姆斯（Bernard Williams）合寫的文章〈多元主義與自由主義：一個答覆〉（"Pluralism and Liberalism: A Reply"）中，伯林與威廉姆斯系統回應了克勞德的批評。他們認為克勞德誤解了他們的觀點，因此，他的批評是不成立的。[15]

　　我們最好避免這些選擇。這樣，消極自由不是增加了，而是減少了。關於克勞德的觀點，see Crowder, *Isaiah Berlin: Liberty, Pluralism and Liberalism*, p. 144. Crowder, "Value Pluralism and Liberalism: Berlin and Beyond," p. 211. George Crowder, "Pluralism and Liberalism," *Political Studies*, Vol. 42, No. 2, 1994, p. 298. 格雷也認為從選擇無法推出選擇的價值。在實踐中，我們所選擇的內容可能是無關緊要的，這樣，選擇就沒有價值了。Gray, *Isaiah Berlin*, pp. 160-161. 而錢永祥則從另一個角度對伯林的思路提出批評，他認為自由選擇與自由主義不同，自由選擇的著眼點是個體，而自由主義的著眼點是社會制度。「嚴格說，這種只談個人選擇的理論，不能算是完整的自由主義、具有政治／社會視野的自由主義。」參錢永祥，《縱欲與虛無之上》，頁118。

[13] Berlin and Jahanbegloo, *Conversations with Isaiah Berlin*, p. 44.

[14] Crowder, "Pluralism and Liberalism," pp. 293-305.

[15] Isaiah Berlin and Bernard Williams, "Pluralism and Liberalism: A Reply," *Political*

　　1995年，伯林再次確認多元主義蘊含自由主義（pluralism entails liberalism）。如果日本神道教徒是多元主義者，那麼，他們的行事方式是，他們自己過自己想過的生活，同時他們並不干預他人過他們想過的生活。他人怎麼生活跟他們毫不相干，他們並不想把他人都變成神道教徒。正是因為神道教徒尊敬他人的生活方式，所以在這個案例中，神道教徒是自由主義者。在伯林看來，多元主義者必定會容許某種不同於自己的選擇。在這個意義上，多元主義蘊含自由主義。16

　　同年，伯林進一步解釋道，多元主義蘊含自由主義，不是說多元主義與自由主義具有邏輯上的關聯，而是說多元主義與自由主義具有心理上的關聯或政治上的關聯。多元主義蘊含自由主義的意思是，如果我們是多元主義者，那麼我們必定允許他人追求跟我們不一樣的價值，即便我們反對這些價值。但是，我們總是可以在理論上想像毫無寬容精神的多元主義者。他們理解人們可以有自己的不同價值，也理解人們為什麼堅持這些觀點，但是他們就是要用某種單一價值支配所有其他價值。因此，伯林認為多元主義蘊含自由主義的意思不是多元主義在邏輯上蘊含自由主義。儘管多元主義無法在邏輯上蘊含自由主義，但是多元主義與自由主義具有心理上的關聯或事實上的關聯。在伯林看來，我們只能在理論上想像毫無寬容精神的多元主義者，而無法在現實中找到任何這樣的多元主義者。在現實生活中，多元主義者總是自由主義者，總是具有寬容精神。因此，多元主義與自由主義具有

Studies, Vol. 42, No. 2, 1994. 此文重刊於新版的《概念與範疇》，see Berlin, *Concepts and Categories*（Second Edition），pp. 325-330.

16　Berlin and Polanowska-Sygulska, *Unfinished Dialogue*, pp. 216-217.

心理上的關聯或政治上的關聯。[17]

　　1997年，伯林在逝世前夕再度重申：自由主義與多元主義只有心理上的關聯或事實上的關聯，而沒有任何邏輯關聯。何謂心理上的關聯？伯林舉例道，如果你前往國外，身處怪異的外國文化氛圍之中，你在心理上並不會立刻否定這種文化，而是嘗試著去理解這種文化。倘若我們嘗試著去理解這種文化，那麼寬容就滲透進來了，自由主義精神就產生了。在這個意義上，多元主義與自由主義是一種心理上的關聯。何謂事實上的關聯？首先，寬容是自由主義的基本原則。其次，如果我們是多元主義者，那麼，我們就應該寬容並理解跟我們不同的價值觀。在伯林看來，只有自由主義社會才能完全實踐寬容的原則，因此，多元主義與自由主義具有事實上的關聯。[18]

　　通過梳理伯林複雜多變的立場，我們大致可以確定，伯林的最終立場是：多元主義與自由主義只有心理上的關聯或事實上的關聯，而沒有邏輯上的關聯。[19]高斯曾經非常精闢地概括了伯林的

17　Ibid., pp. 225-226.

18　Ibid., pp. 87-88, 91-93.

19　克勞德認為，伯林所謂的多元主義與自由主義具有心理上的聯繫有兩大問題。第一，伯林並沒有明確說明心理上的聯繫到底是什麼意思。如果心理上的聯繫指的是在現實中，所有多元主義者都是自由主義者，那麼，這種邏輯是沒有說服力的。只要舉出反例即可駁斥這種邏輯。克勞德指出，格雷與凱克斯（John Kekes）都是多元主義者，但是他們都反對自由主義。第二，即便這種邏輯是成立的，這種邏輯也根本無法反駁格雷與凱克斯的批判。在格雷與凱克斯看來，自由主義只是多元價值中的一種，因此，多元主義根本無法在普遍的意義上支持自由主義。倘若伯林要回應這種批判，那麼伯林必須在邏輯上反駁這種觀點，而不是訴諸所謂的心理聯繫。Crowder, "Value Pluralism and Liberalism: Berlin and Beyond," pp. 211-212.

複雜性與含糊性：「就伯林是一個多元主義者而言，他似乎不是一個自由主義者；就伯林是一個自由主義者而言，他似乎不是一個多元主義者。」[20]儘管伯林的觀點含糊不清，並且不成體系，但是，學術界對伯林所提出的問題卻非常關注。[21]多元主義與自由主義的關係問題包含著兩個小問題：第一，多元主義與自由主義是否可以互相兼容？第二，多元主義與自由主義是否可以互相支持？第一個小問題並沒有太大爭議，學術界普遍認為多元主義與自由主義可以互相兼容。但是，準確而言，多元主義只能跟多元主義自由主義互相兼容，而無法跟一元主義自由主義互相兼容。第二個小問題又可以分為兩個方面：第一方面，自由主義是否可以支持多元主義？就此而言，學術界一致認為自由主義可以支持多元主義。同樣，準確而言，並非所有自由主義都可以支持多元主義，只有多元主義自由主義才能在特殊的意義上支持多元主義。第二方面，多元主義是否可以支持自由主義？這個問題是學術界爭論的焦點。目前為止，學術界主要形成了兩種觀點：第一，多元主義只能在特殊的意義上支持自由主義，而無法在普遍

20　Gaus, *Contemporary Theories of Liberalism*, p. 50.

21　伯林關於多元主義與自由主義關係的複雜立場，中國學術界亦有關注。例如馬德普、王敏，〈價值多元論與自由主義：論伯林遇到的挑戰及晚年思想的轉變〉，載《政治學研究》2012年第3期，頁41-49。在他們看來，伯林的複雜立場表明多元主義無法成為自由主義的基礎。但是，這個論斷有待商榷。正如下文將要指出的，要討論多元主義是否能夠成為自由主義的基礎，必須考慮兩種不同的論證方式，即特殊主義論證與普遍主義論證。在本書看來，儘管多元主義無法在普遍的意義上支持自由主義，但卻可以在特殊的意義上支持自由主義。因此，在某些特殊的條件下，多元主義可以成為自由主義的基礎。關於多元主義與自由主義關係的文獻綜述，可以參考何恬，〈伯林難題及其解答〉，載《國外社會科學》2014年第4期，頁153-160。

的意義上支持自由主義，其代表人物是格雷（John Gray）；第二，多元主義既可以在特殊的意義上支持自由主義，也可以在普遍的意義上支持自由主義，其代表人物是克勞德與高爾斯頓。本書贊同第一種觀點，而反對第二種觀點。儘管本書同意格雷的觀點，但卻並不完全同意格雷的論證，因此，本書將對格雷的觀點進行批判與修正。接下去，本書將詳細討論這兩種觀點。

　　第一種觀點是從多元主義推出自由主義的特殊主義論證（particularistic justification for liberalism），[22]即多元主義只能在特殊的意義上推出自由主義，而無法在普遍的意義上推出自由主義。這種觀點最著名的倡導者是格雷。根據多元主義的觀點，人類的價值有許多，而且多元價值之間不可通約，不可比較，甚至互相衝突。而自由價值只是多元價值中的一種價值，這樣，自由價值與其他價值就不可通約，不可比較，甚至互相衝突。如果多元主義可以在普遍的意義上推出自由主義，那麼，自由價值就高於或支配所有其他價值。而這是一種典型的一元主義，跟多元主義是無法兼容的。在這個意義上，格雷認為多元主義只能在特殊的意義上推出自由主義。如果我們所生活的文化傳統中恰好具有濃厚的自由主義傳統，那麼，多元主義就可以在這個具體的文化語境中證成自由主義。反之，如果我們所生活的文化傳統中具有權威主義傳統，而不具有自由主義傳統，那麼，多元主義也可以在這個具體的文化語境中證成權威主義。在格雷看來，非自由主義社會與多元主義也可以互相兼容。我們完全可以想像某個非自

22　中國學術界亦有學者主張這種觀點，其中比較有代表性的是劉擎的「反基礎主義的建構主義」，參劉擎，《懸而未決的時刻：現代性論域中的西方思想》，頁105-131。

由主義社會，這個社會並不主張自身的非自由主義生活方式具有
至高無上的權威，相反，這個社會同樣承認其他生活方式的合理
性，不管這種生活方式是自由的，還是非自由的。就此而言，儘
管這個社會是非自由主義社會，但是，這個社會依舊可以跟多元
主義互相兼容。基於這樣的判斷，格雷認為自由主義只是多元主
義理論中的一種可能性，而不是多元主義理論中的唯一可能性。23

　　然而，格雷的問題是，他在一定程度上混淆了多元主義與相
對主義。在此，本節將提出一種以最低限度的普遍主義為基礎的
反駁（minimal universalistic refutation）。根據相對主義的觀點，
好壞對錯與是非善惡之間無法進行普遍的價值判斷。然而，多元
主義並不同意這樣的觀點。在多元主義看來，好與壞、對與錯、
是與非、善與惡之間可以進行普遍的價值判斷，無法進行普遍的
價值判斷的是好與好、對與對、是與是、善與善。因此，多元主
義所謂的多元價值指的是正面價值與具有爭議性的中立價值，而
不是負面價值。而且，多元主義還主張最低限度的普遍主義，最
低限度的普遍主義包括最低限度的平等、最低限度的自由、最低
限度的寬容等共通價值。最低限度的普遍主義是人類共同生活與
美好生活的底線，因此，在多元主義的視域中，無論哪種政治制
度都不能逾越這個底線。在這個意義上，自由主義是一種可能
性，而不是唯一可能性，意味著我們可以選擇格雷所謂的非自由
主義制度，但是，這種非自由主義制度不能踐踏最低限度的普遍
主義，其中包括最低限度的自由。例如，在假定法律是良法的情
況下，沒有觸犯法律的基本言論自由屬於最低限度的自由，而穿
著奇裝異服的自由可能就不屬於最低限度的自由，儘管它本身也

23　Gray, *Isaiah Berlin*, pp. 141-168.

是一項非常重要的自由。在自由主義制度下，沒有觸犯法律的基本言論自由與穿著奇裝異服的自由或許都可以得到最佳保障。而在非自由主義制度下，穿著奇裝異服的自由不一定可以得到保障，但是沒有觸犯法律的基本言論自由必須得到保障，否則這個非自由主義制度就跟多元主義的基本準則相悖了。然而，在格雷的討論中，他並沒有注意到最低限度的普遍主義。因此，他所謂的非自由主義制度蘊含了逾越最低限度的普遍主義的可能性。這樣，按照格雷的邏輯，自由主義不是唯一的可能性意味著非自由主義的可能性，而非自由主義的可能性意味著踐踏最低限度的普遍主義的可能性。而一旦逾越最低限度的普遍主義，這種非自由主義制度就會滑入負面價值的行列。但是在多元主義看來，如果非自由主義制度體現的是負面價值，那麼，非自由主義制度就不是多元價值的一分子。如果非自由主義制度不是多元價值的一分子，那麼，多元主義當然可以拒斥並否定這種非自由主義制度了。然而，格雷並沒有區分肯定最低限度的普遍主義的非自由主義制度與否定最低限度的普遍主義的非自由主義，這樣，多元主義就墜入相對主義的深淵了。[24]

第二種觀點是從多元主義推出自由主義的普遍主義論證（universalistic justification for liberalism），即多元主義既可以在特

---

24 高爾斯頓基於自由主義的立場對格雷提出了兩種反駁。第一種是反對強加論，如果某個共同體的成員不再認同該共同體的文化，而該共同體依舊把該文化強加於該成員，那麼，政府就應該阻止該共同體的這種強加行為。第二種是反對強制論，如果某個共同體的成員認同某種文化，而該文化只能通過強制的方式才能實現，那麼，政府也可以制止這種強制行為。然而，除非多元主義認同最低限度的自由，否則高爾斯頓的兩種反駁就無法成立。Galston, *Liberal Pluralism*, pp. 56-57.

殊的意義上推出自由主義，也可以在普遍的意義上推出自由主
義，這種觀點最著名的辯護者是克勞德與高爾斯頓。克勞德早年
認為，多元主義無法在普遍的意義上推出自由主義。[25]但是後來，
他改變了原來的觀點。為此，他煞費苦心地撰寫了一本專著，來
論證多元主義可以在普遍的意義上推出自由主義。[26]在《自由主義
與價值多元主義》中，克勞德非常具有啟發性地提出了三種論證
思路。第一種是多樣性論證，多樣性論證分為兩個步驟：第一
個，從價值多元主義推出價值多樣性；第二個，自由主義可以最
好地實現價值多樣性。第二種是合理的分歧論證，合理的分歧論
證也分為兩個步驟：第一，從價值多元主義推出合理的分歧；第
二，自由主義是容納合理分歧的最佳工具。第三種是美德論證，
美德論證同樣分為兩個步驟：第一，從價值多元主義推出多元主
義美德（pluralist virtues）；第二，自由主義可以最好地促進多元
主義美德。[27]

　　然而，克勞德的普遍主義論證並不那麼具有說服力。由於他

25　Crowder, "Pluralism and Liberalism," pp. 293-305.

26　克勞德從多元主義推出自由主義的特殊主義論證思路是：伯林認為在特殊的
　　語境中，我們可以對不可通約的價值進行排序。倘若如此，那麼，在特殊的
　　語境中，自由價值就可以居於支配地位。因此，多元主義在特殊的語境中可
　　以支持自由主義。但是，克勞德認為這種特殊主義論證非常脆弱。只有在具
　　有自由主義文化的地方，自由主義制度才可以得到證明。而在不具有自由主
　　義文化的地方，自由主義制度就無法得到證明。正是因為特殊主義論證存在
　　著這樣的缺陷，所以，克勞德雄心勃勃地發展出一整套普遍主義論證框架。
　　儘管克勞德認可這種特殊主義論證，但是，特殊主義論證在克勞德的框架中
　　並不具有什麼特別的重要性，所以，本書不再詳細討論。Crowder, "Value
　　Pluralism and Liberalism: Berlin and Beyond," pp. 216-217.

27　Crowder, *Liberalism and Value Pluralism*, pp. 135-216.

的三種論證思路所採取的邏輯是一致的，所以本節將只選取他的
第一種論證來加以反駁。儘管自由主義可以最好地實現價值多樣
性，但是，這並不代表只有自由主義才能實現價值多樣性。如果
只有自由主義才能實現多元主義所珍視的價值多樣性，那麼，在
多元主義的前提下，我們確實只能選擇自由主義。但是，如果自
由主義不是實現價值多樣性的唯一工具，而只是各種工具之一，
那麼，我們沒有理由只選擇自由主義。我們為什麼不能選擇某種
次優（second-best）的政治制度呢？儘管自由主義可以最好地實
現價值多樣性，但是，這種次優的政治制度也可以很好地實現價
值多樣性。這種次優的政治制度不是最好的工具，但卻也不失為
一個好用的工具。多元主義完全可以選擇這種次優的政治制度，
從而在這種次優的政治制度中實現多樣性。而且，除了這種次優
的政治制度之外，我們也可以想像其他不是最好，但卻也是美好
的政治制度。在這些美好的政治制度中，價值多樣性同樣可以實
現。如果這種說法是站得住腳的，那麼，自由主義就不是多元主
義的唯一選項，而只是各種選項之一。在這個意義上，多元主義
就無法在普遍的意義上推出自由主義。28

　　克勞德所謂的自由主義可以最好地實現多元主義的觀點，只
能證明多元主義與自由主義能夠互相兼容，但卻無法在普遍的意

28　高斯從兩個方面對多樣性論證進行了有力的反駁：第一，他質疑從價值多元
　　主義推出價值多樣性的重要性。如果價值之間無法比較，那麼我們就無法比
　　較具有自由、平等與正義的社會比只具有美麗的社會更好。這樣，價值多元
　　性的重要性就是懸而未決的。第二，他質疑從價值多樣性推出自由主義的唯
　　一性。即便價值越多的社會越好，我們也無法保證自由主義社會就能夠實現
　　多元價值。如果所有社會最終都是自由主義社會，那麼某些只有非自由主義
　　社會才具有的價值就被去除了。Gaus, *Contemporary Theories of Liberalism*,
　　pp. 48-49.

義上證明多元主義可以推出或支持自由主義。多元主義與自由主義是否能夠兼容（compatibility）是一個問題，多元主義是否能夠在普遍的意義上推出自由主義（justification）是另外一個問題。然而，克勞德卻混淆了兼容性問題與證成性問題。克勞德實際上已經意識到這種區分，但是，他似乎並沒有認真加以對待。[29]

高爾斯頓則提出了從多元主義推出自由主義的三種論證思路。第一種是不可排序性論證，即多元主義主張人世間沒有某種單一的價值排序，因此，以某種單一的價值排序為理由而推行強制性措施就是不合理的。這樣，從多元主義就可以推出消極自由。第二種是多樣性論證（diversity argument），即如果價值是多元的，那麼，一元主義社會必定會壓制單一價值以外的價值。在高爾斯頓看來，一元主義社會讓人難以接受。而自由主義社會不但可以最大程度地容納各種價值，而且還可以避免各種價值受到壓制的惡果。第三種是現實論證（practical argument），即在現實生活中，價值多樣性的事實是難以遏制的，遏制的成本是極其高昂的，而且沒有哪一位多元主義者不是自由主義者。[30]

在高爾斯頓的三種論證中，第一種和第二種是普遍主義論證，而第三種是特殊主義論證。高爾斯頓的普遍主義論證實際上是有限普遍主義論證，他並不主張把自由主義制度強加給世界各個民族。[31]然而，不管怎樣，高爾斯頓的三個論證並不嚴密。首先來討論不可排序性論證，高爾斯頓從多元主義推出自由主義的邏輯是：因為沒有單一價值排序，所以根據單一價值排序來推行強

29　Crowder, *Liberalism and Value Pluralism*, p. 135.

30　Galston, *Liberal Pluralism*, pp. 57-62.

31　Ibid., p. 62.

制性措施是不合理的。他的邏輯可以概括如下：因為 A 不存在，所以根據 A 來做 B 是不合理的。毫無疑問，這個邏輯是成立的。但是，根據 A 來做 B 之所以不合理，並不是因為 B，而是因為 A。簡單來說，如果 A 不存在，那麼根據 A 來做無論什麼事情都是不合理的。換言之，根據單一價值排序來推行強制性措施之所以不合理，並不是因為該措施是強制性措施，而是因為其根據是單一價值排序。根據單一價值排序來推行強制性措施確實是不合理的，但是，根據單一價值排序來推行非強制性措施就是合理的嗎？顯然不是。因此，如果沒有單一價值排序，那麼根據單一價值排序來做無論什麼事情都是不合理的，無論是強制，還是自由。在這個意義上，從沒有單一價值排序，只能推出不能根據單一價值排序來行事，而無法推出不能強制，只要強制的依據不是單一價值排序就可以了。如果高爾斯頓真的要論證強制是不合理的，那麼，他恐怕要從最低限度的普遍主義入手。

其次，高爾斯頓的多樣性論證也是站不住腳的。多樣性論證由兩個部分組成，第一部分是：因為一元主義社會必定會壓制單一價值以外的價值，所以一元主義社會不可欲（undesirable）；第二部分是：因為自由主義社會可以最大程度地容納各種價值，並且可以避免壓制各種價值的惡果，所以多元主義證成了自由主義。就第一部分而言，從一元主義社會壓制單一價值以外的價值，並不一定能夠推出一元主義社會不可欲的結論。我們完全可以想像某個把信仰上帝視為單一價值的一元主義社會，這個社會壓制了信仰上帝以外的其他價值，但是，這並不能說這個社會就不可欲。說不定這個社會的成員非常享受這樣的生活，因為在他們的心目中，上帝是第一位的，其他都是次要的。就第二部分而言，高爾斯頓混淆了從多元主義推出自由主義的論證與從自由主義推出多元主義的論證。如果自由主義社會可以最大程度地容納各種價值，並且可以避免壓制各種價值的惡果，那麼，我們或許可以說從自由主義可以推出多元主義，但卻不能說從多元主義可以推出自由主義。

最後，高爾斯頓的現實論證也沒有太大的說服力。在一定程度上，價值多樣性的事實確實難以遏制，而且遏制的成本確實高昂，但是，這並不代表遏制的事實並不存在。我們可以舉出數個反例，例如朝鮮與古巴。儘管價值多樣性難以遏制，儘管遏制的成本高昂，但是這些國家依舊不惜成本地去遏制價值多樣性。而且，即便目前的現實中沒有哪一位多元主義者不是自由主義者，但是，這並不代表非自由主義的多元主義者不存在。更何況，高爾斯頓並沒有窮盡這個世界的多元主義者。說不定在世界某個角落就存在著一位不主張自由主義的多元主義者。

二、多元主義與普遍主義

在這部分，本書將嘗試建構多元主義政治哲學。本書所要建構的多元主義政治哲學與伯林的多元主義密切相關，但卻又不同於伯林的多元主義。伯林的多元主義將被稱為「簡單多元主義」（simple pluralism），而本書所要建構的多元主義將被命名為「複合多元主義」（complex pluralism）。複合多元主義與簡單多元主義主要有二大區別：首先，簡單多元主義理論框架鬆散，不具有系統性。而複合多元主義的理論框架將相對體系化，並且更加完善。其次，簡單多元主義主要考慮多元主義與自由主義的互相兼容與互相支持問題，但卻忽略了多元主義與自由主義以外的其他意識形態的關係問題。而複合多元主義將綜合考察它與各種意識形態之間的關係。第三，簡單多元主義主要關注自由主義意識形態的基本價值，而忽略了自由主義以外的其他意識形態的基本價值。而複合多元主義將綜合考慮各種意識形態的基本價值，而不僅僅是某種意識形態的基本價值。

（一）複合多元主義的實踐基礎

在國際政治層面，各個國家建立了各種不同的政治制度，並主張各種不同的價值觀，從而產生了各種國際層面的衝突。有的國家認為自由與民主等核心價值是普遍價值或絕對價值，因此，全世界所有國家都應該建立自由主義制度。如果非自由主義國家不願建立自由主義制度，那麼，這些國家將不惜發動帝國主義侵略戰爭，意圖幫助非自由主義國家建立自由主義制度。而有的民族認為阿拉是唯一的真主，因此，所有民族都應該信奉這個唯一的真主。如果有些民族不願信奉這個唯一的真主，那麼，他們將發動恐怖主義襲擊，迫使那些非信徒做出抉擇：要麼信奉真主，要麼身首異處。因此，問題的關鍵是，在各種價值互相衝突的國際政治秩序中，我們到底應該何去何從？

在國內政治層面，每個群體與每個個體信奉各種不同的價值觀，過著各種不同的生活方式。有些人主張同性戀，但是基督徒卻強烈否定同性戀。同性戀者認為每個人都可以選擇自己的特殊性取向，你們可以選擇異性戀，我們也可以選擇同性戀，因此，基督徒無權過問同性戀者的特殊性取向。而基督徒則認為，根據《聖經》記載，上帝譴責世人進行同性戀，因此，同性戀是一種罪惡。有些少數民族堅持奴隸制，但是政府卻要求他們廢除奴隸制。在這些少數民族看來，每個民族都有權利選擇自己的生活方式與政治制度，你們可以選擇民主制，我們也可以選擇奴隸制，政府無權干預少數民族的特殊生活方式與政治制度。因此，問題的核心是，在各種價值互相衝突的國內政治秩序中，我們到底應該何去何從？

（二）複合多元主義的理論基礎

　　第一個理論基礎是共通的人性（convergent human nature）。人之所以為人總是具有某些相通之處，這些相通之處就是共通的人性。共通的人性有許多，其中有兩項核心內容。第一項核心內容是共同生活（coexistent lives）。每個人都希望能夠在這個世界上活下去，因此，我們要考慮的核心問題是，人類如何共同生活在一起？不僅僅是個體活下去，而是共同活下去。第二項核心內容是美好生活（good lives）。每個人都希望能夠在這個世界上活得好，因此，我們要考慮的核心問題是，人類如何共同美好地生活在一起？不僅僅是個體活得好，而是共同活得好。

　　第二個理論基礎是異質的人性（divergent human nature）。儘管人之所以為人有某些相通之處，但是人與人之間也有許多不同之處，這些不同之處就是異質的人性。正是因為人類具有異質的人性，所以，人類對於如何共同生活在一起，如何共同美好地生活在一起，具有各種不同的答案。共同生活與美好生活的理念是相通的，但是，共同生活與美好生活的內容卻是相異的。不同的個體有不同的理解，不同的群體有不同的觀點，不同的國家有不同的想像。

（三）複合多元主義的思想實驗

　　根據複合多元主義的實踐基礎，我們將提出「世界末日假定」：假設人類未來的某一天，人類的價值衝突讓所有人都付出了極其慘重的代價，甚至已經到達了互相毀滅的臨界點。這個時候，有人提議大家各自派出代表，聚集在一起共同協商：如何共同生活下去？如何共同過上美好的生活？

根據複合多元主義的理論基礎，我們假定共同協商有兩個不可或缺的共同基礎。第一個基礎是相通的共同生活與美好生活理念。他們不僅僅要確保自己能夠活下去，而且還要確保大家都能夠共同活下去。他們不僅僅要確保自己能夠過上美好的生活，而且還要確保大家都能夠共同過上美好的生活。第二個基礎是相異的共同生活與美好生活內容。儘管他們希望大家都能夠共同活下去，並且共同過上美好的生活，但是，他們對共同生活與美好生活的內容具有不同的理解。因此，他們在確保大家都能夠共同生活在一起，並且大家都能夠共同過上美好生活的前提下，也希望追求各自不同的共同生活模式與美好生活理想。綜合而言，共同協商既要保障共同生活與美好生活理念的共通性，又要保障共同生活與美好生活內容的異質性。沒有這兩個共同基礎，共同協商是不可能的，也是不現實的。

在「世界末日假定」所描繪的人類現實處境中，根據共同協商的兩個共同基礎，最終，人類會制定什麼樣的共同契約呢？

（四）複合多元主義的核心內容

在「世界末日假定」中，人類最終可能會達成各種有效的共同契約。其中，符合共同協商的兩個共同基礎的一種共同契約是本書所謂的「複合多元主義」。複合多元主義具有兩項大原則：第一項大原則（Macro-principle I）是最低限度的普遍主義（minimal universalism），第二項大原則（Macro-principle II）是最大程度的多元主義（maximal pluralism）。最低限度的普遍主義確保相通的共同生活與美好生活的理念，而最大程度的多元主義確保相異的共同生活與美好生活內容。

1、最低限度的普遍主義

最低限度的普遍主義意味著，人類的共同生活與美好生活要求人類具備某些最基本的價值。[32]如果沒有這些最基本的價值，人類的共同生活與美好生活將變得非常困難，甚至變得不可能，因此，這些最基本的價值構成了人類共同生活與美好生活的底線。這些最基本的價值就是本書所謂的最低限度的普遍價值（minimal universal values），抑或最低限度的共通價值（minimal convergent values）。人類的共同生活與美好生活可能並不必然要求具備所有共通價值，但卻必定要求具備某些最低限度的共通價值。人類具備所有最低限度的共通價值並不意味著人類的共同生活與美好生活就一定能夠實現。但是，如果人類具備所有最低限度的共通價值，人類的共同生活與美好生活將變得更加容易，更加可能，更

---

[32]　喬納森・萊利在一系列論文中系統闡發了伯林的最低限度的個體自由或最低限度的人權理念，但是，萊利的闡釋跟本書的最低限度的普遍主義並不完全相同。本書所謂的最低限度的普遍主義包括最低限度的個體自由或最低限度的人權，但又不限於此，它還包括最低限度的福利等基本價值。因此，最低限度的普遍主義在含義上要廣於最低限度的個體自由或最低限度的人權。關於萊利的觀點，see Jonathan Riley, "Isaiah Berlin's 'Minimum of Common Moral Ground'," *Political Theory*, Vol. 41, No. 1, 2013, pp. 61-89. Jonathan Riley, "Interpreting Berlin's Liberalism," *The American Political Science Review*, Vol. 95, No. 2, 2001, pp. 283-295 喬納森・萊利，〈以賽亞・伯林的政治哲學：價值多元主義、人的合宜性與個體自由〉，載劉東、徐向東主編，《以賽亞・伯林與當代中國：自由與多元之間》，南京：譯林出版社，2014，頁1-40。（此文的英文標題是 "Isaiah Berlin's Political Philosophy: Value Pluralism, Human Decency and Individual Liberty"。本書使用的是英文原稿，但是由於萊利並沒有發表英文稿，所以本書在此注明中譯本版本信息，感謝萊利教授分享此文英文原稿。）

加美好。反之，如果人類不具備任何最低限度的共通價值，那麼人類的共同生活與美好生活必定無法實現。因此，最低限度的共通價值是人類共同生活與美好生活的必要條件，但卻不是其充分條件。

最低限度的普遍主義所要求的最低限度的共通價值與伯林所謂的共通價值（common values）不同。首先，最低限度的共通價值與伯林的共通價值具有不同的內涵。伯林所謂的共通價值，指的是多數時間多數地點多數人在多數情況下都會認可的普遍價值。而最低限度的共通價值，指的是人類的共同生活與美好生活所要求的最基本價值。按照伯林的定義，消極自由恐怕就不是共通價值。因為消極自由只是現代的產物，人類歷史長河中的多數時間多數地點多數人並不認可這項基本價值。然而，伯林似乎並不贊同這樣的結論，他曾經反覆宣稱消極自由是一種終極價值。在這個意義上，伯林的共通價值定義是值得進一步推敲的。其次，伯林的共通價值根源於伯林的共通人性觀，而最低限度的共通價值根源於人類的共同生活與美好生活。伯林指出，儘管人性千差萬別，但是人類依舊有許多相通之處。人性的相通之處就是伯林所謂的共通人性。共通人性是多數時間多數地點多數人都具有的相通人性。基於共通的人性，人類必定具有某些共通價值。只要人依舊是人，只要人還是正常人，那麼，人類就會認可這些共通價值。[33] 同樣，如果共通人性是多數時間多數地點多數人都具有的相通人性，而共通價值的來源又是共通人性，那麼，為什麼消極自由始終沒有得到古代人的普遍認可呢？難道說古代人不具有共通的人性嗎？顯然，伯林並不認同這樣的觀點。但是，按照

33　關於伯林的共通人性與共通價值，請參考第四章與第五章的相關內容。

伯林的邏輯，我們確實可以推出這樣的結論。因此，伯林的共通人性與共通價值都需要重新界定。出於這樣的考慮，本書放棄伯林的「共通價值」（common values）概念，而選擇「最低限度的共通價值」（minimal convergent values）概念。

　　最低限度的共通價值具有兩項主要清單，但又不限於這兩項主要清單。第一項是最低限度的權利清單（list of minimal rights），它包括最低限度的生命權、最低限度的財產權、最低限度的生育權、最低限度的隱私權、最低限度的勞動權、最低限度的自由[34]（言論自由、宗教自由、結社自由、遷徙自由等）、最低限度的平等、最低限度的民主、最低限度的公平、最低限度的正義、最低限度的法治等；第二項是最低限度的福利清單（list of minimal goods），它包括最低限度的溫飽、最低限度的安全、最

34　在伯林看來，最低限度的自由或基本自由（basic liberty）是消極自由與積極自由的基礎，因此，最低限度的自由是最低限度的普遍主義所要求的共通價值。see Berlin and Polanowska-Sygulska, *Unfinished Dialogue*, pp. 218-219. 羅伯特·科奇什（Robert A. Kocis）曾經批評伯林的人性觀具有內在的緊張性。一方面，伯林認同康德意義上的自由人理念；另一方面，伯林主張赫爾德式的多元主義，即自由與其他價值是相等的。Robert A Kocis, "Toward a Coherent Theory of Human Moral Development: Beyond Sir Isaiah Berlin's Vision of Human Nature," *Political Studies*, Vol. 31, No. 3, 1983, pp. 370-387. 但是，伯林認為科奇什誤解了他的觀點。因為在伯林的視野中，基本自由與消極自由是截然不同的。康德意義上的「自由人」對應的是基本自由，而自由與其他價值相等中的「自由」對應的是政治領域中的消極自由。正是因為消極自由與其他價值具有同等的重要性，所以在緊急情況下，我們可以犧牲政治領域中的消極自由，從而成全某種跟消極自由具有同等價值的其他價值。但是，所犧牲的消極自由，並不是基本自由。正是因為科奇什混淆了這兩種自由，所以他才誤以為伯林的人性觀存在著內部緊張關係。Berlin, "Reply to Robert Kocis," pp. 388-393.

低限度的健康、最低限度的住房、最低限度的醫療、最低限度的
衛生、最低限度的保險（養老保險、工傷保險等）、最低限度的
教育等。[35]

　　需要特別加以說明的是，最低限度的共通價值清單不是一成
不變的，而是相對開放的。它具有一定的穩定性，也具有一定的
變動性。例如在古代社會，最低限度的性別平等與種族平等不是
最低限度的共通價值，但是在當今社會，最低限度的性別平等與
種族平等卻是最低限度的共通價值。同樣，在當今社會，最低限
度的教育是最低限度的共通價值，但是，誰能保證未來的社會也
一樣需要最低限度的教育呢？因此，這裡所謂的最低限度的共通
價值清單，指的是在現有的人類認識能力與現有的社會狀況之
下，人類的共同生活與美好生活所要求的最低限度的共通價值。

　　最低限度的共通價值類似於傳統。我們沒有一個本質主義的
傳統，隨著時間的流逝，每個時代都留下傳統的某些部分，同時
每個時代都改變傳統的某些部分。最低限度的共通價值也類似於
我們的外貌。隨著年齡的增長，我們每年都保留我們外貌的某些
特徵，同時也改變我們外貌的某些特徵。最低限度的共通價值還
類似於家族面相。每個世代都留下我們家族面相的某些特徵，同
時每個世代都改變我們家族面相的某些特徵。因此，最低限度的
共通價值既在傳承中變遷，也在變遷中傳承，是傳承性變遷與變
遷性傳承的統合。

35　本書的思路跟凱克斯的思路有點類似。凱克斯區分了首要價值（primary
　　values）與次要價值（secondary values）。首要價值的來源是不變的人性。然
　　而，本書所謂的共通價值卻根源於人類的共同生活與美好生活。因此，本書
　　的共通價值與凱克斯的首要價值具有根本性差異。John Kekes, *The Morality*
　　of Pluralism, Princeton: Princeton University Press, 1993, pp. 38-44.

2、最大程度的多元主義

最大程度的多元主義意味著，人類的共同生活與美好生活應該容納最大程度的多元價值。多元價值既包括普遍價值（universal values）或共通價值（convergent values），也包括特殊價值（particular values）或異質價值（divergent values）。在滿足最低限度的普遍主義的前提下，複合多元主義希望促進最大程度的多元價值。當然，最大程度的多元價值不能侵犯最低限度的共通價值，也不能危害人類的共同生活與美好生活。因此，第一項原則的最低限度的普遍主義與第二項原則的最大程度的多元主義之間的關係，類似於羅爾斯所謂的詞典式序列（lexical order）的關係。[36]只有先滿足第一項原則，才能考慮第二項原則。如果第二項原則與第一項原則互相衝突，那麼，第二項原則必須讓位於第一項原則。[37]

根據第一章的論述，多元主義具有十大核心特徵，即價值多元性、不可兼容性、不可通約性、不可比較性、不可排序性、互

---

[36] John Rawls, *A Theory of Justice*, Cambridge, MA: Harvard University Press, 1971, pp. 42-43.

[37] 伯林文本中的某些表述跟最低限度的普遍主義與最大程度的多元主義具有異曲同工之妙。例如：「當然，如果社會生活還能過得下去的話，某些最低限度的條件就是必不可少的；但是，一旦這種最低限度的條件得以實現，那麼，各個社會可能就會在各自不同的方向上追求各自的生活方式，這些生活方式對於它們、它們的時代與它們的地方而言可能是獨一無二的。」Berlin, "Reply to Robert Kocis," p. 390. 伯林在一次訪談中言道：「目前還沒有能對世界有所幫助的一套普遍接受的最低綱領。讓我們希望終有一天一套初具規模的最起碼的共同價值被大家認可。不然我們註定要失敗。除非有一套最起碼的共同價值來維護和平，沒有一個像樣的社會能存在下去。」以賽亞·伯林、內森·嘉德爾斯，〈兩種民族主義概念：以賽亞·伯林訪談錄〉，載《萬象譯事》，頁264。

相平等性、互相衝突性、無法解答性、無法挽回的損失、價值普遍性。根據以上的討論，本書將對伯林的多元主義思想進行適當修正，從而使之更加融貫。其中，價值普遍性問題已經在上述討論過，所以此處不再重複。而無法挽回的損失問題已經在第一章中有非常充分的闡釋，所以此處也不再贅述。

第一，價值多元性中的多元價值，指的是正面價值與中立價值，而不是負面價值。因此，多元價值之間的關係是正面價值與正面價值之間、正面價值與中立價值之間、中立價值與中立價值之間的關係，而不是正面價值與負面價值、中立價值與負面價值之間的關係。如果多元價值指的是後者，那麼，多元主義必然會導致相對主義。正是因為多元價值指的是前者，所以，多元主義不是相對主義。

第二，不可兼容性並不意味著多元價值之間總是無法兼容，也不意味著所有多元價值都無法兼容，而是說多元價值之間有時無法兼容。狼的絕對自由與羊的絕對自由無法兼容，但是，如果我們把狼與羊的自由都限定在特定的範圍內，那麼，狼的自由就能夠跟羊的自由互相兼容。因此，不可兼容性不是無限的不可兼容性，而是有限的不可兼容性。

第三，不可通約性意味著我們不能把所有價值都化約為某個單一的價值尺度。但是，這並不代表在具體的語境中，我們無法把某些價值化約為某個單一的價值尺度。例如，在睡懶覺與起床上班之間，我到底選擇睡懶覺，還是選擇起床上班呢？我完全可以通過功利的價值尺度來衡量它們。如果我選擇睡懶覺，那麼，我就損失一天的工資。而如果我起床上班，那麼，我就獲得一天的工資。因此，我選擇起床上班。而且，這也不代表每一種價值都不能化約為某個單一的價值尺度，某些價值確實可以化約為某個單一的價值尺度。例如我們在投資理財的時候，到底是選擇Ａ理財產品，還是選擇Ｂ理財產品呢？我們完全可以根據收益率把Ａ和Ｂ化約為具體的金額。通過比較它們的金額，我們最後決定購買哪個產品。因此，不可通約性指的是不可全面通約。

第四，不可比較性只是意味著我們有時不能比較某些價值，而不是說我們無論什麼時候都無法比較，也不是說我們無法比較每一種價值，更不是說我們在具體的語境中也無法進行比較。例如，在逃課與上課之間，我們應該如何比較呢？如果我們選擇逃課不是出於正當的理由（例如逃課打遊戲），那麼毫無疑問，上課的價值要大於逃課的價值。即便我們最後選擇逃課打遊戲，我們也不能否認上課的價值大於逃課的價值這個事實。因此，準確而言，不可比較性指的个是無法比較，而是有時難以比較，抑或，不是無限的不可比較性，而是有限的難以比較性。

第五，不可排序性只是意味著我們無法對所有價值都進行排序，而不是意味著我們無法對某些價值進行排序，也不是意味著我們無法在具體的語境中對某些價值進行排序。首先，多元主義主張有限的排序。在正面價值與負面價值之間，正面價值＞負面價值。其次，多元主義並不否認基於具體的語境而進行的特定價值排序。例如在某個重視家庭的文化傳統中，出外打工固然重要，但是家庭更加重要，所以，家庭＞出外打工。因此，不可排序性指的是不可全面排序。

第六，互相平等性蘊含著三層含義。首先，互相平等性不是說所有多元價值都是等值的，而是說我們應該平等地對待這些多元價值。如果多元價值是等值的，那麼，多元價值就是可以通約的，而這顯然違背了多元主義的不可通約性。因此，多元價值的互相平等性指的是地位上的平等，而不是數值上的平等。其次，

互相平等性並不意味著我們應該平等對待所有多元價值。在普遍
價值與普遍價值之間，我們應該平等地對待它們。在異質價值與
異質價值之間，我們也應該平等地對待它們。但是，在普遍價值
與異質價值之間，我們無須平等地對待它們，因為我們更加看重
的是普遍價值，而不是異質價值。最後，互相平等性並不意味著
我們在特殊的語境中都必須平等對待多元價值，而是意味著我們
應該在一般意義上平等對待多元價值。在特殊的語境中，有些多
元價值互不兼容、互相衝突且不可通約，但是，我們又不得不在
這些多元價值中做出選擇。這樣，我們必定會顧此薄彼，從而無
法平等對待它們。如果我們完全平等地對待它們，那麼，我們可
能最終無法做出任何選擇。因為每一項價值都具有同等的重要性
與同等的正當性。一旦選擇了某一項價值，另一些價值就被拋棄
了。但是，這並不意味著我們沒有平等地對待多元價值。平等地
對待多元價值的意思是，即便我們最終選擇了某一項價值，從而
拋棄了另一些價值，但是，在做出正式的選擇之前，甚至在做出
正式的選擇之後，我們始終以相同的目光看待它們，審視它們，
衡量它們。而我們之所以選擇了某一種價值，是基於特殊語境的
特殊考量，是基於無法兼得的考慮而產生的無奈之舉。如果這種
特殊的語境改變了，我們可能就不會選擇這種價值，我們甚至可
能選擇與之完全相反但卻同樣正當的價值。[38]

38　此處的討論是為了回應克勞德對盧克斯（Steven Lukes）的多元主義的批
　　評。克勞德認為從價值的不可通約性推出平等價值具有兩大缺陷：第一，價
　　值的不可通約性並不意味著價值平等。不可通約性意味著多元價值不能根據
　　某種單一價值而被化約為可以比較的數值，而如果多元價值在價值上是平等
　　的，那麼多元價值就可以通約了。第二，即便多元價值是平等的，這也不意
　　味著人們在具體的語境中不能偏愛某些價值而排斥其他價值。相反，如果我

第七，互相衝突性只是說有些價值在有些情況下是互相衝突的，而不是說所有價值都是互相衝突的，也不是說某些價值在所有語境下都互相衝突。例如，在看書和上網之間，我們如何選擇呢？表面上看來，兩者互相衝突。但是，我們完全可以選擇在網上看電子書，從而化解這種衝突。又如，自由與平等，伯林傾向於認為兩者是互相衝突的。但是，正如德沃金所指出的，自由與平等是否互相衝突，取決於我們如何定義自由與平等。如果我們不把自由與平等絕對化，那麼，我們完全可以在自由與平等之間取得平衡，從而化解兩種之間的衝突。[39]

第八，無法解答性不是意味著所有價值問題或所有政治問題都無法解答，而是說有些問題暫時或短期內無法解答、難以解答或無法輕易解答，因此，我們不能簡單而粗暴地給所有價值問題與政治問題都設定某個標準答案。或許，無法解答性可以更準確地表述為難以解答性。正是因為價值問題與政治問題難以解答，所以，我們應當假定價值問題與政治問題沒有唯一的答案。如果價值問題與政治問題沒有唯一的答案，那麼，價值多元主義與政治多元主義就產生了。

根據複合多元主義的十大特徵，如果許多價值問題與政治問題都難以解答，那麼，我們所生活的世界就是一個多元主義的世界。在多元主義世界中，多元價值有時互不兼容、難以比較、互

們要做出選擇，那麼我們必定會偏愛某些價值。因此，從多元主義無法推出平等價值（equal value），也無法推出同等尊重（equal respect）。Crowder, "Pluralism and Liberalism," pp. 296-297.

39　Ronald Dworkin, "Does Liberal Values Conflict?," in Mark Lilla, Ronald Dworkin, and Robert Silvers（eds.）, *The Legacy of Isaiah Berlin*, New York: New York Review Books, 2001, pp. 73-90.

相平等、互相衝突、不可全面通約、不可全面排序，並且常常伴隨著無法挽回的損失。因此，在多元主義世界中，如果人類要共同生活在一起，如果人類要共同過上美好的生活，那麼，人類就應該最大程度地平等對待各種多元價值，最大程度地互相尊重各種多元價值，並且最大程度地互相寬容各種多元價值。

緣此，最大程度的多元主義蘊含著三項小原則：第一項小原則（Micro-principle I）是，最大程度的平等對待原則（the principle of maximal equal treatment）；第二項小原則（Micro-principle II）是，最大程度的互相尊重原則（the principle of maximal mutual respect）；第三項小原則（Micro-principle III）是，最大程度的互相寬容原則（the principle of maximal mutual tolerance）。[40] 如果某種意識形態承認最大程度的多元主義，那麼，這種意識形態就要承認價值多元的事實，並且允諾最大程度地平等對待各種多元價值，最大程度地互相尊重各種多元價值，最大程度地互相寬容各種多元價值。[41] 如果某種意識形態承認最大程度的多元主義，那麼，這種意識形態應該在私人領域與公共領域同時體現最大程度的多元主義。

在複合多元主義的視域中，最大程度的多元主義具體體現在

---

40 胡傳勝的觀點跟最大程度的互相寬容原則有一定的相似之處。他敏銳地意識到，在伯林的政治哲學中，多元主義是寬容的理論基礎。在他看來，「我們寬容，不是因為尚未找到答案，因此相反的答案的存在有助於我們尋找統一的答案，而是根本就不存在統一的答案，也不可能找到確切一致的答案。」而最大程度的互相寬容原則在理論上來源於最大程度的多元主義原則。關於胡傳勝的觀點，參見胡傳勝，《自由的幻象：伯林思想研究》，頁235。

41 雖然寬容等價值是自由主義的基本價值，但是這並不代表凡是支持這些價值的都是自由主義，這些價值也可以被其他意識形態所支持。

兩個領域：在私人領域，我們應該最大程度地平等對待各種不同的生活方式與價值取向，最大程度地互相尊重各種不同的生活方式與價值取向，最大程度地互相寬容各種不同的生活方式與價值取向。因此，所有人類都可以根據自己的特殊價值取向追求適合自己的特殊生活方式。在公共領域，我們應該最大程度地平等對待各種不同的制度選擇與制度安排，最大程度地互相尊重各種不同的制度選擇與制度安排，最大程度地互相寬容各種不同的制度選擇與制度安排。因此，所有民族都可以根據自己的特殊價值取向追求適合自己的特殊政治制度。然而，不管是在私人領域，還是在公共領域，最大程度的平等對待、最大程度的互相尊重與最大程度的互相寬容的前提是，各種生活方式與各種政治制度體現的不是負面價值，而且沒有逾越最低限度的普遍主義。一旦這些生活方式與政治制度滑入負面價值的行列，我們就無法最大程度地平等對待，無法最大程度地互相尊重，無法最大程度地互相寬容。一旦這些生活方式與政治制度踐踏了最低限度的普遍主義，我們也無法最大程度地平等對待，無法最大程度地互相尊重，無法最大程度地互相寬容。相反，我們會毫不猶豫地拒斥、否定，甚至反對這些生活方式與政治制度。這就是我們對待納粹主義的態度，我們不會平等對待納粹主義，不會尊重納粹主義，更加不會寬容納粹主義。如果有必要，我們甚至不惜發動戰爭去剷除這種邪惡的政治制度。因為納粹主義是負面價值，而且嚴重威脅到人類共同生活與美好生活所要求的最低限度的普遍主義。

（五）複合多元主義的意識形態

　　根據複合多元主義的兩項大原則，各個民族都可以發展各自的複合意識形態（complex ideologies），或以複合意識形態為基礎的政治制度。在承認最低限度的普遍主義與最大程度的多元主義的前提下，我們可以發展以自由為核心價值的複合自由主義（complex liberalism），以民主為核心的複合民主主義，以平等為核心價值的複合平等主義，以傳統為核心的複合保守主義，甚至以和平為核心的複合和平主義……

　　例如，所有人都要求最低限度的溫飽，這是最低限度的普遍主義所要求的最低限度的共通價值；但是，有些人喜歡喝茶，有些人喜歡喝咖啡，這是最大程度的多元主義所容納的多元價值。因此，我們在保障所有人都溫飽的前提下，最大程度地滿足人們喜歡喝茶或喝咖啡、吃香或吃辣、吃素或吃葷等各種不同的飲食需求。據此，我們可以發展以保障溫飽等價值為核心的意識形態框架——複合福利主義。

　　同樣，我們也可以在保障所有人都享有最低限度的自由的前提下，最大程度地滿足人們自由選擇離群索居或共同生活、選擇穿藍色衣服或白色衣服等各種不同的自由。據此，我們也可以發展以保障自由為核心的複合自由主義。正是因為根據複合多元主義的兩項根本原則，我們可以發展複合自由主義，所以，多元主義與自由主義可以互相兼容。正是因為根據複合多元主義的兩項根本原則，我們不僅可以發展複合自由主義，還可以發展複合平等主義等其他意識形態，所以，多元主義無法在普遍的意義上推出自由主義，而只能在特殊的意義上推出自由主義。

　　而且，多元主義與自由主義互相兼容，指的不是多元主義與一元主義自由主義（monistic liberalism）[42]互相兼容，而是特指多

---

[42]　伯林曾經使用過「一元主義自由主義」（monistic liberalism）這個術語，see Berlin and Polanowska-Sygulska, *Unfinished Dialogue*, pp. 213-214.

元主義與複合自由主義互相兼容。複合自由主義與一元主義自由主義的區分，使我們可以把複合自由主義跟歷史上的各種教條式的自由主義劃清界線。根據一元主義自由主義的邏輯，自由高於其他所有價值，因此，當自由跟其他價值互相衝突或互不兼容時，我們就可以通過犧牲其他價值來成全自由價值。然而，一元主義自由主義與複合多元主義是無法兼容的。複合多元主義要求自由主義放棄一元主義的思維模式，並且承認最低限度的普遍主義與最大程度的多元主義。因此，當自由跟其他價值互相衝突或者互不兼容時，只要其他價值沒有踐踏最低限度的自由，那麼，我們就應該最大程度地平等對待自由與其他價值，最大程度地尊重自由與其他價值，並且最大程度地寬容自由與其他價值。甚至，我們可以反過來犧牲自由來成全其他價值。

根據複合多元主義的基本精神，私人領域的多元主義表現為：每個人都可以按照自己的方式過自己想過的美好生活；公共領域的多元主義則表現為：每個國家或民族都可以按照自己的方式設計美好的政治制度。這樣，人類世界上的政治制度並非只有複合自由主義一種，每個國家或民族也不一定非得走上複合自由主義的道路。同樣，人類的生活方式也不止一種，每個人都可以選擇適合自己的生活方式。在這個意義上，複合多元主義為各個民族發展自己的政治制度奠定了理論基礎，為每個人選擇自己喜歡的生活方式奠定了哲學基礎。如果我們生活於一個多元主義的世界，那麼，人類的美好生活就不止一個選項，人類的美好制度也沒有唯一選擇。如此，人類的歷史不可能終結於自由主義，也不可能終結於其他某種意識形態。相反，複合多元主義為各個民族開放出了無限的可能性，尤其是那些尚不具有自由主義傳統的民族。這些民族完全可以根據自身的歷史、文化與傳統等特殊價值取向，開闢出不同於複合自由主義的意識形態與政治制度。

　　但是，不管是複合平等主義，還是複合保守主義，不管是複合自由主義，還是複合社會主義，它們都必須認可最低限度的普遍主義與最大程度的多元主義。最低限度的普遍主義包含了最低限度的消極自由與積極自由，包含了最低限度的平等，也包含了最低限度的安全與秩序。因此，即便某個民族要發展複合平等主義，這個民族也應該承認最低限度的消極自由與積極自由以及最低限度的安全與秩序等共通價值。而最大程度的多元主義意味著我們要最大程度地平等對待各種多元價值，最大程度地寬容跟自己不一樣的多元價值。因此，即便某個民族要發展複合保守主義，這個民族也應該最大程度地平等對待各種多元價值，最大程度地寬容跟自己不一樣的多元價值。因此，最低限度的普遍主義與最大程度的多元主義的正當性理論是，不管某種政治制度是否得到了民眾的認可，也不管某種政治制度是否具有傳統的權威，凡是侵犯最低限度的普遍主義與最大程度的多元主義的政治制度都不具有正當性。民主加強了這種正當性，但卻不能代替這種正當性。例如蘇格拉底之死，從民主的角度來說是正當的。但是從最低限度的普遍主義與最大程度的多元主義的角度來說卻是不正當的。我們不能說，各個國家有各個國家的國情，所以各個國家的政治制度都具有正當性。我們只能說，儘管各個國家有各個國家的國情，各個國家有各個國家的政治制度，但是，各個國家的政治制度要具有正當性，首先必須承認最低限度的普遍主義與最大程度的多元主義，例如必須承認最低限度的人權、最低限度的言論自由、最低限度的出版自由。

　　綜合而言，複合多元主義具有兩項大原則：第一項大原則是最低限度的普遍主義，第二項大原則是最大程度的多元主義。而最大程度的多元主義又蘊含著三項小原則：第一項小原則是最大程度的平等對待原則，第二項小原則是最大程度的互相尊重原則，第三項小原則是最大程度的互相寬容原則。因此，複合多元主義的核心是兩大原則與三小原則。在堅持兩大原則與三小原則的前提下，所有人類都可以按照自己的方式追求自己的美好生活，所有民族都可以按照自己的方式建立自己的政治制度。

　　根據羅爾斯關於「政治性」（political）與「完備性」（comprehensive）的區分，[43] 複合多元主義實際上是半政治性（semi-political）與半完備性（semi-comprehensive）的結合。最低限度的普遍主義指向半完備性，而最大程度的多元主義指向半政治性。正是因為複合多元主義具有半政治性的特徵，所以，複合多元主義可以發揮羅爾斯所謂的「政治自由主義」的作用。跟政治自由主義一樣，複合多元主義可以為各種意識形態提供公平競爭的舞台。正是因為複合多元主義具有半完備性的特徵，所以，複合多元主義可以發揮政治自由主義無法發揮的作用。跟政治自由主義不同，複合多元主義要求所有接受複合多元主義的意識形態都接受最低限度的普遍主義與最大程度的多元主義。

　　最後，回到兩種極權主義理論的雙重困境：一元主義與多元主義會導致極權主義，相對主義與極權主義也會導致極權主義。如果多元主義不是相對主義，不是絕對主義，也不是一元主義，而是普遍主義，那麼，複合多元主義就可以避免兩種極權主義理論的雙重困境。最低限度的普遍主義可以抵制相對主義極權主義，而最大程度的多元主義可以抵制一元主義極權主義（以及絕對主義所產生的極權主義）。在這個意義上，複合多元主義是兩

43　Rawls, *Political Liberalism* (Expanded Edition), pp. 12-13.

種極權主義理論的雙重困境的最終出路。44

　　基於此，再來審視電影《楢山節考》所衍生的根本問題：在絕對主義與相對主義之間，我們應該何去何從？根據複合多元主義的兩項根本原則，絕對主義違背了最大程度的多元主義，而相對主義踐踏了最低限度的普遍主義，因此，絕對主義與相對主義都隱含著極權主義的危險。出於這樣的判斷，本書的觀點是，複合多元主義是絕對主義與相對主義之外的第三種立場。如果東方人承認最低限度的普遍主義與最大程度的多元主義，但卻推行非自由主義的政治制度，我們可以接受嗎？按照西方人的絕對主義邏輯，這種非自由主義制度是無法接受的。絕對主義認為，自由

44　在德沃金看來，一元主義未必會導致極權主義，而多元主義也未必不會產生極權主義。美國的自由主義是典型的一元主義自由主義，但是，美國的自由主義並未造成極權主義惡果。相反，多元主義卻蘊含著極權主義的危險。既然各種價值都必定互相衝突，而且各種價值都具有同等的正當性，那麼，犧牲某些價值就必定不可避免。如此，貧民窟的存在是合理的，醫療保險的缺乏是正當的。易言之，多元主義可以用來證明罪惡的正當性。如何回應德沃金的批評呢？首先，我們應該區分強勢多元主義（strong pluralism）與弱勢多元主義（weak pluralism）。強勢多元主義主張多元價值必定互相衝突，而弱勢多元主義則認為多元價值總是隱含著衝突的可能性，但是多元價值並不必然互相衝突。而本書所謂的複合多元主義不是強勢多元主義，而是弱勢多元主義。因此，價值衝突有時會發生，但並不必然發生。其次，即便多元價值互相衝突，而且多元價值具有同等的正當性，但是，這並不意味著價值選擇是任意的。根據複合多元主義的兩項根本原則，價值選擇的底線是最低限度的普遍主義與最大程度的多元主義。即便價值選擇無法時刻滿足最大程度的多元主義，但卻必須滿足最低限度的普遍主義。在這個意義上，貧民窟的存在與醫療保險的缺乏，違背了複合多元主義所要求的最低限度的普遍主義。因此，複合多元主義無法用來證明罪惡的正當性。正是這樣，複合多元主義可以避免德沃金所謂的極權主義危險。關於德沃金的觀點，see Dworkin, "Does Liberal Values Conflict?," pp. 73-90.

價值是絕對價值，對所有時間所有地點所有人在所有情況下都絕對有效。因此，如果有必要，我們應該派軍占領這個東方國度，並幫助這個東方國度建立自由主義制度。而在複合多元主義看來，儘管這種非自由主義制度不是西方式的自由主義制度，但是，由於這種非自由主義制度依舊接受最低限度的普遍主義與最大程度的多元主義，所以，這種非自由主義制度是可以接受的，而西方人的絕對主義邏輯毋寧是帝國主義邏輯。相反，如果東方人並不認可最低限度的普遍主義與最大程度的多元主義，但卻推行非自由主義的政治制度，我們可以接受嗎？根據東方人的相對主義邏輯，這種非自由主義的政治制度是可以接受的。相對主義認為，一切政治制度的正當性都是相對於具體的語境而言的，沒有什麼絕對正當的政治制度。各個國家有各個國家的國情，西方國家有西方國家的國情，東方國家有東方國家的國情。因此，各個國家都可以根據自身的國情來採取適合自身的政治制度。西方國家可以採取自由主義制度，東方國家當然也可以採取非自由主義制度。不能說，只有西方國家的自由主義制度是正當的，其他所有政治制度都是不正當的。在這個意義上，我們不能譴責東方人的非自由主義制度。然而，在複合多元主義看來，東方式的非自由主義制度是不正當的。儘管各個國家有各個國家的不同國情，各個國家可以採取適合自身的不同政治制度，但是，其前提是，這些政治制度必須堅守最低限度的普遍主義與最大程度的多元主義。然而，東方式的非自由主義制度卻踐踏了最低限度的普遍主義與最大程度的多元主義，因此，這種東方式的非自由主義制度是無法讓人忍受的，而東方人的相對主義邏輯無異於蒙昧主義邏輯。正是如此，在複合多元主義的視域中，不管是自由主義制度，還是非自由主義制度，其政治制度的正當性基礎是最低限度的普遍主義與最大程度的多元主義。

概括而言，始於自由，卻終於奴役，是二十世紀極權主義的核心特徵。馬克思與恩格斯在〈共產黨宣言〉中言道：「每個人的自由發展是一切人的自由發展的條件。」[45]換言之，個體的消極自由是集體的積極自由的條件。然而，蘇聯共產主義的實踐邏輯是，一切人的自由發展是每個人的自由發展的條件，亦即集體的積極自由是個體的消極自由的條件。最終，一切人的自由發展徹底埋葬了每個人的自由發展，集體的積極自由徹底埋葬了個體的消極自由。德國的魏瑪共和國降生於自由主義的襁褓之中，然而，魏瑪德國的自由主義襁褓反而養育了納粹主義的怪胎。納粹主義的怪胎非但未能滋養脆弱不堪的自由主義制度，反而以摧枯拉朽之勢毫不留情地把自由主義制度掃進了歷史的垃圾堆。自由主義的土壤裡培育了反自由主義的納粹主義，最終，納粹主義徹底埋葬了自由主義。因此，蘇聯與德國的共同特徵是，始於自由，卻終於奴役。

始於自由，卻終於奴役，實質上就是自由走向了自由的反面。因此，本書把這種怪誕的現象稱為「反自由的自由」。儘管如此，反自由的自由在蘇聯與德國的表現並不完全相同。一個因為過分追求自由，反而走向了奴役；一個因為過分放縱自由，從而走向了奴役。阿克頓曾言：「權力導致腐敗，絕對的權力導致絕對的腐敗。」[46]反自由的自由亦如是：自由導致奴役，絕對的自由導致絕對的奴役。從自由到奴役，只有一步之遙。

一言以蔽之，二十世紀極權主義的本質是反自由的自由！

45　Marx, *Karl Marx: Selected Writings*, p. 262.

46　Lord Acton and John Emerich Edward Dalberg, "Acton-Creighton Correspondence," 1887 [cited June 28 2017]; available from http://oll.libertyfund.org/titles/2254.

後記：我的思想歷程

　　自1999年我的思想啟蒙開始，廿年光陰，匆匆而逝；凝神回眸，感慨萬千。此情此景，不免回首往事。

　　然而，回憶是老年人的專利。倘若一個人垂垂老矣，思想枯竭，那麼，他剩下的唯一資本恐怕就是人生閱歷，此時，他就開始回憶。倘若我再不寫出一本十年後依舊有人閱讀的著作，那麼，我恐怕就要提前步入學術晚年，餘生只能靠回憶人生閱歷和販賣學術經驗來聊以謀生了。因此，讀者諸君在此讀到的是一個青年學人的「晚年回憶」。如果他此生尚有一本著作可以留下來，那麼，讀者記住的是他的作品。但是，如果他畢生毫無學術貢獻，那麼，讀者唯一可能記住的恐怕就是他的回憶。我希望，這篇回憶不是我的終點，而是我的起點。

　　同時，我提醒讀者，不要誤會我在控訴人生的不幸，相反，我在感恩人生的幸運。我的人生有千萬次可能是一個農民，一個建築工人，一個木匠，然而，我卻成為了一個思想者，我何其幸運！我也提醒讀者，不要誤會我在炫耀我有多麼努力，相反，我的幸運完全是因為那些出手相助的貴人。沒有他們，我的努力微不足道。假如哪怕有一個貴人不願出手相助，那麼，我的人生就將從此改寫。所以，這是一個不幸者的幸運史！

　　此時此刻，我將簡要回顧1999年以來我的心路歷程，從而交代我是如何走上學術道路的。

一、高中時期：北固山下的思想啟蒙

我原本只是窮鄉僻壤裡青澀無知的懵懂少年，不經意間竟然踏上了思想學術的「漫漫不歸路」，真是世事無常，造化弄人！我的學術生涯緣起於1999年4月1日的愚人節。那一年，我是浙江省台州中學的高一學生，日日流連於臨海市北固山下。那一天，我照常演算著數理化，一心只想成為理工男。然而，那個平淡無奇的一天，卻徹底改變了我的人生。

1999年4月3日週六上午，班主任告知，家中急事，盼求速歸。而我天真地以為沒什麼大事，繼續在教室裡不慌不忙地自習。一個小時後，班主任巡察教室，發現我還在埋頭演算，驚訝地問道：「你怎麼還在這裡？」我若無其事地答道：「我先做完幾道題，等下再走。」他焦急地把我叫出教室，告訴我說：「你媽病重，趕緊回去！」我心頭一緊，立即收拾行囊，離開學校。一路大巴，顛顛簸簸。我心如刀割，難以自制。然而，我依然天真地想像著一邊照顧病床上的母親，一邊演算數理化的場景。待我返回家中，我才從弟弟口中得知，母親早已在4月1日離開了人世，而我卻遠在他方，毫不知情。止不住的悲傷，道不盡的離別，在那一刻，我的世界崩塌了！

如果我有父親，我可以投入父親的懷抱，向他訴說心中的傷痛。可是，我沒有。1993年4月4日，我10歲年紀，未滿37歲的父親就已經撒手人寰了。從此，母子三人相依為命，冷暖自知。那一年，母親年方33歲。倘若是我，我根本無法想像如何以一人之力撫養兩個孩子長大成人。然而，母親卻獨力負擔了家庭的重擔。

回首往事，歷歷在目。我依舊清楚地記得，父親葬禮後翌日清晨，我與弟弟依舊在夢鄉熟睡。突然，我們被姑姑的叫聲驚醒，她一臉焦急地問我們：「你媽哪裡去了？」我們愣住了，母親不見了！但是，我們年幼的心靈根本不知道怎麼回事。於是，姑姑急忙領著我們到處尋找。我們甚至踩著露水趕往山中父親的墓地，然而，冷颼颼的晨風中唯有模糊的霧氣繚繞，淒涼的山崗上依然不見母親的蹤影。山中空無一人！姑姑萬分焦急，擔心母親想不開而自尋短見。嗣後，我們遍尋母親可能出現的所在，但是依舊沒有人影。而我與弟弟傻傻地跟在姑姑的身後，心中一片悵然。該找的地方都找遍了，而我們卻一無所獲。無奈之下，我們只好選擇空坐家中等待，心中默默祈禱母親平安歸來。我們絕望地返回家中，等待莫不可知的未來。早飯時分，母親從前門而入，我與弟弟滿心歡喜。姑姑則略帶責備地質問母親：「你到哪裡去了？我們一直在找你。」而母親卻好像什麼事情也沒有發生，輕描淡寫地答道：「我去田裡幹活去了！」我不知道母親哪裡來的精神力量，居然在如此短的時間裡就克服了喪夫之痛。然而，自此之後，母親的聲音始終迴盪在我的耳畔，激勵著我孤苦的靈魂。二十年來，困頓無助之時常有，身心疲憊之時常有，然而，一旦我思及母親居然在父親葬禮後的翌日即從悲苦中醒來，而後含辛茹苦地養育我成人。此情此景，我即刻從消極的心理態勢中舒緩過來。無論人生多麼苦悶，無論精神多麼沮喪，無論生活多麼困頓，母親的形象一直激勵著我一往無前。

　　1993年到1999年，六載煎熬，含辛茹苦。母親帶著十歲出頭的我們奔波在繁重的農活中，稻田收割，山中砍柴，田埂種植，都留下了我們一家三口的瘦弱身影。而母親則以少女時代習得的繡花技術與編織草帽技術，掙得每日10元的不穩定收入，以此維持家庭的日常開支。在如此窘迫的經濟環境下，所謂的親戚朋友，許多時候只是人間冷暖的莫大諷刺。我們深刻地體會到什麼是世態炎涼。

母親從小家境貧寒，而娘家又重男輕女，因此，她沒有上過一天學。正是因為體驗到目不識丁的苦楚，所以她堅持讓我和弟弟接受完整的教育。於是，一位親戚就來奚落我的母親：「你看看我們家！我們家庭健全，我們的孩子都只是初中畢業。你這樣的家庭，居然還讀書，你難道指望他們讀大學嗎？」又一位親友冷嘲熱諷道：「你還讓他們讀書，你難道以為你的孩子將來會帶你出國啊？」面對這樣的冷言冷語，母親通常都沉默以對。

我們家中沒有電視，沒有電話，沒有洗衣機，沒有冰箱，可謂家徒四壁，一貧如洗。有一次，我舅舅全家外出一段時間，於是他熱心地把他家的電視借給我們。結果，這居然引來了街坊鄰居的閒言碎語，說我們家這麼窮，居然還有錢買電視。迫於壓力，母親沒有辦法，只好把電視還給我舅舅。在這樣的環境下，我們不能指望有人雪中送炭，只是希望沒人落井下石，然而，這種希望也只是奢望罷了。

母親的一生是窮人難以翻身的縮影。她那麼聰明，卻因為是女子，無緣接受任何教育。她那麼努力，卻因為生活在鄉村，只能掙扎在生存的邊緣。她那麼辛苦，最後卻是如此悲慘的結局。她沒有受過教育，她的丈夫英年早逝，她自己年紀輕輕卻匆匆離世。如果她受過哪怕一點教育，她就不會是這麼不幸的她。如果她的丈夫健康長壽，她也不會是這麼不幸的她。如果她能夠看著自己的兒子大學畢業、碩士畢業、博士畢業，她更加不會是這麼不幸的她。她的人生，只要其中一個環節沒有出問題，她都不可能是那樣不幸的她。如果她受過良好的教育，她肯定有更好的謀生手段，而且也不一定會嫁給我的父親。如果她的丈夫沒有英年早逝，她也不會這麼辛苦養育我們成人，她也不可能年紀輕輕就匆匆離世了。如果她能夠等待我們大學畢業，她也不可能活得那麼辛苦，那麼無助，那麼絕望。只要其中一個環節有所改變，她都有可能享受美好的人生。然而，蒼天就是步步緊逼，讓她的每個環節都陷入困境。

1999年的愚人節，上天跟我開了一個天大的玩笑，母親在心力交瘁中辭世！本來，我一心向學，只為將來讓母親過上幸福的生活。然而，此時希望落空了，夢想破滅了！猶記得1998年下半年，我的高中第一學期。為了節省開支，我平時午餐與晚餐曾經一度以5毛錢一碗的青菜湯加一碗米飯度日。有一日，母親從家中前來探望我。午餐時分，我從學校食堂買來兩份飯菜，一份素菜，一份葷菜。我心中本想讓母親吃那份葷菜，而自己吃那份素菜。沒想到，母親執拗地把那份葷菜給我，而自己吃那份素菜，並且還把自己碗中的飯菜夾給我。那時的我自以為是，根本無法理解一顆母親的心。我懊悔萬分，強忍著淚水，吞嚥著飯菜，心中卻不是滋味。那個時候，我暗暗下定決心，下次母親再來，我一定買兩份葷菜，讓母親也吃頓好的。然而，母親沒有再來。年少如我曾經渴望吃一頓葷菜，然而如今我卻基本以素食為主，真是造化弄人！

母親辭世後的那段歲月，我惶然終日，不知人生為何，不知生存何意。整日整夜，我都在苦苦思索所謂的哲學問題：我為什麼活著？活著到底有什麼意義？怎樣的生活才是美好的生活？我該怎麼辦？然而，以我當時的年紀與學力，我根本無力解答這些深奧的哲學問題。

正當我茫然不知所措之時，班級調整座位，於是，我有了一位新同桌張威。張威是我的第一位啟蒙老師。遇到張威前，我的世界就是教科書的世界。我對這個世界的認知完全來於教科書，教科書怎麼說，我就怎麼想；教科書上沒有的，我也一無所知。說得難聽點，當時的我就是那種死讀書、讀死書、讀書死的典型。讓我印象深刻的例子是，初中時代，凡是升國旗時刻，我必定立定不動。然而，初到城裡上高中，我驚訝地發現，升國旗的時候，當我照常立定不動時，我周圍的同學卻擺首弄姿，竊竊私語。我當時心中暗想：怎麼可以這樣呢？我們的教科書不是都說升國旗時不能動嗎？然而，正是這樣的困惑，讓我開始反思我的往昔。真實的世界根本不是教科書上冠冕堂皇的說辭。我的教科書世界開始瓦解了！

　　遇到張威後，他為我打開了一個嶄新的世界——知識人世界。從此，我告別了教科書世界。每週，他都帶我去學校附近的一家書店。我知道這家書店，從前也經常光顧。但是，我去那家書店的唯一目的是購買各種教輔。可是，他卻引導我去翻閱鮮有中學生光顧的人文社科著作。如果是之前，我肯定會嗤之以鼻，不屑一顧。然而，歷經母親離世的傷痛，我熱切渴望從書中尋找人生的答案。於是，我將信將疑地拿起這些晦澀的著作，開始了半知不解的課外閱讀。2003年，我曾在〈邊緣思想者的焦慮與非主流話語的生存空間〉一文中如此回憶我的閱讀經歷：

　　　90年代後期在大中學校園裡卻發生了一場深刻的思想革命，賀雄飛先生出版了兩套極具思想價值的叢書——「草原部落黑馬文叢」和「草原部落知識分子文存」，一時洛陽紙貴，在學生中交互傳閱、奔走相告，尤其是余杰先生激情澎湃的啟蒙思想隨筆，就像他的書名《鐵屋中吶喊》一樣，我們都是在鐵屋中熟睡的昏庸的民眾，或許也有了點萌發的基礎思想，但是如果沒有像余杰這樣的啟蒙思想者一聲吶喊，或許我們將在其中沉睡更久，或許我們遲早都會實現自覺的思想，但這些書卻使我們提前進入思想者的角色。這些書雖然沒有使大批的人走上思想之路，卻使那些真正有思想潛力的人更快地進入他們應該有的角色，使那些沒有走上思想之路的人受到了思想啟蒙。這時或許是我們第一次感到那麼的有力量，那麼的激情澎湃，我們被震撼了！思想界兩代知識分子聯袂出演，一代是以余杰、摩羅等人為代表的新生知識分子，憑藉他們年輕的激情抒發了對社會、對人生的見解，他們有思想的激情與有激情的思想適時地觸動了這代人平靜的心水；一代是以朱學勤、徐友漁、秦暉等人為代表的知識界中堅知識分子，以其扎實的學理、強烈的問題意識初次給這代人昭示了思想的魅力。80年代人能夠真正走上思想的自覺，接觸更廣闊的思想空間並且從狹隘的思維空間中走出來，應該說這兩代人功不可沒。

然而，在那個年紀，我只知文學的世界，而不知思想的世界。所以，這兩套叢書中，真正對我影響至深的是余杰的《火與冰》與摩羅的《恥辱者手記》。為了找尋思想的突破口並緩解精神危機，我開始追隨著余杰與摩羅等道德理想主義者所開闢的路徑，創作一些在現在看來不無偏頗的思想隨筆。於是，我幻想著成為一個文人。這樣，我就有望在日後寫作一部作品，來記錄母親短暫而勞碌的一生。我甚至還妄想有朝一日可以成為青史留名的文學家，這樣，世人會因為記住我而記住我孤苦的母親。正是在這樣的心境之下，我開始大量閱讀文學作品，魯迅等現代文學家進入了我的視野，海子、顧城、西川等現代詩人拓寬了我的眼界。我也開始創作一系列不知所謂的現代詩，同時還逼迫自己每天寫作一篇思想隨筆來淬鍊文筆。從此，花裡胡哨的詞彙與故作高深的筆調被我視為佳作的標準。我日日沉浸其中，不能自拔。

　　一言以蔽之，1999年母親的葬禮是我的精神成年禮。在母親離世的巨大陰影中，我的困惑是，什麼是美好的生活？而在文學世界的萬般滋潤下，我的回答是，文學的生活是美好的生活！

　　母親辭世後，許多親友與陌生人都曾默默地在物質上和精神上幫助過我，鼓勵過我。我要感謝我的舅公馮順康、盧荷招、金仙保、馬恩寶、馬友順、馬德愛、馬德欠、馬失興、張威、王定長、馬林寶、馬德耿、馬德洋、蘇釵女、林增貴、周菊蓮、賀君飛、周才揚、周莉娜、鄭彬、蔣淩騫等。正是因為馬恩寶、馬德愛、馬德欠與馬失興等盡力幫我籌款，才讓我得以順利完成大學學業。在此，我要感謝所有出手相助的人們。此外，我要特別感謝我的伯父馬友順和我的姑姑。在我父母離世後，我得以寄居在伯父家中。然而，不幸的是，數年後，他也因癌症而去世。而後，我又輾轉寄居到我姑姑家中。在我無家可歸時，他們為我提供了溫暖的家園。

二、本科時期：曉南湖畔的文學青年

　　2001年，我來到武漢中南財經政法大學經濟法系開始我的四年本科生涯。我之所以沒有選擇中文系，是因為我當時固執地以為中文系無法培養作家。選擇法學專業，完全是陰差陽錯。實際上，我的理想專業是數學。由於高考數學有幸獲得滿分，所以我以為自己有那麼一點兒數學細胞。然而，遺憾的是，文科生無法選擇數學專業。於是，我準備退而求其次，選擇跟數學相關的經濟學作為我的專業。當我翻看專業目錄，準備選擇經濟學專業時，突然看到中南財經政法大學的經濟法專業。剎那間，我眼睛一亮，天真地以為經濟法專業既學經濟學，又學法學，可以多學點知識。孰料，進入中南財經政法大學法學院後，我們只學法學，不學經濟學，甚至也不學數學。後來我才知道，我們法學院號稱「亞洲最大的法學院」。招生時之所以區分法律、經濟法與國際法三個專業，只是為了管理的方便。實際上，三個專業的培養方案沒有什麼區別。

　　大學四年，我始終對法學提不起興趣。大部分時間，我都在逃課，專注於閱讀與寫作，並跟友人在曉南湖畔爭辯不休。然而，我的文學生活卻遭遇了瓶頸。儘管我努力閱讀文學作品，但是文學作品始終無法觸動我內心的神經。小說中的風花雪月，跟我有什麼關係？詩歌中的無病呻吟，跟我有什麼關係？戲劇中的愛恨情仇，跟我有什麼關係？在我的精神閱讀史中，文學作品的世界跟我的生活世界似乎完全無關。我的初衷是為了生活而文學，而我的結局卻是為了文學而文學。我研習文學作品，不是因為我熱愛文學，而是因為我熱愛生活。我所困惑的生活難題是，什麼是美好的生活？於是，我意圖從文學作品中尋找答案。可是，數年研習，徒勞無功。文學作品中根本沒有答案。文學作品中只有別人，沒有自己；只有別人想要的生活，沒有自己想要的生活。那麼，我為什麼還要閱讀文學作品？本來以為文學生活是我所追求的美好生活方式，然而，浸淫文學數年的結果是，我與文學之間始終有一條無法逾越的鴻溝。而我的心中一直沒有一座可以架通文學與生活的橋梁。文學與生活的紐帶崩裂了，文學何為？為此，我一度迷惘，不知所措。

　　於是，我開始反思：在文學之外，我將何去何從？

　　正當此時，在張威的引薦下，我結識了華中師範大學的「別人」（網名），從而有幸參與編輯他主持創辦的民間思想文化刊物《中間》雜誌。《中間》雜誌依託「中間思想文化論壇」，號稱「武漢民間思想第一刊」。《中間》雜誌集結了武漢各大高校的思想青年，為此數月間，自掏腰包，在武漢各大高校發行，反響熱烈，竟然引起了全國眾多高校大學生的持續關注。然而，由於武漢某市民小報惡意詆毀雜誌「每天發行100多本，利潤相當豐厚」，《中間》雜誌被有關部門以「非法出版物」的名義予以查封。所有雜誌都被沒收，部分編輯也被請去喝茶。期間，我跟一位友人本想在校園擺攤出售雜誌。據說擺攤要得到學校保衛處的許可，於是，我們天真地前往保衛處詢問究竟。一聽我們說明原委，保衛處工作人員大聲喊道：「找的就是你們！」我們「自投羅網」了！接著，保衛處工作人員把我們帶進一個大房間，手指角落裡的一位男子問道：「你們認識他嗎？」我們順著他手指的方向一看，房間角落裡站著一位茫然失落的中年油膩大叔。我心想，我們怎麼會認識一個中年人呢？於是，我們異口同聲答道：「不認識！」隨後，工作人員讓我們先在旁邊坐下，他去準備給我們做筆錄。我再回首瞧瞧那位中年男子，心中一緊，他的面孔似曾相識啊。他到底是誰呢？我搜索枯腸，苦思冥想，猛然驚覺，我們曾經把雜誌放在一家書店委託銷售，他不就是書店老闆嗎？想必保衛處提前從書店查獲了「贓物」，正愁找不到「罪魁禍首」呢，結果，我們自動送上門來了。就這樣，《中間》雜誌，歷時三期，中途夭折。此事一出，一時之間，心潮澎湃，難以平靜。我首次切身體會到政治與生活之間的關係，權力與權利之間的關係。我的困惑是，在政治與生活之間，在權力與權利之間，我們應該何去何從？

　　正是出於這樣的困惑，我意識到，要回答什麼是美好的生活，首先要回答什麼是美好的政治。如果政治可以隨意侵入生活，那麼，美好的生活將難以企及。如果權力可以隨意剝奪權利，那麼，個體的權利將難以保障。因此，我再次開始從書籍中尋找答案。有幸的是，我偶然間俯拾的第一本書就回答了我的困惑，那本書就是《自由主義與當代世界》。其中包括江宜樺的〈自由主義哲學傳統之回顧〉、哈耶克（台灣譯為海耶克）的〈自由主義〉、波普爾的〈自由主義的原則〉等經典論文。正是這本書把我引入了自由主義的思想世界。自此，我開始閱讀哈耶克、伯林、羅爾斯、殷海光、石元康等著名學者的著作。而且，我還開始大量涉獵以自由主義學理為線索的政治哲學二手資料。

可是，我的精神閱讀始終零散而混亂，缺乏系統性與完整性。雖然這種散亂的隨興閱讀暫時緩解了我一度徬徨的思想困惑，但是由於沒有接受系統的學術訓練、思維訓練與寫作訓練，我的閱讀只有知識上的愉悅，而沒有學術上的自覺。而且，更要命的是，我的閱讀摻雜著大量參差不齊的二手資料，缺乏對經典著作的系統精讀。儘管二手資料的閱讀幫助我描摹出一幅清晰的思想地圖，然而，這幅思想地圖過分簡單化，以至於我獨自摸索數年，一直無法進入學術之門。不僅止於此，當我跟諸位學友深入交流，我發現我們之間存在著一個共同的問題，即我們只能對一些基本問題浮泛地加以討論，而一旦深入到問題的根部，便顯得力不從心。這個發現極大地刺激著我，於是，我逐漸萌發了閱讀西方思想經典的念頭，同時開始著手淘洗自己過去四五年的心路歷程，完成〈邊緣思想者的焦慮與非主流話語的生成空間〉一文，以此告別茫然無緒的隨興閱讀，嘗試著進入學術的園地。

但是，如何閱讀西方思想經典呢？關於這個問題，在方法論上對我最具有啟發性的是《殷海光‧林毓生書信錄》中殷海光告誠林毓生的一段話：

　　如要在一生之中達到你的目的至一相當程度，你必須作三
項準備，其中兩項是長途的，另外一項是短期內便可獲得相
當成果。長途的準備是：**（1）你必須借助於現代西方社會科
學發展出來的觀念與分析；你必須整合這些現代西方社會科
學的成果於你的歷史解釋中，這樣才能把中國的根本問題分
析出所以然來。（2）從理論上講，中國的大病根也反映在代
表早期五四思想的自由主義在中國的失敗上。**如果我們認為
引進英美文明所發展出來的自由的價值、人權的觀念與民主
的制度至中國的泥土上，並使其茁壯地成長，是治國的大道；
那麼，為什麼大致可以說代表此一思潮的早期五四思想，很
快被相反方向各趨兩極的意識形態所取代了呢？是不是早期
五四思潮所代表的英美式的自由主義，由於糅雜著法國式與
德國式顛覆英美式自由主義的成分，而根本不純正呢？即使
早期五四人物對英美式自由主義已有相當純正、深入的理
解，是不是中國的客觀環境（傳統政治秩序的解體、帝國主
義列強的侵逼等）也不可能允許它在中國順利地發展呢？從
這個觀點來看，**中國問題的焦點在於是否可能移植英美自由
主義所蘊含的文化與制度及使其在中國泥土上生根的問題。**
（當然不是指原樣照搬。將來英美式自由與民主的文化與制
度如能相當成功地移植到中國來，它們也不可能與英美的原
型完全一樣，但必須與原型共有許多特點以致不失純正性。）
然而，在探討這一系列重大問題之前，你首先需要把英國自
由主義所蘊含的文化（包括思想、符號、價值）與制度弄清
楚。（3）前述兩項準備必須建立在堅實的外文能力上。**你必**

須儘快把英文學好，必須達到直接閱讀西方一流學術著作而不感吃力的程度。前述兩項準備是非積年累月不為功的；但，這最後一項準備，希望在一年之內就可完成。（參林毓生，〈殷海光先生對我的影響（代序二）〉，載殷海光、林毓生，《殷海光‧林毓生書信錄》，上海：上海遠東出版社，1994，頁8-9。）

根據殷海光的方法論提示，我制定了我的學術計劃：

（1）語言訓練：以五年為時間段，致力於精通一門外語（英語），並自學一門外語（法語或德語）。

（2）學術訓練：以五年為時間段，以直接閱讀英文原典為主，參照中譯本閱讀，圍繞著政治哲學這根主軸，一方面梳理從古典政治哲學到近現代政治哲學再到當代政治哲學的學術譜系，力圖清理前五年閱讀二手資料帶來的學術偏見與思維疾患，「重估一切價值」，「打掃出一片乾淨的思維出發場」，尤其是清算「觀念先行」之惡習，不為觀念找注腳，而為事實找根據，從頭開始；另一方面，通過閱讀原典，訓練思維並打通語言障礙。

於是，我從文學世界轉向了思想世界。對於我原初的困惑，即什麼是美好的生活？我當時的回答是，思想的生活是美好的生活。而我所堅持的人生理念是，理性地思想，感性地生活！

本科時期，許多朋友深深地影響了我的問題意識與思想傾向，其中，我要感謝王康敏、柯濂、張鷺、顏飛龍、趙元元、闞言、劉凱、胡義、時亮、周偉、張瑋麟、趙麗娟、李小偉、劉炳輝、陳棟、廖斌、李潔、石麗融、雷芳、楊嵐、宮源、楊青青、賴慧敏、趙荔等友人。此外，我還要特別感謝我的大學班主任曾瓊老師。在她的幫助下，學校免除了我的所有學費。

三、碩士時期：麗娃河畔的思想者

　　2006年，我有幸拜入劉擎教授門下，在華東師範大學歷史系攻讀西方思想史碩士學位。猶憶那段歲月，我流連於麗娃河畔，那個令我魂牽夢縈的精神家園。我迫不及待地渴望在這個美麗的校園，洗淨汗手，氣息神凝，靜坐麗娃河畔捧讀學術著作，承受麗娃河先輩學人的精神洗禮。

　　根據我在入學前所制定的學術計劃，我開始實施西方思想原典的精讀計劃。然而，我的導師劉擎教授並不同意我的閱讀計劃。他認為，在學術起步階段，思想經典的閱讀往往困難重重。原著不是所有人都讀得懂的，必須借助經典解讀。我們必須通過重要二手資料的引導，才能進入經典的文本脈絡之中。他說：以柏拉圖為例，研究柏拉圖的著作或論文，少說也有幾千篇，那還是比較重要的。特別重要的大概有幾百篇，最重要的有幾十篇，還不包括法文和德文。你這樣一個個讀下來怎麼可能呢？他舉例說，就像你剛來上海，你不一定非要把上海的每個角落都跑個遍，才能認識上海是什麼樣子。通過查閱地圖等二手資料，你就可以非常迅速地瞭解上海的大致輪廓了。

　　但是，我並不同意他的觀點。正是因為本科期間大量閱讀了二手資料，所以我才傾心閱讀思想經典。二手資料讓我知其然，而不知其所以然，以至於我對思想經典只有極其膚淺而粗糙的理解。正是如此，我極度渴望直接閱讀思想經典，擺脫對思想經典簡單而粗暴的認識，從而一窺經典文本的思想堂奧。於是，我反駁道：我確實不一定非要跑遍上海的每個角落來認識上海，但是，我完全有必要親自去看看上海的標誌性建築，從而形成對整個上海的總體印象。在這個意義上，我認為他誤解我了。我從來不認為二手資料是不重要的。初學者通過閱讀原著獲得第一印象之後，再拿那些經典解讀對照，可以發現自己閱讀經典的缺陷。我們會回過頭來想：為什麼他們能夠這樣讀，而我卻做不到？為什麼他們可以這樣解釋，而我卻做不到？為什麼他們理解得這麼深，而我卻做不到？問題出在哪裡？通過經典與解讀的反覆對話，我不但可以在閱讀方法論上上一個台階，而且思維能力也能夠得到相應的訓練。而倘若直接借助解讀進入文本，儘管速度比較快，但是在學術訓練上未免稍遜人意。我們可能很難在方法論上獲得大幅度提升，我們也可能會被屏蔽部分我們本來可以獲得的信息。因為我們非常容易就無意識地跟著經典的解讀走了，從而遺忘了自己的思緒。

就這樣，我義無反顧地開啟了經典閱讀之路。在接下去的數年間，我閱讀了柏拉圖、亞里斯多德、馬基維利、笛卡爾、霍布斯、洛克、盧梭、柏克、貢斯當、托克維爾、密爾、斯賓塞、韋伯、伯林、阿倫特、福柯、歐克肖特、施特勞斯、羅爾斯、布迪厄、利奧塔、泰勒、沃爾澤、哈貝馬斯等西方思想家的核心文本。隨著閱讀的深入，我逐漸意識到二手資料的重要性。其中，印象最深刻的一個案例是洛克的《政府論》。我只能從《政府論》中梳理出老生常談的自由主義線索，但卻無法把握文本中的其他重要主題。2008年，偶然間，我從劉擎老師處讀到 A. John Simmons 的著作 *Justification and Legitimacy*。在這本著作裡，Simmons 非常深刻地討論了《政府論》中的證成性與正當性問題。反觀自身，我在閱讀《政府論》時根本沒有意識到這個主題。因此，重要的二手資料是開啟經典文本的鑰匙。正是出於這樣的反思，我進一步認為，文本精讀的可靠方式是經典與解讀的互動。先閱讀一兩本重要的導論性著作，把握經典文本的核心框架。然後，在導論性著作的指引下，逐字逐句精讀經典文本，思索並提煉經典文本背後的核心問題。接著，繼續閱讀重要的二手資料，從而思考我的思索與二手資料之間的差異。若有必要，我們可以反過來再次閱讀經典文本。如此循環往復，持續不斷。

在我的思想經典閱讀之路中，我發現我更加容易進入當代政治哲學家的思想文本，而難以把握古典政治哲學家與現代政治哲學家的思想脈絡。其原因是，當代政治哲學家所關注的核心問題，正是我所關注的核心問題。我能夠深切地感受到，他之所思，即我之所慮；他之所寫，即我之所求。於是，我逐漸被伯林與施特勞斯的政治哲學所吸引。

2007年，我開始寫作第一篇學術論文〈現代性危機的兩幅肖像：伯林與施特勞斯的世紀懸案〉，以此來反駁施特勞斯的〈相對主義〉（"Relativism"）與劉小楓的〈刺蝟的溫順〉對伯林的批評。在施特勞斯看來，伯林的多元主義既是一種相對主義，也是一種絕對主義。劉小楓順著施特勞斯的思路，同樣把伯林視為一位相對主義者。而我這篇習作的核心觀點是，伯林的多元主義既不是一種相對主義，也不是一種絕對主義。本書跟這篇習作是一脈相承的。本書第四章的核心觀點是，多元主義不是相對主義；而第五章的核心觀點是，多元主義不是絕對主義。在某種意義上，本書只是這篇習作的修訂與完善。我原本只是希望把這篇習作修改成一篇可以發表的論文，但是沒有想到一改就改了十年。

對我來說，〈現代性危機的兩幅肖像：伯林與施特勞斯的世紀懸案〉這篇習作具有非比尋常的特殊意義。寫完這篇論文後，我把它發給了我的導師劉擎教授。劉擎老師在這篇習作中用紅色標記標滿了密密麻麻的旁批。他直言不諱地指出，我文風浮誇，濫用修辭，完全沒有學術論文該有的清晰與明確。該說清楚的地方，沒有說清楚。而不該說的地方，卻隨意亂說。他嚴厲地批評道：

> 這些文字是在說什麼？空穴來風，似是而非。完全沒有實質性的問題的梳理、展開和解釋，也沒有對這個領域的研究有所回應，就大發議論並且抒情，這是很糟糕的蹩腳詩人的文風。由此，一個清楚的問題是，你的導言文字不合格。你需要訓練如何寫一篇論文的導言，如何 introducing 你的問題，你的論題。導言有各種寫法，但這樣的寫法是戒除的。
> ……
>
> 以上這段文字的問題是：你實際上是在 claim 這樣提問最為關鍵，而沒有真正 justify 為什麼要這樣提問。但你的行文顯得你似乎要解釋為什麼要這樣提問（或者說，這樣提問的重要性）。但其實完全沒有做真正的解釋。這就是「似是而非的論述方式」，這種方式的問題是，它表面上很有力量，但沒有真正的論述，不僅你會讓讀者不知所云，你自己也會變得糊塗。
> ……
>
> 你為什麼如此沉迷於這類浮華輕佻的文字？為什麼就不能做一篇踏踏實實的論文，比如「伯林與相對主義」（Berlin and His Alleged Relativism），明確地界定論題的來由（包括施特勞斯的批評質疑），細緻地處理相關的文獻，展開充分的分析，然後給出自己的論點和論證？你是在正規大學受正規訓練並且有志於學術生涯的研究生，不是什麼「自由撰稿的二流文人」。這樣的文風 will lead you to nowhere! Come on, be professional!

說得大一點，中國為什麼沒有足夠的學術成長，就是許多有才華的年輕人喜歡過文字癮，問題沒有表述清楚，文獻也不清楚，卻享受了「大口氣」說話。

通過細緻閱讀劉擎老師的旁批，我第一次清醒地意識到，什麼是學術，什麼是文學。本科期間，我沉迷於辭藻華麗的文字遊戲，而忽略了縝密論證的邏輯力量。因此，我錯誤地以為，文字優美的作品就是優秀的作品。而那一刻，我才知道，論證嚴密的作品才是優秀的作品。自此，我決定，除了應付課程或畢業而寫作論文之外，五年之內不再寫作任何學術論文。我意圖通過這樣的方式，來徹底遺忘早年的文學化寫作風格。同時，我堅持閱讀英文學術論文，從中體察學術論文的寫作方式：如何提出問題？如何展開論證？如何謀篇佈局？如何寫作導論和結論？我相信，本書已經完全淘洗了這篇習作的渣滓。我不再專注華麗的辭藻，相反，我注重嚴密的推理。我也不再沉迷含糊的表達，相反，我踐行清晰的寫作。文學是文學，學術是學術。我確實可以使用華麗的辭藻進行文學創作，但是在學術寫作中，清晰明確才是根本。如果說張威是我的思想啟蒙老師，那麼，劉擎老師就是我的學術啟蒙老師。他是把我從文學世界拉進學術世界的第一人！

而許紀霖老師則是把我領進學術之門的第二人。劉擎老師教會我清晰明確，而許紀霖老師教會我問題意識。在華師大數年間，我幾乎每個學期都去選修或旁聽他的中國思想史課程與中國知識分子課程。許紀霖老師認為，閱讀學術著作應該把握三點：第一，問題意識：全書解決什麼問題？第二，文本脈絡：全書如何展開論證？第三，方法論：全書採取的是何種研究方法？其中，最讓我印象深刻的是第一點。許紀霖老師經常在課堂上強調，作為讀者，我們應該去把握作者的問題意識；而作為作者，我們也應該去提煉我們自己的問題意識。沒有問題，就沒有學術。因此，在某種意義上，有沒有問題意識是衡量一個人是否具備學術能力的標準。如果我們提不出好的學術問題，我們就無法創做出好的學術作品。

　　然而，現實的處境是，不是我們提不出好的學術問題，而是好的學術問題往往已經被他人提出了。而且，這些好的學術問題通常已經被許多學者反覆討論過了。即便我們再次進入這個問題領域，我們也很難做出具有原創性的理論貢獻。2007年4月30日，我在許紀霖老師的課程中做了一次主題報告，那一講的主題是「五四的個人解放」。在這次主題報告中，我自鳴得意地提出理智認同與情感認同的區分，以此理解五四個人解放的悖論性多元內涵：一邊反傳統，一邊又置身於傳統之中；一邊倡導個人解放，一邊又把個人解放納入民族解放的圖景之中。然而，許紀霖老師指出，其實我所講的內容比較陳舊，都是別人講過的，而學術的關鍵是推陳出新。我所謂的理智認同與情感認同，列文森早就講過了。而我沒有讀過列文森的任何作品，自然並不知道有這樣的區分。如此，我們如何尋找具有新意的學術問題呢？許紀霖老師給我的建議是：重新問題化！

　　從他的重新問題化建議出發，我想到了思想史研究的一條路徑：即從重新問題化到重新概念化的路徑。本書的寫作，實際上就遵循著這樣一種研究路徑。我在2007年4月30日的日記中如此反思道：「本次主講，我未能梳理出多元內涵，但同時給我一個很大的啟示。儘管為圖研究之便，我們常常會把一些複雜的問題歸結為幾個簡單化的判斷或中心概念，並常常進行類型化的分析。比如把胡適歸為英美式，把魯迅歸為尼采式等等。但真實的情況很可能是胡適在文本中作了大量的英美式表述（因此留給別人這種印象）。但他的文本中卻交織著英美、法俄等各種類型學特徵。我的意見是，中國近現代思想家都不大能簡單化地以類型學方式草率歸類，更多的是交織為各種或多種類型特徵。而我們通常僅僅在一定程度上突出某種類型特徵，從而使我們倉促地把他歸為此類，或作為一種典型／理想類型。」因此，對於以往研究中所涉及的問題與概念，我們都可以通過這樣的方式予以重新問題化，從而提煉出新的學術問題，並重新概念化，從而提煉出新的學術概念。

2007年10月18日，我在許紀霖老師的知識分子課程中做主題報告，題目是〈古代中國知識分子的權威敘事：一項知識社會學的考察〉。（報告內容最終於2016年發表，參馬華靈，〈從紳士到知識分子：清末民初鄉村社會中的權威變遷〉，載《華南農業大學學報（社會科學版）》2016年第2期，頁123-132。）在這次主題報告中，我依循重新概念化的路徑，嘗試提出「空集視域」與「交集視域」這兩個學術概念，從而解釋為什麼古代紳士向現代知識分子轉型後，中國知識分子在鄉村社會的權威逐步逐代消失了。課後，許老師專門把我留下來，對我加以悉心指點，並鼓勵我進一步完善這兩個學術概念。承蒙許老師的謬讚與提攜，我心中十分感動。後來，我把這兩個學術概念應用到更加廣泛的領域，例如中國思想史領域。2008年，為了澄清自己的思想，我寫作了〈空集視域與交集視域：中國思想文化論綱〉草稿，意圖通過這兩個學術概念來回答中國政治向何處去和中國文化向何處去的問題。當然，這樣的建構工作並非一時之功，只能留待未來。

正是在華師大期間，我接受了非常完整的學術訓練，具備了學術閱讀、學術寫作與學術批評的基本能力。最終，我之所以堅定學術之路，原因有二。第一，學術作為一種生活方式，能夠回答什麼是美好的生活。在我的心目中，學術生活是我最喜愛的美好生活方式。正如劉擎老師的說法：「我現在每天讀自己想讀的書，寫自己想寫的文章，還有人給我發錢，天下哪有這等好事！」是的，天下就有這等好事！我有幸生活在一個有大學的時代，並且有幸在大學任教，夫復何求？這就是我所追求的理想生活方式。青年教師時常抱怨收入微薄，抱怨生活艱辛，抱怨學術艱難，我非常理解。然而，於我而言，回望我的出身，我心足矣！我在美訪學期間，一位美國朋友在得知我的出身後，驚訝地問道：「你是怎麼讀到博士的？」是啊！我父母雙亡，本該老老實實在家鄉做一個本分的農民，可是居然就讓我讀到了博士，而且還成為了大學教師，我實在是太幸運了，還奢求什麼呢？第二，學術作為一種知識追求，能夠回答什麼是美好的政治。通過閱讀從柏拉圖到羅爾斯的古今政治哲學經典著作，我可以系統考察古今政治哲學家是如何回答什麼是美好的政治這個問題的，何樂而不為呢？而我最終選擇政治哲學作為畢生的學術志業，正是出於同樣的考慮。在我看來，政治哲學旨在回答兩個問題：第一，什麼是美好的生活？第二，什麼是美好的政治？而這兩個問題正是我一直困惑的問題。

　　碩士期間，我要感謝華東師範大學的劉擎、許紀霖、郁振華、王家範、王令瑜、郭海良、王春來、林廣、金志霖、張根華、餘偉民、工東等老師、台灣中央研究院的錢永祥老師和蔡英文老師、時任台灣大學教授的江宜樺老師，感謝顧霄容、張洪彬、成富磊、唐小兵、成慶、王江濤、曾一璇、道希、李望根、段煉、鄧軍、劉樹才、袁茂、劉余勤、張浩、姚瑤、高之慧、張洪、林樂峰、裴自餘、茹海峰、李相中等諸位學友。同時，我還要感謝我的師母殷瑩女士。

四、博士時期：大洋兩岸的學術人生

2011年-2016年，我在復旦大學國際關係與公共事務學院政治學理論專業政治哲學方向攻讀政治學博士學位。在復旦期間，我一共有三位導師，分別是鄧正來教授、林尚立教授與陳明明教授。

2011年，我初入復旦的導師是鄧正來教授。雖然忝列師門，但是，我跟鄧老師的交往非常有限。我只修讀過他的一門課程，即《學術原典精讀》。也就是在這門課程中，我見識到了傳說中的翻譯／研究學術訓練方法。他要求我們事先翻譯每節課所要講解的文本內容。在課堂上，由他引導我們逐字逐句分析文本內涵。他的文本精讀方式是，每次只講解一句話。先由數個同學挨個讀出他們各自對這句話的翻譯。然後，我們一起對這句話進行反覆推敲，最後商定可靠的譯文。我印象中最深刻的是他對 "in a sense" 的解讀。他說，如果你們在閱讀中讀到 "in a sense"，你們必須謹慎。例如，in a sense, he is a liberal.（在某種意義上，他是一個自由主義者。）這個時候，我們必須發問：在什麼意義上，他是一個自由主義者？通過提出這個問題，我們再反覆閱讀上下文，最終確定作者是在什麼意義上把他視為自由主義者。如果挖掘得足夠深入，我們甚至可能就這個問題寫出一篇非常出色的學術論文。這樣的文本解讀方式，我聞所未聞，見所未見。

2013年1月24日，鄧老師因胃癌而不幸逝世。於是，我轉入林尚立教授門下。林老師對學生非常嚴格，他反覆強調的是兩點。第一，博士論文必須解決一個真正的學術問題。第二，博士論文必須要有理論創新。一開始，我的博士論文框架主要是前五章（即本書前五章），我並沒有信心建構所謂的複合多元主義理論。一方面，我尚未想清楚多元主義所涉及的許多核心問題。另一方面，我也不確定我是否有能力建構這樣一套理論框架。所以，我對是否建構複合多元主義理論框架有一定的保留。針對我的博士論文框架，他認為我提出了一個非常好的學術問題，但是我並沒有做出很好的回答。因此，他一直鼓勵我回答我所提出的兩種極權主義理論的雙重困境問題。正是因為他反覆強調博士論文要推陳出新，發表具有個人原創性的見解，所以，我才嘗試在結論部分繼承並修訂伯林的多元主義理論，建構複合多元主義的理論框架。如果沒有他數年來的反覆督促與屢次教誨，我根本不可能完成最後的理論建構部分。

2016年，林老師從復旦調走後，我又轉入陳明明教授門下。陳老師並沒有直接指導我的博士論文寫作，但是，從論文開題到論文答辯，他全程見證了我的博士論文寫作歷程，並且提出了許多具有建設性與啟發性的意見。例如，在我的論文開題會上，他提出了下列重要問題：多元主義是不是相對主義？多元主義是否可以支持自由主義？多元主義是否會導致極權主義？這些問題都是本書重點回答的核心問題，其中第四章旨在回答他的第一個問題，結論則回答了他的第二個問題，而全文更是對第三個問題的系統回應。而且，我還上過他的「中國社會政治分析」課程。在這個課程中，他所表現出來的學術涵養與理論洞見，一直是我所欽佩的學術榜樣。因此，無論從哪個角度而言，他的教誨都讓我終生受益。

在復旦期間，我受到了非常系統的政治科學訓練。尤其是唐世平、何俊志、熊易寒與劉春榮四位老師合開的「社會科學中的制度分析：問題、理論、方法」課程。這個課程以英文閱讀為主，每週閱讀100頁左右英文文獻。而且，每節課都要提交一篇讀書筆記，整個學期則提交兩篇小論文，一篇大論文。這個課程讓我們非常系統地把握了該領域的核心文獻，因此，是我在復旦期間收穫最大的一門課程。而在劉建軍與臧志軍兩位老師合開的「比較政治制度」課程中，劉建軍老師傳授我們學術演講的技巧與方法，因此讓我注意到學術演講的重要性。而在課堂主題彙報中，我系統地梳理了 John Stuart Mill's *Considerations on Representative Government* 的理論框架。由此，他認為我具備把一個複雜問題講清楚的能力，並鼓勵我進行建構性的理論研究。他的鼓勵極大地增強了我的學術信心，對此我非常感激。而郭定平老師所開的「比較政治學」課程則引進了最新出版的英文著作，讓我們有機會接觸最前沿的學術研究，這點讓我受益無窮。

在復旦期間，我還有幸申請到國家公派聯合培養博士生項目的資助，讓我有機會前往美國哈佛大學聯合培養，導師是哈維・曼斯菲爾德（Harvey Mansfield）教授。而後我又獲得前往美國哥倫比亞大學擔任訪問學者的機會，導師是馬克・里拉（Mark Lilla）教授。因此，博士期間，我的大部分時間是在美國度過的。後來，在里拉教授的引薦和芝加哥大學塔科夫（Nathan Tarcov）教授的幫助之下，我得以於2014年暑假前往芝加哥大學圖書館閱讀施特勞斯檔案中的未刊文稿（Leo Strauss Papers）。而且，牛津大學的亨利・哈代（Henry Hardy）先生還幫我從伯林檔案中找到了伯林生前唯一一份回應施特勞斯批評的文獻——"Letter to Harry Jaffa（May 24, 1992)." 這份文獻對本書的寫作至關重要，第五章的內容在很大程度上就是在這份文獻的基礎上寫作而成的。沒有這份文獻，第五章的論證將顯得單薄無力。

博士期間，我已經具備了學術研究的主要技能：如何閱讀學術著作，如何寫作讀書筆記，如何寫作學術論文，如何進行學術批評等。然而，我們的大學老師卻不教怎麼閱讀學術著作，怎麼寫作讀書筆記，怎麼寫作學術論文，怎麼進行學術批評，這是大學教育的失敗。實際上，許多研究生都沒有掌握這些技能，就匆匆投身學術界了。

我個人走過許多痛苦的彎路，才逐漸摸索出學術界生存的七項技能，我稱之為「學術江湖的七種武器」。這七種武器未必適用於所有人，但是某些武器可能適用於某些人。有意者取之，無意者棄之！

（一）學術源泉

為什麼要從事學術研究？這是每一個學者都要面對的根本問題，也是每一個有志於成為學者的研究生首先要搞清楚的基本問題。有些人是因為知識的興趣而從事學術研究，有些人是因為人生的困惑而從事學術研究。數年前，我曾經問當時博士畢業不久的李蕾（Leigh Jenco）：「你為什麼要研究中國政治思想？」她說：「中國政治思想很有趣啊，所以我想研究。」她屬於前者，而我顯然屬於後者。我從事學術研究的原動力就是要回答什麼是美好的人生，什麼是美好的政治。易言之，我向何處去？中國向何處去？而我之所以從事政治哲學研究，是因為政治哲學正是要回答美好的人生與美好的政治問題。

那麼，我為什麼要研究西方政治哲學呢？對於這個問題，一個最致命的質疑是，你研究西方能夠超越西方人嗎？如果能，你憑什麼能？你的語言能力又超不過作為母語的西方人，你的知識背景也達不到西方人的十分之一，你拿什麼來超越西方人？如果不能，那麼你為什麼要研究西方？你把有限的生命投入到無限的二三流學術研究中，那不是虛度光陰，荒廢青春嗎？

　　面對這個質疑，我的回答是：我研究西方，不是為了回答西方的問題，而是為了回答中國的問題。《反自由的自由：伯林與施特勞斯的思想紛爭》，正是遵循著這樣的思路而寫作的。我筆下所寫的是西方，但是心中所想的是中國。正是因為中國的問題意識，我才具有了不同於西方人的學術視野與思想觀點。我的西方研究，不是用西方的問題意識來回答西方的問題，而是用中國的問題意識來回答中國的問題。如果是前者，中國人研究西方從而超越西方的可能性恐怕微乎其微。然而，如果是後者，那麼我們的西方研究就具有了不同於西方人的獨特性。

　　我當初選擇西方政治哲學，是因為西方政治哲學具有中國政治思想所不具備的理論與方法。所以，研究西方只是研究中國的準備，而不是終極目標。最終，我會回到中國問題上來。

（二）學術問題

　　我曾經問過一位摯友：「你的問題是什麼？」朋友的回答是：「我的問題是沒有問題。」沒有問題，恐怕是許多研究生的問題。所以，在無計可施的情況下，通常導師會扔給他們一些具有可行性的學術問題。但是，這些問題並不是你的學術問題，而是導師的學術問題。儘管這些學術問題具有可操作性，但是未必是你真正感興趣的學術問題。導師的學術問題不是你所感興趣的學術問題，而你又提不出你所感興趣的學術問題。那麼，怎麼辦呢？

　　我們如何形成屬於自己的學術問題呢？我的經驗是，從我們的切己體驗中提煉學術問題，從我們的切膚之痛中提煉學術問題。例如，你的自由被侵犯了，所以你想知道什麼是自由；你出身於農村，所以你想研究農村問題；你遭遇了不公，所以你想研究正義問題；你家的房子被拆遷了，所以你想研究財產權問題；

你是女性並受到了歧視，所以你想研究女性主義問題。這是學術問題的萌芽，但不是學術問題本身。你想研究自由問題或者女性主義問題，只是表明你找到了研究主題，而不是學術問題。

　　儘管研究主題不是學術問題，但是學術問題產生於研究主題之中。例如自由問題，伯林曾經指出自由和自由的條件不是一回事，缺乏自由的條件並不意味著缺乏自由。然而，你卻認為缺乏自由的條件就是缺乏自由。所以，你的學術問題是，缺乏自由的條件是否意味著缺乏自由？你所反對的觀點是，缺乏自由的條件並不意味著缺乏自由。而你所捍衛的觀點是，缺乏自由的條件就是缺乏自由。在這個案例中，自由問題只是我們的研究主題。但是，這個研究主題並沒有直接告訴我們什麼是我們所要研究的學術問題。然而，通過研讀這個研究主題下的重要文獻，我們知道我們要贊成什麼，我們要反對什麼，於是，我們就知道了我們要研究什麼學術問題。

（三）學術概念

　　美國政治學系通常都要求非政治理論專業學生必修一門以上政治理論課程和方法論課程。前者恐怕是為了讓學生明晰學術概念，而後者應該是讓學生掌握學術方法。然而，中國高校的政治學系通常都沒有這個要求。因此，許多政治科學專業的學生隨意亂用、混用和濫用學術概念，甚至某些著名學者也不能倖免。

　　某著名學者曾在某場演講中提出中國人的自由就是隨意這樣的命題，從而表明中國也有中國的自由傳統，並不是只有西方才有所謂的自由傳統。年少氣盛的我當場反駁道：「你不能因為隨意具有自由的某些特徵就斷定隨意就是自由。這就好像雞和鴨都有羽毛，但是，你不能因為雞也有羽毛，於是斷定雞就是鴨。羽毛只是鴨之所以為鴨的必要條件，但卻並不是鴨之所以為鴨的充分條件。」

在學術研究中，最好的結果是創造屬於自己的學術概念。但是，如果不能創造學術概念，那麼就先澄清學術概念。倘若中國學術界能夠養成澄清學術概念的習慣，那麼許多不必要的學術爭論恐怕都可以避免了。實際上，許多學術爭論並不是因為兩個人對同一個問題有不同的看法，而只是因為兩個人在不同的意義上使用著同一個學術概念。兩個人都誤以為這是觀點分歧，而實際上只是概念歧義。

（四）學術閱讀

如何閱讀學術作品？我相信許多人都有這樣的經歷：打開書本，讀得津津有味；而合上書本，卻什麼都想不起來。我也相信許多人都有這樣的經歷：閱讀時，邊劃出書上的精彩句子，邊為之拍案叫絕；而閱讀後，腦子裡完全無法形成關於這本書的整體框架。我自己也犯過這些低級錯誤，並且為之付出了慘痛的代價。後來，我才逐漸意識到，學術閱讀不是劃出精彩句子，而是梳理邏輯框架。

但是，有些學術著作死活讀不懂，怎麼辦？我的經驗是，如果是譯著，死活讀不懂，多半是譯者的問題。如果是原著，死活讀不懂，可以先不讀。書與人，也是講究緣分的。有些書雖然經典，但是這些書所研究的問題並不是你所關心的問題，你不一定能夠進入這些書的內在理路。等到未來你的研究進行到一定程度，你的問題意識跟這些書的問題意識有了一定程度的重合，或許你就豁然開朗了。

數年前，我讀過《啟蒙辯證法》，我不懂德文，所以我先讀的是英文本，完全不知所云。接著，我又找了中文本對照，還是不知所云。後來，我就直接束之高閣了。我還讀過哈貝馬斯的《合法化危機》，也是不明所以。但是他的《公共領域的結構轉型》卻讓我深受啟發。許多經典著作跟我無緣。我一開始沮喪，後來就想通了。實際上，每個人心中都有三四部經典，這三四部經典，你是要反覆閱讀，爛熟於胸的。日後，你每次思考問題，都能從這三四部經典中獲得啟發與靈感。所以，你要找的就是這三四部經典。這三四部經典，你一看之下，就有相見恨晚之感，拿起來就捨不得放下，其中的許多觀點都擊中了你的心靈。你會在心裡想，這就是我一直思考的問題啊，這就是我的困惑所在啊。至於其他經典，未必是你的菜，且待來日。

那麼，如何找到這三四部經典呢？我認為，要找到這三四部經典，可以從你的學術問題開始。你可以先嘗試從你的切身體驗中提煉出學術問題，然後根據你的學術問題來研習相關的學術作品。例如，如果你是女性而受到歧視，你可能會對女性主義問題感興趣，那麼你就去研讀女性主義著作。其中，最重要的三四部女性主義著作就是你要尋找的三四部經典。接著，圍繞著這三四部經典，你可以像同心圓一樣，逐步往外擴充，充實你的知識結構，最終形成自己的知識之樹。

（五）學術筆記

那麼，如何梳理學術著作的核心框架呢？我的方法是寫作學術讀書筆記。學術筆記不是抒情，也不是感想，更不是無病呻吟。我曾經看過一位朋友的讀書筆記。他的讀書筆記一次性評價了四五本書，洋洋灑灑數千言，表面上頭頭是道，實際上胡說八道。這個問題跟這本書有關，於是他抒發了一番自己的感想；那個問題跟另一本書有關，於是他又發散性思維地天馬行空了。然而，全書的核心框架是什麼？我根本就看不到。抒情感想是學術筆記的大忌！

在我看來，學術筆記要做到如下五點：

第一，勾勒該書的核心框架：作者提出了什麼問題？對這個問題是如何回答的？回答分為幾個主要步驟？每個步驟的核心觀點和核心論據是什麼？作者的結論是什麼？

第二，每個要點都分成一、二、三……來討論，每個小點再細分為小點，小點再分為小點。但是分點不是為了分而分，每個要點之間都要有邏輯聯繫，就像鎖鏈一樣，一環扣著一環。

第三，列出該書的版本信息，並在每個核心觀點之後都注明頁碼，以方便日後寫作時引用。要不然，合上書本，你可能就找不到這些觀點的出處了，尤其是經過若干年之後。

第四，針對全書的核心框架，我們要問：作者的論證是否有什麼問題？如果有問題，我們如何反駁他的論證？通過反駁作者的論證，我們也就形成了自己的學術觀點。我們的學術論文可能就產生於我們對他人的反駁。

第五，評價該書的優點是什麼，缺點是什麼。如果這本書寫得好，好在什麼地方？我們日後如何借鑒？如果這本書寫得不好，不好在什麼地方？我們日後如何避免這些缺陷？

（六）學術批評

如今的學術會議，已經淪為學術交際，拜山頭遞名片。如今的學術評論，已經淪為學術吹捧，你好我好大家好。這是我輩痛心疾首之事。正是出於此，我和朱佳峰、惠春壽、徐峰在華師大思勉高研院創辦了政治哲學工作坊。我們的宗旨是只批評，不吹捧。我們要求所有評論人只講論文的缺點，不講論文的優點，希望以此形成學術批評的品格。當然，在我看來，學術批評不是毀滅性的學術批評，而是建設性的學術批評。學術批評的目的不是為了把對方批得體無完膚，從而享受自己的口舌之快。相反，學術批評的目的是為了幫助對方完善論文，從而讓對方可以根據批評意見來修改論文。因此，學術批評不是一味說對方的論文是垃圾，而是給出具體的修改建議。

那麼，如何進行學術批評呢？我本來一無所知，然而，一次偶然的機會，我真正領教了什麼是真正的學術批評。在一次學術會議上，某位學者洋洋灑灑半個小時，然而，我卻聽得雲裡霧裡，不知所云。接著，輪到時任台灣大學教授的江宜樺先生評論了。只見他不慌不忙地先用一兩分鐘簡明扼要地概括了那位學者的核心觀點。寥寥數語，豁然開朗，原來那位學者講的是這個意思。人家半小時，不如他一兩分鐘。然後，他條分縷析地針對這個核心觀點一條條加以批駁，一針見血，入木三分，同時又不失其儒雅的風度。從此，我就知道了什麼才是真正的學術批評。

十多年前，在季風書園所舉辦的一次學術活動中，某位老師演講完畢，然後請當時以博學著稱的某位青年學者評論。孰料，此君口若懸河，滔滔不絕。誰誰誰怎麼說，誰誰誰又怎麼說。有人報書單，他報人名。只見半個小時間，足足報了數十個人名。令人瞠目結舌！令人瞠目結舌的不是他的博學，而是，What's your point？關鍵不是別人說了什麼，而是你說了什麼。這恐怕就是典型的兩腳書櫥！每思及此，我的腦中就會浮現赫拉克利特的箴言：「博學並不令人智慧！」博學只是賣弄知識，而智慧是生產知識的知識。學者的看家本領就是生產知識的知識。如果學者並不生產知識，而只是賣弄知識，試問你比得上Google嗎？學術評論的本質就是學術批評。如果學術評論如此胡言亂語，則學術評論毫無意義！

（七）學術寫作

　　每年答辯時節，許多大學老師都會吐槽學生的畢業論文寫得如何不忍直視，如何慘不忍睹。然而，一種可能是，有些大學老師從來沒有教過學生如何寫論文，卻在論文答辯時指責學生不會寫論文。如果你教過，但是學生沒學會，那可能是學生的問題。但是，如果你沒教，那麼就是你的問題。你在指責學生不會寫論文的同時，是不是應該先問問自己為什麼不教會學生寫論文。有些學生平生的第一篇論文就是畢業論文，以前從來沒寫過，也根本不知道如何寫，怎麼可能寫得好呢？他們可能連什麼是學術論文都不清楚，就要動手寫作數萬字，甚至數十萬字的畢業論文，能把字數填滿就已經非常不錯了，還能指望他們寫出符合學術規範的論文嗎？

　　如何寫作學術論文呢？我的觀點是，學術論文的寫作可以分為兩個步驟。第一個步驟是，化整為零。如果你不知道十萬字怎麼寫，先學會寫五萬字。如果你不知道五萬字怎麼寫，先學會寫一萬字，也就是一篇小論文。但是，如何寫一篇一萬字的小論文呢？如果不知道一萬字的小論文怎麼寫，先學會寫其中的一小節。如果不知道一小節怎麼寫，先學會寫一段。

　　第二個步驟是，化零為整。先學會寫一段。那麼，如何寫一段呢？我的經驗是，一段只寫一個觀點，並且一段的第一句話就是整段的核心觀點，而整段就圍繞這個核心觀點展開。不要寫跟這個核心觀點無關的內容，也不要寫無法論證這個核心觀點的內容。寫完一段，再寫另一段。另一段的觀點必須跟前面一段的觀點具有邏輯關聯。不要寫跟前一段無關的內容，不要寫無法跟前一段構成邏輯關聯的內容。以此類推，直至寫成一節、一章、一本書。同理，節與節之間，章與章之間也必須具有邏輯關聯。不僅如此，每一節和每一章的開頭都明確交代：你要討論什麼問題？你的觀點是什麼？你分幾個步驟來論證你的觀點？每一節和每一章的最後則做一個總結：你的結論是什麼？你得出結論的主要論據是什麼？本節或本章的邏輯框架是什麼？而下一節或下一章的開頭先簡要勾勒前一節或前一章的觀點，再清晰說明這一節或這一章跟前一節或前一章的關係是什麼，然後再具體展開這一節或這一章的討論。

學術論文的核心是清晰明確，而不是文采飛揚，除非你的文采不會傷害你的清晰。學術論文不是要寫成一首詩，也不是要寫成一篇散文，因此，你不需要炫耀你的文筆。你的任務就是清晰明確地交代你要研究什麼學術問題？目前關於這個問題都有哪些觀點？你的觀點是什麼？你的觀點區別於前人觀點的地方在哪裡？你如何證明你的觀點？你的證明分為幾個步驟？說白了，學術論文就是，你們的觀點都不好，就我的觀點最好；你們不好在什麼地方，我好在什麼地方。講清楚這些問題，學術論文就寫完了。我們不需要在學術論文中歌頌花，歌頌雲，歌頌日月，歌頌詩歌和遠方。

博士期間，我要感謝復旦大學的鄧正來、林尚立、陳明明、劉建軍、郭定平、臧志軍、洪濤、陳周旺、唐世平、何俊志、熊易寒、劉春榮、任軍鋒、包剛升、林曦等老師、華東師範大學的劉擎、許紀霖、吳冠軍、葛四友、周林剛、林國華、崇明、邱立波等老師、清華大學的任劍濤老師、中山大學（珠海）的陳建洪老師、同濟大學的柯小剛、韓潮和田亮等老師、天津師範大學的劉訓練老師和佟德志老師、中國人民大學的劉小楓老師和李石老師、上海外國語大學的郭樹勇老師、台灣政治大學的孫善豪老師、深圳大學的孔慶平老師、華南師範大學的郭台輝老師、浙江大學的徐向東老師和郁建興老師、清華大學的劉東老師、北京大學的李猛老師、北京航空航天大學的泮偉江老師、中山大學的譚安奎、魏朝勇和李長春等老師、解放軍南京政治學院上海校區的孫力老師和高民政老師、密西根大學的 Lisa Disch 老師、哈佛大學的 Harvey Mansfield 老師、哥倫比亞大學的 Mark Lilla 老師、芝加哥大學的 Nathan Tarcov 老師、牛津大學的 Henry Hardy 老師、波士頓學院的 Nasser Behnegar 老師和 Susan Shell 老師、波士頓大學的 James Schmidt 老師、弗林德斯大學（Flinders University）的 George Crowder 老師、杜蘭大學（Tulane University）的 Jonathan Riley 老師，感謝孫國東、楊曉暢、吳彥、杜歡、姚選民、陳媛、丁軼、任崇斌、姚遠、沈映涵、柯一鳴、熊念剛、王中原、王升平、鄭少東、孫守飛、蔡棟、畢曉、朱德米、宋道雷、李祥生、劉晨光、劉守剛、劉慧、熊文馳、陳少藝、易承志、肖存良、劉偉、王建華、孫磊、強舸、晏功明、汪仲啟、唐朗詩、李威利、程文俠、張旺、王華等同門，感謝張洪彬、林婉萍、戴木茅、唐穎祺、黃濤、郝詩楠、張建偉、束贇、張冬冬、李學楠、薑銳瑞、沈永東、衛知喚、黃夢曉、林垚、彭磊、羅四鴒、陶逸駿、陳凱碩等學友，感謝在美國相識的友人 Rich and Jennifer Steiner, Norm and Barb Fichtenberg, Lynn and Mary Degener, Joaquin and Meimei Uy, John Shiller, Louise Cupp, Larry Champoux, Margaret Baker, Mike and Mary Boye, Cliff and Marilyn Gardner, Robert Everley, Jim and Helen Layman, Peter Huston, Lee and Miltinnie Yih, Trey and Hannah Nation, Steve Hope, Tim Leary, Wang Gangqiao,

Caleb Yu, Hon Eng, Angle Liu, Ko-ying Peng, Althouse Valerie, Hollie Hub, Jason Casper, Marion, etc.

　　2016年，我從復旦大學畢業，回到母校華東師範大學思勉人文高等研究院任教。2016年10月，我跟朱佳峰、惠春壽與徐峰在華東師範大學成立了政治哲學工作坊。這個充滿活力的小團隊讓我充分享受了學術的歡愉與思想的樂趣，因此，我要對這個小團隊的小夥伴們表達由衷的謝意。同時，我也要感謝思勉高研院這個大家庭，這個大家庭中的每個成員為我們營造了良好的學術氛圍，從而讓我能夠從容不迫地讀書與寫作。人生如此，夫復何求！

　　最後，我要特別感謝我的妻子顧霄容、我的弟弟馬華平以及我的岳父母。沒有顧霄容十年來的默默支持與付出，我根本無法堅持我的學術道路。我弟弟以他微薄的工資，毫無怨言地支付了我碩士期間的三萬元學費，成全了我的學術夢想。而我的岳父母承擔了大部分家務，為我提供了舒適而溫馨的家庭環境，讓我得以非常順利地完成本書初稿的寫作。

2016年6月20日初稿
2017年6月28日修訂
2018年5月24日修訂
2018年9月30日定稿

參考文獻

Acton, Lord, and John Emerich Edward Dalberg, 1887, "Acton-Creighton Correspondence," In http://oll.libertyfund.org/titles/2254, (accessed June 28, 2017).

Arendt, Hannah, 1961, *Between Past and Future*, Cleveland and New York: The World Publishing Company.

Aristotle, 2011, *Aristotle's Nicomachean Ethics*, Translated by Robert C. Bartlett and Susan D. Collins, Chicago and London: The University of Chicago Press.

——, 1998, *Metaphysics*, Translated by Hugh Lawson-Tancred, New York: Penguin Books.

——, 1984, *The Politics*, Translated by Carnes Lord, Chicago and London: The University of Chicago Press.

——, 1998, *Politics*, Translated by C.D.C. Reeve, Indianapolis and Cambridge: Hackett.

——, 1988, *The Politics*, Translated by Benjamin Jowett, Cambridge: Cambridge University Press.

——, 1946, *The Politics of Aristotle*, Translated by Ernest Barker, Oxford: Oxford University Press.

Batnitzky, Leora, 2006, *Leo Strauss and Emmanuel Levinas*, Cambridge: Cambridge University Press.

Behnegar, Nasser, 2003, *Leo Strauss, Max Weber, and the Scientific Study of Politics*, University of Chicago Press.

——, 1997, "Leo Strauss's Confrontation with Max Weber: A Search for a Genuine Social Science," *The Review of Politics*, Vol. 59, No. 1, pp. 97-125.

———, 1995, "The Liberal Politics of Leo Strauss," In *Political Philosophy and the Human Soul: Essays in Memory of Allan Bloom*, edited by Michael Palmer and Thomas Pangle, Lanham, Maryland: Roman & Littlefield Publishers, Inc., pp. 251-267.

Bellamy, Richard, 1999, *Liberalism and Pluralism: Towards a Politics of Compromise*, London and New York: Routledge.

Berlin, Isaiah, 1979, *Against the Current*, Edited by Henry Hardy, New York: The Viking Press.

———, 1956, *The Age of Enlightenment*, New York: Houghton Mifflin.

———, 2013, *Concepts and Categories* (Second Edition), Edited by Henry Hardy, Princeton and Oxford: Princeton University Press.

———, 1999, *Concepts and Categories*, Edited by Henry Hardy, Princeton: Princeton University Press.

———, 2003, *The Crooked Timber of Humanity*, Edited by Henry Hardy, London: Pimlico.

———, 1998, "Epilogue: The Three Strands in My Life," In *Personal Impressions* (Second Edition), edited by Henry Hardy, London: Pimlico, pp. 255-259.

———, 2004, *Flourishing: Letters 1928-1946*, Edited by Henry Hardy, Cambridge: Cambridge University Press.

———, 2004, "Freedom," In *Flourishing: Letters 1928-1946*, edited by Henry Hardy, Cambridge: Cambridge University Press, pp. 631-637.

———, 2002, *Freedom and Its Betrayal*, Edited by Henry Hardy, London: Chatto and Windus.

———, 1964, "Hobbes, Locke and Professor Macpherson," *Political Quarterly*, Vol. 35, No. 4, pp. 444-468.

———, 1959, *Karl Marx*, New York: Oxford University Press.

———, September 23, 2004, "A Letter on Human Nature," *The New York Review of Books*.

———, May 24, 1992, "Letter to Harry Jaffa (May 24, 1992)," MS. Berlin 228, Folios 265-266, Bodleian Library, Oxford University.

———, 2002, *Liberty*, Edited by Henry Hardy, Oxford: Oxford University Press.

——, 1993, *The Magus of the North*, London: John Murray.

——, October 24, 2014, "A Message to the 21st Century," *The New York Review of Books*.

——, 1980, "Note on Alleged Relativism in Eighteenth Century European Thought," *Journal for Eighteenth-Century Studies*, Vol. 3, No. 2, pp. 89-106.

——, 2001, *The Power of Ideas*, Edited by Henry Hardy, Princeton: Princeton University Press.

——, 1964, "Rationality of Value Judgements," In *Nomos VII: Rational Decision*, edited by Carl J. Friedrich, New York: Atherton Press, pp. 221-223.

——, 1983, "Reply to Robert Kocis," *Political Studies*, Vol. 31, No. 3, pp. 388-393.

——, 1992, "Reply to Ronald H. Mckinney,'Towards a Postmodern Ethics: Sir Isaiah Berlin and John Caputo'," *The Journal of Value Inquiry*, Vol. 26, No. 4, pp. 557-560.

——, 1999, *The Roots of Romanticism*, Edited by Henry Hardy, Princeton: Princeton University Press.

——, 1986, *Russian Thinkers*, Edited by Henry Hardy and Aileen Kelly, New York: Penguin Books.

——, 1998, *The Sense of Reality*, Edited by Henry Hardy, New York: Farrar, Straus and Giroux.

——, 2000, *Three Critics of the Enlightenment*, Princeton: Princeton University Press.

——, 2002, "Two Concepts of Liberty," In *Liberty*, edited by Henry Hardy, Oxford: Oxford University Press, pp. 166-217.

——, 1976, *Vico and Herder*, London: Chatto & Windus.

——, 1976, "Vico and the Ideal of the Enlightenment," *Social Research*, Vol. 43, No. 3, pp. 640-653.

Berlin, Isaiah, and Ramin Jahanbegloo, 1991, *Conversations with Isaiah Berlin*, New York: MacMillan.

Berlin, Isaiah, and Beata Polanowska-Sygulska, 2006, *Unfinished Dialogue*,

Amherst: Prometheus Books.

Berlin, Isaiah, and Bernard Williams, 1994, "Pluralism and Liberalism: A Reply," *Political Studies*, Vol. 42, No. 2, pp. 306-309.

Bilgrami, Akeel, 2004, "Secularism and Relativism," *boundary 2*, Vol. 31, No. 2, pp. 173-196.

Billington, James H., Jr. Arthur Schlesinger, and Robert Wokler, 2006, "Sir Isaiah Berlin, 6 June 1909.5 November 1997," *Proceedings of the American Philosophical Society*, Vol. 150, No. 4, pp. 663-672.

Bloom, Allan, 1987, *The Closing of the American Mind*, New York: Simon and Schuster.

——, 1968, "Foreword," In Leo Strauss, *Liberalism Ancient and Modern*, Chicago and London: The University of Chicago Press, pp. v-vi.

——, 1974, "Leo Strauss: September 20, 1899-October 18, 1973," *Political Theory*, Vol. 2, No. 4, pp. 372-392.

Burns, Timothy W., 2015, "Leo Strauss' 'The Liberalism of Classical Political Philosophy'," In *Brill's Companion to Leo Strauss' Writings on Classical Political Thought*, edited by Timothy W. Burns, Leiden and Boston: Brill, pp. 97-127.

Caute, David, 2013, *Isaac and Isaiah*, New Haven and London: Yale University Press.

Chacón, Rodrigo, 2009, "German Sokrates: Heidegger, Arendt, Strauss," Ph.D. Dissertation, New School for Social Research.

Chang, Ruth, ed., 1997, *Incommensurability, Incomparability, and Practical Reason*, Cambridge and London: Harvard University Press.

Chen, Jianhong, 2008, *Between Politics and Philosophy: A Study of Leo Strauss in Dialogue with Carl Schmitt*, Saarbrücken: VDM Verlag.

——, 2010, "On Strauss's Change of Orientation in Relation to Carl Schmitt," In *The Legacy of Leo Strauss*, edited by Tony Burns and James Connelly, Exeter: Imprint Academic, pp. 103-118.

Cherniss, Joshua, and Henry Hardy, 2016, "Isaiah Berlin," (Winter 2016 Edition) In *Stanford Encyclopedia of Philosophy,* edited by Edward N. Zalta, https://

plato.stanford.edu/archives/win2016/entries/berlin/,（accessed June 28, 2017）.

Cherniss, Joshua L., 2013, *A Mind and Its Time: The Development of Isaiah Berlin's Political Thought*, Oxford: Oxford University Press.

Cohen, G. A., 2011, *On the Currency of Egalitarian Justice, and Other Essays in Political Philosophy*, Princeton, NJ: Princeton University Press.

Coles, Norman, 2004, *Human Nature and Human Values: Interpreting Isaiah Berlin*, East Sussex: Egerton House Publishing.

Connolly, William E., 2008, *Democracy, Pluralism and Political Theory*, London and New York: Routledge.

——, 1995, *The Ethos of Pluralization*, Minneapolis and London: University of Minnesota Press.

——, 2005, *Pluralism*, Durham and London: Duke University Press.

Constant, Benjamin, 1988, "The Liberty of the Ancients Compared with That of the Moderns," In *Benjamin Constant: Political Writings*, edited by Biancamaria Fontana, Cambridge: Cambridge University Press, pp. 307-328.

Crowder, George, 2004, *Isaiah Berlin: Liberty, Pluralism and Liberalism*, Cambridge, UK: Polity.

——, 2002, *Liberalism and Value Pluralism*, London and New York: Continuum.

——, 1994, "Pluralism and Liberalism," *Political Studies*, Vol. 42, No. 2, pp. 293-305.

——, 2003, "Pluralism, Relativism and Liberalism in Isaiah Berlin," Paper presented at the the Australasian Political Studies Association Conference University of Tasmania Hobart.

——, 2007, "Value Pluralism and Liberalism: Berlin and Beyond," In *The One and the Many: Reading Isaiah Berlin*, edited by George Crowder and Henry Hardy, Amherst, NY: Prometheus Books, pp. 207-230.

Crowder, George, and Henry Hardy, eds, 2007, *The One and the Many: Reading Isaiah Berlin*, Amherst, NY: Prometheus Books.

Drury, Shadia B., 2005, *The Political Ideas of Leo Strauss*, New York: Palgrave

Macmillan.

Dworkin, Ronald, 2001, "Does Liberal Values Conflict?," In *The Legacy of Isaiah Berlin*, edited by Mark Lilla, Ronald Dworkin and Robert Silvers, New York: New York Review Books, pp. 73-90.

Emberley, Peter, and Barry Cooper, eds, 1993, *Faith and Political Philosophy*, University Park, Pennsylvania: The Pennsylvania State University Press.

Ferrell, Jason, 2008, "The Alleged Relativism of Isaiah Berlin," *Critical Review of International Social and Political Philosophy*, Vol. 11, No. 1, pp. 41-56.

Franco, Paul, 2003, "Oakeshott, Berlin, and Liberalism," *Political Theory*, Vol. 31, No. 4, pp. 484-507.

Fukuyama, Francis, 1989, "The End of History?," *The National Interest*, No. 16, pp. 3-18.

Galipeau, Claude J., 1994, *Isaiah Berlin's Liberalism*, Oxford: Clarendon Press.

Galston, William, 2004, *Liberal Pluralism*, Cambridge: Cambridge University Press.

——, 2005, *The Practice of Liberal Pluralism*, Cambridge: Cambridge University Press.

Gaus, Gerald F, 2003, *Contemporary Theories of Liberalism*, London: Sage.

"German Federal Election, 1930," In https://en.wikipedia.org/wiki/German_ federal_election,_1930, (accessed July 25, 2015).

"German Federal Election, July 1932," In https://en.wikipedia.org/wiki/German_ federal_election,_July_1932, (accessed July 25, 2015).

"German Federal Election, March 1933," In https://en.wikipedia.org/wiki/ German_federal_election,_March_1933, (accessed July 25, 2015).

Gray, John, 1996, *Isaiah Berlin*, Princeton: Princeton University Press.

——, 2000, *Two Faces of Liberalism*, New York: The New Press.

Green, T. H., 2006, "Liberal Legislation and Freedom of Contract," In *The Liberty Reader*, edited by David Miller, Boulder and London: Paradigm, pp. 21-32.

Habermas, Jurgen, 1997, "The Public Sphere," In *Contemporary Political Philosophy: An Anthology*, edited by Robert E. Goodin and Philip Pettit, Oxford and Cambridge: Blackwell, pp. 105-108.

Hardy, Henry, "The Isaiah Berlin Virtual Library," In http://berlin.wolf.ox.ac.uk/lists/index.html, (accessed December 29, 2015).

——, 2000, "Isaiah Berlin's Key Idea," In http://berlin.wolf.ox.ac.uk/writings_on_ib/hhonib/isaiah_berlin's_key_idea.html, (accessed September 1, 2013).

——, 2004, "A Personal Impression of Isaiah Berlin," In *Flourishing: Letters 1928-1946*, edited by Henry Hardy, Cambridge: Cambridge University Press, pp. xxxvii-xliv.

Hayek, F. A., 2011, *The Constitution of Liberty* (The Definitive Edition), Chicago: The University of Chicago Press.

Herodotus, 1936, *The History of Herodotus* (Volume 1), Translated by George Rawlinson, London: J. M. Dent & Sons Ltd.

Hobbes, 1996, *Leviathan*, Cambridge: Cambridge University Press.

Hsiao, Kung-chuan, 2001, *Political Pluralism*, London: Routledge.

Huntington, Samuel P., 1996, *The Clash of Civilizations and the Remaking of World Order*, New York: Simon and Schuster.

Jaffa, Harry, 2012, *Crisis of the Strauss Divided*, Lanham: Rowman & Littlefield Publishers, Inc.

——, May 18, 1992, "Letter to Isaiah Berlin (May 18, 1992)," MS. Berlin 228, Folios 230-231, Bodleian Library, Oxford University.

——, May 13, 1992, "Letter to the Editor of *The New York Review of Books* (May 13, 1992)," MS. Berlin 228, Folios 232-234, Bodleian Library, Oxford University.

Jahanbegloo, Ramin, May 28, 1992, "Philosophy and Life: An Interview," *The New York Review of Books*.

Keedus, Liisi, 2015, *The Crisis of German Historicism: The Early Political Thought of Hannah Arendt and Leo Strauss*, Cambridge: Cambridge University Press.

Kekes, John, 1993, *The Morality of Pluralism*, Princeton: Princeton University Press.

Kelly, Aileen, 2001, "A Revolutionary without Fanaticism," In *The Legacy of*

Isaiah Berlin, edited by Mark Lilla, Ronald Dworkin and Robert Silvers, New York: New York Review Books, pp. 3-30.

Kocis, Robert A, 1983, "Toward a Coherent Theory of Human Moral Development: Beyond Sir Isaiah Berlin's Vision of Human Nature," *Political Studies*, Vol. 31, No. 3, pp. 370-387.

Larmore, Charles, 1996, *The Morals of Modernity*, Cambridge: Cambridge University Press.

Lassman, Peter, 2004, "Political Theory in an Age of Disenchantment: The Problem of Value Pluralism: Weber, Berlin, Rawls," *Max Weber Studies*, Vol. 4, No. 2, pp. 253-271.

Lessnoff, Michael, 1999, "Isaiah Berlin: Monism and Pluralism," In *Political Philosophers of the Twentieth Century*, Oxford: Blackwell, pp. 208-225.

University of Chicago Library, 2008, "Guide to the Leo Strauss Papers Circa 1930-1997," In http://www.lib.uchicago.edu/e/scrc/findingaids/view. php?eadid=ICU.SPCL.STRAUSSLEO&q=leo strauss, （accessed December 29, 2015）.

Lord, Carnes, 1984, "Glossary," In Aristotle, *The Politics*, Chicago and London: The University of Chicago Press, pp. 273-280.

Lukes, Steven, 2003, "Must Pluralists Be Relativists?," In *Liberals and Cannibals: The Implications of Diversity*, London and New York: Verso, pp. 100-106.

——, 2003, "The Singular and the Plural," In *Liberals and Cannibals: The Implications of Diversity*, London and New York: Verso, pp. 78-99.

MacCallum, Gerald C., 2006, "Negative and Positive Freedom," In *The Liberty Reader*, edited by David Miller, Boulder and London Paradigm, pp. 100-122.

Machiavelli, 1998, *The Prince*, Translated by Harvey C. Mansfield, Chicago and London: The University of Chicago Press.

Mansfield, Harvey, 2001, *A Student's Guide to Political Philosophy*, Wilmington: Intercollegiate Studies Institute.

Marchetti, Giancarlo, 2003, "Interview with Richard Rorty," *Philosophy Now*,

Vol. 43, pp. 22-25.

Marx, Karl, 2000, *Karl Marx: Selected Writings*, Oxford: Oxford University Press.

Meier, Heinrich, 1995, *Carl Schmitt and Leo Strauss : The Hidden Dialogue*, Chicago and London: The University of Chicago Press.

——, 2006, *Leo Strauss and the Theologico-Political Problem*, Translated by Marcus Brainard, Cambridge: Cambridge University Press.

——, 2008, "Leo Strauss: A Bibliography," In https://leostrausscenter.uchicago. edu/files/pdf/Strauss_Bibliographie_3-5-09.pdf, （accessed December 29, 2015）.

Miller, David, ed., 2006, *The Liberty Reader*, Boulder and London: Paradigm.

Minowitz, Peter, 2009, *Straussophobia: Defending Leo Strauss and Straussians against Shadia Drury and Other Accusers*, Lanham, Maryland: Lexington Books.

Momigliano, Arnaldo, November 11, 1976, "On the Pioneer Trail," *The New York Review of Books*.

Murley, John A., ed., 2005, *Leo Strauss and His Legacy: A Bibliography*, Lanham: Lexington Books.

Nietzsche, 2006, *Thus Spoke Zarathustra*, Translated by Adrian Del Caro, Cambridge: Cambridge University Press.

Norton, Ann, 2004, *Leo Strauss and the Politics of American Empire*, New Haven and London: Yale University Press.

Nussbaum, Martha, 2001, *The Fragility of Goodness: Luck and Ethics in Greek Tragedy and Philosophy* （Revised Edition）, Cambridge: Cambridge University Press.

Pangle, Thomas L, 2006, *Leo Strauss: An Introduction to His Thought and Intellectual Legacy*, Baltimore: The Johns Hopkins University Press.

Pettit, Philip, 2006, "The Republican Ideal of Freedom," In *The Liberty Reader*, edited by David Miller, Boulder and London: Paradigm, pp. 223-242.

——, 1997, *Republicanism: A Theory of Freedom and Government*, Oxford: Oxford University Press.

Plato, 1989, "Meno," In *The Collected Dialogues of Plato*, edited by Edith Hamilton and Huntington Cairns, Princeton: Princeton University Press, pp. 353-384.

——, 1968, *The Republic of Plato*, Translated by Allan Bloom, New York: Basic Books.

Popper, Karl, 1957, *The Poverty of Historicism*, Boston: The Beacon Press.

Portnoff, Sharon, 2011, *Reason and Revelation before Historicism: Strauss and Fackenheim*, Toronto, Buffalo and London: University of Toronto Press.

Rawls, John, 2001, "Afterword: A Reminiscence," In *Future Pasts*, edited by Juliet Floyd and Sanford Shieh, Oxford: Oxford University Press, pp. 417-430.

——, June 10, 1983, "Letter to Isaiah Berlin," Papers of John Rawls, Box 39, Folder 6, Harvard University Archives, Harvard University.

——, 2005, *Political Liberalism* (Expanded Edition), New York: Columbia University Press.

——, 1971, *A Theory of Justice*, Cambridge, MA: Harvard University Press.

Reeve, C.D.C., 1998, "Glossary," In Aristotle, *Politics*, Indianapolis and Cambridge: Hackett, pp. 243-262.

Riley, Jonathan, 2001, "Interpreting Berlin's Liberalism," *The American Political Science Review*, Vol. 95, No. 2, pp. 283-295.

——, 2013, "Isaiah Berlin's 'Minimum of Common Moral Ground'," *Political Theory*, Vol. 41, No. 1, pp. 61-89.

Rorty, Richard, April 4 1988, "That Old-Time Philosophy," *The New Republic*, pp. 28-33.

Sandel, Michael, 1984, "Introduction," In *Liberalism and Its Critics*, edited by Michael Sandel, New York: New York University Press, pp. 1-11.

Schmitt, Carl, 2007, *The Concept of the Political*, Chicago and London: The University of Chicago Press.

Schumpeter, Joseph A., 2003, *Capitalism, Socialism and Democracy*, London and New York: Routledge.

Skinner, Quentin, 1998, *Liberty before Liberalism*, Cambridge, UK: Cambridge

University Press.

——, 2002, "A Third Concept of Liberty," *Proceedings of the British Academy*, Vol. 117, pp. 237-268.

Smith, Steven B., 2006, *Reading Leo Strauss*, Chicago and London: The University of Chicago Press.

Sophocles, 2010, *Sophocles the Plays and Fragments* (Volume 3: The Antigone), Cambridge: Cambridge University Press.

Strauss, Leo, 1964, *The City and Man*, Chicago and London: The University of Chicago Press.

——, 1964, "The Crisis of Our Time," In *The Predicament of Modern Politics*, edited by Harold J. Spaeth, Detroit: University of Detroit Press, pp. 41-54.

——, 1964, "The Crisis of Political Philosophy," In *The Predicament of Modern Politics*, edited by Harold J. Spaeth, Detroit: University of Detroit Press, pp. 91-103.

——, 1995, "Existentialism," *Interpretation: A Journal of Political Philosophy*, Vol. 22, No. 3, pp. 303-320.

——, 1993, "German Nihilism," *Interpretation: A Journal of Political Philosophy*, Vol. 26, No. 3, pp. 353-378.

——, 1988, "How to Study Spinoza's *Theologico-Political Treatise*," In *Persecution and the Art of Writing*, Chicago and London: The University of Chicago Press, pp. 142-201.

——, 2014, "The Intellectual Situation of the Present," In *Reorientation: Leo Strauss in the 1930s*, edited by Martin D. Yaffe and Richard S. Ruderman, New York: Palgrave Macmillan, pp. 237-253.

——, 1987, "Introduction," In *History of Political Philosophy*, edited by Leo Strauss and Joseph Cropsey, Chicago and London: The University of Chicago Press, pp. 1-6.

——, 1989, "An Introduction to Heideggerian Existentialism," In *The Rebirth of Classical Political Rationalism*, edited by Thomas Pangle, Chicago and London: The University of Chicago Press, pp. 27-46.

——, 1997, *Jewish Philosophy and the Crisis of Modernity*, Albany: State

University of New York Press.

——, Oct. 11, 1961, "Letter to Benjamin Mandel (Oct. 11, 1961)," Leo Strauss Papers, Box 4, Folder 13, Department of Special Collections, University of Chicago Library.

——, Feb. 4, 1957, "Letter to Berns, Cropsey, Diamond, Horwitz, Jaffa, Kennington, Storing, Weinstein and Zetterbaum (Feb. 4, 1957)," Leo Strauss Papers, Box 18, Folder 10, Department of Special Collections, University of Chicago Library.

——, 2009, "Letter to Karl Löwith (May 19, 1933)," *Constellations*, Vol. 16, No. 1, pp. 82-83.

——, Oct. 25, 1962, "Letter to Klaus Oehler (Oct. 25, 1962)," Leo Strauss Papers, Box 4, Folder 14, Department of Special Collections, University of Chicago Library.

——, April 8, 1959, "Letter to Seth Benardete (April 8, 1959)," Leo Strauss Papers, Box 4, Folder 20, Department of Special Collections, University of Chicago Library.

——, Nov. 17, 1958, "Letter to Seth Benardete (Nov. 17, 1958)," Leo Strauss Papers, Box 4, Folder 20, Department of Special Collections, University of Chicago Library.

——, Sept. 26, 1958, "Letter to Seth Benardete (Sept. 26, 1958)," Leo Strauss Papers, Box 4, Folder 20, Department of Special Collections, University of Chicago Library.

——, 1968, *Liberalism Ancient and Modern*, Chicago and London: The University of Chicago Press.

——, 1953, *Natural Right and History*, Chicago and London: The University of Chicago Press.

——, 2007, "Notes on Carl Schmitt, *The Concept of the Political*," In Carl Schmitt, *The Concept of the Political*, Chicago and London: The University of Chicago Press, pp. 97-122.

——, 2000, *On Tyranny*, Chicago and London: The University of Chicago Press.

——, 1988, *Persecution and the Art of Writing*, Chicago and London: The

University of Chicago Press.

——, 1995, *Philosophy and Law*, Albany: State University of New York Press.

——, 1983, "Philosophy as Rigorous Science and Political Philosophy," In *Studies in Platonic Political Philosophy*, Chicago and London: The University of Chicago Press, pp. 29-37.

——, 1996, *The Political Philosophy of Hobbes*, Chicago and London: The University of Chicago Press.

——, 1979, "Preface to *Hobbes' politische Wissenschaft*," *Interpretation: A Journal of Political Philosophy*, Vol. 8, No. 1, pp. 1-3.

——, 2007, "The Re-Education of Axis Countries Concerning the Jews," *The Review of Politics*, Vol. 69, No. 4, pp. 530-538.

——, 1989, *The Rebirth of Classical Political Rationalism*, Chicago and London: The University of Chicago Press.

——, 1989, "Relativism," In *The Rebirth of Classical Political Rationalism*, edited by Thomas Pangle, Chicago and London: The University of Chicago Press, pp. 13-26.

——, 1961, "Relativism," In *Relativism and the Study of Man*, edited by Helmut Schoeck and James Wilhelm Wiggins, Princeton: D. Van Nostrand, pp. 135-157.

——, May 18, 1992, "Relativism," MS. Berlin 228, Folios 236-240, Bodleian Library, Oxford University.

——, 2014, "Religious Situation of the Present," In *Reorientation: Leo Strauss in the 1930s*, edited by Martin D. Yaffe and Richard S. Ruderman, New York: Palgrave Macmillan, pp. 225-235.

——, 2002, "Review of Julius Ebbinghaus, *On the Progress of Metaphysics*," In *The Early Writings*, edited by Michael Zank, Albany: State University of New York Press, pp. 214-216.

——, 1988, "Review of *Plato Today*, by R. H. S. Crossman," In *What Is Political Philosophy? And Other Studies*, Chicago and London: The University of Chicago Press, pp. 263-264.

——, 1980, *Socrates and Aristophanes*, Chicago and London: The University of

Chicago Press.

——, 1983, *Studies in Platonic Political Philosophy*, Chicago and London: The University of Chicago Press.

——, 1958, *Thoughts on Machiavelli*, Chicago and London: The University of Chicago Press.

——, 1989, "The Three Waves of Modernity," In *An Introduction to Political Philosophy*, Detroit: Wayne State University Press, pp. 81-98.

——, 1988, *What Is Political Philosophy? And Other Studies*, Chicago and London: The University of Chicago Press.

Swift, Adam, 2006, *Political Philosophy: A Beginners' Guide for Students and Politicians*, Cambridge, UK: Polity.

Swoyer, Chris, 2010, "Relativism," (Winter 2010 Edition) In *Stanford Encyclopedia of Philosophy,* edited by Edward N. Zalta, http://plato. stanford.edu/entries/relativism/, (accessed September 1, 2013).

Taylor, Charles, 2006, "What's Wrong with Negative Liberty," In *The Liberty Reader*, edited by David Miller, Boulder and London: Paradigm, pp. 141-162.

Velkley, Richard L., 2011, *Heidegger, Strauss, and the Premises of Philosophy*, Chicago and London: The University of Chicago Press.

Weber, Max, 1946, *From Max Weber*, Translated by H. H. Gerth and C. Wright Mills, New York: Oxford University Press.

——, 2001, *The Protestant Ethic and the Spirit of Capitalism*, Translated by Talcott Parsons, London and New York: Routledge.

West, Thomas G., 1979, *Plato's Apology of Socrates*, Ithaca and London: Cornell University Press.

Winham, Ilya P, 2015, "After Totalitarianism: Hannah Arendt, Isaiah Berlin, and the Realization and Defeat of the Western Tradition," Ph.D. Dissertation, University of Minnesota.

Wokler, Robert, 2003, "Isaiah Berlin's Enlightenment and Counter-Enlightenment," *Transactions-American Philosophical Society*, Vol. 93, No. 5, pp. 13-32.

Wollheim, Richard, 1991, "The Idea of a Common Human Nature," In *Isaiah Berlin: A Celebration*, edited by Edna and Avishai Margalit, Chicago: The University of Chicago Press, pp. 64-79.

Xenos, Nicholas, 2008, *Cloaked in Virtue: Unveiling Leo Strauss and the Rhetoric of American Foreign Policy*, New York and London: Routledge.

Zuckert, Catherine, 1996, *Postmodern Platos : Nietzsche, Heidegger, Gadamer, Strauss, Derrida*, Chicago and London: The University of Chicago Press.

Zuckert, Catherine H., and Michael Zuckert, 2006, *The Truth About Leo Strauss*, Chicago and London: The University of Chicago Press.

阿里斯托芬，《雲・馬蜂》，羅念生譯，上海：上海人民出版社，2006。

雷蒙・阿隆，《知識分子的鴉片》，呂一民、顧杭譯，南京：譯林出版社，2005。

以賽亞・伯林、內森・嘉德爾斯，〈兩種民族主義概念：以賽亞・伯林訪談錄〉，載《萬象譯事》，陸建德譯，瀋陽：遼寧教育出版社，頁249-267。

伯林與麥基，〈哲學引論〉，載麥基編，《思想家》，周穗明等譯，北京：生活・讀書・新知三聯書店，2004，頁1-40。

陳建洪，〈施特勞斯論古今政治哲學及其文明理想〉，載《世界哲學》2008年第1期，頁51-55。

──，〈論施特勞斯的政治哲學及其隱微論〉，載《求是學刊》2008年第6期，頁41-44。

───，《論施特勞斯》，上海：華東師範大學出版社，2015。

莎蒂亞・B・德魯里，《列奧・施特勞斯與美國右派》，劉華等譯，上海：華東師範大學出版社，2006。

甘陽，〈自由的理念：五・四傳統之闕失面〉，載《讀書》1989年第5期，頁11-19。

──，〈自由的敵人：真善美統一說〉，載《讀書》1989年第6期，頁121-128。

──，〈柏林與「後自由主義」〉，載《讀書》1998年第4期，頁38-45。

──，〈自由主義：貴族的還是平民的？〉，載《讀書》1999年第1期，頁85-94。

——，《政治哲人施特勞斯》，香港：牛津大學出版社，2003。

哈貝馬斯，《公共領域的結構轉型》，曹衛東等譯，上海：學林出版社，
　　1999。

何恬，〈伯林難題及其解答〉，載《國外社會科學》2014年第4期，頁153-
　　160。

洪濤，《本原與事變：政治哲學十篇》，上海：上海人民出版社，2009。

胡傳勝，《自由的幻象：伯林思想研究》，南京：南京大學出版社，2001。

胡全威，《史特勞斯》，台北：生智文化事業有限公司，2001。

喬治‧克勞德，〈多元主義、自由主義與歷史的教訓〉，載劉東、徐向東主
　　編，《以賽亞‧伯林與當代中國：自由與多元之間》，南京：譯林出
　　版社，2014，頁41-62。

喬納森‧萊利，〈以賽亞‧伯林的政治哲學：價值多元主義、人的合宜性與
　　個體自由〉，載劉東、徐向東主編，《以賽亞‧伯林與當代中國：自
　　由與多元之間》，南京：譯林出版社，2014，頁1-40。

林火旺，〈多元主義與政治自由主義〉（第五屆美國文學思想研討會），台
　　北：中央研究院歐美研究所，1995。

劉擎，《懸而未決的時刻：現代性論域中的西方思想》，北京：新星出版
　　社，2006。

——，〈自由及其濫用：伯林自由論述的再考察〉，載《中國人民大學學報》
　　2015年第4期，頁43-53。

劉小楓，《刺蝟的溫順》，上海：上海文藝出版社，2002。

———，〈刺蝟的溫順〉，載《書屋》2001年第2期，頁4-27。

———，《施特勞斯的路標》，北京：華夏出版社，2011。

劉訓練，〈後伯林自由觀：概念辨析〉，載《學海》2008年第1期，頁60-64。

——，〈「兩種自由概念」探微〉，載《江蘇行政學院學報》2009年第5
　　期，頁92-97。

史蒂芬‧盧克斯，〈以賽亞‧伯林、馬克斯‧韋伯與辯護自由主義〉，載劉
　　東、徐向東主編，《以賽亞‧伯林與當代中國：自由與多元之間》，
　　南京：譯林出版社，2014，頁65-81。

馬德普，〈價值多元論與普遍主義的困境：伯林的自由思想對自由主義政治
　　哲學的挑戰〉，載《天津師範大學學報（社會科學版）》2001年第6

期，頁11-17。

馬德普、王敏，〈價值多元論與自由主義：論伯林遇到的挑戰及晚年思想的轉變〉，載《政治學研究》2012年第3期，頁41-49。

馬華靈，〈政治道德與日常道德：一種解救政治與道德悖論的嘗試〉，載《思想》2009年第3期，頁221-231。

———，〈現代性危機的兩幅肖像：伯林與施特勞斯之爭〉華東師範大學碩士學位論文，2010。

———，〈多元主義與相對主義：伯林與施特勞斯的思想爭論〉，載《學術月刊》2014年第2期，頁32-40。

———，〈古今之爭中的洞穴隱喻：1930年代施特勞斯的思想轉型〉，載《學術月刊》2016年第2期，頁34-45。

———，〈伯林致雅法書信：從伯林的未刊書信說起〉，載《讀書》2017年第3期，頁73-82。

曼斯菲爾德，〈古代與現代：關於施特勞斯政治哲學的幾個小問題〉，載萌萌，《啟示與理性：哲學問題：回歸或轉向》，北京：中國社會科學出版社，2001，頁30-54。

錢永祥，《縱欲與虛無之上》，北京：生活‧讀書‧新知三聯書店，2002。

———，〈多元論與美好生活：試探施特勞斯政治哲學的兩項誤解〉，載《復旦政治哲學評論》2010年第1期，頁61-77。

———，《動情的理性：政治哲學作為道德實踐》，台北：聯經出版事業股份有限公司，2014。

施特勞斯等，《回歸古典政治哲學：施特勞斯通信集》，朱雁冰、何鴻藻譯，北京：華夏出版社，2006。

石元康，《當代西方自由主義理論》，上海：上海三聯書店，2000。

譚安奎，〈消極自由、自由權項與辯護性的完善論自由主義〉，載劉東、徐向東主編，《以賽亞‧伯林與當代中國：自由與多元之間》，南京：譯林出版社，2014，頁271-282。

王敏、馬德普，〈價值多元論與相對主義：論以賽亞‧伯林對價值多元論的辯護〉，載《天津師範大學學報（社會科學版）》2012年第4期，頁7-12。

王升平，《自然正當、虛無主義與古典復歸：「古今之爭」視域中的施特勞斯政治哲學思想研究》，廣州：廣東人民出版社，2014。

吳冠軍，〈施特勞斯與政治哲學的兩個路向〉，載《華東師範大學學報（哲
　　學社會科學版）》2014年第5期，頁75-86。

———，〈價值多元時代的自由主義困境：從伯林的「終身問題」談起〉，
　　載《人民論壇‧學術前沿》2015年第4期，頁26-40。

葉然，〈施特勞斯年譜〉，載中國比較古典學學會編，《施特勞斯與古典研
　　究》，北京：生活‧讀書‧新知三聯書店，2014，頁333-356。

——，〈施特勞斯文獻分類編年〉，載中國比較古典學學會編，《施特勞斯與
　　古典研究》，北京：生活‧讀書‧新知三聯書店，2014，頁357-396。

張國清，〈在善與善之間：伯林的價值多元論難題及其批判〉，載《哲學研
　　究》2004年第7期，頁72-78。

鄭維偉，〈哲學與政治：阿倫特與施特勞斯的隱匿對話〉，載《政治學研究》
　　2014年第4期，頁90-101。

周保松，《自由人的平等政治》，北京：生活‧讀書‧新知三聯書店，2010。

索引

反自由的自由：伯林與施特勞斯的思想紛爭

2019年6月初版　　　　　　　　　　　　　　定價：新臺幣720元
有著作權·翻印必究
Printed in Taiwan.

著　　　者	馬	華	靈		
叢書主編	沙	淑	芬		
校　　對	陳	佩	伶		
封面設計	李	東	記		
編輯主任	陳	逸	華		

出　版　者	聯經出版事業股份有限公司	總編輯	胡	金	倫
地　　　址	新北市汐止區大同路一段369號1樓	總經理	陳	芝	宇
編輯部地址	新北市汐止區大同路一段369號1樓	社　長	羅	國	俊
叢書主編電話	(02)86925588轉5310	發行人	林	載	爵
台北聯經書房	台北市新生南路三段94號				
電　　　話	(02)23620308				
台中分公司	台中市北區崇德路一段198號				
暨門市電話	(04)22312023				
台中電子信箱	e-mail：linking2@ms42.hinet.net				
郵政劃撥帳戶第0100559-3號					
郵撥電話	(02)23620308				
印　刷　者	世和印製企業有限公司				
總　經　銷	聯合發行股份有限公司				
發　行　所	新北市新店區寶橋路235巷6弄6號2樓				
電　　　話	(02)29178022				

行政院新聞局出版事業登記證局版臺業字第0130號

本書如有缺頁，破損，倒裝請寄回台北聯經書房更換。　　ISBN　978-957-08-5311-7 (精裝)
聯經網址：www.linkingbooks.com.tw
電子信箱：linking@udngroup.com

國家圖書館出版品預行編目資料

反自由的自由：伯林與施特勞斯的思想紛爭/
馬華靈著 . 初版 . 新北市 . 聯經 . 2019年6月（民108年）.
480面 . 14.8×21公分
ISBN　978-957-08-5311-7（精裝）

1.多元主義　2.自由主義

143.72　　　　　　　　　　　　　　　　　108006413